중국 경제 어디로 갈 것인가?

하나의 나라, 네 개의 세상

중국 경제 어디로 갈 것인가?

하나의 나라, 네 개의 세상

위안젠(袁劍) 저 · 남종진 역

다산출판사

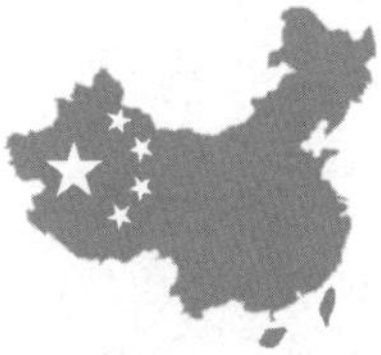

[머리말] 어떻게 할 것인가?

"바보 같으니, 중요한 건 경제야!"

빌 클린턴은 널리 떠돌던 이 우스갯소리를 빌려 첫 경선에서 승리했다고 한다. 다른 분야에서 제아무리 뛰어나도 경제를 모르면, 지도자 자리에 눌러앉을 이유가 없다는 뜻이었다. 이보다 앞서 클린턴의 경선 맞수인 조지 부시는 걸프전에서 신화와도 같은 승리를 거두어 기세가 등등했다. 걸프전을 끝내고 부시가 의회를 찾던 모습은 아직도 또렷하다. 공화당과 민주당 의원들이 양쪽에 도열해 맞이했고 박수소리는 좀체 그칠 줄 몰랐다. 더없이 영광스러운 모습이었다. 하지만 부시는 따 놓은 당상과도 같았던 경선에서 한순간에 패하고 말았다. 경제 때문에 패한 것이 분명했다. 젊은 클린턴은 경제와 정치 사이의 묘한 관계를 잘 터득하고 있었다.

하지만 이 말을 가장 심각하게 받아들이고, 또 가장 극단적으로 실천한 것은 1990년대 이후의 중국일 것이다. 말로 표현하기 어려운 어떤 이유 때문에, 1990년대 이후로 중국의 지도자들은 고도경제성장을 모든 것을 압도하는 전략으로 받들어 왔고, 지금도 늦출 조짐은 보이지 않는다. 그야말로 'GDP 우선'이라고 할 것이다. 꾸준히 성공을 거두었기 때문에, 'GDP 우선'은 중국의 지도자 계층에서 일종의 집단무의식을 이루었다. 그렇지만 시대가 변하고 세상이 달라지면서, 이제까지의 금과옥조는 오늘날 중국 사회를 질식시키는 독약이 될 수도 있다.

이 책은 중국이 이제 경제의 대대적인 전환점에 아주 가까워졌을 수 있다는 사실을 일깨우고자 한다. 그 전환점은 글로벌시장체제의 변화와 중국 내부의 구조 변화가 함께 일으키는 것이다. 아직도 신기하기만 한 중국의 경제 엔진을 억지로 멈출 수는 없다고 믿으려는 사람들이 있다. 중국의 정치 지도자들도 중국은 여전히 중차대한 전략적 기회에 놓여 있다고 생각한다. 즉 중국 경제의 고도성장은 아직도 상당 기간 유지될 수 있으므로, 이 기회에 고도성장을 최대한 오래 유지한다는 것이다. 나는 이 '전략적 기회'라는 판단을 지지할 수 있는 많은 근거가 있다고 믿고 싶다. 하지만 정반대의 증거 또한 점점 늘어나고 있는 것이 사실이다. 고매한 이론의 도움을 빌릴 것도 없이—이는 미덥지 못한 경우가 더러 있다, 역사가 보여주는 건강한 상식만으로도, 경제의 파란과 위기 심지어 불황은 모두가 정상적인 것임이 명백하다. 지난 반세기 넘는 동안, 우리는 숱한 경제 기적을 보아 왔지만, 그 기적들은 어느 한 가지도 시간이 지나면서 아름다운 모습이 퇴색하지 않은 경우가 없었고, 심지어 웃음거리로 전락하고 말았다. 기적이라고 말하는 것은 그것이 드물기 때문이다. 그것은 기회와 인연이 맞물리면서, 되풀이할 수 없는 역사적 이유로 만들어지기도 한다. 그러나 시간이 흐르고 공간이 달라지면, 기적도 연기처럼 사라진다. 모든 사물에는 생명의 주기가 있다. 그것은 규율이라는 것보다 더 강제성을 지닌 자연법칙이다. 지금 떠들썩한 중국의 기적도 이런 역사의 운명에서 스스로 벗어나기는 어려울 것이다. 이 책에서는 중국 기적의 역사적 원인을 상세히 밝히고, 아울러 중국 기적을 창조한 역사적 조건에 심대한 변화가 생기고 있다는 사실을 자세히 밝힐 것이다. 달콤한 성장의 시절은 점점 종점으로 다가서고 있다. 때에 따라 바뀌는 전략의 전환도 코앞에 닥쳤다.

이제까지 가장 비관적인 예측은 베이징대학의 마이클 페티스[1]가 내놓은 것이다. 그는 최근에 중국의 향후 몇 년 동안의 경제성장은 3% 내지 3.5%에 불과할 수도 있다고 예측했다. 이런 성장률은 위기에 빠진 서방 국가들로서는 부러워할 만한 속도이다. 더욱이 1989년 이후 20년 동안이나 침체를 겪고 있는 일본에게는 사치스럽기까지 할 것이다. 하지만 중국에게는 대공황과 다르지 않을 것이다. 그것은 앞서 거론한 나라들과 비교할 때, 중국은 분배의 문제가 심각하고 정치사회적 구조가 훨씬 취약해 경제적 파장이 몰고 오는 충격을 흡수할 수 없기 때문이다. 중국의 정치와 사회 구조는 경제가 고도성장을 지속한다는 낙관적 가설 위에서 세워졌기 때문에 경제적 충격을 받아들일 수 있는 능력이 몹시 떨어진다. 'GDP 우선' 전략이 지속적으로 효과를 거두자, 미래에 대한 낙관적 가설은 전적으로 신뢰할 수 있는 확고한 사실처럼 받아들여졌다. 이런 무감각과 부적절한 전략에 근거한 중국의 정치와 사회의 실질적 개혁은 지지부진하기만 하다.

게다가 인위적으로 GDP의 고도성장을 촉진하고 저비용 순환을 유지함으로써, 중국의 경제성장은 부도덕한 박탈의 혐의를 쓰게 되었다. 즉 저비용 생산을 통한 경쟁우위를 유지하기 위해 행정력을 빌려 사회구성원의 환경 · 교육 · 의료에 대한 복지를 박탈하고, 농민의 토지이익을 박탈하고, 노동자의 임금을 박탈한다. 사실상 1990년대 이후로 중국의 경제성장이 함축한 제로섬게임의 색채는 이제 아주 분명해졌다. 간단히 말하자면, 1990년대 이후, 특히 1990년대 말기 이후 중국의 경제성장은 상당한 정도가 중국 사회에 대한 박탈을 대가로 삼은 것이다. 아울러 그 때문에 본래부터 몹시 취약하던 정치와 사회 구조는 경제의 성장과정에서 더욱 약화되었다. 수용능력은 경제의 성장과정에서 취약해지고, 사회의 운행을 유지하는 정치구조 또한 점점 압력을 받고 있다. 아직 극한에는 이르지 않았더라도 극한에서 그리 멀지는 않을 것이다.

---

1) Michael Pettis : 중국경제전문가, 베이징대 광화관리학원 교수.

오늘날, 갈수록 규모가 커지고 수단이 거칠어지는 집단적 사건은 이런 판단을 내리는 유력한 증거가 된다. 성장이 빨라질수록 사회는 오히려 쇠약해지는 것이다. 이런 사실은 오늘날 중국의 경제성장이 지닌 아이러니이자, 한낮의 태양과도 같은 '중국식 모델'에 전환이 있을 것이라는 강한 암시이다. 여기에는 경제의 고도성장이 정치시스템의 합법성을 가져오기는커녕 오히려 그 합법성을 갉아먹는 결과를 가져올 것이라는 추론이 함축되어 있다. 경제의 성장과 정치적 합법성과의 반비례는 중국식 모델에 내내 잠복한 마수(魔獸)이다. 이제 시간이 지나면서 그 흉악한 몰골을 깡그리 드러내고 있다.

중국의 고도성장 전략은 역사적 이유로 서둘러 이루어진 것이 아니다. 그것은 그 내부의 이익분배 구조에 강력한 동력이 있다. 중국의 분배구조에서는 소수의 기득권 세력이 극도로 불균형한 비율을 차지하고 있기 때문에 그들은 최대한 경제의 성장을 촉진하고자 한다. 성장속도가 빠를수록 자신들이 얻는 단기 이익이 그만큼 커지기 때문이다. 경제성장을 촉진할 유효한 방법이 없어지면, 그들은 스스럼없이 약자들을 박탈하고, 자산 거품과 인플레를 자극한다. 고착된 이익구조는 질 낮은 고도성장에서도 기득권 세력이 최대한 단기 이익을 얻고 또 빠르게 현금화할 수 있게 만든다. 환경 악화, 자원 고갈, 거품 붕괴, 악성 인플레의 대가는 고도성장의 과정에서 아주 적은 소득을 얻거나 전혀 소득을 얻지 못하는 사회의 다른 구성원들에게 전가된다. 이것이 중국의 고도성장 전략 이면에 감춰진 정치경제학적 동력이다. 게다가 막강한 실력을 갖춘 기득권 세력은 중국의 경제정책에 강력한 영향을 미치기도 한다. 새로운 한 가지 사례를 들면, 통화팽창이 6.5%로 여전히 높고, 부동산을 비롯한 여타 자산 거품이 깨끗이 청산되기에는 요원하기만 한 시점에서, 중국의 막강한 기득권 세력은 사실상 느슨하기만 한 통화정책을 더욱 완화하라고 호소한다. 그들이 내세우는 이유는 그럴 듯하다. 긴축정책이 중소기업을 질식시킨다는 것이다—그 무렵 그들은 중소기업을 핑곗거리로 삼기 시작했다.

중소기업을 질식시킨 것은 결코 통화긴축정책이 아니다. 정반대로 지나치게 느슨한 통화정책이 중소기업에 심한 타격을 입힌 것이었다. 중국의 전체 경제시스템 속에서 중소기업은 중국 사회를 주요하게 떠받쳐왔다. 일자리문제를 가장 크게 해결하면서도 아주 취약해서 통화팽창과 자산 거품을 견뎌내는 능력이 떨어진다. 때문에 최근 몇 년 동안 꾸준히 상승한 인플레와 자산 거품은 중소기업의 비용부담을 대폭 키웠다. 게다가 독점기업과 기득권을 지닌 기업들은 이런저런 우세를 타고 기회를 포착해 큰돈을 벌고 있다. 이것이 중소기업이 갈수록 어려워지는 진실한 까닭이다. 중소기업문제는 결코 통화완화정책으로 해결할 수 있는 문제가 아니다. 만약 개인적 이익을 감춘 천박한 '전문가'들의 건의대로 통화정책을 더욱 완화해 인플레를 부추긴다면, 그것은 중소기업에게는 최후의 일격이 될 것이며, 나아가 중국 사회에 대한 최후의 일격이 될 것이다. 중소기업은 지금보다도 훨씬 빠른 속도로 와르르 무너질 것이다. 여기에는 아주 음험한 함정이 있다는 사실에 주의해야 한다.

물론 경제성장의 둔화는 중국 사회에도 똑같은 타격을 줄 것이다—이는 성장의 깃발을 내세운 기득권 세력이 꾸준히 중국의 정책을 위협하는 중요한 이유이기도 하다. 이 문제에 대해 속도를 늦추자고 주장하는 사람들은 아마도 너무 낙관적일 것이다. 하지만 경기가 부침하고 둔화되고 불황에 이르는 것은 역사의 정상적인 상태이기 때문에 무작정 피하기는 어려울 것이다. 중국의 경제 관리자와 기술 관료들이 아무리 뛰어나더라도, 이런 역사의 순간이 찾아오는 것을 피할 수는 없다. 갈수록 우리가 이런 역사적 단계에 근접했다는 사실을 보여주는 조짐들이 늘어난다. 경제는 결코 낙관할 수 없다.

경제의 성장속도가 둔화되고 불황을 겪는 것이 운명적인 것이라면, 성장의 속도를 인위적으로 높여 더 심각한 사회적 · 정치적 문제를 일으키기보다는, 둔화의 충격을 견뎌낼 수 있는 정치시스템과 사회시스템을 서둘러 만들어, 중국 사회가 갑자기 폐허로 변하는 충격을 피하는 것이 해결책이다. 간단히 말하면 이제부터 건강하고 튼튼한 사회를 만들어 나가기 시작해야 하는 것이다.

지난 20여 년 동안, 중국은 경제성장으로 정치시스템과 사회시스템의 변혁을 대신했다. 이제 그 길을 거꾸로 행할 때가 되었다. 미래의 장구한 경제성장을 위해 보다 건강한 정치적 · 사회적 토대를 쌓을 때이다. 중국 지도자의 역사적 사명은 빠르게 바뀌었다. 사회의 어떤 실질적 재편도 모두 정치시스템의 변혁과 연관되게 마련이다. 위험이 두려워 반신반의하면서 시늉만 한다면, 더 큰 위험이 더 빨리 들이닥칠 수 있다. 사회를 재편하는 것은 정치를 재편하는 것이고, 사회 · 시장 · 국가 사이의 관계를 재편하는 것이다. 지금 중국의 심각한 문제는 정부와 강세기업의 —대형국유기업만이 아니다 공모에서 비롯되었고, 그것이 사회를 억제하고 사회를 파괴했다면, 사회의 재건도 당연히 그곳에서부터 시작되어야 한다. 정치와 경제를 운영하는 마지노선이 한없이 침몰한 것에서 사회에 대한 파괴가 시작되었다면, 경제 · 정치 · 사회 운영의 마지노선을 재편하는 것이 중국이 당면한 급선무이다. 마지노선이라는 것은 문명이 보편적 인정을 받는 최소한의 권리이자, 가장 기본적인 금지성(禁止性) 준칙이다. 예컨대 노동자는 단체임금교섭권을 갖고, 국민은 자유로운 의사표현의 합법적 권리를 갖고, 농민은 박탈당하지 않을 권리를 갖고, 산업은 환경을 보호해야 하고, 정치는 감독을 받아야 하는 것 등이다. 인류 역사는 마지노선이 꾸준히 제고되며 발전해 왔다. 마지노선이 자꾸만 침몰하는 오늘날 중국에서는 마지노선을 다시 세워야만 선량한 국민을 만들 수 있으며, 또 그런 국민이 있어야 위기가 닥쳤을 때 함께 헤쳐 나갈 수 있다. 그런 국민이 바탕이 되어야 좋은 정치를 하는 정부와 양질의 산업을 일으킬 수 있다. 숱한 논자들이 주제넘은 이성과 교과서 같은 천박함을 근거로 중국을 위한 온갖 청사진을 내놓았다. 하지만 역사는 기획할 수 있는 것이 아니며, 온갖 역량의 게임에서 나오는 것이다. 역사가 진보하는지를 판단하는 잣대는 그 게임의 규칙이 마지노선 위에 놓여 있는가 하는 것이다. 이런 의미에서 마지노선을 재건하는 것은 역사 발전의 길을 다시 닦는 것이다.

그것은 아주 복잡하고 위험한 과정임에 틀림없다. 하지만 중국의 지도자가 역사를 창조한다는 강한 정치적 의지를 갖고서 진지하고 꾸준하게 헤쳐 나간다면, 풍성한 역사적 성과를 거둘 것임에 틀림없다. 가장 기본적인 마지노선에 대해 공감하지 못하는 민족은 허울만이 남을 것이다.

중국의 정치 · 사회 · 경제 현실에 대한 이해에 근거할 때, 필자는 일반적인 경제비관론자들보다 훨씬 비관적으로 전망한다. 경제성장률이 9.5%에 이르렀을 때, 중국 사회에는 혼란스러운 모습이 자주 나타났다. 만약 장기불황을 겪게 된다면, 중국 사회가 어떤 모습이 될지는 상상조차 하기 어렵다. 중국 사회를 재건하는 역사의 일정은 아주 촉박하다. 어쩌면 마지막 기회조차 잃어버린 것은 아닌가 하는 의문마저 든다.

경제성장의 미래 모습은 습관성 비관론자들의 스케치처럼 그렇게 어둡지만은 않을 것이다. 어쩌면 무한한 가능성을 지닌 미래에는 저절로 광명의 문이 열릴지도 모른다. 하지만 책임 있는 지도자라면 가장 낙관적 상황을 집권의 전략적 토대로 가설하지는 못할 것이다. 우리는 "늑대가 온다!"는 이야기를 다시 기억해야만 한다. 이 오래된 이야기가 함축하고 있는 또 다른 층위의 의미는 한 차례의 오보 때문에 치명적 재난을 겪어서는 안 된다는 것이다.

이것으로 머리글을 삼는다.

난징(南京) 교외 장쥔산(將軍山) 기슭에서

위안젠(袁劍)

차 례

제1부 | 도금시대 : 2002~2008

제3부 | 슈퍼 주기의 종말 : 2012~

PART 1

제1부 도금시대 : 2002~2008

CHAPTER

01 금융의 마술

새로운 지도자들이 집권하고부터 사회 정의는 우선시되는 정책 목표가 되었다. 하지만 그런 상황에서도 분배구조는 여전히 왜곡이 심화되고 있다는 점은 깊이 깨닫고 생각해야 할 것이다. 수십 년 동안의 개혁을 거치며 중국은 이미 분배시스템을 강화했고, 그 시스템이 마지막 모습을 다듬기에 앞서 마지막 스퍼트를 하고 있는 것인가? 사람들은 대부분 중국의 사회문제에서 비롯된 경제의 구조적 문제를 일러 '균형을 잃었다'고 말하지만, 이런저런 현상은 그것이 균형을 잃은 것이 아니라 일종의 파열이라는 것을 보여준다. '균형 상실'은 고유의 시스템 속에서 통제하고 교정할 수 있다는 의미이지만, 파열은 고유의 시스템에 존재하는 문제를 통제하지 못해 극단으로 치닫는다는 의미이며, 또한 고유의 시스템이 깨진다는 의미이다.

1.1. 천재들이 만들어낸 공포

1998년 9월 23일 오후, 뉴욕 월가에 바짝 붙은 르네상스풍의 빌딩 안에서는 미국연방준비제도이사회(FRB)의 뉴욕지점장 윌리엄 맥도너가 극비리에 회의를 열고 있었다. 윌리엄 맥도너는 말 한 마디 하지 않았지만, 회의 참석자들은 힘을 모아 한 기업을 구해야만 한다는, 회의 주제를 너나없이 잘 알고 있었다. 몇 달 전까지만 하더라도 빌붙고 영합하려고 최선을 다하던 기업이었다. LTCM[1]이 장본인으로, 최근 몇 년 사이에 월가에서 빠르게 성장한 입지전적 헤지펀드이다.

회의 참석자들의 면면을 보면, 이번 구제가 월가에 있어서 어떤 의미를 갖는 것인지 알 수 있었다. 월가에 있는 유명 금융기관의 중량급 인사가 망라되었는데, 메릴린치증권의 데이비드 코만스키, 골드만삭스의 조 커즈너, 리먼브라더스의 리처드 펄드, 뉴욕증권거래소(NYSE) 회장, 유럽의 대형은행 책임자들이 대거 포함되어 있었다. 이런 규모의 회의는 월가에서는 처음인 것 같았다.

회의에 참석한 거물들 가운데는 LTCM으로부터 푸대접을 받은 적이 있어서 원한이 적지 않은 인사들도 많았다. 하지만 그들은 개인적 감정

역주 1) Long-Term Capital Management L.P.: 세계 최대의 헤지펀드. 1997년 아시아 금융위기와 1998년 러시아 국채의 채무불이행 선언 등으로 엄청난 손실을 입었다.

을 억제하고, 자기 회사의 단기 이익도 밀어 두는 수밖에 없었다. 기이할 정도로 높은 재무레버리지[2])를 통해, 자산이 40억 달러 남짓한 LTCM이 계약한 관련 액수가 1조 달러에 육박하였기 때문이다. 제아무리 도도한 월가라고 하더라도 시장을 한순간에 마비시킬 수 있는 천문학적 액수였다. 이것이 바로 윌리엄 맥도너 같은 정부 관리가 회의를 소집할 수밖에 없었던 이유였다. 이 사건은 시장을 엄청난 공황상태로 몰아넣어, 선량한 공공의 이익을 해치기에 충분하였던 것이다. 전문적으로 말하자면, LTCM의 파산에 따른 '시장 마비'는 하나의 가능성이었지만, 회의에 참석한 금융 거물들은 누구도 파멸의 가능성을 감히 낮게 평가하지는 못했다. 이는 윌리엄 맥도너가 참석자들에게 건넨 강력한 암시였다. 윌리엄 맥도너는 암시만 하는 수밖에 없었다. 정부가 나서서 사기업을 구제한다면 강력한 반대를 야기할 수 있기 때문이었다. 자유시장경제를 신봉하는 미국에서 이는 정부가 반드시 지켜야 하는 전통적 한계선이었다.

격렬한 논쟁이 오가면서 몇 번이나 결렬될 위기에 놓였던 회의는 결국 합의를 보았다. 각 회사마다 2억 5천만 달러씩을 갹출하여 LTCM에 자금을 수혈하기로 했다. J.P. 모건은행의 더글라스 워너가 쓴웃음을 지으며 "어이, 꼬마들, 소풍을 가려면, 우선 일인당 2억 5천만 달러씩 내놓게."라고 유머러스하게 말한 것처럼 말이다.

LTCM은 리스크관리의 전형으로 금융사에 기록되었고, 사람들에게 널리 알려졌다.

1980년대 초, 솔로몬브라더스에서 근무한 존 메리웨더는 "기업계에서 백치로 간주하던 사람들을 데리고 월가에 입성했다." 월가는 그들 '백치'가 아무 내색도 없이 월가를 철저하게 바꿔놓으리라고는 상상조차 하지 못했다. 존 메리웨더가 가장 먼저 끌어들인 '백치' 가운데는 MIT에서 박사학위를 두 개나 받은 래리 힐리브랜드—극단적으로 재미없지만 아주 영리한 사람이다, 역시 MIT 출신으로 나중에 LTCM의 수석집행관이 된 에릭

역주 2) financial leverage : 기업에 타인자본, 즉 부채를 보유함으로써 금융비용을 부담하는 것.

로젠펠드, 런던정경대학 출신의 빅터 하가니 등이 있었다. 그들은 나중에 LTCM의 핵심 멤버가 되었는데, 성격은 제각각이었지만 대개 똑같은 천부적 재능을—그들은 모두가 거의 수학천재였다 지니고 있었다.

월가의 의기양양한 금융가들은 이제껏 그들과 같은 탁상공론가는 본 적이 없었던 듯했다. 게다가 그들은 탁상공론가들이 매달린 신비한 사업을 이해하지 못한 것 같았다. 하지만 존 메리웨더 수하의 '백치' 들은 놀랍게도 전체 월가의 금융가들을 자신들의 마니아로 바꿔놓았다. 정확하게 말하자면, 훗날 월가가 수학모델을 맹목적으로 숭배하게 된 것은 바로 그들 수학자들의 손에서 만들어진 것이었다. 하지만 이것이 LTCM의 유일한 자랑거리인 것은 결코 아니었다. 그들에게는 로버트 머튼[3]과 마이런 숄즈,[4] 두 사람의 노벨 경제학상 수상자가 있었다. 머튼은 하버드대 교수로, 여러 세대의 딜러를 길러낸 인물이었고, 숄즈 또한 학계의 스타인 동시에 선동능력이 뛰어난 펀드매니저였다. 존 메리웨더는 자신에 대한 월가의 좋은 평판에 힘입어 또 한 사람의 뛰어난 인물을 끌어들였다. 바로 연방준비제도이사회의 부의장 데이비드 뮬린스였다. 이와 같은 조합은 월가에서는 전무후무한 것이었다. 적어도 지금까지는 그렇다. 한 장기자본관리기금 투자자의 감탄처럼, 그야말로 '드림팀' 이었다.

이 투자자의 감탄은 스타를 떠받드는 사람의 익숙한 흥분 때문에 터무니없이 말한 것은 결코 아니었다. LTCM이 처음 몇 년 동안 보여준 놀라운 성과는 이 투자자의 격동이 이유가 있었음을 보여준다. 1994년 2월 LTCM이 정식으로 영업을 시작한 첫해에 천재들은 투자자에게 28%라는 기적 같은 수익을 올려주었다. 이런 성과는 로버트 머튼에게 자신의 무미건조한 이론이 현장에서 증명되었을 뿐 아니라 더욱 '위대' 하게 응용할 수 있다는 확신을 주었다. 확신에 찬 머튼은 파생상품시대에 LTCM

역주 3) Robert C. Merton(1944~) : 미국의 재정경제학자로 주식 옵션과 기타 파생물의 가치를 측정할 수 있는 '블랙-숄즈 공식' 을 개발한 공로로 1997년에 마이런 숄즈와 함께 노벨 경제학상을 받았다.

역주 4) Myron Samuel Scholes(1941~) : 캐나다의 경제학자로 1997년에 로버트 머튼과 함께 노벨 경제학상을 받았다.

이 전혀 새로운 기업중개기구를 만들고 있다고 공언했다.

그 후 몇 년 동안 거둔 LTCM의 성과는 머튼의 예언을 입증하는 것처럼 보였다. 1998년에 재앙이 닥치기 전까지, LTCM의 수익률은 놀라울 정도였다. 1996년도에는 57%라는 경이적인 정도에 이르렀다. 그 해에는 창립한 지 3년밖에 되지 않은 LTCM이 21억 달러라는 엄청난 이윤을 거둬들였다. 그것은 맥도날드 · 디즈니 등을 포함한, 거의 대부분의 최우량 기업을 능가하는 것이었다. 아라비안나이트와도 같은 투자 성과는 월가의 동료들이 질투하기에 충분했고, 초기투자자들은 한없이 흥분했다. 그런데 1997년 말, LTCM이 자본과 이윤을 단번에 초기투자자들에게 반환하자, 투자자들은 분노했다. 한 투자자는 "너무도 가증스럽다. 그들이 돈이 절실할 때, 우리는 그들을 지원했다. 이제 잘나가니까 우리를 발로 차버린다."며 목소리를 높였다. 하지만 이 투자자는 분노할 필요가 없었다. 오히려 억세게 운이 좋았음이 입증되었다. LTCM의 악몽이 이내 시작되었기 때문이다.

LTCM의 기적이 지속되던 4년째인 1998년, 러시아 채권시장 붕괴는 이 천재들에게 치명적인 일격을 가했다. 하룻밤 사이에 파생상품시장은 유동성이 거의 사라졌고, LTCM은 불행하게도 가장 큰 손실을 입었다. LTCM은 거래 파트너를 완전히 잃고 말았다. LTCM의 한 펀드가입자의 말로는 사람들은 분주히 유동성을 좇아 떠나버렸다고 한다. 그 직전까지 LTCM은 시장이 제공하는 유동성 덕택으로 거드름을 피웠다. 이런 점이 바로 머튼 교수가 말하는 '신금융 중개'의 진의가 담긴 구석이다.

사실 LTCM의 수학자 모델에 있어서 유동성이 갑자기 고갈되는 상황이 전혀 불가능한 것은 아니었다. 다만 그들의 수학세계에 있어서 그럴 확률이 아주 낮았을 뿐이었다. 백년에 한 번 닥치는 홍수처럼 그렇게 불가사의한 것이었다. 나중에 확인되었지만, LTCM이 마주친 홍수는 역사적으로도 확률이 낮은 사건이었을 뿐 아니라 세계적으로도 찾아보기 어려운 것이었다. 물론 이것은 LTCM 펀드투자자의 개인적 설명일 뿐이다—분명 이치가 있지만. 아울러 진상의 일부분일 뿐이다. 진상의 또 다른 부분은 이러하다. LTCM은 억세게 운이 없었을 뿐 아니라 한 가지 치명적 실수를 저질렀다. 그들의 재무레버리지의 비율이 지나치게 높아진 것이었다. 자산이 가장 위축되었을 때에도, 재무레버리지가 100배나 되었는데, 이것은 어떤 경우에라도 재정적으로 받아들일 수 없는 것이었다. 천재적인 수학자들이 가장 수준 낮은 실수를 저지른 것임에 틀림없다.

논리 세계의 천재가 현실 세계에서는 아주 기본적인 상식조차 소홀히 여기는 경우가 더러 있다. LTCM의 붕괴에 있어서는 인성(人性)이라는 상식이었다. 인성이 갖는 공포심과 탐욕 때문에 세상에서는 불가사의한 일이 벌어질 수 있다. 한 치의 오차도 없다고 여기는 수학자들의 모형으로는 그런 일을 미리 감지할 수 없다. 그런 의미에서 보면 인류의 역사는 단순하게 되풀이된 적은 없었다. 한 평론가는 이렇게 논평했다. "LTCM은 불도저 앞에서 돈을 주웠다. LTCM의 천재들은 과학적 계산을 통해, 자신들이 깔려 죽을 확률은 극히 낮다고 확신했다. 하지만 그들은 불도저에 깔려 죽고 말았다. 다시 살아날 방법은 전혀 없고, 자칫 월가 전체를 물속으로 끌어들일 뻔했다." 아주 적절한 논평이다. 이는 수학자의 확률과 펀드매니저의 투자와의 차이이다.

LTCM은 사라졌지만 소중한 교훈을 남겼다. 놀라운 것은 그 교훈은 이익에 열광하는 금융계에서는 아무도 관심을 두지 않는다는 것이다. 겨우 10년 후에 LTCM의 드라마는 더 크고 강력하게 되풀이되었다. 글로벌 금융위기를 초래한 서브프라임 모기지론 사태[5]이다. 서브프라임 모기지론 사태는 LTCM의 위기와 매우 닮았다. 혈맥을 곤두서게 만든 금융시장의 역사적 교훈은 끝내 무력하기만 했다.

— 2003년 1월에 쓴 초고를 새로 손질함.

역주 5) Subprime Mortgage Crisis : 2007년에 미국의 10위 안에 드는 초대형 모기지론 대부업체가 파산하면서 시작된, 국제금융시장에 신용경색을 불러온 연쇄적 경제위기.

1.2. 'GDP'를 부(富)의 중심으로 삼다

우리가 아직도 자본주의가 세계를 지배하는 시대에 살고 있다고 확신한다면, "금융을 지배하는 사람이 세계를 지배할 것이다"라는 말은 앞으로도 계속 반복될 것이다.

역사적으로 세계 자본주의의 중심은 몇 차례 자리를 옮겼다. 베네치아에서 네덜란드로 옮아갔고, 네덜란드에서 영국을 거쳐 다시 미국으로 바뀌었다. 이런 자본주의의 역사적 맥락에서 한 가지 흥미로운 현상을 뚜렷이 살필 수 있다. 자본주의 중심의 이동은 자본의 교역과 금융의 중심을 따라 움직였다는 점이다. 교역의 중심과 자본주의의 중심이 마치 그림자처럼 붙어서 이동한 역사적 사실은 금융 중심과 교역 중심의 이동이 자본주의의 중심을 이동시킨다고 추정하게 만든다.

교역 중심과 금융 중심은 가격을 결정하는 중심이며, 부와 자원을 배분하는 중심이다. 이 중심을 누가 장악하느냐에 따라 상업 권력과 부의 분배에 있어서 가장 높은 자리를 차지하게 된다. 이런 준엄한 논리는 자본주의의 보편적 부유함에 대한 우리의 상상과는 다르지만, 역사의 진실일 것이다. 교역과 금융의 중심이 암스테르담에서 런던으로 이동하고, 다시 뉴욕으로 이동하였을 때, 세계 자본주의의 '수도'는 네덜란드에서 영국으로, 영국에서 미국으로 이동하였음을 알 수 있다. 금융 중심의 이동에는 상업의 최고 권력과 번영이 함께 따라간다.

중심이 있으면 변방이 있게 마련이다. 번영하고 비약적으로 부를 축적하는 중심과는 반대로 자본주의 변방의 운명을 지닌 지역은 의외로 많다. 이는 중국의 서부 지역과 베이징, 상하이와의 관계와도 같다. 똑같은 자본주의에 똑같은 시장경제이지만, 변방지역이 반드시 중심과 더불어 번영하고, 중심과 더불어 부유해지는 것은 아니다. 이런 사실은 현대 자본주의의 역사에서 분명하게 확인된다. 더욱이 중국의 최근 30년 동안의 시장경제 개혁 속에서 흔히 보아온 사실이다. 미국을 오늘날 자본주의의 중심이자 정점이라고 한다면, 불행히도 중국은 세계 자본주의 체제의 변방과 바닥에 놓여 있을 것이다. '세계의 공장' 이—이 말은 근자에 중국에 더해진 또 하나의 명예이다 세계의 가치 사슬의 바닥에서 허덕이는 당혹스러운 현상은 바닥과 변방에 놓인 중국의 지위를 가장 잘 보여준다.

세계에서 가장 인구가 많은 중국에서 30년 동안 시장경제 개혁을 진행한 뒤에, 대다수 사람들은 세계의 경제 중심, 특히 제조업의 중심이 동아시아로 옮아가는 것은 틀림없는 추세라고 확신한다. 하지만 생산 중심은 결코 부의 중심이 아니라는 사실을 잘 기억해야 한다. 세계의 부를 분배하는 중심은 여전히 월가에 있고, 뉴욕거래소에 있고, 나스닥에 있다. 자본이 자유롭게 움직이는 시대에 세계의 자본은 끊임없이 월가로 모여들고, 월가 금융 마술사들의 손을 거쳐 다시 전 세계에서 사냥매처럼 투자와 투기의 기회를 엿본다. 이는 세계 자원의 효율적 배치 과정일 뿐 아니라 부의 효율적 재분배 과정이기도 하다. 다른 요소들은 논외로 하더라도, 미국이 강대한 것은 미국이 갖고 있는 강대한 자본시장 때문이다. 즉 엄청난 흡인력과 위대한 상상력을 지닌 금융 중심을 지니고 있기 때문이다. 이런 점은 아마도 동아시아 국가 특히 중국의 가장 치명적 결함일 것이다. 역설적이게도 동아시아와 중국은 흔히 자본주의 모범생으로 여겨진다.

1978년부터 중국은 역사상 가장 놀라운 GDP 증가 기록을 세웠다. 하지만 부의 증가는 이에 훨씬 못 미친다. 만약 중국의 GDP 증가를 '중국의 기적' 이라고 한다면, GDP 증가와 부의 증가 사이의 거리는 또 하나의 '중국의 기적' 일 것이다. 후자의 '중국의 기적' 을 만든 원인은 이런 것이다. 중국은 주저 없이 세계 자본주의 체제에 들어갔지만, 가격결정권을 완전히 상실했고, 세계의 부의 분배 게임에서의 발언권도 상실했다. 이런 권력을 얻으려면 각종 지원이 필요하다는 것은 의심할 필요조차 없다. 또한 강한 금융 권력이 있어야만 한다는 것도 의문의 여지가 없다. 이런 권력을 갖지 못하면, 중국은 영원히 세계 자본주의 체제 속에서 시골로 남을 것이고, 고작해야 이 체제 속에서 '향진기업(鄕鎭企業)' [6]쯤

역주 6) 단체나 개인이 합작 경영하는 기업. 향기(鄕企).

이나 될 것이다.

그렇다면 세계 체제 속에서 최근에 GDP가 가장 빠르게 성장하는 중국에서도 강대한 금융 중심을 세울 수 있을까?

지난 30년 동안, 중국 경제는 빠르게 덩치가 커졌지만, 그와는 대조적으로 금융은 아주 허약하다. 때문에 신흥 성장지역에서 보조를 맞추어, 금융 중심을 세우는 것은 엄두도 내지 못한다. 상하이는 오래전부터 '아시아 · 태평양 금융 중심'을 도시의 전략적 지위로 삼아 왔다. 하지만 이제 와서 보면, 금융을 제멋대로 주무르는 나라에서 이것은 유머러스한 일방적 소망일 뿐이다. 중국증권교역소의 지위가 갈수록 주변화되는 것이 그 증거이다. 중국의 전략을 세우는 사람들은 금융 중심은 가장 현대적 기술설비를 의미하는 것만이 아니라 가장 엄숙한 법치, 가장 개방적 문화, 가장 민주적 정신을 토대로 삼아야만 한다는 사실을 잘 모르는 것 같다. 이런 의미에서 보면, 중국의 새로운 GDP 중심과 금융 중심은 그 거리가 여전히 멀기만 하다. 중국은 꽤 오랫동안 세계 경제 속의 GDP 중심일 뿐이고, 아득히 멀리 있는 월가의 명령에 따르는 생산기지에 지나지 않을지도 모른다.

세계 경제체제가 '중심부-주변부'라는 이분법적 시각에 누구나—다수도 아니다 동의하는 것은 결코 아니다. 하지만 역사와 현실을 살펴보면, 이런 방법은 여전히 훌륭한 해명 능력을 지니고 있다고 믿는다. 여기에 근거하여 금융은 세계 경제체제에서 결정적 역할을 한다는 사실을 거듭 강조해 둘 필요가 있다. 금융 중심은 교역 중심을 뜻할 뿐만 아니라 가격결정의 중심을 뜻하며, 또 세계 경제체제에서의 규칙 제정의 능력을 뜻한다. 그것이 혁신의 중심을 뜻하리라는 것은 더욱 중요하다. 나날이 변화하는 현대 경제에서 혁신의 중심은 경제의 경쟁력에 있어서 가장 핵심적 부분일 것이다. 신경제를 만들고 촉진하는 나스닥의 역할이 그 명백한 증거이다.

— 2006년 11월

1.3. 중국 자본시장의 포효

2007년 2월 27일, 음력설 연휴가 끝나고 이틀째 거래일에 중국 증권시장은 거대한 하향곡선을 그리며 9%나 하락해 전 세계 투자자들을 당황하게 만들었다. 그 때문에 뒤를 이어 장을 연 세계의 다른 주요 증시도 잇달아 폭락세로 장을 마쳤다. 사람들은 모두 중국에 무슨 일이 있느냐고 물었다. 종전의 관례로는, 정치와 정책의 영향을 아주 크게 받는 중국의 주식시장에서는 놀라운 정치적 변고나 정책 변화가 있어야만 이런 비정상적 추세가 초래될 수 있었다.

하지만 이번에는 아무도 제대로 짚어내지 못했다. 비정상적 폭락은 금융대폭발의 서막을 알리는 것이었다. 전 세계 투자자에게 중국에는 가장 근사한 자본의 이야기가 있으니, 관심을 쏟으라고 일깨워주는 것이었다. 아니나 다를까 그 후 일 년도 되지 않는 동안에 중국 증시는 마치 대폭발을 하기라도 하는 것처럼 놀랍게도 금융의 창세기를 연출했다. '대폭발'이라는 것은 없던 것에서 갑자기 생겨나고, 작던 것이 커지고, 간단한 구조가 복잡하게 바뀌는 과정을 가리킨다. 이런 시각에서 보면, 2007년의 중국 금융, 특히 자본시장은 분명 천지개벽의 창조적 의미를 보여주었다. 아직 2008년 베이징 올림픽이 열리기 전이었지만, 선전포고 없는 금융 올림픽은 이미 시작되었고, 이제까지의 경기에서 중국은 금메달을 획득한 것만 같다.

지난 일 년 동안, 중국 증시는 2,700포인트에서 최고 6,100포인트까지 올라, 상승폭이 세계의 주요 자본시장 가운데 으뜸이었다. 앞으로 일 년이 더 지나면, 상승폭은 500%까지 더 올라갈 것이다. 지수의 가파른 상승과 더불어 중국 증시의 시가총액도 빠르게 늘어났다. 중국석유가 상장되던 날, 중국 증시의 시가총액과 GDP의 비율은 1.6대 1이라는 신기록을 세웠다. 이런 비율은 시장경제가 성숙한 나라와 대략 같거나 약간 넘어서는 정도이다. 짧은 동안에 급격하게 상승한 것은 중국 경제의 증권화 비율이 비약적으로 성장하였음을 보여주는 것이다. 그렇지만 지수의 대폭 상승과 시가총액의 빠른 증가는 2007년 중국 금융의 비상상황을 담아내기에는 너무 부족하다.

대약진과도 같은 금융폭발에 대한 중국의 한 펀드매니저의 통계수치는 아마도 문제를 한결 잘 설명할 것 같다. 중국의 펀드는 0원에서 1조 원으로 늘어나는 데 8년 가까이 걸렸지만, 1조 원에서 2조 원에 이르는 데는 반년이 걸렸고, 2조 원에서 3조 원이 되는 데는 놀랍게도 3개월밖에 걸리지 않았다. 펀드가 늘어나고 펀드에 익숙해지면서, 중국의 투자인구도 빠르게 확산되고 있다. 2007년 중국에서 주식 계좌를 개설한 사람은 1억 2천만 명에 이른다. 중국의 도시에서는 일반 투자자들이 능숙하게 '퍄오량(漂亮) 50'[7] 같은 투자 이력에 대해 이야기하는 모습을 예사로 볼 수 있다. 그 배후에는 중국의 평범한 국민들의 부에 대한 꿈이 있다. 중국의 도시인구 가운데 투자인구가 차지하는 비율은 아직 미국 등에 비해 턱없이 낮지만, 투자인구의 급격한 확대는 중국의 도시에서 금융이 하나의 일상이 되고 있다는 강렬한 신호를 보낸다. 이처럼 전파력이 강한 일상은 중국의 자본시장에 있어서 미래 잠재력의 발판이 된다. 2007년, 중국 자본시장의 엄청난 식욕은 처음으로 예사롭지 않은 면모를 드러냈다. 중요한 의미를 지녔음에도, 사람들이 홀시한 이 수치는 중국의 신규상장 융자가 다른 신흥시장을 멀찍이 따돌렸을 뿐 아니라 일거에 뉴욕이나 런던 같은 세계의 금융 중심을 넘어섰음을 보여준다. 2006년 A고(股)[8] 시장의 신규상장 융자액은 뉴욕 · 런던의 양대 거래소 총액을 넘어섰다. 이처럼 엄청난 융자능력은 중국의 자본시장이 크게 확장되었고, 점점 세계자본의 주요 제공자가 되고 있다며, 오래된 금융 중심을 각성시킨다. 내수시장의 거대한 잠재력을 바탕으로 한 중국의 자본시장은 더 이상 전통적 의미의 신흥시장이 아니라 장차 그들에게 엄청난 고민을 안겨줄 경쟁자가 될 수 있다는 사실을 유력하게 뒷받침한다. 이는

역주 7) 미국에서 기관투자자가 선호하는 50개의 대형 성장주를 이르는 '니프티 피프티(nifty fifty)'를 중국에서 이르는 말.

역주 8) 중국인 대상 주식.

고도성장을 지속한 중국의 GDP에는 걸맞은 것이지만, 주변적인 데다 이제껏 웃음거리이던 소형 자본시장이 단번에 이룩한 것이어서 놀랄 만하다. 중국 자본시장의 지분분할개혁 완성, A고 시장의 빠른 국제화, 중국 대륙의 블랙홀 같은 경제규모 때문에 홍콩 주식시장은 점점 주변화되거나 나아가 A고화될 터이지만, 그것이 이토록 빨리 찾아올 줄은 미처 몰랐다는 개인적 견해를 밝히기도 한다. 2007년, 홍콩 항셍지수는 A고에 대해서도 남의 장단에 놀아나는 추세를 보였다. 이런 추세는 물론 아직 시작에 불과하다.

기업에 있어서 자본시장은 마치 신기한 촉매제처럼 순식간에 기업의 가치를 갑절로 올려놓을 수 있다. 2007년, 자본시장의 마술이 A고 시장에서 잇달아 연출되었다. 2007년 7월 25일, 장이 마감되고 나서 중국인들은 갑자기 자신들이 세계 최대의 은행을 소유하였다는 사실을 알게 되었다. 그날 중국공상은행(ICBC)은 시가총액이 단숨에 시티은행을 뛰어넘어 세계 최대의 상장은행이 되었다. 수년 전까지도 모든 전문가들이 도저히 구제할 방법이 없다고 하여 도산에 내몰릴 처지였던 국유은행이 하룻밤 사이에 고목에 새 가지가 돋아난 것처럼 모습이 달라져 격세지감을 느끼게 만든다. 더욱 웃기는 것은 구미의 투자자들이 중국공상은행을 비롯한 국유은행의 구조조정과정에 800억 달러 넘게 투자해, 그들이 후순위채에서 손실을 본 500억 달러보다 훨씬 많다는 사실이다.

중국공상은행이 시티은행을 넘어선 것은 신화의 시작일 뿐이다. 그 후 불과 수개월 만에, 중국알루미늄은 시가총액이 미국의 알코아를 누르고 세계 최대의 알루미늄업체가 되었고, 중국신화(中國神華)는 미국의 피바디를 누르고 세계 석탄업계의 수위가 되었으며, 완커(萬科)는 미국의 1위부터 4위까지의 부동산기업의 시가총액을 합친 것을 넘어섰다. 이런 신화의 클라이맥스는 2007년 11월 5일이었다. 그날 중국석유(中國石油)는 거래를 시작하자마자 시가총액이 사상 처음으로 1조 1천억 달러에 이르러, 세계 기업사상 최초로 시가총액이 1조 달러를 넘는 기업이 되었다. 누군가의 계산에 따르면, 그 시가총액은 모빌사 · 마이크로소프트사 · 시티은행을 합친 것과 비슷했다. 2007년이 끝나기도 전에 중국은 세계에서 시가총액이 높은 10대 기업 가운데 4개를 보유하게 되었다.

폐쇄적이고 하찮은 주변성 자본시장에서 단기간에 일약 세계가 주목하는 시장으로 성장함으로써, 중국 금융은 2007년에 크게 포효했다. 이것이 평범한 버블게임이거나 허장성세의 금융 연출에 지나지 않을 뿐일까?

— 2007년 11월

1.4. 상승장 배후의 이중 파열

2007년의 중국 자본시장은 일본의 거품시기 모습을 쉽사리 떠올리게 한다. 그리고 그런 연상과 유추는 대다수에게 중국의 2007년 금융 광풍을 단순히 역사적으로 벌어진 숱한 버블게임과 같은 것으로 여기게 만든다. 하지만 역사에는 미묘한 차이가 있게 마련이며, 그 미묘한 차이가 흔히 역사의 마지막 방향을 결정짓는다.

많은 거품론자들은 중국 증시는 유동성 과잉 때문에 거품이 누적되었을 뿐이라고 생각한다. 하지만 보기 드문 GDP 성장 속도를 지닌 초대형 경제체인 중국이 배당수익률을 어느 정도로 높게 유지할 것인가는 아주 어려운 문제이다. 거품론자들은 사람들을 전혀 설득시키지 못하는 것이 분명하다. 필자의 생각으로는, 2007년 중국의 증시폭등은 유동성 과잉 이외에도 기업이윤의 대폭 증가가 떠받친 것이 분명하다. 2007년 상반기 보고서에 따르면, 중국 상장기업의 이윤은 60%나 늘었다. 이런 증가 속도는 주가 수익률을 놓고 보면, 설령 거품이 끼어 있을지라도, 사실과 아주 동떨어지지는 않을 것이다. 하지만 중국의 상장기업을 자세히 들여다보면, 중국 기업의 이익 증가는 대부분 대형국유기업, 특히 독점적 국유기업에 집중되어 있다는 사실을 알 수 있다. 중국 자본시장에서 시가총액이 가장 크고, 이윤 또한 가장 풍성한 상위 수십 개 기업들은 거의 국유기업이다. 다시 말해서 중국 증시의 폭등은 완전히 대형, 특히 독점적 국유기업의 이윤이 예측 이상으로 꾸준히 늘어난 것이다. 국유기업의 부단한 상장으로 독점적인 국유 대기업이 증시 전체에서 차지하는 시가총액과 이윤 비율이 높아지면서, 자본시장에 대한 통제와 영향력도 차츰 커질 것이라고 예측할 수 있다. 다시 말해 중국 자본시장은 한 바퀴를 크게 돌아서 다시 국유의 시대로 되돌아간 것이다. 일단 그것을 '신(新)국유화' 라고 부르겠다. 중국 자본시장으로 시야를 넓혀 보면, 과거 부패와 적자의 소굴로 간주되어 조롱당하던 국유기업이 지금은 뜨겁게 환영받는 슈퍼스타가 되었다. 중국의 개혁 역사를 잘 알고 있는 사람들에게는 이것이 얼마나 황당한 일이겠는가? 그리고 사유화를 신봉하며 개혁의 본보기로 삼았던 중국의 숱한 지식인들에게 있어서, 이는 학문과 지적 능력에 대한 굴욕에만 그치지 않는다. 아울러 국유기업의 성격을 지닌 국가주권투자기금(SIF)이 최근 몇 년 사이에 걸음마를 시작했다는 점을 지적해 두어야겠다. 이는 국유화가 세계적 범위에서 새로운 형태로 세력을 얻고 있어서, 중국의 신(新)국유화 추세가 결코 외롭지 않음을 보여준다. 이런 추세는 세계가 정말로 변화할지도 모른다는 탄식을 자아내게 만든다.

중국 증권시장의 이런 새로운 추세는 1990년대 말기 이래 중국 경제의 신국유화 추세와 우연하게도 일치한다. 신국유화 추세는 명목상으로는 국유경제를 경쟁의 영역에서 물러나게 하고, 국유기업을 국민경제의 핵심 영역에 집중시킨다는 것이다. 하지만 신국유화는 국유기업을 이윤이 낮은 업종에서 빼내 이윤이 높고 독점성이 높은 업종에 집중시키는 측면이 강하다. 2003년에 국무원 국유자산감독관리위원회가 성립된 이후, 중앙기업의 이윤은 마치 마술처럼 해마다 비정상적으로 늘어났는데, 대부분 독점기업인 중국석유(CNPC)와 중국이동통신(CMCC)이 기여한 것이었다.

자본금은 저절로 사라질 리가 없다. 다만 이동되고 은닉되고 카펫 아래에 감춰질 뿐이다. 이윤도 하늘에서 떨어질 리가 없다. 하지만 중앙기업의 이윤은 단기간에 급격하게 늘어났다. 따라서 우리가 의구심을 갖는 것은 까닭이 있는 것이다. 경제성장 그 자체와 중앙기업의 성과 개선이 가져온 정상적 이윤 증가 이외에도, 중국 국유기업의 이윤은 상당부분이 자본의 이동이나 다른 기업의 이윤을 강제로 빼앗는 방식으로 얻어낸 것이다. 다시 말해서 일부분은 공공복지나 여타 기업의 이윤을 중앙기업의 손익계산서로 옮겨온 것이다. 이것이 중앙기업의 이윤이 마술처럼 늘어난 핵심 비밀의 하나이다. 이는 중국의 은행 개혁에서 아주 분명하게 살펴볼 수 있다.

얼마 전까지도 중국의 국유은행은 악성부채가 눈덩이처럼 쌓인 부실은행의 전형이었다. 하지만 불과 몇 년 만에 증자, 전략투자자 유치, 상장 등을 통해, 중국 국유은행은 뜨거운 감자에서 아주 인기 있는 '고성장' 은행으로 빠르게 변모했다. 중국의 은행 개혁은 눈부신 성과를 거두면서, 금융 기적이라는 명예를 얻었다. 하지만 중국의 은행에는 전문가들의 허풍처럼 그런 기적은 존재하지 않는다. 그것은 중국의 특수한 제도적 '우위'를 교묘하게 이용하여, 엄청난 개혁 비용을 분산하고 감춘 것일 뿐이다. 중국 국유은행 개혁에 있어서 결정판은 공공재원을 쏟아부은 것이다. 이것이 없었다면, 전략투자자 유치, 상장, 융자 등은 쳐다볼 수도 없었다. 공공재원을 쏟아 부었기 때문에 그 이후의 과정이 순조롭게 진행된 것이었다. 하지만 지원된 몇 조 위안이나 되는 자금은 다급한 의료, 교육, 사회보장, 환경보호 같은 사회의 공공재 건설에도 똑같이 사용될 수 있는 것이었다. 우선순위에 있어서, 금융이 보다 급박한 위험성을 지녔을 수도 있지만, 중국 금융개혁의 기적은 사회공공재의 엄중한 결핍과 사회발전의 심각한 정체를 대가로 한 것이라는 사실은 부인할 수 없다. 이는 이미 심각하게 녹슨 사회적 단결을 무너뜨렸고, 사회의 분열을 격화시켰다.

최근 몇 년 동안 의료 · 교육 · 환경 · 사회복지 부문에서 분노가 커지는 것은 우연이 아니다. 내내 가슴을 졸이게 만들던 금융위기는 깨끗이 사라진 것처럼 보인다. 하지만 보이지 않는 곳에서는 도리어 사회의 위기가 꿈틀대고 있다. 어떤 학자는 중국의 은행 개혁을 일러 '중국식 성장' 이라고 하는데, 그런 관점에서라면 '중국식 마술' 이라고 하는 것이 더 나을 것이다. 그런 표현에는 블랙유머의 요소가 다소 포함되어 있다.

국유은행만 다른 이익주체의 이익을 갉아먹는 것은 아니다. 또 독점적 국유 대기업만이 그런 것도 아니다. 이는 거의 모든 기업에 널리 퍼져 있는 현상이다. 다른 부류의 기업들은 중앙기업이나 국유은행처럼 아주 좋은 조건을 가지지는 않았지만, 경제성장 이외에 환경비용의 전가, 저렴한 토지 획득, 세금 혜택, 노동자 착취 등의 방법으로 초과이익을 얻는다. 이런 상황은 부동산 기업이나 피땀 흘려 일하는 공장 등 곳곳에서 볼 수 있다. 중국의 개혁과정에서는 정부에 대한 뿌리 깊은 숭배 이외에도 요란한 기업 숭배 현상이 나타났다. 이런 숭배는 기업이 경제발전과정에서 초과이익을 얻기에 아주 유리한 문화적 환경을 만들었다. 그리고 사회의 주체인 '국민' 과 국민의 권리를 극도로 위축시켰다.

기업이윤의 증가가 정부 · 기업 · 국민의 균형성장에서 나온 것이라면, 물론 좋은 일이다. 하지만 다른 이익주체를 착취하거나 비용을 전가하는 방식으로 얻어낸 것이라면 아주 우려스럽다. 현재 중국의 상황은 후자일 가능성이 높다. 2007년 11월, 중국국가통계국의 셰푸잔(謝伏瞻) 국장이 강연에서 내놓은 통계수치는 이 문제를 직접적으로 보여준다. "내수가 위축되는 주된 원인은 수입분배에 있어서 기업과 정부의 비중이 지나치게 높고 노동자의 비중이 지나치게 낮기 때문이다. 2002년부터 2005년까지, 정부의 재정수입이 GDP에서 차지하는 비중은 3.3퍼센트 높아졌고, 국민가처분소득은 4.6퍼센트 낮아졌다." 이런 추세와 맞물려, 2006년 중국의 소비율은 역사상 가장 낮은 36%로 떨어졌다. 이런 사실은 최근 몇 년 동안의 예사롭지 않은 경제성장 속에서 부가 정부와 기업으로 빠르게 집중되었고, 국민들은 알맞은 제몫을 얻지 못하였음을 보여준다. 언론보도는 통계수치보다 한결 설득력이 있다. 1999년에 「휴런 리포트(Hurun Report)」[9]가 첫선을 보였을 때, 중국에는 10억 달러가 넘는 부자

역주 9) 루퍼트 후거월프(Rupert Hoogewerf)가 1999년부터 발행하는, 중국 부자 및 기업 랭킹 보고서. 2011년에는 리카싱(李嘉誠)이 연속하여 중국 최고의 부자 자리를 차지했다.

가 한 명 뿐이었다. 하지만 2006년에는 중국의 800위까지의 부자가 가진 재산이 5억 6,200만 달러를 넘어, 2005년보다 두 배나 늘어났다. 이와 뚜렷이 대비되는 또 하나의 장면이 있다. 2007년, 중국에서 가장 부유한 상하이(上海)와 서남부의 충칭(重慶)에서는 슈퍼마켓에서 할인 판매하는 식용유를 사려고 서로 떼밀다 밟혀 죽는 사망사건이 일어났다.

정부와 기업에 대한 부의 빠른 집중은 정부재정수입과 기업이윤의 비정상적 증가를 보여주는 한편 공공재의 극단적 결핍과 심각한 부족을 보여주는데, 이것이 2007년 중국 주식시장 상승세의 기본적 배경을 이룬다. 이는 중국 국민이 기업과 정부에게 복지에 투입하라고 압박하여 만들어낸 상승 장세였다. 요즘 자본시장에서 유행하는 표현으로는 전형적인 자산 투입이 만들어낸 상승 장세였다. 즉 국민의 복지를 이윤의 형식으로 기업에 투자한 것이었다. 중국의 초기 자본시장이 일개 성(省)이나 일개 기업에 국한된 빈털터리였던 것에 비추어, 이처럼 감춰진 복지의 전이는 체제화의 정도에 있어서든 규모에 있어서든, 이미 비교가 되지 않는다. 정부와 기업은 중국의 개혁이 감춰둔 주제이자 영혼이었고, 감춰진 전이는 내내 지속되었다. 2007년에는 이런 역사적 전이가 한 차례 집중적으로 터져 나오고, 아울러 초강세 상승 장세라는 과장된 형태로 드러났을 뿐이다. 따라서 중국의 상승 장세는 중국의 사회 발전과는 반비례한다. 겉으로 드러난 상승 장세가 커질수록 보이지 않는 사회적 균열은 더욱 깊어지는 것이다. 기업과 정부의 상승 장세 배후에는 사회와 국민 전체의 하락 장세가 존재할 것이다. 양자가 공존하는 것은 마치 동전의 양면과도 같다. 그렇게 보면, 중국의 금융시장은 중국의 심각한 사회경제적 기초를 보여준다. 2007년에 일어난 중국의 금융 광풍은 평범한 거품이 아니며, 평범한 상승 장세가 아님이 분명하다. 그것은 평범한 상승 장세와 거품보다 훨씬 깊은 의미를 지니고 있다.

새로운 지도자들이 집권하고부터 사회 정의는 우선시되는 정책 목표가 되었다. 하지만 그런 상황에서도 분배구조는 여전히 왜곡이 심화되고 있다는 점은 깊이 깨닫고 생각해야 할 것이다. 수십 년 동안의 개혁을 거치며 중국은 이미 분배 시스템을 강화했고, 그 시스템이 마지막 모습을 다듬기에 앞서 마지막 스퍼트를 하고 있는 것인가? 사람들은 대부분 중국의 사회문제에서 비롯된 경제의 구조적 문제를 일러 '균형을 잃었다'고 말하지만, 이런저런 현상은 그것이 균형을 잃은 것이 아니라 일종의 파열이라는 것을 보여준다. '균형 상실'은 고유의 시스템 속에서 통제하고 교정할 수 있다는 의미이지만, 파열은 고유의 시스템에 존재하는 문제를 통제하지 못해 극단으로 치닫는다는 의미이며, 또한 고유의 시스템이 깨진다는 의미이다.

오늘날 세계 체제 또한 마찬가지로 시스템이 파열되는 조짐을 보인다. 가장 강한 신호는 이러하다. 미국 달러를 닻으로 삼고 표지로 삼는 세계의 금융화폐 시스템은 점점 통제력을 잃고 심각한 위기를 드러내고 있다. 한 나라의 금융위기가 부의 재분배를 뜻한다면, 세계 체제의 신봉자들은 세계적 금융위기는 세계 권력의 이동과 체제의 재편을 뜻한다고 믿는다. 그렇게 보면, 달러의 위축, 서브프라임 모기지론 사태, 중국의 상승 장세, 유가 폭등 등은 일반적인 금융위기와 가격 불안이 아니라 세계 체제의 일대 전환과 일대 혼란의 조짐일 수 있다. 이런 일대 전환을 일으킬 수 있는 배경은 중국 · 인도 · 러시아 같은 많은 인구를 지닌 경제체가 세계금융화폐와 경제시스템에 깊이 편입된 것이다. 마치 항공모함을 띄우면 사방으로 물보라가 날리고 성난 파도가 해안을 때릴 수밖에 없는 것과 마찬가지이다. 누군가는 이런 사실을 과장하여 중국의 굴기(崛起)라고 함부로 말한다. 하지만 역사의 법칙에 비추어보면, 그것은 잘못된 추리임에 틀림없다. 역사는 교과서에 대략적으로 서술한 것보다 훨씬 복잡하고 난해하다. 하지만 2007년에 벌어진 중국 증권시장의 광풍이 세계 체제 지각변동의 일부라는 사실은 부정할 수 없다.

1978년 이래 중국 개혁의 결과를 설득력 있게 설명한 사람은 이제껏 아무도 없었다. 또 중국의 현 체제를 묘사한 사람도 없었다. 중국은 점점 또렷해지기는커녕 갈수록 모호해진다. 누군가는 중국에서 새로운 형태의 동방자본주의—국가자본주의와 자유자본주의가 거대한 인구대국에서 기이하게 혼합된 것가 만들어지고 있으리라고 추론하기도 한다. 그렇다면 2007년 중국의 금융 폭풍은 그 새롭고 거대한 것이 모습을 드러내기 전의 한바탕 울음소리였다고 할 것이다. 뒤를 이어서는 머지않아 창조적 파괴의 과정이 중국과 세계를 향하여 펼쳐질 것이다.

— 2007년 12월

CHAPTER

02 부동산에 묶인 중국

지방정부에 있어서 토지는 재정 권력일 뿐만 아니라 화폐 권력이기도 하다. 대거 쏟아지는 토지는 즉시 은행의 대출 담보가 될 수 있기 때문에 토지 권력은 사실상 지방정부의 화폐발행권이 된다. 토지는 재정에서 화폐까지, 지방정부가 중앙정부의 수중에서 되찾은 두 가지 중요한 권력을 상징한다. 때문에 지방정부는 지방경제 성장의 주도권을 다시 갖게 되었다. 이렇게 되자 1990년대 중반에 주룽지가 개인의 정치적 체면을 판돈으로 내걸고 얻어낸 거시통제의 성과는 거의 사라지고 말았다.

2.1. 토지의 정치경제학

난징(南京) 덩푸항(鄧府巷)의 웡뱌오(翁彪)는 중국 도시의 살벌한 철거와 이주 과정에 있어서 가장 유명한 인물일 것이다. 하지만 그런 지위는 상하이(上海)의 양쑨친(楊孫勤)이 조만간 대신하게 될 것 같다. 2003년 8월, 장애인인 웡뱌오는 철거에 분신으로 맞섰다. 1년여가 지난 2005년 1월, 상하이의 한 철거업체 부사장인 양쑨친이 직원 두 사람과 함께 강제철거를 목적으로 방화를 저질러 노인 두 명이 불타 죽는 일이 벌어졌다. 자살에서 살인까지, 철거과정의 소름끼치는 정도는 한 단계 높아졌음이 분명하다.

현대인이 이익 앞에서 드러내는 야만성은 전혀 의심할 필요가 없겠지만, 철거과정에서 점점 잦아지는 야만성은 토지문제가 한동안 주요한 이슈로 부각될 것임을 암시한다. 우리는 또 다른 '토지혁명'의 문간에 바짝 다가서 있는지도 모른다.

중국에서 토지문제가 갈수록 첨예해지는 것은 도시화와 그에 따른 상공업의 발달로 토지는 부족해지고 가치는 빠르게 상승하기 때문이다. 근자에 도시 주민들은 자신의 재산 정도가 소유한 토지와—대다수 사람들에게는 주택으로 반영된다 높은 상관관계를 갖는다는 사실을 뚜렷이 깨달았다. 1990년대 중반까지 부자와는 거리가 멀던 체재내(體制內)[1)]의 간부 계층은 주택개혁정책을 거치며 금세 재산이 크게 늘어났다. 주택 여러 채를 보유한 특권분자들은 도시의 부동산 가격 폭등으로 단숨에 부자가 되었다. 체제내에서는 국 한 그릇 나눌 인연조차 없는 사람들은 자기 수입과는 점점 멀어지는 주택 가격을 바라보며, 갈수록 가난해진다는 것을 뼈저리게 느낀다. 토지와 주택은 최근 수년 동안 마치 마술처럼 부의 분배를 은밀하게 지배해 왔다. 토지를 차지하기 위한 싸움은 부의 분배에 있어서 가장 주목받는 게임이 되었다. 싸움의 결과는 향후 부의 분배 구조를 결정할 것이고, 심지어 향후 수십 년 동안의 발전 방향에 영향을 줄 것이다.

현재 중국의 토지문제는 크게 두 가지로 나뉜다. 하나는 도시 기득권 세력이 약자의 토지를 차지하는 것이고, 또 하나는 농민의 토지가 넘어가는 것이다.

도시에서의 토지 약탈 문제는 최근 언론의 비상한 관심을 모았고, 대중들도 아주 익숙해졌다. 난징의 웡뱌오 사건과 상하이의 양쑨친 사건은 모두 이런 부류에 해당한다. 중국의 도시에서는 어째서 부동산 철거와 관련된 폭력사건이 빈번하게 벌어지는 것일까?

중국의 토지법 규정으로는 거주자가 법적 소유주인 것은 아니다. 그렇다고 거주자가 토지의 진짜 소유자라는 사실을 부정할 수는 없다. 다시 말해서 도시에서의 철거문제는 철거당하는 측과 토지를 원하는 측과의 시장교환과정이다. 즉 수용자와 토지 실소유자의 자발적 교역 원칙에 따른 담판과정인 것이다. 하지만 도시의 철거과정과는 아무 관련이 없는 제3자인 지방정부가 여기에 개입하여 철거문제는 지방정부와 주민 사이의 담판으로 변질되었다. 정부는 시장원리에 따른 담판을 바란다. 양측이 만족하는 시장가격으로 순조롭게 거래가 진행된다면, 철거가 폭력적으로 얼룩지지는 않을 것이다. 하지만 지방정부는 토지의 진짜 매수자가 아니라 중간상인 경우가 대부분이다. 속된 말로 '브로커'인 것이다. 지방정부는 주민에게서 수용한 토지를 직접 경매하든 아니면 지방정부 소

역주 1) '체제내'는 국가기관, 기업, 사업단위 등에서 주도적 역할을 하는 사람들을 가리키는 말이다. 이와 반대로 주변인은 '체제외(體制外)'라고 한다.

유의 토지개발회사에 전매하든 차액이 항상 몇 배나 된다. 엄청난 이익 앞에서 지방정부가 철거의 충동을 갖는 것은 당연하다.

누군가는 근년에 토지는 각급 지방정부의 제2의 재정이 되었다고 말한다. 역시 같은 의미이다. 이런 현상이 최근 몇 년 사이에 나타난 것은 아니다. 1990년대 초, 연해(沿海) 지방의 도시와 베이징 같은 대도시에서는 이미 토지가 주요한 재정 수입원이 되었다. 다만 당시에는 내륙에 자리 잡은 도시는 토지 가격이 오르지 않았기 때문에 제2의 재정을 누리지 못할 뿐이었다. 정부가 장사꾼이 되었다면, 토지 가격을 한편으로는 최대한 억누르고—토지 매입과정에서, 다른 한편으로는 최대한 높이는 것은—토지 매각과정에서 경제인의 이성에 걸맞은 선택이다. 하지만 불행히도 이것은 현대 시장경제의 중요한 규칙에는 어긋난다. 정부는 중개상이 될 수 없는 것이다.

정부는 왜 중개상이 될 수 없는가? 중국식으로 묻자면, 정부는 왜 '샤하이(下海)'[2)]할 수 없는가? 정부가 '샤하이' 하여 시장교역의 어느 한쪽이 되면, 심판 자격을 유지할 수 없다. 이것이 첫 번째 이유이다. 선수가 심판을 함께 맡을 수 없다는 것은 누구나 알고 있다. 각급 정부는 시장경제를 표방하지만, 이익과 맞닥뜨리면 시장원리를 낡은 교의(教義)로 간주하여 뒷전으로 팽개치고, 흉악한 모습을 드러낸다. 이런 상황은 국민과 이익을 다투는 정당하지 않은 짓이다.

시장경제는 평등한 권리 주체 사이의 경제이다. 정부가 '샤하이' 한다면, 시장교환에서의 평등성은 사라진다. 자발적 교역이 권력의 강제로 바뀌기 일쑤가 된다. 이것이 정부가 '샤하이' 할 수 없는 두 번째 이유이다. 정부란 무엇인가? 합법적 강제력을 지닌 주권자이고, 풍부한 행정자원을 가진 법령의 집행자이다. 정부가 '샤하이' 하여 장사꾼이 된다면, 온갖 강제력을 동원하여 이익을 수중에 넣을 것이다. 그런 사실은 철거과정에서 잘 드러났다. 철거과정에서는 공안(公安) · 검찰 · 인민법원이

역주 2) 공무원, 교사 등 사업하지 않던 사람이 직업을 바꾸어 사업에 뛰어드는 일을 가리키는 말.

함께 나서기 일쑤인데, 그 강제성은 보면 알 수 있다. 어디에 평등한 교역의 맛이 눈곱만치라도 있는가? 도시에서의 철거는 표준적인 부의 전이이자 권력의 권리에 대한 싸움이 되어버렸다. 그 싸움에서 기득권 세력의 행정력은 철거민에게 어떤 권리도 보장하지 않는다. 후자는 굴복하든지 웡뱌오처럼 모든 것을 불살라 항의하는 수밖에 없다.

도시에서의 철거과정에서 나타나는 문제는 중국의 토지문제 가운데 사소한 일부분일 뿐이다. 규모가 더 크고 결과가 더 심각한 토지문제는 도시가 농촌의 토지를 차지하는 것이다.

중국 농민은 대대로 토지에서 농사를 지어 왔다. 그들은 토지의 '집단소유' 권을 손에 넣었지만, 집단소유권은 중국의 토지수용법을 이기지 못한다. 정부가 승인하면, 대학도시를 만들든 공장을 세우든 다른 어떤 상업적 용도가 되든, 농민의 땅을 헐값에 수용할 수 있다. 농민의 땅은 농업적 용도에 따라 값을 매겨 보상하고— '청묘비(青苗費)' 라는 농작물보상금 따위, 상업용지나 공업용지로 용도 변경해 비싸게 매각한다. 그 차액이 겨우 몇 배만 되겠는가? 중국 국토자원부의 조사에 따르면, 저장성(浙江省) 상위시(上虞市)의 경우, "2000년도 토지매각수입은 2억 1,900만 위안인 반면 토지수용보상비는 591만 위안으로, 토지매각대금의 2.7%에 불과했다." 흔히 인용되는 통계자료에 따르면, 이 항목 하나만으로 최근 3년 동안에 지방정부는 농민의 수중에서 9,300억 위안을 벌어들였다. 또 필자가 본 통계자료에 따르면, 최근 20년 동안에 수용된 농민의 승포지(承包地)[3]는 9,800무(畝)[4]에 달한다. 농민이 1무당 10만 위안의 부를 빼앗긴다고 계산하면—정확한 평가인지는 모르겠다, 최근 20년 동안에 농민이 토지수용으로 빼앗긴 부는 10조 위안에 육박한다. 이런 수치는 개혁 이전 23년 동안에 '전도차(剪刀差)' [5]를 통하여 농민에게서 수탈한 8,000억 위안을 훨씬 넘어선다. 요소의 전이와 상품의 전이는 결코 똑같이 논할 수 없는

역주 3) 정부로부터 농민이 청부받은 토지.
역주 4) 중국식 토지면적의 단위. 1묘는 666.7제곱미터 정도.
역주 5) 농공 협상(鋏狀) 가격차. 도표로 나타낼 때, 벌린 가위 모양이어서 붙은 이름.

부의 효과(wealth effect)라는 사실을 잘 보여준다. 게다가 토지에서 생긴 소득은 거의 대부분 농민은 전혀 누릴 수 없는 도시의 인프라 건설로 흘러들어갔다. 중국 농민의 손실은 정태적 수치로 헤아릴 수 있는 것이 아니다. 그것은 중국의 농민이 현대화의 대문에 들어서는 것을 사실상 막아버렸다. 타이완(臺灣)의 토지개혁은 성공적 사례로 공인된다. 타이완에서는 농민이 토지소유주가 되어 현대화의 과실을 장기적으로 누릴 수 있기 때문에 몇 푼 되지도 않는 양도금조차도 손에 넣지 못하여 —일부 지역에서는 여전히 횡령하여 당연히 받을 것을 한 푼도 받지 못한다 땅도 없고 생업도 없는 유랑민처럼 되지는 않는다. 사실상 정부가 농민의 토지를 빼앗아 조성된 긴장국면은 갈수록 심각해지고 있다. 2004년 말에 쓰촨성 한위안(漢源)에서 농민들이 대대적으로 집단행동을 벌인 사건은 이런 문제 때문이었다. 어떤 의미에서 이는 앞으로 10년 동안 중국에서 가장 민감하고 파괴력을 지닌 사회 문제 가운데 하나가 될 것이다.

중국이 지금 빠른 속도로 이룩하고 있는 또 한 가지 세계 최고는 지니계수이다. 그 격차는 도시와 농촌의 빈부격차에서 가장 먼저 나타난다. 농민이 토지문제에서 겪는 곤란을 방치한다면, 그 결과는 아주 염려스럽다. 그런 의미에서 토지문제는 중국 미래사회의 구조를 만들게 될 것이고, 미래의 발전방향을 결정할 것이다.

일본이 점령기에 토지문제를 해결한 방식은 타이완(臺灣)과 비슷했다. 아울러 일본은 이제껏 부의 분배가 무척 공평한 나라로 간주되었다. 하지만 일본의 사회학자들은 일본이 1980년대 이후로 지니계수가 오르락내리락하는 추세를 보인다는 사실을 밝혀냈다. 아울러 이 문제에 대해 대대적으로 조사해 토지투기에 의한 부의 분배가 재난의 근본적 원인이라는 사실을 밝혀냈다. 1980년대는 일본에서 부동산투기와 금융투기가 무척 성행한 무렵이었다. 오늘날 중국과 무척 닮았지 않은가?

— 2005년 5월

2.2. 부동산이 중국을 묶어버리다

2005년 3월 16일, 중국 중앙은행[6]은 공식 사이트에 주택대출 우대금리를 폐지하고, 개인주택대출 초회 납부금 비율을 20%에서 30%로 상향 조정한다고 공시했다. 중앙은행의 공시는 기본적으로는 기술적 언어이지만, 첫 구절에서 "부동산업의 건강하고 지속적 발전을 촉진하고자 중국인민은행은 …… 결정했다."라고 취지를 밝혔다. 이는 불확실성으로 가득하던 중국 부동산산업에 불길한 조짐을 드리웠다. 사람들은 부동산산업에 대한 중앙정부의 우려가 커졌고, 곧이어 보다 강경한 일련의 억제책이 나올 것이라고 생각했다. 이튿날 상하이와 선전(深圳)의 부동산지수는 전면적으로 폭락했다.

아니나 다를까 18일 뒤인 4월 3일, 관방 신화사(新華社)는 「거시통제를 강화해 주택 가격을 안정시키자」라는 논설을 내놓았다. 논설에서 가장 주목을 끈 대목은 "지방정부의 책임을 강화하고자, 주택 가격이 급등함에도 효과적으로 억제하지 못하여, 현지 부동산 가격이 경제의 안정적 운영과 사회의 발전에 악영향을 미치는 지역에 대해서는 관련자에게 책임을 물어야 한다."는 것이었다. 이는 건국 이래 신화사가 처음으로 개별 산업을 겨냥하여 내놓은 논설이라고 말한다. 다소 과장된 측면은 있어 보이지만, 아무튼 이 논설의 단호한 논조는 1996년 12월 16일자 「런민일보(人民日報)」에 실린 「현재의 주식시장을 정확하게 인식하자」는 논설과 비교할 때, 위협적 의미가 상당히 짙다.

신화사의 논설은 조만간 들이닥칠 폭풍우에 대한 공개적 암시에 불과했다. 배후에서는 저장된 지 오래되어 꿈틀대지 않을 수 없는 정치적 행위가 이미 막이 오른 상태였다. 소문은 파다했지만, 관방 매체를 통해 정식으로 발표되지는 않은, '국팔조(國八條)'[7]라는 것이었다. 「주택 가격의 현실화와 안정에 관한 국무원 판공실의 통지」는 공급에서 수요까지 각

역주 6) 중국인민은행(中國人民銀行, People's Bank of China).
역주 7) 2005년 3월에 국무원 판공청이 부동산 안정을 위하여 내놓은 여덟 가지 대책.

종 부동산 억제 대책을 내놓았는데, 역시 '지방정부가 반드시 책임을 진다'는 데에 중점을 두었다.

마침내 오랫동안 암암리에 씨름하던 게임의 주인공들이 정식으로 수면 위로 모습을 드러냈다.

2.2.1. 살얼음판을 걷는 승자

일반의 생각과는 달리, 중국 부동산의 복잡한 게임에 있어서 진짜 주인공은 매체에 의해 무대 한복판에 세워진 부동산업자가 아니다. 그렇다고 시끌벅적한 저 소비자들이 주인공인 것도 아니며, 원저우(溫州)의 부동산 투기꾼[8] 같은 사람들은 더욱이 아니다. 주인공은 중앙정부와 지방정부이다.

정확하게 말하면, 오늘날 중국에서 사람들 앞에 만화처럼 등장한 부동산 열기의 최초 발원은 1998년으로 거슬러 올라갈 수 있다. 그 해에 아시아 금융위기로 경제성장이 급격하게 둔화되자, 중앙정부는 일련의 내수 촉진 정책을 내놓았다. 주요한 복합 정책의 하나로, 중국인민은행은 같은 해 4월에 「주택 신용대출 강화를 통한 주택건설과 소비 촉진에 관한 중국인민은행의 통지」를 내놓았고, 이어서 이듬해 2월에는 「개인의 신용대출 소비 확대에 관한 의견」을 내놓았다. 아울러 개인이 신용공여를 소비하도록 촉진하는 것은 "소비를 촉진하고, 내수를 확대하고, 생산을 촉진하는" 데에 있음을 명확히 밝혔다. 당시 중앙정부는 부동산을 내수를 촉진하고, 경제성장을 재시동하는 주요한 수단으로 삼으려는 정책적 의도를 뚜렷이 내보였다. 부동산이 경기과열의 근본적 원인이 된다는 사실은 일찍이 주룽지(朱鎔基)[9] 내각의 큰 고민거리였고, 아울러 앞서의

역주 8) 2000년부터 원저우 사람들은 상하이, 항저우, 쑤저우, 샤먼, 베이징, 닝보, 진화 등지에서 부동산업에 종사하였는데, 인구가 100만 명이 되지 않는 원저우의 부동산 거래 규모는 장시성 전체에 버금갔고, 이후 대외적으로 활동영역을 넓혀 나갔다.
역주 9) 1998년부터 2003년까지 중국 총리를 지낸 인물.

거시통제의 주요한 공격대상이 되었다는 점은 매우 드라마틱하다. 부동산 붕괴를 경험한 사람이라면 주룽지의 벽력같던 정책에 대한 기억이 또렷이 남아 있었을 것이다. 하지만 겨우 5년이 지나서 부동산은 정부의 경기부양을 위한 중요한 처방이 되었고, 사람들은 얼떨떨한 느낌을 떨쳐낼 수 없었다.

1998년에 중앙정부가 부동산을 경기부양의 수단으로 삼은 것은 부동산이 지닌 산업파급력에 매료되어서일 것이다. 앞선 부동산 열기가 남긴 묵은 상처가 채 아물지도 않았지만, 이것저것 따질 겨를이 없었다. 훗날 입증되었지만 부동산의 경기부양 능력은 무척 놀라웠다. 하지만 불행하게도 부동산은 경기과열을 유발하고 문제를 만들어내는 능력 역시 뛰어났다.

1998년 겨울, 남쪽 지방에서 부동산 열풍이 가라앉자 부득이 북쪽으로 올라온 한 친구는 정책에 대한 자신의 예리한 후각을 근거로, 필자에게 부동산은 상황이 다시 바뀔 것이 틀림없다고 일러주었다. 그 후, 그 친구는 남쪽으로 되돌아갔고, 부동산과 관련된 삶을 성공적으로 다시 시작했다. 이제 와서 보면, 그것은 그 친구에게 있어서 인생의 중요한 전환점이 되었을 뿐 아니라 최근 중국 부동산 열풍의 기점이기도 했다.

1999년 3월 중국인민은행이 내놓은 「개인의 신용대출 소비 확대에 관한 의견」은 중국 증시의 '5·19' 시가와 시기적으로 잘 맞아떨어진다는 점은 눈여겨볼 만하다. 즉 이번 부동산 상승세는 '5·19'의 인위적 상승장세와 마찬가지로 모종의 정치와 정책의 산물인 것이다. 적어도 동일한 정치적·정책적 배경이 있다. 하지만 기간, 자금 액수, 역량에 있어서 금세 가라앉은 '5·19'는 이번 부동산 상승세와 대등하게 논할 수는 없다. 그 비밀은 이런 것이다. 그들은 전혀 별개의 큰손이다. 만약 중국 증권시장의 '큰손'이 체제 주변을 어슬렁거리는 모험가와 체제내의 권력거래자들 뿐이라면, 부동산의 '큰손'은 전국 각지에 흩어져 있는 크고 작은 지방정부이다.

1990년대 중기 이후에 주룽지의 강철 같은 거시통제는 의도대로 효과를 거두었다. 당시 거시통제의 결과로 지방정부의 수중에 있던 금융 권력은 거의 대부분 거두어졌다. 은행에 대한 지방정부의 지배권은 1990년대 초기의 경기과열 속에서 하마터면 치명적 금융위기를 초래할 뻔했다. 지방정부가 기대어 능동적으로 경제성장을 촉진하고, 또 독자적으로 지배할 수 있는 요소 자원은 토지만 남게 되었다. 이는 치밀한 사고를 지닌 주룽지가 남겨둔 결정적 틈새였다. 이 틈새는 한바탕 경기과열을 위한 결정적 복선이 되었다. 이번 부동산 열풍에서 지방정부는 애초 토지가 지닌 신기한 구석을 전혀 몰랐던 것 같다. 은행은 앞서의 손실로 입은 타격을 미처 회복하지 못했고, 또 지방정부의 관리는 중앙정부의 강력한 수단과 부동산에 대한 진짜 의도에 대해 여전히 두려워했기 때문이었다. 당시 지방정부의 관심은 외자를 끌어들이고, 지방 기업이 증권시장에서 자금을 모으는 등 주변적 성격의 금융수단을 장려하여 현지의 성장속도를 유지하는 데에 모아졌다. 하지만 시간이 흐르면서 중앙정부의 의도는 점차 분명해졌고, 부동산도 차츰 독보적인 우월성을 내보였다. 지방정부는 부동산 거래를 촉진하고, 심지어 가격을 부추기는 등 온갖 정책을 잇달아 내놓아 부동산 열기를 끝까지 밀고가려는 태도를 보였고, 부동산 상승세는 마침내 통제하기 어려운 지경에 이르고 말았다.

사람들이 부러워하고 가슴을 뛰게 만드는 중국 부동산의 거대한 유희에서 지방정부는 가장 큰 수익을 올렸음에 틀림없다. 그것은 우선 토지수입에서 나타난다. 중국인민대표대회 부위원장 성화런(盛華仁)이 제공한 자료에 따르면, 2001년부터 2003년까지 지방정부의 토지매각수입은 9,100억 위안에 이른다. 1998년의 경우에는 67억 위안에 불과했기 때문에, 토지매각의 열기를 잘 알 수 있다. 적극재정정책[10)]을 시행한 1998년부터 2003년까지의 5년 동안, 전국에서 발행한 국채는 9,300억 위안에 지나지 않았다. 이는 토지가 지방정부의 명실상부한 제2의 재정이 되었

역주 10) 정부의 재정지출 증가를 통해 총수요의 확대를 목적으로 시행하는 정책. 대개 디플레이션에 대응하기 위한 조치로, 중국 정부는 1998년에 아시아 금융위기에 대응하기 위해 최초로 적극재정정책을 채택했고, 2008년 세계 금융위기에서 중국의 성장률을 유지하기 위해 4조 위안 규모의 재정정책을 시행했다.

음을 보여준다. 토지수입이 지방재정수입의 절반을 차지하는 지방은 허다하다. 지방정부가 토지에서 얻는 재정수입은 엄청난 토지개발수익 이외에도 부동산 거래에서 나온다. 자료에 따르면, 부동산 개발과 거래 과정에서 나오는 정부의 세금과 수수료 수입은 부동산 가격의 30~40% 정도에 이른다. 여기에 부동산 가격의 20~40%에 이르는 토지비용을 더한다면, 지방정부가 부동산에서 얻는 수입은 전체 부동산 가격의 50~80%에 이른다. 구미 국가에서는 토지대금, 세금, 비용을 합치면 주택 가격의 20% 정도에 지나지 않는다. 쏟아져 들어오는 부는 대부분 지방정부와 부동산 관련 부문으로 흘러들어간다. 이런 매혹적인 폭리가 있기에 지방정부가 부동산산업에 뛰어드는 것은 당연하다.

부동산은 마치 민간경제의 성격을 지닌 업종처럼 보인다. 하지만 실제로는 시정부와 구정부에 속한 부동산기업이 상당히 많다. 「포브스」의 조사에 따르면, 상하이의 50대 부동산기업 가운데 절반 이상이 시정부나 구정부에 소속된 정부기업이다. 따라서 이들 부동산기업이 토지를 매점하고 개발하는 과정에서 얻는 폭리 역시 지방정부의 잠재적 재정수입으로 칠 수 있다.

지방정부에 있어서 토지는 재정 권력일 뿐 아니라 화폐 권력이기도 하다. 대거 쏟아지는 토지는 즉시 은행의 대출 담보가 될 수 있기 때문에 토지 권력은 사실상 지방정부의 화폐발행권이 된다. 토지는 재정에서 화폐까지, 지방정부가 중앙정부의 수중에서 되찾은 두 가지 중요한 권력을 상징한다. 때문에 지방정부는 지방경제성장의 주도권을 다시 갖게 되었다. 이렇게 되자 1990년대 중반에 주룽지가 개인의 정치적 체면을 판돈으로 내걸고 얻어낸 거시통제의 성과는 거의 사라지고 말았다.

상술한 두 가지 묘한 작용 이외에도 부동산은 지방정부에 또 다른 수익을 가져다주었다. 현지의 경제성장을 눈에 띄게 촉진시킨 점이다. 부동산의 산업유발지수가 1대 2.86이나 된다고 추산하는 사람도 있다. 부동산 열기가 가장 뜨거운 상하이의 경우, 2004년에 부동산이 GDP에서 직접 차지하는 비중은 약 17%이고, 건축자재 · 가전 등 관련 산업에 미친 파급효과는 GDP의 약 3%에서 7%에 이르러, 도합 20% 정도에 이른다. 이는 상하이의 지주 산업 가운데 부동산의 지위를 빠르게 높여주었다. 상하이의 경제는 전형적인 부동산 경제로 바뀌고 있다. 이런 상황은 중국의 다른 대도시와 중소도시에서도 다르지 않다. 1990년대 중반 이후로 GDP의 증가속도는 잠재적이기는 하지만, 매우 유행하는 정치적 격려의 기제가 되어서, 지방정부 관료들의 행태에 깊은 영향을 미친다. 부동산이 마술처럼 GDP로 바뀔 수 있다면, 부동산은 더 이상 부동산에만 머무르지 않는다. 그것은 번영이고, 정치적 업적이고, 심지어 정치이다. 어쩌면 부동산이 지닌 이런 기이한 성격을 알고서 각 지방정부가 다투어 부동산을 경제발전의 만능열쇠로 삼는 것인지도 모른다. 하이난성(海南省)의 성장 웨이류청(衛留成)은 중앙정부기업에서 지방 관리로 자리를 옮긴 지 얼마 되지 않아 부동산에 관심을 기울였다. 그는 "5년 후에는 하이난의 주택 가격이 갑절로 뛸 것이다."라며 투자자들을 노골적으로 부추기고 끌어들였다. 이 말은 즉각 효과를 보였다. 얼마 후, 창장실업(長江實業)의 회장 리카싱(李嘉誠), 훠잉둥(霍英東) 그룹의 이사이자 사장인 훠전팅(霍震霆), 중신타이푸(中信泰富) 이사장 룽즈젠(榮智健) 등 재계의 거목들이 다투어 치옹저우(瓊州) 해협을 건너 하이난으로 몰려들었다. 하지만 앞서의 부동산 붕괴를 입증하는 상징적 지점으로 간주되어, 달아오를 듯 달아오르지 않는 하이난의 부동산 열기는 불안한 상상에 휩싸였다. 흥미롭게도 1990년대 말기부터 여러 해 지속된 부동산 열풍 속에서 하이난은 멀리 뒤처져 있었다. 하이난은 후발 주자이자 모방자에 지나지 않았다. 앞서 활기차게 번영하던 부동산에서 큰 이익을 본 상하이시는 투자자들을 더욱 부추겼다. 2003년 9월의 훠전팅 「포브스」 포럼에서 상하이 시장 한정(韓正)은 자신만만하게 "이 자리에서 제안하건대, 상하이에 부동산을 가지고 있지 않거든 부동산에 투자하십시오. 장담하건대 고수익을 올릴 수 있습니다."라고 말했다. 지방정부 관리의 도를 넘은 발언에서 부동산에 대한 지방정부의 큰 기대와 깊은 의존을 엿볼 수 있다.

지방정부는 부동산 게임에 적극적으로 발 벗고 나선 최대의 수익자이지만 어떤 경제적 비용도 부담한 적이 없다는 사실은 기이하다. 토지 감소, 은행 부실, 자원 고갈은 모두 지방정부와는 무관하며, 지방정부는 최종적 책임을 지지 않는다. 다시 말해서 지방정부는 게임에서 순수익을 올리고, 부동산이 늘어날수록 수익도 늘어나지만 그 비용은 여전히 제로이다. 이처럼 비용과 수익의 극단적 비대칭은 지방정부가 부동산 열기를 촉발한 첫 번째 동력이다. 이런 기이한 자본과 수익의 구조는 중국의 현 정부시스템에 잠복해 있다. 이런 시스템에서 지방정부는 자신도 모르게 혈맥이 곤두서는 GDP 동물이 되어버린 것이다. 그러므로 지방정부가 부동산에 열중하는 것은 '경제적 이성' 에 아주 부합되기 때문에 막기 어렵다. 이것이 지방정부가 시종일관 애매모호한 태도로 중앙은행의 경고에 대처하는 이유이다.

'재정연방제' 는 첸잉이(錢穎一)[11]를 비롯한 해외의 유명 경제학자들이 떠받드는 새로운 제도로, 1990년대 중국의 경제성장 기적을 만들어냈으며, 중국의 사상 유례가 없는 이번 '부동산 움직임' 의 주된 동력이기도 하다. 이런 제도 아래에서, 지방정부의 권력과 책임 사이의 심각한 왜곡과 균형 상실은 지방정부의 경제적 이익 추구에 강한 동기를 부여했고, 아울러 이미 마련된 수단은 소유하되, 비용은 외부에 떠넘기게 만들었다—일부 원인은 중국 금융시스템의 특수성에서 비롯되었다. 지방정부가 경제적 이익을 추구할 때, 수익과 비용의 심각한 불균형 구조가 존재하는 것은 중국의 부동산 문제가 지닌 제도적 문제점이다. 기존 제도의 틀 속에서 이런 현상이 나타나는 것을 피하려면, 중앙정부는 행정 간섭을 통하여 통화를 한층 조이고 토지를 통제하여 요소를 중앙에 보다 집중시켜야 한다. 그렇지 않으면 기존의 통제 수위를 유지하는 상황에서 정치적 임면권(任免權)으로 압박하여 지방정부의 행태를 수용 가능한 범위 내에서 제약해야 한다. 전자는 계획경제로 복귀하는 것이기에 쓸 수 없고, 후자는 예측이 불가능한 예술과도 같아서, 정치지도자의 상황 관리 능력이나 운에만 맡

역주 11) 중국 칭화대(淸華大) 경제관리학원 원장.

겨야 하기 때문에 안정을 가늠할 수 없는 비제도적 상태이다. 현재 부동산에 대한 중앙정부의 태도는 후자에 훨씬 가깝다. 이런 상황에서 지방관리는 진퇴양난의 난감한 지경에 놓여 있다. 한 대도시 시장은 외지 매체와의 인터뷰에서, 이런 속내를 털어놓은 적이 있다. "이것에—현지 부동산 대해서 우리는 마치 살얼음판을 걷는 마음으로 안전을 도모합니다."

2.2.2. 느긋한 부동산업자

중국의 부동산 게임에서 지방정부가 자본을 들이지 않고 엄청난 이익을 얻는다면, 부동산업자는 적은 자본으로 큰 이익을 얻는 자로, 지방정부 다음가는 두 번째 수익자이다. 중국 부동산업계의 명사인 판스이(潘石屹)는 이런 점을 솔직하게 인정한다. 지난 2년 동안 부동산업자는 큰돈을 벌었다. 부동산업자의 이윤은 전체 부동산 가격의 15% 내지 30%로 결코 많지 않지만, 재무레버리지가 아주 높기 때문에 부동산업자의 이윤은 보통 사람들은 놀랄 정도로 폭리에 가깝다. 도급업에 종사하다가 2002년에 서둘러 부동산업자로 변신한 한 업자는 직업을 바꾼 것에 대해 이렇게 설명한다. "건축으로 얻는 이윤은 15% 정도이지만 부동산은 100~200%나 된다." 한 투자은행의 경제전문가의 추산에 따르면, 부동산업자의 자기자본회수율은 500%에 이른다. 이런 폭리는 아무리 신중한 장사꾼이라도 참기 어려울 것이다. 부나방처럼 시장으로 몰려드는 업자들은 중국 부동산에 있어서 전속력으로 돌아가는 또 하나의 엔진임에 틀림없다.

부동산의 장기 호황 속에서 한 배를 탄 부동산업자와 지방정부는 '살아도 같이 살고 죽어도 같이 죽는' 파트너 관계가 되었다. 부동산업자와 지방정부는 이런 사실을 잘 알고 있다. 그러나 중앙정부가 정치적 압박을 강화하면서 오랫동안 지속되어 온 밀월에도 틈이 생기고 있다. 판스이는 최근 상하이가 내놓은 일련의 정책이 불러올지도 모를 사태에 대해 어두운 전망을 내놓았다. "1997년도의 홍콩처럼 될 것이다. 경제 전반에 어마어마한 손실을 미칠 것이다. 아무도 마주치기를 바라지 않을 것이다. 일련의 정책은 상하이 부동산을 붕괴 직전까지 밀어낼 것이다."

판스이는 심지어 "모든 부동산업자들이 폐업하게 될 것이다."라는 극단적 가능성까지 언급했다. 하지만 판스이는 그런 상황까지 가지는 않으리라는 것을 내심 잘 알고 있었다. 부동산업자는 현지의 세금수입과 GDP에 크게 기여하기 때문에 정부가 부동산업자와 변함없이 협력할 것임을 잘 알고 있었기 때문이다. 이는 정부와 게임을 할 때, 부동산업자가 들고 있는 히든카드이자, 부동산업자들이 줄곧 낙관적으로 열풍에 다가섰던 진짜 이유이다. '국팔조'가 나온 뒤에도 부동산업자는 폭락은 책임 추궁과 다르지 않다는, 색다른 해석을 내놓았다. 부동산업자도 꺼리는 구석은 있지만, 그래도 내심 아주 낙관한다는 사실을 보여준다.

'국팔조'에 대한 부동산업자의 낙관적 해석에는 앞서 말한 논리적 근거 이외에도 경험적 근거가 있었다. 경험적 근거는 2003년 6월에 중앙은행의 '121호 문건'이 나온 이후의 부동산의 역사이다. 당시 부동산업자들이 치명적이라고 묘사한 '10년 이래 가장 단호한 조치'는 부동산산업의 발전에 기여하기는커녕, 부동산이 가장 가파르게 오르게 자극하였을 뿐이다. 판스이는 "지난 2년 동안, 부동산업자들은 누구나 떼돈을 벌었다."고 하였는데, '지난 2년'은 '121호 문건'이 나온 뒤의 2년 동안을 가리킨다. 중앙은행이 '121호 문건'을 내놓은 직후에 부동산업계의 대부인 런즈창(任志强)은 부동산은 틀림없이 꽁꽁 얼어붙을 것이라며 침통하게 예측했다. 런즈창은 잘못 예측한 것이 틀림없었다. 그렇지만 아무 문제가 없는 것은 잘못된 착오보다 런즈창을 한결 기쁘게 만들었다. 부동산은 꽁꽁 얼어붙기는커녕 사방이 열기에 휩싸인 한여름으로 들어섰다. 살기등등해 보이던 '121호 문건'은 찻잔 속의 태풍에 지나지 않았다. '121호 문건'을 견뎌냈는데, '국팔조'인들 못 견디겠는가? 중국 부동산업자는 분명 낙관할 수 있는 이유가 있는 것이다.

하지만 똑같은 폭리를 얻지만 정부는 자본을 들이지 않는 반면 자신들은 자본을 들였다는 점을 부동산업자들은 잘 기억해야 한다. 이것이 바로 관(官)과 상(商)의 차이이다. 부동산업자의 감당 능력은 정부보다 훨씬 취약하다. 물론 부동산업자들의 말대로 실수요자들이 부동산 경기를 받쳐준다면, 정부의 간섭을 염려할 필요는 없다. 단기간 수요가 위축되더라도 장기적으로는 더욱 뜨겁게 달아오를 것이기 때문이다. 부동산업자들은 스스로 긴장한 것일 뿐이었다. 거품이 가져오는 벼락부자의 기회는 이번 동네를 그냥 지나치면 더 이상 구입할 곳이 없다는 식이었다. 이런 점을 알게 된 부동산업자들은 정부를 지속적으로 꼬드기고 충동질하여 거품을 키워 결국 가장 풍성한 이익을 챙기는 전략을 구사했다.

여러 해 동안 이익을 위해 결탁함으로써, 부동산업자는 제법 표준화된 기득권 세력을 이루었다. 그들은 걸핏하면 매체에 얼굴을 내밀어 관심을 끌고, 툭하면 장황하게 정책을 건의하여 정부의 정책 결정에 영향을 미친다. 한 가지 사례를 보자. 2003년에 중앙은행이 '121호 문건' 을 내놓은 이후, 부동산 관련 단체의 유세는 정부가 후속 정책을 결정함에 있어서 큰 영향을 끼쳤다. '이익집단' 은 현대사회에 있어서 정상적인 것으로, 흔히 생각하는 것처럼 사악함으로 가득한 그런 것은 결코 아니다. 오히려 이익단체가 생기는 것은 중국 사회가 어지간히 발전했다는 것을 보여주는 것이다. 하지만 오만한 전문성과 감춰진 이익 때문에 중국의 부동산 관련 이익집단은 아주 맹목적이고 편집적이고 근시안적임이 드러났다. 이런 사실은 중국의 전반적 형세에 있어서든 부동산업 자체에 대한 판단에 있어서든, 무척 분명하게 나타난다. 그들은 걸핏하면 '허튼소리' 로 부동산에 대한 비관적 예측에 반격을 가한다. 심한 경우는 비관적 예측을 부동산업자에 대한 사사로운 '질투심' 내지 '부자를 혐오하는' 사회적 심리 탓으로 돌린다. 이런 태도는 5년 전 중국 증권시장의 상황을 떠올리게 만든다. 중국에 있어서 단기 이익의 극대화는 전체 산업의 장기적 불황 내지 신속한 사망을 의미할 수 있다. 현재 중국 증권시장의 처참한 상황은 이런 교훈에 대한 가장 어두운 증거이다.

중국 부동산업자들의 자숙할 줄 모르는 근시안과 열광은 물론 제도와 경제에 심각한 원인이 있다. 가장 중요한 것은 그들 대부분이 자기 돈을 굴리지는 않는다는 것이다. 세월이 지나면 누구나 죽게 마련이므로 오늘을 황금처럼 소중히 여겨야 한다는 케인즈의 주문(呪文)과도 유사하다.

아무튼 중국의 부동산은 위험의 가장자리에 바짝 다가섰다. 불더미 속에서 밤을 주울 수는 있지만, 돌이키지 못하고 죽어버릴 위험성도 한층 높다. 부동산 자체가 거들먹대던 모습이 다했기 때문만이 아니라 손해를 본 사람들이 입을 열기 시작했기 때문이다.

2.2.3. 뒷감당은 누가 하는가?

부동산은 지방정부와 부동산업자에게 하늘에서 갑자기 떨어진 떡처럼 엄청난 부를 가져다주었다. 하지만 상식적으로 하늘에서 떡이 떨어질 수는 없다. 어떤 부이든 출처가 있게 마련이다. 남에게서 온 것이 아니라면 미래에서 빌려온 것이다. 즉 뒷감당을 하게 될 한 명 또는 여러 명의 누군가가 있게 마련이다. 중국의 부동산 게임에서 부동산 열기를 처음 조장한 중앙정부가 뒷감당을 할 가능성이 가장 크다는 사실은 당황스럽다. 그것은 중앙정부가 지방정부에 요구한 잠재적인 정책적 요구가 치러야만 하는 대가이기도 할 것이다.

지방정부에 비해 중앙정부의 입장은 아주 난처할 것이다. 중앙정부는 한편으로는 부동산이 경제적 파급력을 잘 발휘해, 정치적으로 감당할 수 있는 성장 속도를 유지하기를 바란다. 그것이 중앙정부가 얻는 유일한 수익이자, 중앙정부와 지방정부의 이익이 서로 맞아떨어지는 구석이다. 다른 한편으로는 부동산이 가져올 금융 위험과 토지자원의 낭비 비용을 홀로 감당해야 하고, 또 부동산이 가져올 부의 분배 불균형 같은 온갖 잠재적 정치 비용을 홀로 감당해야 한다. 하지만 지방정부와 부동산업자는 이와는 무관하기에 전혀 관심을 두지 않는다. 이처럼 이익이 서로 다르기 때문에, 중앙정부는 부동산에 대한 다른 이익을 저울질하게 되었다. 이익을 결정하는 태도가 부동산에 대한 중앙정부와 지방정부의 입장이 점점 달라지는 핵심적 이유이다.

부동산에 대한 중앙정부의 태도 변화는 2003년 6월 중앙은행이 내놓은 '121호 문건'이 분수령이다. 그 이전까지 중앙정부는 부동산을 장려하는 입장이었다. 2002년 10월, 중국인민은행의 한 간부가 회의석상에서 주택담보신용대출을 '촉진'하는 중앙은행의 조치를 시사하고, 또 "주택담보신용대출에 대한 진전된 상품을 개발할 것을 시중은행에 촉구"한 것은 이런 '장려'의 입장을 입증한다. 하지만 2003년 6월에 이르자 상황은 전혀 달라졌다. 부동산에 대한 중앙은행의 입장은 공개적 장려에서 공개적 경계로 급선회했다. 그런 변화가 구체적으로 어디에서 나왔는지는 알 수 없지만, 2002년 말 중앙은행의 한 조사가 영향을 주었다는 것은 분명하다. 그 조사에 따르면, 부동산담보대출 가운데 규정을 어긴 사례가 24.9%나 되었다.

중앙은행보다 먼저 부동산의 위험성을 감지한 사람도 있었다. 2002년 국경절에 선전(深圳)을 비밀리에 방문한 주룽지 총리는 단호하게 부동산 '거품'을 경고했다. 그는 단도직입적으로, "선전의 내일은 홍콩의 오늘이다."라고 말했다. 하지만 의지에 있어서든 시간에 있어서든, 이임이 멀지 않은 주룽지는 정치적으로 엄청난 논란을 부를 수 있는 거시통제를 시행할 방법이 없었다. 그는 난제를 후임자에게 넘겼다. 주룽지의 경고마저도 부동산이 꿈틀대는 것을 막지 못했다면, 부동산 상승세의 절정이 임박한 것이 분명했다. 그 순간부터 중국의 부동산은 광란의 시기로 접어들었다. 오르고 또 오르고, 그 무엇으로도 부동산의 상승을 막지는 못했다.

부동산에 대한 낙관적 전망은 중앙정부가 오락가락하는 바람에 더 커지고 말았다. 중앙은행의 기술 관료들이 직업적 민감함으로 처음 부동산에 대해 조기 경보를 내놓았지만, 중앙정부 내부에서는 이견이 여전했다. 두드러진 사례는 부동산 거품 논쟁이 가장 치열하던 2004년 10월에 있었다. 국가건설부는 보고서를 내고 '거품론'을 반박했다. 보고서의 결론은 입장이 아주 분명했다. 중국에서는 부동산 거품론이 근본적으로 성립되지 않으며, 금융 위험도 통제할 수 있는 범위 안에 있다는 것이었다. 게다가 보고서를 작성한 사람들 가운데 한 사람은 기자들에게 "우리는 '부동산 거품론' 자들에게 맞서 이 보고서를 내놓았다."며 보고서를 내놓은 이유를 스스럼없이 밝혔다. 담당 부서에서 선입견에 사로잡혀 보고서를 작성한 동기에 대해서는 논란의 여지가 있었지만, 중앙정부 부처 사이의 이견이 훤히 드러났다. 이런 식의 씨름은 사회에서도 똑같이 격렬했다. 최근 2년 동안, 부동산 관련 논쟁은 부동산 그 자체보다도 뜨거웠다. 최종 결과는 이러하다. 중앙정부의 부동산 정책은 오락가락한다. 중앙정부가 오락가락하는 사이에 부동산시장은 열기가 하늘을 찌를 정도로 후끈 달아올랐다. 중앙정부가 오락가락한다는 사실이 밖으로 훤히 알려졌기에 안에서는 통제하기 어려웠다. 중앙정부가 부동산을 통제할 수 있는 수단이라고는 행정이나 정치적 수단 이외에 어떤 무기도 없었다. 도덕적 권고, 금리 조정, 세수 조정, 토지 공급 따위는 부동산 열풍을 잠재우지 못했다. 상황이 이렇게 되자 마지막 정치적 수단을 금세라도 시행할 것만 같았다. 그것은 중국이 26년 동안 경험한 시장개혁은 제자리를 찾으려면 아직도 멀었다는 사실을 잘 보여주었다.

한마디 또 한마디 죄어오는 거시통제의 목소리 속에서도 거침없이 내달리는 부동산은 거시통제를 공공연히 비웃었고, 중국의 금융 시스템 전반에 걸친 리스크도 빠르게 높아졌다. 전전긍긍하는 중앙정부에는 전전긍긍하는 고민이 뒤따랐다.

부동산이 야기한 금융리스크는 부쩍 높아졌다. 중앙은행이 내놓은 「중국 부동산 발전과 금융 지원」이라는 보고서에 따르면, 부동산 신용대출이 전체 신용대출에서 차지하는 비중은 2000년의 6%에서 2003년에는 21%로 빠르게 높아졌다. 중앙은행 금융안정국 국장을 지낸 셰핑(謝平)은 이런 수치에 대해 당혹감과 우려를 내보였다. 2004년에는 그 비중이 더 높아지는 추세였다. 상하이에서는 2004년의 전체 신규 대출 가운데

80% 가까이가 부동산으로 흘러들어갔다. 이렇게 높은 대출 집중도는 만약 업종의 동정이 뒤바뀐다면, 취약한 중국의 금융시스템에는 재난과도 같은 충격을 줄 것이다. 누군가는 부동산 신용대출이 단기간 양호했다는 이유를 근거로, 부동산이 금융을 위협할 것이라는 주장에 반박한다. 시중은행도 같은 이유로 대출을 남발하고 있다. 부동산 대출 가운데는 중·장기 대출이 차지하는 비중이 상당히 높다. 게다가 이런 대출의 경우는 결코 단기간에 그 위험성을 알 수 없다. 해외의 개인주택대출 관련 경험 역시 이런 사실을 보여준다.

하지만 객관적 데이터는 실제처럼 그렇게 놀랍지는 않다. 모기지론을 거짓으로 처리하여 가짜 계약서를 작성하는 것은 부동산업계에서는 일찍부터 공공연한 비밀이었다. 허난성(河南省) 정저우(鄭州)의 주택관리국 책임자는 2002년 상반기 전체 모기지론 가운데 3분의 1이 가짜로, 은행대출을 부당하게 받으려는 것이었다고 솔직하게 인정했다. 이는 부동산 대출에 매우 조직적인 사기가 있다는 사실을 입증하는 것으로, 중국은행 베이징 지점의 '썬하오(森豪) 아파트 사기 대출 사건'이 잘 보여준다. 2004년 4월에 꼬리가 잡힌 대출 사기 사건에서, 썬하오아파트개발은 직원 명의로 허위 매매계약서를 작성하고, 가짜 소득 증명서를 제출하여, 6억 4천만 위안에 달하는 은행대출을 부당하게 받아냈다. 하지만 중국 국유 상업은행의 체제적 '멍청함'과 의도적 공모가 없었다면, 애당초 벌어질 수 없는 일이었다. 부동산 대출을 '우량대출'로 간주하는 시중은행의 마구잡이식 경쟁 속에서 기강이 해이해지는 현상은 아주 흔하다. 난징의 한 상업은행에 근무하는 필자의 친구는 2004년부터 주택담보대출 업무를 맡았는데, 넉 달 만에 한 해의 대출 임무를 완료했다. 당시 그는 "영업이 너무 잘 된다."는 소감을 피력했다. 그런데 2005년이 되자 내게 풀이 죽은 목소리로 "사기꾼이 정말 너무 많았다."고 털어놓았다. 1년도 채 되지 않아 전혀 다른 모습을 보이는 것에서 쓴웃음이 났다. 중국의 금융업은 1990년대 초반에 쓰라린 교훈을 겪으면서 한동안 수혈을 받아 조섭했지만, 아직도 전체적 체질은 안심할 수 없다는 것을 보여준다.

부동산 대출 가운데는 웃음을 자아내거나 몸서리가 쳐지는 여러 가지 사례가 있다. 그것은 부동산 대출에 잠복한 금융리스크가 수치로 나타나거나 사람들이 상상하는 것 이상으로 크다는 사실을 암시한다. 중국의 부동산업자들은 대출의존도가 높고, 주택구매자는 담보대출에 비해 자기자금 부담금의 비중이 낮다. 때문에 중국 부동산은 마치 대출이 받쳐주는 토대 위에 세워진 업종처럼 보인다. 그래서 부동산업을 아예 노골적인 금융업이라고 말하는지도 모른다. 물론 금융업보다 관리감독과 규제는 적게 받는 금융업이다. 이런 업종에서 '부동산'은 금전게임에서의 칩으로 바뀌고 있다. 이것이 기실 중국에서 부동산이 단시일 내에 급격하게 팽창할 수 있는 토대이다.

금융시스템의 심각한 결함 때문에 높은 금융리스크는 중앙은행과 중앙정부로 모여든다. 너무도 허약한 중국의 금융시스템을 구제하기 위해 중앙정부는 1998년부터 지금까지 수조 위안에 이르는 엄청난 자금을 쏟아부었다. 가히 교훈을 뼈에 새겨두었다고 할 만하다. 중국의 부동산이 정말로 사람들이 말하는 것처럼, 거품이 엄청나서 끝내 붕괴한다면, 중앙정부의 앞서의 노력은 물거품이 될 것이고, 위태로운 금융시스템에는 엎친 데 덮친 격이 될 것이다. 불행하게도 이런 미래가 현실이 된다면, 중국 경제에는 치명적일 것이다. 금융위기의 최종 책임자로서—최종적으로 부담하는 자는 납세자와 전체 국민이다 중앙정부는 제삼자보다는 한층 경각심을 갖고 있어야 한다. 그렇지 않으면 그들은 부동산 파티에서 최대의 패배자가 될 것이다. 이런 우려 때문에 중앙정부는 자꾸만 올라가는 부동산에 조기 경보를 내리고, 아울러 '국팔조'에서 부동산이 초래할 수 있는 '금융위기'를 가장 눈에 띄는 자리에 두었다.

부동산은 중국의 경제성장을 촉진한 공로가 크고, 중앙정부에 정치적 · 경제적 수익을 주었지만, 그 잠재적 비용이 수익을 넘어서거나 혹은 크게 넘어서는 경우에는, 부동산은 갈증을 풀려고 독주(毒酒)를 마시는 꼴이 될 수도 있다. 일찍이 엄청난 부를 만들어낸 적이 있는 중국의 증권시장이 기존 사례이다. 오늘날 중앙정부는 증권시장 때문에 당한 고통으로 정신과 기력이 고갈되었다. 평범한 지식인의 눈으로 보면, 정부가 행정적 수단으로 부동산시장에 간섭해서는 안 되며, 시장이 스스로 만들어 나가야 한다. 하지만 중국에서는 정부가 시장에 대해 묵시적으로 보증의 책임을 진다는 사실을 증권시장도 부동산시장도 모른다. 만약 시장이 스스로 만들어 나가는 대가가 너무 높고, 정치적으로도 용인할 수 없게 된다면, 정치적 논리는 망설임 없이 무대에 올라가 시장논리를 대신할 것이다.

각종 조짐은 부동산의 비용과 수익의 역전이 중앙정부가 감내할 극한을 빠르게 넘어서고 있음을 보여준다. 모든 경제적 수단이 실패하면, 중앙정부는 마지막으로 정치적 인사권을 꺼내 부동산 광풍을 잡는 수밖에 없다. 부동산이 더 크게 등락을 거듭한다면, 언제든지 정치적 승부수를 띄울 수 있다는 의미이다. 지금 중앙정부의 목표는 부동산의 안정을 바라지 급등이나 급락은 원치 않는다. 절묘한 생각이다. 중앙정부, 지방정부, 부동산업자가 모두 수용할 수 있는 게임의 균형점이다. 하지만 그런 '안정'은 생각뿐이다. 자본시장의 역사적 경험에 따르면, 거품은 일단 생기면 터질 때까지 계속 커진다. 그런 때가 되면 정부가 손쓸 여지는 매우 좁아진다.

2.2.4. 감춰진 패배자

2005년 4월, 중국공산주의청년단 상하이시위원회가 내놓은 「상하이 청년 조사 보고서」는 상하이의 젊은이들은 주택문제에 가장 관심을 갖고 있다는 것을 보여준다. 취업이나 치안 같은, 해마다 앞쪽 순위를 차지하던 문제는 모두 뒷전으로 밀려났다. 가파르게 오르는 주택 가격은 재앙과도 같은 인플레이션을 가져와 아직 주택을 구입하지 못한 사람의 실질구매력을 심각하게 떨어뜨렸다. 주택 소유자들이 점점 늘어나는 자산가치에서 위안을 얻을 때, 무주택자들의 내 집 마련의 꿈은 갈수록 멀어진다. 위 보고서에서 상하이 젊은이들의 주택에 대한 관심은 이와 같은 무기력, 초조감, 절망감을 보여주는 것이다. 집에 대한 애착이 남다른 중국인에게 있어서 주택에 따른 격차는 빈부격차를 가장 적절하게 비유하는지도 모른다.

부동산 열기 속에는 부의 급격한 재편에 대한 진실한 모습이 담겨 있다. 부동산 그 자체는 현격한 빈부격차를 만들어내지 못하지만, 기존의 분배구조는 빈부격차를 현격하게 만드는 첩경이 될 수 있다. 게다가 만화와도 같은 모습으로 그 격차를 드러낼 수도 있다. '국팔조'에서 부동산을 '사회 안정'을 위협할 수 있는 금융위기와 나란히 둔 것은 결코 현실과 동떨어진 것이 아니다. 국민의 삶의 질에 큰 영향을 미치는 부동산 가격이 전문적 이유로 CPI—소비자물가지수의 통계 밖으로 밀려난 것은 다소 의문스럽다. "거주자가 주택을 소유한다"는 것은 이상에 그칠 수도 있겠지만, 그래도 정의에 걸맞은 이상이다. 사회 여론에 궁극적 책임을 지닌 중앙정부는 부동산의 가격급등이 야기하는 사회구성원 사이의 격렬한 원한과 불만을 서둘러 풀어야 한다.

교육과 의료 같은 필수품처럼 부동산은 가격탄력성이 떨어지는 상품이다. 일찍이 계획경제시대에는 특수한 정치적 속성을 내보였다. 당시 주택문제는 단위(單位) 책임자의 가장 힘겨운 일 가운데 하나였다. 사회적 분배의 불공평이 가장 잘 드러나는 상징적인 것이기도 했다. 주택제도 개혁을 선언하여 큰 성공을 거둔 지금, 부동산이 갖는 정치적 속성이 시장의 형식으로 새삼 부각된다는 사실은 기이하다.

부동산의 가격급등이 무주택자와 유주택자 사이에 불러오는 부의 재분배 게임이 아직은 잠재적인 것이라고 한다면, 도시에서의 철거와 이주문제에서 벌어지는 다툼은 진즉부터 화약연기로 자욱하다. 시장 논리로는, 도시 철거와 이주는 개발업자와 철거민 사이의 담판과 거래의 문제이다. 하지만 지방정부의 이해관계와 해묵은 법규가 가로놓여서 문제를 아주 황당하게 만든다. 웡뱌오(翁彪) 사건 이후, 중앙정부와 지방정부의 강력한 단속으로 철거에 맞서는 저항의 정도는 다소 진정되었고, 철거와 이주 문제는 점점 꼬여갔다. 하지만 도시에 공급되는 토지가 감소하면서 부동산 가격은 더욱 올랐다. 부동산문제에 있어서 중앙정부는 걸핏하면 비난을 당하는 난처한 지경이 되었다.

무주택자의 원망과 철거민의 분노가 중앙정부가 안고 있는 근심의 전부는 아니다. 이번 부동산 열풍에서 아직도 감춰진, 훨씬 방대한 규모의 피해자들이 있을 것이기 때문이다.

1990년대 말기의 부동산 광풍이 1990년대 초기의 부동산 열기와 다른 점은 수많은 최종 소비자가 발을 들여놓았다는 점이다. 최종 소비자가 발을 들여놓은 것은 부동산업자들이 낙관적으로 생각한 이유이자 중앙정부가 부동산이 정말로 과열인지 판단하기 어려운 까닭의 하나였다.

지금 상황은 주택 구입자 모두가 부동산 가격 폭등으로 이익을 본 것처럼 보인다. 하지만 중국의 주택 구입자 대부분은 은행의 담보대출로 대금을 치른다는 것은 잘 알려진 사실이다. 이는 장기적으로 금리가 오르거나, 부동산 가격이 폭락하거나, 심지어 두 가지 상황이 동시에 벌어진다면, 주택 구입자는 '하우스 푸어'로 전락하여 순식간에 손실을 보는 처지가 될 수 있다. 자본시장의 본성은 기복이 아주 크고 빠르기 때문에 '하우스 푸어'가 생길 확률은 결코 생각보다 낮지 않다. 승자에서 패자로 바뀌는 것은 하룻밤 사이에 달린 것이다. 1997년 홍콩에서는 부동산 거품이 붕괴되자 엄청난 하우스 푸어가 생겼다. 한 평론가는 "마르크스는 무산계급을 발명했고, 홍콩은 '하우스 푸어 계층'을 발명했다."며 비웃었다. '계층'이라는 말은 그런 부류가 많음을 형용한다. 중국의 도시에는 주택 구입자가 많기 때문에 만약 부동산시장의 추세가 뒤집힌다면, '하우스 푸어' 계층은 홍콩보다도 훨씬 많을 것이다. 홍콩에서 여러 차례에 걸쳐 이루어진 여론조사에 따르면, 하우스 푸어 문제는 홍콩 도시 중산층 사이에 큰 불만요인이 되었고, 이는 둥젠화(董建華)[12]의 지지도가 하락하는 주요 원인이 되었다. 하우스 푸어는 중국인에게는 낯설지만,

---

역주 12) 1997년부터 2005년까지, 홍콩특별행정구의 초대, 제2대 행정장관을 지낸 인물.

결코 중국인에게서 멀리 있지 않다. 2003년 5월 홍콩의 「밍보(明報)」에는 상하이시 통계국이 내놓은 자료를 인용하여, "금년 상반기에 상하이 주민의 3분의 1이 부채가 자산을 넘어서는 '부옹(負翁)'[13]으로 전락했다."는 기사가 실렸다. 상하이시 통계국이 언급한 '부옹'은 물론 부동산의 가격 폭락 때문에 생긴 '하우스 푸어'를 가리키는 것은 아니며, 가구당 평균지출과 일인당 평균가처분소득의 역전을 가리키는 것이다. 하지만 재난은 우리가 모른다고 해서 찾아오지 않는 것은 아니라는 사실을 일깨워준다. 실제 상황은 정반대일 수도 있다.

중국 부동산시장의 잠재적 '하우스 푸어'가 실제 '하우스 푸어'가 될 것인지는 중국 부동산의 거품 정도와 전반적 경제 상황의 향배에 달려 있다. 다시 말해서 그것은 하나의 가능성일 뿐이다—가능성이 적지 않지만. 하지만 보이지 않는 곳에는 손실을 입은 수많은 사람들이 침묵하고 있다. 바로 농민들이다.

중국 대도시의 부동산이 요란하게 달아오를 때, 농민들의 모습은 고작 남에게 고용되어 밤새 줄을 서서 번호표를 받아갈 때 겨우 보인다. 그들은 마치 국외인에 지나지 않는 것처럼 보인다. 하지만 그들 국외인이야말로 부동산에 있어서 가장 드러나지 않으면서도 가장 큰 손실을 보는 사람일 것이다. 중국의 현행 토지법 때문에 중국 농민이 도시화 과정에서 빼앗긴 토지 이익은 엄청나다. 농민은 중국의 부동산 게임에서 잊혀진 패배자이다. 이런 드라마틱한 대비는 부의 분배에 있어서 요소시장(要素市場)[14]은 상품시장과는 다른 기능을 지니고 있고, 또 부동산은 불가사의한 기능을 지니고 있다는 사실을 잘 보여준다. 중국 농민의 수를 고려하면, 중국의 부동산시장은 향후 부의 분배에 엄청난 영향을 미칠 것이며, 나아가 미래의 방향을 결정함에 있어서도 적지 않은 영향을 미칠

역주 13) '부옹'은 홍콩에서 생긴 신조어로, 1997년 아시아 금융위기로 홍콩 경제가 타격을 입으면서, 주식이나 부동산에 투자한 백만장자가 하룻밤 사이에 엄청난 빚을 떠안게 된 것을 빗대어 이르던 말이다.

역주 14) 경제생산을 위해 물리적으로 필요한 토지 · 자원 · 노동 · 자본 등을 생산요소라고 하고, 이들 생산요소가 각각 시장에서 평가되는 가격 즉 지대 · 이자 · 임금 등을 일괄하여 요소비용이라고 한다.

것이다. 지방정부와는 달리 중앙정부는 도시 주민의 여론에 책임을 져야 하고, 또 도시의 매체에서 사라진 농민의 민심에도 책임을 져야만 한다. 근자에 토지문제 때문에 벌어지는 농민의 집단 사건은 웡뱌오 사건이나 마이치리 사건보다 더 신경을 자극하기 때문이다. 이런 관점에서 보면, 부동산에 대한 중앙정부의 고려와 선택은 더욱 복잡해질 것이다.

'국팔조'가 나오자, 어떤 매체는 부동산이 벌써 정치화되었다고 소리쳤다. 하지만 부동산은 일찍부터 정치화되어 있었다.

2.2.5. 거품은 어느 정도인가?

"거품은 터질 때까지는 거품임을 입증할 방법이 없다"는 말이 있다. 거품은 헤아리기가 너무 어렵다는 말이다. 하지만 부동산 가격이 정상에서 벗어난 정도를 대략이나마 알아내는 방법은 있다.

널리 쓰이는 지표로는 '소득대비주택가격비율(PRI)'이라는 것이 있다. 즉 주택 가격과 연간소득의 비율이다. 주택 가격이 50만 위안이고 수입이 5만 위안이라면, 소득대비주택가격비율은 10대 1이다. 소득대비주택가격비율은 어느 정도가 합리적일까? 세계은행의 기준은 5대 1이고, 유엔의 기준은 3대 1이다. 현실에서는 미국의 경우는 3대 1이고, 일본의 경우는 4대 1이다. 하지만 중국에서는 10~15대 1이다—중국인은 많은 음성 수입이 있고 데이터 자체의 신뢰성에 문제가 있어서, 소득대비주택가격비율이라는 지표가 중국에서의 문제를 설명하는 능력에 의문을 제기하는 사람이 많다는 사실을 밝혀둔다. 중국의 평범한 도시 가정이 주택 한 채를 구입하려면, 먹지도 마시지도 않고 10년 내지 15년이 걸린다는 말이다. 사람이 먹지도 않고 마시지도 않을 수는 없다. 반드시 지출해야 하는 이런 비용들을 빼면, 중국 가정이 주택 한 채를 구입하는 데 필요한 시간은 곱절로 길어질 것이다. 이런 기준에서 보면, 중국의 주택 가격이 지나치게 높기 때문에 거품이라는 말이 나왔다. 홍콩의 부동산은 1997년에 붕괴하기 이전, 소득대비주택가격비율이 14대 1

정도였다. 그런데 주택 구입이 가정의 소비에서 어느 정도 비중을 차지할 수 있는가는 전적으로 주택 구입자의 생각에 달려 있다. 중국인은 유난히 집을 좋아하고, 게다가 '교활'한 개발업자들은 주택에 신분을 나타내는 꼬리표를 매달아 계층을 구별하는 특별한 의미를 갖게 만들어서, 주택 소비는 다른 소비를 억지로 밀어낼 만한 가치가 있다고 믿는다. 사실 많은 주택 구입자의 가정에서는 주택 소비가 다른 소비를 심각하게 밀어내는 현상이 뚜렷해졌다. 주택 구입 때문에 생활은 힘들고 질도 무척 떨어졌다. 상황이 어떻든 주택 소비는 실질 소득수준을 벗어나지 못한다. 쉴 새 없이 오르는 교육비 · 의료비도 덩달아 다른 소비를 밀어내면서, 주택 소비와 자리를 다툰다. 이는 주택 소비가 차지할 수 있는 능력은 사실상 한계가 있다는 뜻이다. 어쨌든 소득대비주택가격비율은 큰 구속이어서, 아무리 민족적 특성이 남다르대도 견뎌내기 어렵다.

주택 가격이 변하지 않는다면, 그래도 소득대비주택가격비율을 낮출 방법은 있다. 개인의 소득을 빠르게 높이는 것이다. 하지만 불행하게도 근년의 통계에 따르면, 대학 졸업생의 임금수준은 오르기는커녕 도리어 내려가고 있다. 그들이야말로 가장 중요한 잠재적 주택구매층이다. 잠재적 주택구매층의 소득이 단기간 내에 드라마틱하게 올라갈 수 없는 상황이라면, 소득대비주택가격비율을 낮추는 유일한 방법은 주택 가격을 낮추는 것뿐이다.

소득대비주택가격비율은 소득이 주택 가격을 실질적으로 감당할 수 있는가를 가늠하는 표지이다. 그러나 주택에 대한 잠재적 수요를 정확하게 헤아리기 어렵고, 또 주택을 구매하려는 사람이 얼마나 되는지도 파악하기 어렵다. 여기에 대해서는 또 다른 일부 데이터가 어느 정도 도움이 될 것이다. 중국부동산협회의 한 책임자가 추산한 것에 따르면, 2002년까지 중국에서 두 채 이상 주택을 보유한 사람은 15%였다. 난징(南京)에서 조사한 바로는 약 20% 정도였다. 이는 중국의 주택문제가 몹시 불공평하다는 사실을 보여주지만, 부동산 수요가 부동산업자의 추산처럼 그렇게 낙관적이지 않으리라는 사실을 아울러 보여준다. 2002년, 중국에서 가장 대중적 인기를 누리던 경제학자 리이닝(厲以寧)은 '두 가구 주택론'을 내놓아 주변 사람들을 놀라게 했다. 앞서의 데이터에 따라 따져보면, 리이닝의 예측은 좀 뒤처진 것임에 틀림없다. 중국에서는 일부 사람들이 진즉에 그런 꿈을 이루었다. 리이닝의 주장은 사기를 북돋우기는 하겠지만 부동산업자들을 경각시키는 의미가 더 크다.

부동산업자들을 경각시키는 또 하나의 데이터는 중국의 도시와 소도읍 주민의 주택보유율이 82%에 이른다는 점이다. 주택보유율은 미국은 65.6%, 영국은 69%, 프랑스는 55%, 네덜란드는 52%, 일본은 60%이고, 독일은 더 낮아 40.5%에 불과하다. 6, 7년에 불과한 상승세를 거쳐 중국의 주택보유율은 선진국이 수십 년에 걸쳐 이룩한 수준을 훨씬 넘어섰다. 이는 중국 부동산의 큰 성과임에 틀림없지만, 도시의 주택시장 수용량이 그다지 여지가 없을 가능성을 보여준다. 마구 분출되는 식의 주택 소비는 다른 소비 영역에서의 똑같은 상황을 떠올리게 한다. 한바탕 유행처럼 소비가 이루어지고 나면 업종 전체의 장기적 불황과 이윤의 급격한 하락이 뒤따른다. 가전 소비가 그렇고, 휴대전화 소비가 그렇고, 근년에 주택과 함께 양대 산맥을 이룬 자동차 소비 역시 같은 추세를 보였다. 부동산만이 홀로 독야청청할 수 있을까?

과거의 집중 소비와는 달리 자동차, 특히 부동산의 집중 소비는 전적으로 은행대출에 의해 지탱된다. 은행대출이 받쳐주지 않으면, 지금과 같은 부동산 경기는 없다고 잘라 말할 수 있다. 주택의 집중 소비는 부채의 집중을 뜻하기도 한다. 부채의 집중에 대한 중국인의 용기는 놀랍다. 마치 전혀 다른 민족적 특성을 보여주는 것 같다. 중국사회과학원의 류젠창(劉建昌) 박사가 제공한 자료에 따르면, 중국 대도시 주민의 가계부채비율은 100%에 근접하거나 이미 넘어섰다. 2003년에 상하이의 가계부채비율은 155%이고, 베이징은 122%로, 같은 기간 미국의 115% 수준을 빠르게 넘어섰다. 이 수치가 너무 과장된 것이 아니라면, 가장 '과감하게 미리 소비하고', 가장 '과감하게 미래의 돈을 써버리는' 미국인이 세계에서 '가장'이라는 이름을 중국인에게 넘겨주어야 할 판이다. 중국이 그런 명성을 얻을 때, 미래의 소비능력에는 심각한 결손이 생길 것이다. 소비의 확장공간을 극도로 위축시킬 것이다. '시장수요'는 부동산업자, 정부관리 등 부동산 낙관론자들의 굳건한 추리의 근거였다. 중국 도시 가정의 빠르게 늘어나는 부채비율은 이런 수요의 진정한 면모를 이해하는 데에 도움을 준다. 시장은 언제든지 허상을 만들어낼 수 있다.

수요의 관점에서, 부동산의 가격 급등을 뚜렷하게 설명할 방법은 없다. 그래서 누군가는 공급의 관점에서 증거를 제시하기 시작한다. 널리 유행하는 설명 가운데 하나는 중국은 인구는 많은데 토지는 부족하기 때문에 부동산 가격이 장기적으로 상승 추세를 보이게 마련이라는 주장이다. 중국의 경제학자 가운데는 '놀라운' 주장을 쏟아내는 왕젠(王建)[15]이 가장 대표적이다. 2004년 말, 왕젠은 난징에서 "보수적으로 말하면 향후 10년 동안은 중국의 대도시, 즉 상하이와 베이징은 물론 난징의 경우도 주택 가격이 세 배는 오를 것이다. 대담하게 말하면 10년 동안에 다섯 배 이상 오를 것이다. …… 주택 가격은 올라도 가파르게 오를 것이다."라고 거리낌 없이 말했다. 왕젠은 경제학자로서의 명성 때문에 오차—3배 여지를 남겨두었지만, 중국의 부동산에 대한 지금까지의 예측 가운데, 가장 낙관적이고 구체적인 예측을 화끈하게 내놓았다. 왕젠의 예측은 부동산업자들을 흥분시켰고, 바람에 휩쓸린 숱한 사람들을 끌어들였다. 왕젠이 "집을 많이 사 두지 않은 것이 아쉽다."며 사람들을 낙관하게 만든 근거는 도대체 무엇인가? 왕젠이 내세운 근거는 사람들이 흔히 말하는, 중국은 인구는 많은데 토지는 부족하다는 것이다. 그런데 인구는 많고 토지는 부족한 것이 중국만의 문제는 아니다. 인도도 인구는 많은데 토지는 부족하다. 인도네시아도 마찬가지이다. 그렇다면 그들도 주택 가격이 향후 10년 안에 적어도 세 배는 오르고, 어쩌면 다섯 배까지 오를 수 있는 것인가? 왕젠은 중국과 마찬가지로 인구는 많은데 토지는 부족한 일본을 예로 들면서, 중국의 토지는 필연적으로 오를 수밖에 없다고 했다.

역주 15) 중화인민공화국 국가발전과 개혁위원회 경제연구소 부소장.

그런데 왕젠은 일본은 선진국이고 중국은 개발도상국이라는 사실을 잊은 것 같다. 선진국과 개발도상국의 가장 큰 차이는 1인당 평균소득의 차이이다. 1인당 평균소득은 토지에서 수익을 얻을 수 있는가를 결정짓는다. 그리고 일정한 기간 안에 토지에서 얻을 수 있는 수익은 토지 가격을 결정하는 중요한 요소가 된다. 어떤 곳이든 토지 가격은 현지 주민의 소득수준에서 벗어나지 못한다. 이런 상대적 기준에 따르면, "상하이의 부동산은 런던이나 뉴욕과 비교하여 3배나 비싸다—셰궈중(謝國忠)[16]이 한 말이다." 아주 취약한 거품임에 분명하다.

왕젠의 예측에는 보이지 않는 가설이 숨어 있다. 미래에 중국은 분명 일본과 같은 발전의 길을 걸을 것이며, 일본의 어제가 바로 중국의 오늘이라는 것이다. 중국이 꼭 일본과 같은 길을 걸을 것인가? 이는 매우 어려운 문제임에 틀림없다. 그렇지만 이 어려운 문제가 왕젠에게서는 무척 간단한 가설이 되었다. 중국의 발전과 일본의 발전은 달라도 크게 다를 것이다. 한 가지 직접적 증거가 있다. 일본의 평균임금은 1980년에 미국과 같아졌다. 일본이 미국을 따라잡는 데는 1950년부터 1980년까지, 30년이 걸렸다. 중국 경제도 1978년부터 2004년까지, 30년 가까이 고도성장했지만, 임금은 일본의 5% 수준에 불과하다. 이런 속도로 일본을 따라잡으려면, 중국은 아마도 수십 년 심지어 더 많은 시간이 걸릴 것이다. 일본은 고도성장을 하는 동안에 낮은 지니계수를 유지했지만, 중국은 30년에 걸친 고도성장과정에서 지니계수가 세계 최고 수준으로 빠르게 올라섰다. 중국과 일본의 발전과정은 엄청난 차이가 있다는 것을 알 수 있다. 중국의 미래는 결코 일본의 과거를 가지고 단순하게 견줄 수 없다. 거기에는 아주 많은 불확실성이 있다. 왕젠의 예측은 대담하고 사람을 격려하지만, 논리적으로 세심하게 입증하지 않았기 때문에 사실로 간주할 수 없다. 경제전망은 우스갯소리를 가장 많이 만들어내는 분야이다. 왕젠처럼 전혀 신중하지 못하고, 게다가 10년이라는 세월을 뛰어넘는

역주 16) 「포브스(*Forbes*)」 특약 경제학자, 로제타스톤캐피탈(Rosetta Stone Capital Ltd) 이사.

장기예측의 경우는 말할 필요도 없다.

중국의 부동산 낙관론자들은 걸핏하면 '사람은 많은데, 토지는 부족하다'는 일본에서 가져온 사례를 들먹이지만, 일본이 부동산 부문에서 보여준 부정적 교훈은 아주 인상적이다. 일본은 증권시장과 마찬가지로 토지 가격도 1990년대 초에 거품경제의 정식 붕괴로, 장기간 하락을 겪고 있다.

1991년의 최고점에서 보면, 일본의 지가는 80%나 내렸다. 일본 경제가 희망이 거의 보이지 않는 장기침체에 빠진 것이다. 일본에서 거품의 역사는 올랐어도 더 오를 수 있고 떨어졌어도 더 떨어질 수 있다는, 자본시장의 오랜 격언을 입증한다. '사람은 많은데, 토지는 부족한' 홍콩에서는 심각한 토지 부족과 정부의 토지 공급 통제로 사람들은 깊은 토지 숭배의식을 갖게 되었다. 부동산 관련 주식의 시가총액이 홍콩 증시의 10%가 넘는 절대적 액수를 차지하고, 부동산회사가 가장 안정적인 블루칩으로 간주되는 점이 토지에 대한 의식을 입증한다. 하지만 1997년 홍콩의 부동산시장이 붕괴되자, 2002년까지 5년이라는 짧은 동안에 부동산 가격은 70%나 폭락했다. SARS가 처음 발견되어 유명해진, 홍콩의 아모이가든[17]은 1997년에 평방피트당 4,000홍콩달러였으나, 바닥일 때는 평방피트당 겨우 1,400홍콩달러였다. 1997년 이후로 홍콩의 부동산이 폭락하면서 비로소 '부동산은 영원히 하락하지 않는다'는 토지에 대한 홍콩인의 환상은 깨졌다.

지금 중국에서도 "부동산은 영원히 시들지 않는 사업이다. 택지는 영원히 감소하기 때문이다"라는, 비슷한 생각이 유행하기 시작한다는 사실은 놀랍다. 하지만 난징에서 30킬로미터 떨어진 곳에는 1무당 연간 임대료가 100위안에 불과한 토지가 아직도 엄청나게 남아 있다. 사실상 투기할 만한 토지는 줄어들지만 이용 가능한 토지는 모자랄 염려가 전혀

역주 17) 아모이가든(Amoy Gardens): 중국명 타오다 화원(淘大花園)은 홍콩의 쿠룽(九龍) 반도에 있는 민영주택단지로, 2003년에 사스가 발생하여 주민 300명이 감염되었다. 나중에 중국인들의 관광코스가 되어 주민들의 반발을 샀다.

없는 것이다. 인구밀도가 가장 조밀한 창강 삼각주(長江三角洲)에 있는 난징이 그렇다는 사실은 중국에는 아직도 도시화에 공급할 수 있는 땅이 여유가 있다는 뜻이다. 적어도 일부 과장처럼 그리 빠듯하지는 않다. 중국의 도시화가 부동산산업을 촉진하는 것은 부동산업이 장기간 번성할 수 있는 튼튼한 기반이 된다고 보는 학자들이 많다. 하지만 주택 가격의 상승과 도시화를 논리적으로 연계시킬 방법은 없다. 게다가 다른 나라의 도시화 과정에서의 경험은 이런 결론을 전혀 뒷받침하지 않는 것 같다.

중국에서는 상하이의 절대가격은 도쿄와 홍콩에 견주어 한참 못 미치기 때문에 부동산 가격이 떨어지더라도 낙폭은 크지 않으리라는, 일종의 직관적 대비가 사람들의 마음에 깊이 자리 잡고 있다. 이런 견해는 별반 안위를 주지 못한다. 상하이는 홍콩이 아니며, 도쿄는 더욱이 아니기 때문이다. 그 이유는 소득수준이 전혀 다르기 때문이다. 누군가는 한사코 상하이를 도쿄나 홍콩 같은 국제적 대도시로 여기기 좋아하지만 말이다.

수요에 있어서든 공급에 있어서든, 중국의 부동산 가격이 이토록 폭등하는 뚜렷한 이유를 찾아내기는 어렵다. 중국의 인플레이션이 아마도 유일한 이유일 것이다. 2004년 6월 말, 중국의 GDP 대비 총통화량 비율은 200%로 다른 나라를 크게 앞질렀다. 이는 중국이 부동산을 인플레이션을 배출하는 통로로 삼았다는 암시일지도 모른다. 하지만 통화 시스템에 있어서 과도한 유동성은 지금껏 새로운 것을 좋아하였기 때문에, 이미 가치에서 크게 벗어난 부동산에서 새로운 목표를 찾아 나설지도 모른다. 그렇게 된다면 부동산은 더욱 급격하게 등락을 거듭할지도 모른다.

2.2.6. 청산할 시간이 다가온다

거품을 측정하기란 쉽지 않고, 거품이 터질 구체적 시점을 예측하는 것은 이름을 내건 일종의 도박이다. 중국의 부동산을 예측하여 체면을 구긴 명사로는 2003년 6월에 '부동산은 꽁꽁 얼어붙을 것'이라고 예측한 런즈창(任志强)이 있었고, 최근에는 근자에 중국 본토에서 크게 명성을 떨치는, 투자은행 경제학자 셰궈중(謝國忠)이 있었다.

2004년 10월, 셰궈중은 「유사 이래 최대의 부동산 거품이 조만간 터진다」는 글에서 상하이에서 역사상 최대 규모의 부동산 거품이 조만간 터질 것이라고 경고했다. 그는 거품이 터지는 시점은 "고작 몇 개월이 남았을 뿐이며 일 년까지는 가지 않는다."고 잘라 말했다. 하지만 반년이 넘도록 셰궈중은 거품이 터지는 것을 보기는커녕 동창들의 원망만 들었다. 지난 해 10월에 셰궈중의 한 동창은 셰궈중의 예측대로 부동산 투기에서 손을 뗐다. 하지만 상하이의 부동산은 여전히 미친 듯이 올랐다. 그 동창은 "자네 덕분에 수익을 20%나 날렸군!"이라며 셰궈중을 원망했다. 셰궈중은 이런 이야기가 나올 때마다 슬그머니 자신의 예측을 수정하여 웃음거리가 되는 것을 최대한 희석시켰다.

셰궈중은 예측으로 먹고 산다. —그에게 있어서명성은 런즈창보다 훨씬 중요하다. 그가 그토록 과감하게 단언한 것은 거품이 붕괴될 강한 조짐이 있었기 때문이다. 하지만 셰궈중이 거품 붕괴의 시점까지 구체적으로 내놓은 것은, 투자예측에 있어서의 커다란 금기를 범한 것이 분명하다. 그가 왕젠처럼 10년이라고 예측했더라면, 셰궈중의 명성은 한결 안전했을 것이다. 10년 후에는 모두가 그 일을 잊어버릴 것이기 때문이다. 경제학자로서 셰궈중은 매우 뛰어나고 또 무척 솔직하지만, 이제껏 투자시장의 이성에 따르지 않고 출중한 능력에 의존하기 좋아했다.

거품 파열의 정확한 시점을 미리 알기는 어렵더라도, 투자시장에서의 경험으로 최후의 순간이 언제 찾아올지 가늠할 수는 있다.

중국의 대도시에서 부동산이 투자상품이자 투기상품이 되어버렸다는 것은 이론의 여지가 없다. 따라서 투자상품의 패턴을 근거로, 부동산이 투자가치에서 얼마나 괴리되었는지를 대략 가늠할 수 있다.

부동산의 투자가치를 가늠하는 보편적 척도의 하나는 '매매가대비 임대수익률'이다. 즉 부동산의 매매가격과 월 임대료를 비교하는 것이다. 이는 주식의 투자가치, 즉 얼마 동안 투자해야 원금을 회수할 수 있는지를 가늠하는 주가수익률지표와 매우 흡사하다. 일반적 경험으로는 매매가대비 임대수익률의 정상범위는 100에서 230 사이이다. 이 기준에 따르면, 중국 대도시의 매매가대비 임대수익률은 점점 투자가치가 떨어진다. 조사에 따르면, 현재 베이징, 상하이, 항저우(杭州) 등지의 매매가대비 임대수익률은 각각 300, 360, 470으로 매우 위험한 수준이다. 이는 이 세 도시에서 부동산 투자로 본전을 회수하려면 각각 25년, 30년, 40년이 필요하다는 의미이다. 장기적으로 금리리스크를 고려하지 않더라도, 이 정도 비율은 투자가치가 매우 낮다는 의미이다.

중국 증시의 높은 주가수익률도 국가정세가 특수하다는 구실로 합리화되었지만, 결국 잔혹하게도 끝없는 가치 하락의 길을 걸었다. 중국 주택시장의 기이하게 높은 매매가대비 임대수익률도 똑같은 운명을 맞이할 것이다.

중국의 일부 도시에서는 주택 가격과 임대료가 주택 가격을 좇아 상승하기는커녕 거꾸로 움직인다는 것은 이해하기 어렵다. 중국인민은행의 부행장 우샤오링(吳曉靈)은 1998년부터 2004년까지 칭다오(靑島)의 주택 가격은 50% 넘게 올랐으나 임대료는 7%가 하락했다고 털어놓았다. 칭다오 같은 도시를 증시에서의 저가주로 친다면, 저가주의 솔선 반등은 흔히 상하이, 베이징 같은 우량주가 반등을 준비하고 있다는 신호이다. 물론 이것은 인상적 비교일 뿐이지 논리적 추론은 아니다. 중요한 것은 매매가대비 임대수익률의 급격한 하락은 사람들의 발걸음을 되돌릴 수 있다는 것이다. 사람들은 주택 임대를 선호하고 주택 구입을 망설일 것이다. 매매가대비 임대수익률이 하락하자 누구보다 '총명한 사람' 들은 이내 행동에 나섰다. 어떤 젊은이는 인터넷에서 자신은 2005년 4월에 "상하이에서 하나 뿐인 자신의 집을 팔아치우겠다."고 선포했다. 현재의 집을 팔고 임차로 돌아서면 주거여건이 개선될 뿐만 아니라 수입도 나아진다는 것을 알았기 때문이다. 이 젊은이처럼 '총명한' 사람이 많아질 때, 주택 공급은 여유로워질 것이고, 가격 하락의 순환은 시작될 것이다.

주식시장과 아주 닮은 점은 '최초의 총명한 사람' 이 나오는 것과 함께 마지막 멍청이가 부동산시장에 모습을 드러내기 시작했다는 점이다. 한밤중에 줄을 서서 대기표를 받는 것은 중국의 부동산시장에서 흔히 볼 수 있는 광경이지만, 한 달 동안이나 텐트를 치고 줄을 서서 주택을 구입하는 사람은 아마도 처음일 것이다. 이는 부동산시장에 아주 멍청이들이 발을 들여놓았다는 의미이다. 최초의 '총명한 사람' 이 떠난 것과 최후의 멍청이들이—가끔씩 가장 광분하는 자들이다 발을 들여놓은 것은 주식시장의 분위기와 추세를 헤아리는 중요한 경험적 창구인데, 그 창구는 부동산시장에서도 똑같은 가치를 가질 것이다.

2003년 초에 상하이 사람들은 만나면 "집은 샀나요?"라고 물었다. 그것은 이미 부동산 과열의 경보였다. 2005년 초에 상하이에서 오래 거주한 한 친구는 내게 전화를 걸자마자 "큰일이야. 상하이 사람들은 수중에 현금이 바닥났어. 주택 투기에 죄다 쏟아 부었거든."이라고 했다. 투자시장에 15년 동안이나 몸담고 있던 그 친구는 거품의 전형적 역사를 꿰고 있었다. 그것은 상하이 사람들이 마지막 주자가 되어 발을 들여놓기 시작한다는 암시였다.

상하이 사람 모두가 주택 투기를 시작할 즈음, 농민공(農民工)들은 한결 손쉬운 일자리를 찾았다. 그들은 투기꾼 대신 줄을 섰는데, 하룻밤 수입이 100위안에서 200위안까지로 일정치는 않았지만, 공사판의 뙤약볕 아래에서 버는 것보다 훨씬 많았다고 한다. 이 모두는 투기의 거품이 터지기 전에 흔히 나타나는 현상들이다.

2003년 초의 통계에 따르면, 중국에서는 300개가 넘는 기업이 부동산에 손을 대고 있었는데, 당시 상장기업의 25%를 넘었다. 하이얼(Haier)이 부동산에 손을 대기 시작했고, TCL이 부동산에 손을 대기 시작했으며, 롄샹(聯想) 같은 문외한도 부동산에 발을 들여놓았다. 이런 현상을 사람들은 부동산에서의 '삼외(三外)' 라고 한다. '문외한이 부동산에 손을 대고, 외래인이 부동산에 손을 대고, 외래자금이 부동산에 손을 댄다.'는 뜻이다. 1999년 이후, 모든 중국 국민이 주식 투자에 발을 들여놓은 것은 마치 많은 상장기업이 증권시장에 발을 들여놓은 것과 아주 유사한 것이었다. 2003년까지 인테리어업체를 근근이 꾸려나가던 필자의 한 지인은 2004년에 다시 만났을 때, 부동산업계의 거물로 변신해 있었다. 또 친구의 친구는 2, 3년 전까지만 하더라도 장쑤성 남부지방에 있는 한 도시에서 직장에 다녔는데, 쑤저우(蘇州)에서 부동산에 손을 대 순식간에 수천만 위안이나 되는 재산을 모았다. 중국은 '가뿐하게 돈을 버는' 시대로 돌아간 것만 같다. 필자의 주변에서도 벼락부자 이야기가 나돈 것이 처음은 아니다. 1990년대 초, 남쪽 지방에서 부동산 열풍이 몰아쳤을 때가 그랬고, 1999년에 중국 증시가 상승장을 구가할 때도 그랬다. 한바탕 지나고 나면, 피크일 때 발을 들여놓았다가 파산한 이야기도 숱하다. 국유은행이 채권자를 찾으려고 돌아다니다 지쳐버린 사례는 더욱 흔하다.

1999년에 정식으로 시작된 것부터 치면, 중국의 부동산 상승세는 벌써 6년이나 계속되었다. 그동안에 부동산시장이 '내수촉진론'에서 '소비향상론'으로 이어지고, 다시 '도시화이론'으로 이어진 것은 마치 증권시장이 '국유기업 구제론'에서 '자본재편론'으로 이어지고, 다시 '가치발견론'으로 이어진 것과 똑같은 구조이다. 이는 우연한 일치만은 아닐 것이다. 중국 증권시장의 모든 투자자들은 이런 개념이 바닥나면 무엇이 등장하게 될지 알고 있다. 또 한 가지 우연한 일치는 일본에서 부동산 거품이 1985년에 시작되어 1991년에 정점에 도달하기까지 6년 정도 이어진 사실이다. 중국의 부동산이 6년 동안 상승세를 이어가면서, 상하이의 주택 가격은 3배 가까이 올랐다. 소요된 시간이나 주택 가격의 상승폭이 모두 완벽하게 무너지기에 충분하다.

중앙정부의 경고 때문에 2004년 초부터 부동산 열풍의 상징적 도시인 상하이의 주택 가격은 단기간 주춤거렸다. 하지만 가을로 접어들자, 부동산은 마치 '분수'처럼 오르기 시작했다. 보도에 따르면, 심지어 3개월 동안 6,000위안이 오르는 매물까지 있었다. 이런 추세는 1996년 12월부터 1997년 5월까지 잘 나가던 증권시장에 비견된다. 투기시장의 광적인 심리를 부추기는 기제가 시행될 즈음이면, 거품은 가장 치명적 유혹을 내보인다. 그것은 마치 '목사가 신도에게 천당에 갈 수 있다'고 말하는 것처럼, 손쉽게 사람들의 마음을 사로잡는다. 중국 부동산시장의 가장 멋진 광경과 가장 감탄스러운 시기가 다가오고 있다. 하지만 그것은 여러 측면에서 가장 장렬한 때이기도 할 것이다.

부동산의 온도를 측정하는 방법은 다양하다. 이론에 근거하기도 하고, 경험에 의지하기도 하며, 이런 방법을 쓰기도 하고, 저런 방법을 쓰기도 한다. 하지만 사람들이 믿을 수 있게 설명할 능력은 없다. 중국의 부동산은 상승세를 타면서, 조롱을 받은 적도 없다. 셰궈중처럼 이성적 자부심으로 과감하게 시간을 명확히 예측한 사례도 없었다. 하지만 이론적 지표와 경험적 판단이 모두 부정적 방향으로 움직이기 시작할 때, 중국 부동산의 마지막 청산의 시기는 우리를 향해 빠르게 다가오고 있다.

* 이 글은 2005년에 쓴 것이다. 글에서 밝힌 중국 부동산의 정치경제학적 본질은 여전히 성립되지만, 거기에 담긴 예측은 중국 부동산시장의 실제 추세와는 많이 다르다. 6년이 지난 지금에 와서 보면, 당시 중국 부동산은 거품의 기점이었을 뿐이다. 이는 복잡한 현실 세계와 비교해, 우리의 생각이 얼마나 유한한지를 설명하는 것에만 그치지는 않는다. 이런 점은 생각 있는 모든 이들에게 입문과정이 될 것이다.

2.3. 토지의 유령

중국 혁명을 덮은 이런저런 현대적 포장을 걷어내면, 1949년 중국 혁명의 핵심은 토지혁명이다. 그 승리는 토지혁명의 전형적 승리이기도 하다. 중국의 오랜 역사에서 토지문제는 떨쳐지지 않는 악몽과도 같아서 중국의 혁명에 그림자처럼 따라다녔다. 토지문제가 지닌 비밀을 훤히 헤아렸기에 마오쩌둥(毛澤東)은 거의 불가능해 보이던 승리를 얻었다. 20여 년 전에 덩샤오핑(鄧小平)이 시작한 기적과도 같은 개혁도 토지에서 시작되었다. 그런데 중국의 토지문제가 경제가 성장하면서 풀리기는커녕 새로운 밀레니엄에 들어선 이후로 첨예해진다는 것은 이상한 일이다.

2005년에 벌어진 허베이성(河北省) 딩저우(定州)의 토지 유혈 사건은 토지문제가 오늘날 중국에 있어서 대단히 심각하다는 사실을 보여주었다. 관심이 있는 사람이라면 딩저우 사건은 점점 늘어나는 토지 관련 폭력사건 가운데 하나일 뿐임을 이미 눈치챘을 것이다. 다시 말해서 토지 때문에 벌어지는 폭력사건은 사회의 거센 복류(伏流)를 이루고 있는 것이다. 그런 의미에서 많은 사상자가 발생한 딩저우 유혈 사건은 토지 폭력의 격화를 상징한다기보다는, 오히려 큰 걱정거리를 던져주었다고 할 것이다. 불길한 유령은 그 익숙한 그림자를 드리우고 있다. 또다시 토지의 악몽과 마주하려는 것인가?

지금 중국의 토지문제는 급격한 도시화의 배후에서 벌어지고 있다. 급격한 도시화가 가져온 엄청난 토지 수요는 기존 토지 가격의 폭등을 불러왔다. 토지는 농민을 도시화와 현대화에 편입시키는 잠재적 자본이다. 하지만 현행 농촌토지수용제도에서는 도시 정부가 농민의 손에서 헐값으로 토지를 수용할 수 있다. 그것을 비싼 값에 되팔면 그 차액은 수십배에 이른다. 농촌의 부가 도시로 전이되는 일은 늘 있어 왔다. 하지만 도시화를 배경으로 엄청난 토지를 도시가 빨아들이면서 농민의 토지 소유권을 빼앗고 농민을 빈털터리 유랑민으로 만든다는 데에 문제의 특수성이 있다. 이것이 근자에 딩저우 참사 같은 토지 폭력 사건이 벌어지는 주된 이유이다.

중국의 현행 토지법규에 따르면, 농민이 토지도급제를 통해 얻은 권리는 대단히 취약하다. 1978년부터 지금까지 농촌 토지도급제의 실질적 내용은 계속 바뀌었지만, 토지에 대한 농민의 권리는 농업적 용도에 제한된 거래에만 머물러 있다. 즉 토지를 농업에 이용할 때만 농민은 토지를 거래할 권리를 갖는다. 하지만 농업은 상대적 수익성이 빠르게 떨어지고 심지어 적자가 나는 상황에서, 농민의 교역권은 점점 무의미한 장식품이 되고 있다. 토지는 가장 중요한 생산요소이다. 농업에 이용할 수도 있고, 수익성이 상대적으로 높은 상공업에서 이용할 수도 있다. 토지는 상공업에 이용될 때, 높은 수익성을 발휘할 수 있다. 하지만 토지가 상공업의 용도로 전환되는 결정적인 교역의 단계에서 토지에 대한 농민의 권리는 가차 없이 박탈된다.

현재의 토지법규로는, 농촌의 집단용지를 상공업 용지로 바꾸는 것은 국가의 '수용' 이라는 과정을 거쳐 이루어진다. '국가' 의 이름으로 이루어지는 토지의 수용과정에서 농민이 얻는 것은 농업적 용도에 따라 평가한 토지 가격, 즉 '청묘비(靑苗費)' 따위의 턱없이 낮은 보상이다. 농민은 강력한 행정 권력에 맞서 밀고 당길 힘이 전혀 없다. 이는 흔히 이해하는 식의 복지를 증진시키는 '자유교역' 은 아니다. 오히려 '강제 수용과 매각' 이라고 표현하는 것이 더 어울릴 것이다. 지방정부가 강제 수용해 '시장' 수단을 거쳐, 손쉽게 십 수 배 내지 수십 배의 수익을 거두는 것은 정말 황당하다. 이런 토지제도는 토지의 실질적 소유권을 지닌 농민은 도시화의 과정에서 가치가 상승한 토지 수익을 누릴 권리가 없다는 선언과도 같은 것이다. 농민은 시대착오적인 법률 때문에 현대화의 문간 밖으로 철저하게 내밀리고, 경제성장의 성과물 밖으로 철저하게 밀려난다. 애당초 인력요소에 있어서 열세인 농민이 현대화의 경쟁에서 유일하게 의존할 수 있는 토지자본을 잃는다면, 어떤 식으로 도태될지 그 결말은 뻔하다. 그런 결과는 너무나도 비인도적일 뿐 아니라 대단히 위험한 것이다.

1990년대 이래로 급격하게 높아진 중국의 지니계수는 농민이 토지에 대한 권익을 잃어가는 것과 관계가 밀접하다. 현행 토지수용제도가 바뀌지 않는다면, 빈부격차를 극단적으로 벌려놓을 수 있다. 수많은 중국의 농민이 주체적으로—피동적 객체가 아니라 현대화에 참여할 가능성을 빼앗겼을 때, 중국의 사회 분열은 돌이킬 수 없는 지경에 이를 것이다. 토지문제가 중국의 미래를 결정할 것임은 명백하다. 역사의 보복을 바라지 않는다면, 지금부터라도 경계하고 신중해야 한다.

행정 권력이 토지시장을 통제하는 것은 토지의 행정적 안배에 결정적 '뒷구멍' 을 남겨주었다. 그것은 농민의 부에 엄청난 손실을 입히는 동시에 토지자원의 엄청난 낭비를 가져왔다. 지금 중국 지방정부는 '정치적 업적' 으로 내세우는 투자 유치를 위해 토지를 염가로 공급한다—거의 공짜나 다름없다. 이는 각급 지방정부가 경쟁적으로 써먹는 수단이 되었다. 그것은 마치 화폐의 경쟁적 평가 절하와 닮은 구석이 있다. A시(市)가 20만 위안의 개발비용을 들인 땅을 5만 위안에 매각하려고 하면, B시는 3만 위안에 매각할지도 모른다. 어떤 도시에서는 심지어 지방정부가 '우대정책은 경제발전을 촉진하는 원동력이다' 라는 구호를 내걸기도 한다. 토지자원이라는, 감독을 받지 않는 권력이 토지를 안배하는 방식은 토지가 부족한 중국에서 엄청난 토지 낭비가 벌어지는 가장 근본적 원인이다. 자꾸 벌어지는 토지 폭력 사건은 이런 사실을 고발하는 또 다른 방식이 되었고, 중국의 거친 방식의—정부주도형 경제성장 모델은 점점 종점으로 다가서고 있는지도 모른다.

토지의 균등 분배를 주요 특징으로 삼은 덩샤오핑의 농촌 토지도급제는 중국의 개혁에 강력한 동력을 제공했다. 하지만 그것은 그저 종래 아무 성과도 내놓지 못하던 농민을 효율성을 갖춘 농민으로 바꾸는 정도였다. 덩샤오핑의 토지개혁은 시야를 농촌의 범위에만 한정하여, 농민의 문제를 해결했다. 하지만 현대화의 역사에 있어서 농민문제를 지금까지처럼 농촌 범위에서만 해결하는 것은 불가능하다. 대다수 농민의 유일한 출로는 효율성을 갖춘 현대 도시인이 되는 것이다. 국가의 정세가 아무리 특수하더라도, 이런 역사의 진행과정을 멀리해서는 안 된다. 현행 농촌토지수용제도는 이런 과정을 가로막아 나아가기 어렵게 한다. 이런 점이 오늘날 중국 토지문제의 진정한 환부(患部)이다.

토지도급제를 창조한 찬란함은 덩샤오핑 시대의 것이다. 그것이 해결한 문제도 덩샤오핑 시대의 문제이다. 도시화의 불길이 타오르는 지금, 중국의 토지문제는 내용상 근본적 변화가 생기고 있다. 더 이상 덩샤오핑 식의 토지개혁에서 제도의 동력을 얻을 수 없다는 사실을 알고 있다면, 이 오래된 대지에 새로운—토지 변혁이 코앞에 닥쳤다는 사실도 민첩하게 깨달아야 한다.

— 2005년 8월

CHAPTER
03 정부기업의 카니발

대다수 국민이 함께 저지른 죄를 민영기업의 죄로만 돌리고, 애당초 민영기업에서 나오지도 않은 죄를 민영기업의 '원죄'로 돌리는 것은 시대의 문제에 대한 오늘날 중국 지식인의 갈팡질팡하는 모습을 잘 보여주는 것이다. 한 시대의 산물로, 민영기업은 그 시대의 특징을 지녀야만 하며, 그 시대를 벗어나서 생존할 수는 없다. 그러므로 청산해야만 하는 것은 그 시대이며, 그 시대에 속하고 그 시대에 깊이 박힌 병의 뿌리이다. 누구도 벗어던지기 힘든 책임이 있다.

중국의 새로운 과두는 개별 업종이나 개별 영역에서만 모습을 드러내지는 않는다. 거의 모든 주요 기초산업과 상류(上游) 산업에서 나타난다. 이는 중국에서 독점적 과두를 골간으로 하는 새로운 경제구조가 형성되었음을 의미할 수도 있는 것으로, 1990년대의 중국 경제와는 전혀 다른 것이다. 이런 새로운 구조 속에서 여기저기 흩어져 있는 중소기업들은 ―민영이든 국영이든 상관없이 과두가 놓아둔 경제적 기회에 기대어 생존할 수밖에 없다. 즉 과두는 다른 비(非)과두적 경제의 이윤의 여지를 마음대로 축소하고, 나아가 그들을 가치사슬의 바닥으로 쫓아낼 수 있다.

3.1. 민영기업은 '원죄'가 없다

'민영기업(民營企業) 원죄론'은 제법 문학적 색채가 있어서, 발명되자마자 널리 퍼지더니 지금은 중국의 특수한 분위기 속에서 즐겨 사용하는 말이 되었다. '특수한 분위기'라는 것은 20여 년에 걸친 개혁의 결과 가운데 하나로, 오늘날 중국 사회에서 심각한 빈부격차로 생긴 계층 간의 대립과 청산(淸算)의 분위기를 가리킨다. 이런 분위기는 오랫동안 잠복하다가 지금에 이르러 분출되는 모습이다. 중국의 경제학 '대가'들이 만들어낸 '민영기업 원죄론'은 이런 시대적 배경에서 나왔다.

'원죄'라는 것은 태생적으로 죄가 있다는 것이다. 기독교에서는 사람은 죄를 지니고 태어나므로 평생 속죄하여야 한다고 말한다. '민영기업 원죄론'이 이런 의미를 지녔다고 한다면, 그것은 본질과는 동떨어진 헛소리이고, 짐짓 오묘한 체 꾸민 것이다. 중국의 민영기업은 구체제의 틈새에서 태어났다. 손발에 못이 박히게 고달팠던 창업의 어려움을 신세대들은 상상조차 하지 못할 것이다. 체제의 온갖 보장을 누리던 당시 사회의 중·상층 구성원들과는 달리, 중국에서 처음 민영기업을 일으킨 사람들은 대부분 사회의 하층과 주변부에 있던 선천적인 체제외(體制外)의 사람들이었다. 중국 민영기업의 초창기 계층구성은 당시 민영기업이 중국의 정식 체제로부터 엄청난 차별대우를 받았음을 잘 보여준다. 그런 점은 충분히 수긍이 간다. 1970년대 말기에 중국에서 민영기업이 탄생한 것은 개혁가들이 호소한 결과도 아니었고, 지혜로운 사람들의 선지선각도 아니었으며, 오로지 하층과 주변부 사람들의 생존 본능에서 나온 불가피한 창조였다. 하지만 강력한 이데올로기의 멸시와 엄격한 사회 통제의 틈새를 뚫고나온 민영기업은 '자신도 모르게' 몇 세대 중국인들이 감히 꿈도 꾸지 못했던 소비의 번영을 만들었고, 중국의 시장개혁에 강력한 합법적 동력을 제공했다. 초창기와 그 후로 한동안 민영기업과 체제의 충돌이 무척 격렬했음을 짐작할 수 있다. 당시 기준으로는, 민영기업의 존재는 불법적이고 부도덕한 것이었다. 장거리 운송 판매도 투기모리배로 몰려 처벌받을 수 있던 시대였다. 완강한 생존의지로 버티지 않았다면, 민영기업은 오늘날까지 버티기 어려웠을 것이다. 중국의 민영기업은 '부도덕'과 '불법'의 십자가를 짊어지고 원시축적을 이룩했다. 중국식 표현으로는 "최초로 금맥을 찾아낸" 것이었다. 이런 '원시축적'을 '원죄'라고 규정한다면, 그런 말을 만들어낸 사람은 중국의 개혁 역사에 완전히 무지해서가 아니라 일부러 허튼소리를 지껄이는 것이다. 민영기업은 생존본능에 의지해 구체제와 강하게 부딪쳤다. 1992년 이후에 중국에서는 전면적인 시장 개혁 조치가 있었다. 따라서 중국의 민영기업은 '원죄'가 없으며, 오히려 독특한 공적이 있는 것이다. 즉, 민영기업은 공로를 타고 났으며, 또한 뛰어난 공을 세웠다. 하지만 안타깝게도 '원죄'라는 말을 만들어낸 사람은 대중들의 관심을 끌어 기대한 효과를 거두었는데, 민영기업 원죄론이 널리 확산된 사실이 그것을 입증한다. 하지만 중국에서 민영기업의 역사적 진실은 신세대의 시선 밖에 철저하게 가려져 있다. 민영기업인이 이처럼 오해를 불러일으키는 원죄설에 대해 분노하는 것은 당연한 것이다.

하지만 분노는 분노일 뿐이다. 원죄설이 널리 퍼질 수 있었던 것은 분명 중국 민영기업의 아픈 구석을 건드렸기 때문이다. 이는 민영기업 '원죄론'이 지닌 또 다른 의미이다. 중국의 민영기업은 전면적 합법화가 이루어진 이후에 보편적으로 존재하는 위법(違法) 현상이다. 1992년 이후,

민영기업은 정치적 · 경제적으로는 여전히 차별대우를 받았지만, 생존환경은 꽤 나아졌다. 사업에 뛰어드는 것이 시대의 유행이 되던 무렵에 민영기업은 사실상 합법화되었다. 그 이후로 민영기업의 위법성은 더 이상 앞선 단계에서처럼 그런 역사적 의미를 갖지는 않게 되었다. 적어도 긍정적 의미와 부정적 의미가 동등해졌다. 민영기업인과 민영기업을 옹호하는 견해와는 달리 그 무렵 경영에 있어서 위법적 현상이 존재하는 민영기업은 결코 극소수이거나 일부가 아니었다. 백이면 백 모두였다. '소수설'과 '일부설'로 민영기업의 '원죄'를 반박하는 것은 무력하며, 민영기업의 진정한 모습마저 덮어버린다.

문제는 당시 위법적 현상이 민영기업에만 있었겠느냐는 것이다. 부패나 위법을 저지를 자격도 능력도 없는 사람 이외에 누구도 가슴을 치며 자신은 깨끗하다고 말할 수 있는 사람은 없을 것이다—거의 대다수 국유기업을 포함하여. 진지하게 따져보자. 소득세만 하더라도, 중국 도시의 많은 사람들이 벌금을 물거나 심지어 감옥에 들어갈 수 있다. 이런 '죄'는 결코 민영기업만의 것이 아니다. 대중의 '죄'이고, 시대의 '죄'이다. 죄의 크기와 처벌의 경중이 다를 뿐이다. 그런 단계에서부터 지금까지, 그리고 그런 위법 현상이 갖는 정치 부패의 특징을 고려하면, 그런 시대의 '원죄'는 본질적으로 권력의 죄이고, 체제의 죄이다. 민영기업은 그런 부패의 시대에 적극적으로 활기찬 역할을 맡았더라도, 그런 시대의 '원죄'의 '원'은 민영기업에게 있는 것이 아니라 다른 곳에 있다. 민영기업의 취약한 면역력과 구체제의 결탁능력은 천진한 학문적 상상력에 큰 타격을 입힐 것이라는 사실을 솔직하게 인정해야 한다. 대다수 국민이 함께 저지른 죄를 민영기업의 죄로만 돌리고, 애당초 민영기업에서 나오지도 않은 죄를 민영기업의 '원죄'로 돌리는 것은 시대의 문제에 대한 오늘날 중국 지식인의 갈팡질팡하는 모습을 잘 보여주는 것이다. 한 시대의 산물로, 민영기업은 그 시대의 특징을 지녀야만 하며, 그 시대를 벗어나서 생존할 수는 없다. 그러므로 청산해야만 하는 것은 그 시대이며, 그 시대에 속하고 그 시대에 깊이 박힌 병의 뿌리이다. 누구도 벗어던지기 힘든 책임이 있다.

민영기업은 마치 중국 개혁의 최대 수혜자처럼 보인다. 그런 인상은 사실과는 전혀 다르지만, 널리 유행하는 착각이다. 어떤 함축된 의미에 이끌려, 그런 인상은 가볍게 보편적이고 확고부동한 인식으로 바뀐다. 즉 중국의 민영기업은 오늘날 빈부격차를 만들어낸 근본 원인이라는 것이다. 민영기업의 '거두' 들이 대거 관상(官商)[1]과 유착하는 전형이 되었을 무렵, 이런 인상은 지금처럼 깊고 긍정적이지 않았다. 숫자에 상관하지 말고 명확하게 선을 그어야 한다. 끝없이 대형 스캔들을 터트리는 저 민영기업들은 본래 의미의 민영기업이 아니라 지금 이 시대에 별개로 마구 자라나는 식물이다. 민영기업이라는 말은 그런 식물 위에 덧씌워진 위장일 뿐이다. 공정하지 못한 시대에는 대중들의 '바른' 정서가 끌려가 비극적으로 인식하게 되는 경우가 더러 있다. 민영기업 원죄론은 빈부가 현격한 이 시대에 펼쳐지는 음흉한 주제이다. 거기에는 인격이 몹시 결여된 지식분자가 아주 중요한 역할을 맡았다. 그들은 권력에 대한 두려움을 감추려고, 권력이 없는 사람에 대한 드라마틱한 재판을 시작해, 대중들에게 자신의 용감함을 과시한다. 하지만 그것은 약자 앞에서 강하고 강자 앞에서 약한 시정잡배와도 같은 나쁜 습성을 보여주는 또 하나의 증거일 뿐이다.

— 2004년 6월

3.2. 중앙정부기업을 위해 봉사하라

2005년, 중국의 자본시장에서 관심을 가질 만한 또 하나의 경향은 중앙기업[2]화 또는 국유기업의 대형화 추세이다.

역주 1) 관리로서 상행위에 종사하던 사람을 가리키던 말. 지금은 대개 관방에 배경을 둔 사업가를 가리킨다.

역주 2) 중앙기업은 중화인민공화국 국무원 산하 국유자산감독관리위원회에 속한 국유기업으로, 2012년 4월 기준으로 모두 117개이다.

보도에 따르면, 2005년 10여 개 대형국유기업의 신규상장 내지 재융자(refinance)가 준비 완료되었다. 여기에는 교통은행, 중국은행, 건설은행, 중국중매능원집단(中國中煤能源集團), 중국철통(中國鐵通), 중국석유(中國石油) 등이 포함되어, 중앙기업 대부분을 차지한다.

대형국유기업이 크다는 것은 우선 동일업종과 권력구조에 있어서의 높은 지위를 뜻한다. 대형국유기업은 모두 동일업종의 거두로, 국민경제에 미치는 영향이 아주 크다. 정치적 지위 또한 일반 국유기업보다 훨씬 높다. 따라서 대형국유기업이 융자에 있어서 우선권을 갖는 것은 당연한 일이다. 하지만 자본시장은 법치와 평등이 가장 요구되는 곳이다. 대형국유기업이 정치적 영향력 때문에 상장과정에서 유독 특혜를 누린다면, 중국 자본시장의 장기적 발전에는 도움이 되지 않을 것이다. 중국 경제는 결코 대형국유기업이 홀로 지탱하는 것이 아니다. 국민소득과 취업률 제고는 수많은 중소기업이 받쳐주지 않으면 지속되기 어렵다. 따라서 상장은 중소기업과 대형국유기업이 동일한 기준에 따라 평등하게 이루어져야 한다.

대형국유기업이 크다는 또 하나의 의미는 이들 기업이 지닌 독점적 성격을 뜻한다. 대형국유기업은 대개 독점 내지 과점의 성격을 지니고 있기 때문에 이윤창출과 현금흐름에 있어서 대단히 안정적이다. 그 때문에 대형국유기업은 최근 몇 년 동안에 자본시장에서 기관투자자들로부터 큰 인기를 끌었다. 하지만 이들 대형국유기업이 근년에 보여준 양호한 재무구조는 그들이 누린 각종 보조금과 관계가 밀접하다는 사실을 헤아려야 한다. 4대 국유은행[3)]은 그 전형적 사례이다. 수조 위안에 이르는 재정보전이 없었다면, 4대 국유은행은 최저한도의 상장기준조차 충족시키기 어려웠을 것이다. 아울러 인위적 저금리 기조도 대형국유기업에 매우 안정적 '이윤'을 가져다주었다. 따라서 이들 대형국유기업이 근년에 양호한 재무구조를 보였더라도, 그 원인과 지속가능성은 면밀히 따져볼

역주 3) 중국공상은행(ICBC), 중국건설은행(CCB), 중국은행(BCL), 중국농업은행(ABC)

필요가 있다. 중항유사건(中航油事件)[4]은 좋은 사례이다. 중항유라는 스타급 국유기업이 한방에 5억 5천만 달러의 손실을 본 데는 경영상의 통제력을 완전히 상실한 것이 그 배후였다. 중항유가 '2004년 싱가포르에서 가장 투명한 상장기업'으로 평가되었다는 점은 무척 아이러니하다. 이런 사실은 중국의 대형국유기업이 아직도 경영에 있어서 제자리를 찾지 못했다는 의미이다. 이런 기업을 서둘러 자본시장에 상장하는 것은 돈 먹는 하마를 만드는 것은 아닌지 깊이 생각해 볼 문제이다.

일반 기업과 비교하면, 대형국유기업의 융자는 수십 억, 수백 억 심지어 일천 억 위안을 상회하기 일쑤인데, 이런 점은 대형국유기업이 크다는 또 다른 의미이다. 당국에서는 대형국유기업을 상장하는 것은 경영구조를 개선하려는 것이라고 말한다. 하지만 중국 자본시장의 역사적 경험으로는 상장과 기업경영구조 개선은 아무 연관성도 없었기 때문에 이들 기업을 상장하는 진짜 이유가 무엇인지 의문이 제기된다. 이들 대기업은 1990년대 말부터 고강도 정책지원을 받으면서 자본을 많이 축적했다. 그런데 왜 이토록 요란하게 상장하려는 것일까? 대형독점기업은 수천 위안 심지어 일만 위안이 넘는 회식을 하기 일쑤이다. 그런 돈이 쓸데없는 낭비가 되어버릴 것을 염려할 만한 이유가 있다.

1990년대 중반부터 당국에서는 큰 것은 붙들고 작은 것은 풀어주는, 이른바 '좌다팡샤오(抓大放小)'[5] 정책을 시작했다. 하지만 무엇이 작은 것이고 무엇이 큰 것인지, 핵심을 파악할 수 없었다. 1990년대 후반에 이르러서야 혼란스럽던 '좌다팡샤오'는 마침내 분명해졌다. 바로 중앙기업을 붙잡아 지원하는 것이었다. 그리고 그것은 중국 자본시장에서 대형국유기업의 잇단 상장으로 표현되었다. 중국 자본시장은 풀뿌리 게임에서 처음 시작되어, 국유기업에 봉사하기에 이르렀고, 다시 중앙기업—그리고 거대 국유기업에게 봉사하기에 이르렀다. 그 배후의 동력은 줄곧 정

역주 4) 2004년에 중국항공유료집단공사(CNAF)가 석유 선물옵션에서 5억 5천만 달러의 손실을 보고 법원에 파산보호신청을 낸 사건.

역주 5) 대기업은 중점관리하고 소기업은 융통성 있게 경영하도록 느슨하게 풀어주는 정책 방침.

치와 정책이었다. 하지만 자본시장은 정책의 간섭을 몹시 꺼린다는 사실은 두말할 필요조차 없다.

중국의 자본시장이 중앙기업을 위해 봉사하는 추세는 1990년대 말부터 시작되었고, 이제는 사회적 풍조를 이루었다. 하지만 우려는 여전하다.

— 2005년 2월

3.3. 새로운 과두

유난히 눈길을 끄는 일련의 수치가 있다. 1989년부터 1999년까지의 10여 년 동안, 줄곧 1,000억 위안에 머무르던 국유기업의 이윤이 2000년부터는 폭발적으로 늘어나 2004년에는 국유 공업기업의 이윤만도 5,300억 위안이나 되었다. 같은 해에 190여 개에 달하는 중앙기업의 이윤도 4,785억 위안으로, 놀라운 증가세를 보였다.

이런 수치는 보는 사람에 따라 다른 결론을 내릴 수 있겠지만, 새로운 과두(寡頭)의 시대가 중국에 강림하고 있다는 강한 시사를 얻을 수 있다.

새로운 과두는 중국의 고도성장과정에서 다음과 같은 배경을 지니고 있다. 1990년대 말기에 정부는 정치적 임무로서 큰 것은 붙들고 작은 것은 풀어주는, '좌다팡샤오(抓大放小)' 라는 구조조정을 펼쳤다. 행정 권력이 요소자원을 절대적으로 통제하는 상황에서, '좌다팡샤오' 가 기적과도 같은 성과를 거둔 것은 전혀 의외는 아닌 듯하다. 그런 기적이 어떻게 비롯된 것인가는 아주 흥미로운 주제이다. 하지만 캐묻고 싶은 것은 중국과 중국의 미래에 있어서 과두는 도대체 어떤 의미를 갖느냐는 것이다.

중국에서 과두는 "국유경제의 주도력, 영향력, 통제력을 높인다"는 명분 아래 빠르게 형성되었다. 주도력, 영향력, 통제력이라는 것은 겸손한 표현일 뿐이다. 보다 정확하고 노골적으로 말하면 '국유기업의 독점력을 강화하는' 것이다. 과점기업의 등장은 중국의 국유기업 개혁과정에서 나타난 의외의 결과가 아니라 개혁의 목표였다. 대형국유기업이 시장에서 독점적 지위를 차지하려는 것에 대해 국유자산감독관리위원회 주임 리룽룽(李榮融)은 이렇게 설명한다. "정부의 역할은 공정한 경쟁을 촉진해 독점을 없애는 것이고, 출자자는 투자수익을 바라기 때문에 독점을 바란다." 그는 이렇게 덧붙였다. "국유자산감독관리위원회는 출자자이지 정부가 아니다. 정부가 정보통신산업을 분할 상장한 것은 옳은 일이다. 하지만 출자자 입장에서는 동일업종 여러 곳에 분산 투자하여 자신과 자신이 싸우게 하고 싶지는 않을 것이다." 국유자산감독관리위원회는 정말로 출자인에 지나지 않을 뿐, 정부를 대변하지는 않는가? 대다수 사람들이 보기에 국유자산감독관리위원회는 정부 같기도 하고 출자인 같기도 하다. 이처럼 중국의 과두는 권력과 자본, 정부와 기업 사이의 애매한 지위 때문에 보편적으로 두려움을 준다. 감독이 유난히 결핍된 특이한 환경을 가진 중국 사회에서, 과두를 두려워하는 것은 분명한 역사적 근거가 있다.

하지만 이것이 새로운 과두가 사람들을 두렵게 만드는 유일한 이유는 아니다. 전통적 과두와는 달리 새로운 과두는 개별 업종이나 개별 영역에서만 모습을 드러내지는 않는다. 거의 모든 주요 기초산업과 상류(上遊) 산업에서 나타난다. 이는 중국에서 독점적 과두를 골간으로 하는 새로운 경제구조가 형성되었음을 의미할 수도 있는 것으로, 1990년대의 중국 경제와는 전혀 다른 것이다. 이런 새로운 구조 속에서 여기저기 흩어져 있는 중소기업들은—민영이든 국영이든 상관없이 과두가 놓아둔 경제적 기회에 기대어 생존할 수밖에 없다. 즉 과두는 다른 비(非)과두적 경제의 이윤의 여지를 마음대로 축소하고, 나아가 그들을 가치사슬의 바닥으로 쫓아낼 수 있다.

중국의 도시에서 택시기사는 하루 14시간씩 일하지만, 소득은 보잘것없다. 유가가 지속적으로 오르면서 일부 도시에서는 택시기사의 수입이 빠르게 제로에 다가서고 있다. 택시기사의 생존상황을 오로지 유가 문제로만 돌릴 수는 없지만, 에너지의 과두가 언제라도 택시기사의 경제적 운명을 결정지을 수 있음은 분명한 경험적 사실이다. 오늘날 중국인의 생활에 있어서, 과두의 견제능력은 결코 에너지에서만 구현되는 것은 아니다. 모든 영역에 침투하고 있다. 과두는 소리 없이 중국 경제를 접수하고 있다.

과두를 숭배하는 사람들은 강력한 과두는 중국이 국제자본을 상대하는 유력한 도구라고 주장한다. 하지만 중국의 과두는 자산 규모는 꾸준히 늘어나지만 내부적 성과에 있어서는 재정상의 어려움에 허덕이는 것이 현실이다. 통계자료에 따르면, 중앙기업의 에너지소비량은 국제평균치보다 40%나 높고, 기술수준은 국제수준에 한참 못 미친다. 이런 사실은 과두기업이 독점의 우위에 의존하여 기른 '국제경쟁력'이라는 것이 얼마나 나약한 것인지를 보여준다. 게다가 이들 과두의 덩치에 있어서의—덩치에만 국한해서이다 경쟁력이 국내 다른 중소기업을 희생시킨 대가라고 할 때, 그런 경쟁력이 가져오는 민족주의적 자부심에 대해 명확하게 인식해야만 한다. 2004년에는 181개 중앙기업의 손실금이 3,187억 위안으로, 중앙기업 총자산의 5.4%에 이르렀다. 이런 사실은 중국의 과두가 부단히 커지는 배후에 국민 혈세의 엄청난 낭비가 있다는 사실을 보여준다.

중국의 과두가 국제경쟁 속에서 어떻게 될 것인지 예상할 수는 없다. 하지만 "외부의 싸움에는 풋내기이고, 내부의 싸움에는 전문가"였던 역사적 비극이 과두에서 재현될 가능성을 경계해야 한다. 아울러 중국의 과두가 국제자본과 손잡고서 다른 민족기업을 내쫓고 독점적 지위를 통해 시장의 초과이윤을 차지하는 것도 경계해야 한다.

— 2005년 9월

3.4. 정부기업의 카니발

정식 연구를 통해서든 언론매체의 보도를 통해서든, 민영기업과 국유기업을 양분하는 것에 익숙해진 지 오래이다. 하지만 이런 양분적 사고는 우리의 시야를 가려서 중국이 당면한 진정한 문제를 잘못 이해하게 만들 수도 있다.

일반적으로 민영기업은 소유권이 개인에게 있는 기업이고, 국유기업은 소유권을 전체 국민이 공유한 기업이라고 생각한다. 하지만 중국의 경제현실에 비추어 보면, 기업의 진짜 속성은 '이상형' 인 민영기업과 국유기업으로 양분하는 것보다 훨씬 어렵다. 30년에 이르는 중국의 개혁과정에서 일부 전통적 국유기업은 도산하여 사라졌지만, 다른 일부 국유기업은 꾸준히 성장했다. 또 일부 국유기업은 원하는 것을 얻고 해외까지 진출하지만, 일부는 침체된 경영으로 유지조차 어렵다. 똑같은 국유기업인데도 왜 운명은 이처럼 크게 다를까? 국유기업의 운명이 서로 다른 것은 경영자의 노력이 달라서도, 업종이 달라서도, 운이 달라서도 아니다. 권력과의 거리가 다르고, 정치시스템 속에서 지위가 다르기 때문이다. 중국석유화공(SINOPEC)이나 중국건설은행(CCB) 같은 국유기업을 구원의 손길을 애타게 기다리는 지역적 성격의 국유기업과 나란히 거론한다면, 그들은 같은 속성을 지닌 기업으로 귀속된다. 또 그런 바탕에서 별생각 없이 "국유기업은 이러이러하다"라고 말한다면, 본질을 놓치는 오류를 범하게 될 것이다. 그들의 기업 성격은 사실상 전혀 다르기 때문이다. 후자를 국유기업이라고 한다면, 중국석유화공 같은 기업의 보다 정확한 이름은 아마도 '관기(官企)', 즉 '정부기업' 일 것이다. 전형적 대표는 근년에 중국 경제를 쥐락펴락하고 중국 국유기업 개혁의 상징적 성과로 간주되는 '앙기(央企)', 즉 '중앙정부기업' 이다.

'정부기업' 의 가장 큰 속성은 정치적 속성이다. 즉 정치적 차서구조〔差序格局〕[6] 속에서 누리는 우위와 지배적 지위이다. 정부기업의 경영자는 대개 어떤 정치적 직함을 가지고 있다. 중앙정부기업의 경영자는 대개 부(部), 부부(副部), 사국(司局) 급의 정치적 신분을 가지고 있고, 지

역주 6) 중국의 사회학자 페이샤오퉁(費孝通)이 중국 농촌의 구조를 연구하며 내놓은 개념으로, 가구마다 자기 집을 중심으로 울타리를 치는데, 울타리의 크기는 중심세력의 크기에 따라 결정된다는 이론이다.

방정부기업의 경우는 청(廳), 부청(副廳) 급의 직함을 가질 것이다. 이처럼 정치적 임명의 색채가 뚜렷한 기업의 경영자는 행위의 동기가 무엇이든, 경제적 이성에 따르고 또 정치적 이성에 따르는 것이 가장 논란이 된다. 한 국유은행에서 비상장주를 취급하다 소규모 민영은행으로 자리를 옮긴 친구에게 물었더니, 국유은행은 죄다 '중국공산당 중앙조직부에서 간부들을 관리' 하지만 민영은행은 인사가 훨씬 심플하다고 말했다. 시장경제가 성숙한 나라에서는 국유기업의 경영자를 전문경영인 시장에서 초빙한다. 당연한 말이지만 중국의 정부기업과 표준적 국유기업의 중요한 차이를 보여준다. 역사를 돌이켜보면, 1990년대의 '좌다팡샤오(抓大放小)' 의 국유기업 개혁 전략 자체는 정치적 통제를 고려한 것이지 경제적 이윤 계산에 따른 것은 아니었다. 그런 전략에 따라 성장한 중앙정부기업과 그 밖의 유사한 기업들은 유전자에 정치적 낙인이 찍히고 말았다. 2005년에 해외에서 상장한 중국전신(China Telecom)의 거물 경영자 세 사람이 지난날 중국 8대 군구(軍區)의 '사령관을 맞바꾼' 것처럼 갑자기 교체되었다. 그런 황당한 인사결정은 정치적으로는 이성적일지 모르지만 자본시장에서는 상식적으로 받아들일 수 없는 것이었다. 그 일은 시장을 떠들썩하게 했다. 다만 중앙정부기업이 추진하는 이사회 중심의 제도 개혁이 정부기업의 색깔을 조금이나마 희석시키기를 바란다.

정치적 속성이 중국 정부기업의 유일한 특징은 아니다. 중국에서 정부기업의 또 다른 특징은 그 재산권이 명목상으로는 '국유' 이지만 사실상 특수한 이익집단에 속한다는 점이다. 중국중앙방송(CCTV)처럼 독점 권력에 의탁한 기업의 어마어마한 독점적 이윤이 국가방송영화텔레비전총국의 '돈주머니' 가 된다는 놀라운 사실은 그 명백한 증거이다. 가만히 앉아서 이익을 나눠먹는 케이스가 비단 중국중앙방송뿐이겠는가? 자료에 따르면, 수년 동안 독점, 권력, 국가재정, 구제금융에 의지해 엄청난 이윤을 챙긴 중앙정부기업은 정작 기업의 소유자에게는—국민 한 푼도 나눠주지 않았다. 전체 국민에게 돌아가야 마땅한 주식배당금은 이런저런 구실을 붙여 특수이익집단에게만 돌아갔다. 특수이익집단에 돌아가는 정부기업의 재산권은 중국전력, 중국석유화공, 중국은행 직원들의 과도한 급여수준에서 그 성격을 알 수 있다. 이익이 있는 곳에서 온갖 방법으로 그 이익집단의 일원이 되려고 하는 것은 당연하다. 이런 기업이 국유기업의 공공성을 거론할 수 있겠는가?

다른 한편으로 정부기업은 집단의 이익은 최대로 추구하면서도 비용은 최대한 외부화 내지 공공화하는 특징을 보인다. 정부기업의 엄청난 이윤은 대부분 대중에게 비용을 전가하여 얻어낸 것임을 알 수 있다. 속되게 말해서 이윤은 자신들의 몫이고 비용은 대중의 몫인 것이다. 석유 · 석유화학 · 의료 · 교육 분야의 공공사업은 말할 것도 없고, 탐욕스럽기 그지없는 국유은행의 경우는 금융위기를 내세워 공공복지에 쓰일 수조 위안의 거금을 한순간에 날려버린다. 예대금리차를 주물러 해마다 예금자에게서 '훔치는' 수조 위안이나 되는 이윤은 말할 것도 없다. 정부기업들은 거액의 자산을 날렸음에도, 최근 몇 년 동안에 이윤이 기적처럼 늘어나는 것을 보면 맥이 빠지고 만다. 지적한 대로 정부기업은 공공복지를 퇴행시키게 될 것이다. 시대와 맞물려 나아가는 정부기업의 이런 속성에 비추어 정부기업을 전통적인 국유기업과 반드시 구별할 필요가 있다.

오늘날 중국 정부기업의 가장 핵심적인 경쟁우위는 관권(官權)에 있다. 즉 경제적 우위를 넘어서는 정치적 우세에 있는 것이다. 정부기업이 중국 경제에서 활동이 활발해지면서 영향력을 키운다는 것은 우려되는 점이다. 최근의 '시장 중심' 의 인수합병 과정에서 정부기업은 어디에나 끼어든다. 지방정부의 '소규모 기업' 과 '영세 기업' 들도 똑같이 지방에서의 '재편과 인수합병' 과정에서 똑같이 솜씨를 내보인다. 그야말로 정부기업의 카니발이라고 하겠다. 하지만 그 카니발 뒤에서 대중은 어떤 대가를 치르게 될까?

— 2006년 4월

3.5. 국유기업의 드라마

중국의 개혁과정에서 국유기업문제는 늘 개혁의 중심에 놓여 있었다. 1990년대에 여론조사를 했다면, 가장 개혁하기 어렵다고 생각한 것은 무엇이었을까? 아마도 국유기업 개혁이 맨 앞자리를 차지했을 것임에 틀림없다. 국유기업문제는 1990년대 내내 여론은 물론이고 학계에서도 가장 관심을 기울인 문제였다. 대다수의 학자들은 해마다 적자를 기록하면서 방향을 잡지 못하던 국유기업을 그야말로 공적자금을 잡아먹는 블랙홀처럼 여겼다. 그래서 국유기업은 도덕적으로 사악한 의미를 갖게 되었고, 반드시 떨쳐내야만 마음이 후련할 터였다. 1990년대에 학계와 여론은 국유기업문제는 치료조차 불가능한 세기의 난제라는 공통적 이미지를 성공적으로 만들어냈다.

그런데 흥미롭게도 국유기업은 사람들이 상심한 사이에, 치료를 받지 않고도 멀쩡해진 것만 같았다. 스위스은행의 자료에 따르면, 1997년 국유기업의 이익률은 1%도 되지 않았다. 같은 기간 비(非)국유기업의 이익률은 3%를 넘었다. 그런데 2003년에는 이 수치가 완전히 역전되어, 국유기업의 이익률은 7%에 이른 반면 비국유기업은 5%에 지나지 않았다. 국유기업 · 민영기업 · 외자기업에 대한 통계에 따르면, 국유기업의 경영성과가 다른 기업을 능가하게 되었다고 말하기는 어렵지만, 국유기업이 1990년대의 어려운 상황을 성공적으로 벗어난 것만은 분명한 것 같다. 더욱이 최근 2년 동안의 여론을 면밀히 검토해 보면, 대형국유기업 특히 독점적 국유기업은 이미 '질투'와 '시샘'의 대상이 되었다. 여론의 이런 변화는 다음과 같은 사실에서 비롯된 것이다. 대형국유기업, 특히 독점적 국유기업은 적자를 내던 과거의 모습을 단숨에 벗어던지고 하룻밤 사이에 엄청난 흑자로 돌아섰다. 재산권에 대한 어떤 개혁도 진행되지 않은 상황에서 국유기업이 전혀 다른 모습으로 바뀐 것은 1990년대를 풍미하던 재산권이론을 깡그리 뒤집어놓았을 뿐 아니라 국유기업에 대해 전통적으로 호감을 가지고 있던 정부 관리와 기업가들에게 국유기업은 잘 해내고 있으며 민영기업이나 외자기업보다 오히려 낫다는 믿음을 갖게 만들었다. 최근 몇 년 동안에 이런 이야기는 숱하게 들어 왔다. 그렇게 말한 사람 가운데는 정부의 관리도 있고, 상장 국유기업의 사장도 있었다. 그들은 테마섹홀딩스[7]의 사례를 들어 입증하기도 했고, 자기 회사의 사례를 들기도 했다.

이전까지는 국유기업의 적자가 문제였다면, 지금 국유기업의 문제점은 기업의 이윤이 어디에서 나오는 것인지, 어디로 흘러가는지가 문제일 것이다. 그야말로 현란한 드라마이다.

'국유기업의 이윤이 어디에서 나오는가' 하는 문제에 대해 사람들은 어리둥절해하거나 이런저런 추측을 내놓는다. 국유기업의 이윤은 독점에서 나온다는 것이 가장 보편적인 판단이다. 오늘날 거들먹거리는 국유기업은 대개 산업사슬의 위쪽이거나 독점업종에 자리 잡고 있다는 사실은 분명하다. 그들은 하류에 있는 경쟁업체의 이윤을 가혹하게 착취해 제 것으로 삼는다. 하지만 이런 판단은 금세 한 가지 문제에 부딪친다. 과거에도 국유기업은 마찬가지로 상류나 독점적 지위를 지녔었는데, 왜 예전에는 적자를 보다가 지금에 와서 엄청난 이윤을 얻는 것일까? 앞서의 설명은 국유기업의 드라마틱한 변화를 제대로 밝히기에는 부족하다.

또 다른 비유적 해석은 지금 국유기업의 이윤은 시장화 개혁에 따른 주식배당에서 나왔으리라는 것이다. 1990년대 내내 중국의 중소 국유기업은 시장화의 주체가 되지 못했음을 사람들은 기억하고 있다. 통계에 따르면, 1994년부터 2003년까지의 10년 동안에 국유기업의 수는 12만 개에서 4만 개 아래로 줄었다. 이와 더불어 국유기업이 전체 취업률에서 차지하는 비중도 6.1%로 곤두박질쳤다. 이는 생산비중이 37%로 내려간 것과는 뚜렷이 대비된다. 즉 지금 소수 독점기업의 손익계산서에 나타난 거액의 이윤은 아마도 다른 국유기업의 희생에서 나왔으리라는 것이다.

역주 7) Temasek Holdings: 싱가포르 정부가 1974년 설립한 국영 투자회사로, 국책 사업을 독점 수행하며, 싱가포르 최대 기업들의 지주회사 역할을 담당한다. 2002년 이후 '글로벌 금융제국'을 표방하며 해외 은행을 마구 사들여 더욱 유명해졌다.

다시 말해서 높은 일자리 비중을 차지하던 중소형 국유기업과 그 직원들은 어떤 보상도 없이 국유기업의 반열에서 퇴출되었고, 국유기업 개혁에 들어가는 어마어마한 음성적 비용도 한꺼번에 가지고 가버렸다. 한편, 살아남아 상부에 자리 잡은 국유기업은 그런 비용을 전가하고, 권력과 위세에 기대어 시장경쟁을 통해 만들어진 이윤을 챙긴다. 소수의 국유기업에서 생긴 거액의 이윤은 사실상 외부와 하층의 시장화 경쟁 주체에게서 옮겨온 것이다. 이처럼 치료하지 않고도 나은 것처럼 보이는 국유기업 개혁은 사실상 기적이 아니라 오래된 착취의 현대적 판본인 것이다.

이런 불안감으로 국유기업의 경영자들은 게으름을 부리지 못한다. 국유기업은 이윤이 폭증하고 경영이 순조로운 상황에서도 여전히 힘껏 개혁을 추진한다. 그 방법은 테마섹홀딩스를 벤치마킹하고 이사회를 만드는 것이다. 국유자산감독관리위원회에 따르면, 2007년에는 167개에 달하는 중앙정부기업이 모두 이사회 구성을 마쳤다. 이사회를 중심으로 하는 현대 기업의 경영시스템은 국유기업 개혁에 있어서 불가피한 선택이 된 것이다.

이사회를 중심으로 하는 현대 기업의 경영시스템은 본연의 의미가 상하가 서로 견제하고, 이익의 균형을 유지하고, 위기에 효과적으로 대처하는 기업시스템을 만드는 것이다. 하지만 중국의 국유기업에서 현대적 경영을 맡은 경영자들은 기업의 경영시스템에서 가장 중요한 한 가지를 빠뜨린 것으로 보인다. 바로 외부 여론의 감독이다. 외부 여론의 감독은 기업경영에 빠져서는 안 되는 기본적인 요소이다. 그런 투명한 구조가 없다면, 아무리 완벽한 경영시스템이라도 효과를 거둘 수 없다. 서구 국가에서는 여론의 감독을 당연하게 여긴다. 기업경영에 있어서 특별히 강조할 필요조차 없다. 하지만 중국에서는 외부 감독의 결여가 기업경영이 실패하는 결정적 요인이 될 수도 있다. 국가 전체에 영향을 미치는, 강한 공공성을 지닌 대형국유기업의 경우에는 더욱 그렇다. 상식적으로 외부의 감독이 없으면, 이사회 구성원들 사이의 견제는 담합으로 변질될 수도 있다. 그리고 유행하는 각종 하위급 위원회도 남의 이목을 가리는 도구로 전락하기 십상이다. 중국의 상장기업이 최근 몇 년 동안에 보여준 이사회의 모습은 이런 점을 입증한다.

중국 국유기업이 이런 문제에 있어서 제자리걸음만 하고 있다는 사실은 맥이 풀리는 일이다. 이것이 중국 국유기업의 새로운 개혁에 있어서 가장 우려되는 대목이다. 외부 감독이 개입되지 않는 상황에서, 지금 잘 나가는 국유기업이 훗날 언젠가 돌연 또 한바탕 놀라운 드라마를 연출하지는 않을까?

— 2006년 11월

CHAPTER

04 엘리트 포섭

포스트 개혁시대의 중국에서는 기술 관료들이 자신의 직분 안에서 전문적인 기술문제를 해결해야 할 뿐 아니라, 이익을 조정하고 의견을 제시하는 책임을 맡아야 한다. 그러나 후자는 분명 정치가의 역할에 해당되는 것으로, 기술 관료가 훌륭하게 수행할 수 있는 것은 아니다. 따라서 중국의 특수한 개혁 모델은 기술 관료 엘리트에게 각별한 중요성을 부여하였지만 또한 그들에게 본분 이외의 특별한 사명을 맡겼음을 알 수 있다. 그것은 아마도 중국의 기술 관료 엘리트들이 감당하기에는 어려운 문제일 것이다.

중국 주류 경제학의 '개혁'에서는 이제껏 시장의 공석만 있었지 정치적 공석이나 사회적 공석이라는 것은 애당초 무지한 사람이 꾸며낸 황당한 이야기였다. 요컨대 그들이 구축하려는 것은 시장사회이지 사회의 시작이 아니었다. 그것은 우리가 유일하게 해야만 하는 것은 시장을 공산주의 이데올로기와 유사하게 받들고, 그런 다음에는 최대한 인내심을 발휘하는 것이었다는 사실을 우리에게 일러준다. 시장의 논리는 자연스럽게 '세상을 창조'하였다.

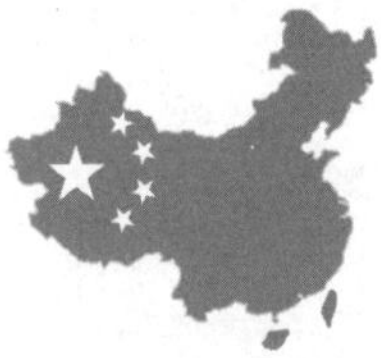

4.1. 누가 대학을 재편할 것인가?

한 언론 인터뷰에서 난징(南京)에 있는 샤오좡대(曉莊大)[1]의 뤼(呂)라는 책임자가 학교의 자금난에 대해 이렇게 털어놓았다. "장닝(江寧) 캠퍼스의 1기 공정에 3억 2천만 위안을 썼고, 2기 공정을 마치려면 앞으로 3억 위안이 더 필요합니다. 자금문제는 당면한 가장 큰 난제이지요." 하지만 이 책임자는 문제의 심각성을 모르는 것만 같았다. 이어진 대화에서, 이 책임자는 아주 자신 있게 말했다. "지금 열심히 자금을 마련하는 중입니다. 외자를 도입해 공동으로 개발할 계획입니다."

하지만 이 책임자의 '자신감'은 마치 요행을 바라는 것처럼 보인다. 지금 요란하게 자금을 유치하는 중국의 은행업계 · 증권업계와 마찬가지로, '외자 도입'이라는 것은 흔히 사업이 어렵다는 것을 완곡하게 표현하는 방식이다. 이 책임자가 말하는 '외자 도입'도 자금난에 허덕인다는 사실을 암시하는 것과 다르지 않다. 그나마 이 책임자를 위로할 수 있는 것은 난징의 이 대학은 결코 외롭지 않다는 사실이다. 그들 주변에는 똑같은 곤경에 처한 많은 대학들이 있으니까.

수년에 걸쳐 미친 듯이 확장한 대약진을 거치고 나서, 중국의 숱한 대

역주 1) 난징샤오좡학원(南京曉莊學院): 1927년에 설립된, 난징(南京)에 있는 공립대학.

학들은 헤어날 수 없는 재정적 어려움에 빠졌다. 그들은 이미 기술적으로 파산의 가장자리로 달려가고 있다.

1990년대 말 이후, 중국의 대학은 지나치게 모집인원을 늘리면서 증축공사를 벌였다. 그 열풍은 비슷한 시기에 벌어진 주식이나 부동산 열풍에 전혀 못지않았다. 대학 열풍은 마치 부단히 높아지는 사회의 고등교육 수요에 따른 것처럼 보였지만, 본질을 따져보면 정부가 주도하고 이익집단이 조종한 이윤분배에서 비롯된 것일 뿐이었다. 본질적으로 그것은 엘리트가 공모해 가만히 앉아서 이익을 따먹는 요소가 아주 농후하다. 즉 1990년대 말 이후, 중국의 대학 열풍은 같은 시기의 주식 열풍이나 부동산 열풍과 마찬가지였다.

세심하게 들여다보면, 대학 열풍은 두 가지 주요한 역사적 배경이 있다. 하나는 1990년대 말기의 경기불황이다. 특히 아시아 금융위기 이후로 중국 경제는 갑자기 성장속도가 낮아졌다. 상황이 급박하자 누군가 내수 진작을 위한 묘안을 내놓았다. 그 결과 주식 열풍과 부동산 열풍이 잇따라 일어났고, 휴일 경제,[2] 미녀(美女) 경제[3]가 줄줄이 등장했다. "쇠망치를 든 사람에게는 뭐든지 못으로 보이는" 격이었다. 특히 고등교육은 엄청난 수요층이 있고, 게다가 수요의 탄력성이 매우 낮은 상품이어서, 정부에게는 "못 중의 못"으로 보였다. 그 무렵에 아시아개발은행 출신의 탕민(湯敏)[4] 박사는 '대학경제이론'이라는 것을 내놓았다. 탕민 박사의 주장은 이론적으로는 큰 오류가 없지만, 그것은 서둘러 '못'을 찾는 정부의 심리에 영합해 교육당국과 지방정부에게 무모한 용기를 잔뜩 불어넣었다. 단기 GDP를 제고함에 있어서 대학은 확실히 정책입안자의 기대를 저버리지 않았다. 하지만 대학을 국민의 자유로운 능력을 높이는 공공재로 삼지 않고, 오히려 GDP 제고의 수단으로 삼은 것은 가치의 혼

역주 2) 휴일의 집중 소비로 요식업, 관광업 등의 발전을 유발시키는 경제 활동.

역주 3) 여성을 상품화해 경제적 수익을 창출하는 활동. 예컨대 미인대회, 여성 모델, 도우미 등.

역주 4) 중국 국무원 참사. 아시아개발은행, 신중국발전연구기금회, 여우청기업가빈곤구제재단 등을 거쳤다.

란을 드러낸 것이었다.

대학을 GDP 제고의 수단으로 삼은 것은 대학 열풍을 초래한 한 가지 원인일 뿐이다. 보다 중요한 것은 1990년대 중기 이래로 은밀하게 진행된 엘리트 포섭 전략이었다. 개혁개방 이후로 중국의 경제 엘리트와 지식 엘리트는 점차 관료 엘리트에 맞설 정도로 능력을 키웠다. 1990년대 말기의 상황은 포섭이 급선무가 되었다. 재정 지원이 제한된 상황에서 지식 엘리트를 포섭하는 가장 좋은 방법은 대학을—지식 엘리트가 가장 집중된 곳 렌트추구행위[5]를 하는 장소로 바꾸는 것이었다. 중국에서는 이런 포섭에 대해서는 보다 익숙한 방식이 있다. 정책을 그렇게 끌어가는 것이다. 학벌을 무척 중시하는 나라에서 교육을 공급하는 대학을 독점하는 것보다 더 쉽게 렌트추구행위를 할 수 있는 곳은 없다. 교육 수요에 대한 제한은 풀고 교육 공급은 놓아주지 않으면, 대학은 손쉽게 렌트추구행위를 통해 엄청난 이익을 얻을 수 있다. 이런 점을 간파하자 대학은 마치 구시대의 정치운동처럼 곳곳에서 학생모집을 늘리기 시작했다.

1999년부터 지금까지 중국의 대학은 충천한 기세로 호황을 누려 왔다. 하지만 실상은 냉혹했다. 1990년대 이래로 중국 대학의 정신적 타락 정도, 부패 사건의 발생 빈도와 대학 규모의 확장 속도는 거의 정비례 관계를 보였다. 이는 거의 같은 시기에 나타난 주식시장이나 부동산시장의 활황과 매우 유사하다. 더욱이 대학 열풍이 부동산 열풍, 주식 열풍과 정신적 기질이 같다는 점은 아주 묘한 구석이다. 즉 엘리트집단이 개혁과 창조라는 명분으로 자기를 살찌운 것이다. 그런 관점에서 보면, 대학 열풍과 경제성장 사이에는 동일한 구조적 현상이 있음을 발견할 수 있다. 즉 속도와 규모의 확대를 특징으로 삼는 거친 성장이라는 점이다. 대학은 건물이 늘어나고 수입도 늘어나는 반면 정신적 품격은 비열해지고 효율성도 떨어졌다. 이는 중국의 대학은 교육에 있어서는 관료기구의 복사판에 지나지 않으며, 느슨한 관리감독 속에 공금을 낭비하고 부패를 저

역주 5) rent-seeking behavior: 경제적 생산 활동을 통하지 않고 인맥, 로비, 약탈 따위의 비경제적 수단을 통해서 더 많은 개인적 이익을 얻으려는 행위를 이르는 말.

지르는 또 다른 소굴로 전락했다는 인상을 심화시켰다.

GDP를 제고하고 엘리트를 포섭하기 위한 전략에서 인위적으로 만든 대학의 호황은 필연적으로 누군가 대가를 치러야 한다. 지난 수년 동안에 중국의 납세자들은 증권업의 구조조정으로 수천 억 위안이나 되는 대가를 치렀다. 또 은행 구조조정에 들어간 비용은 무려 조 단위를 넘는다. 부동산과 대학의 정산서는 아직 나오지 않았지만, 그때가 바짝 다가왔고 금액 또한 엄청나다는 것은 분명하다. 정신적으로 무너지고 재정적으로 만신창이가 된 대학은 중국의 포스트 개혁시대에 우리에게 남겨진 또 하나의 버거운 짐이다. 남은 문제는 누가 어떤 방식으로 '고귀' 한 대학을 재편할 것이냐이다.

다른 업종에 비해 대학의 한 가지 우위는 학비를 대폭 올리는 방식으로 재정위기를 넘길 수 있고, 게다가 '신성' 하다는 이유로 공공재정을 압박할 수 있다는 점이다. 하지만 대학의 정신적 추락은 한층 깊은 심연으로 빠져들 것이고, 그로부터 변화는 기약조차 없이 아득해질 것이다. 정신적으로 파산한 대학은 재편할 방법조차 없음이 분명하다.

— 2006년 2월

4.2. 세계화와 엘리트 포섭

세계화에 대해서 우리는 이렇게 생각한다. 세계화는 외부에서 생긴 작용이자 내부에서 생긴 작용으로, 중국의 전환에 깊게 개입하기 시작했다. 그 '변수' 때문에 중국이 미처 이룩하지 못한 전환은 유례없이 복잡해질 것이다.

일반적으로 세계화는 국경을 초월한 상품의 유통, 국경을 초월한 자본의 배치, 국경을 초월한 문화의 교류를 뜻한다. 그렇다면 이 모든 것을 배후에서 추진하는 것은 무엇인가? 정답은 사람이다. 더 정확하게는 규칙에 대한 의식을 갖고 있는 특정한 사람들이다. 누구나 세계화가 가져온 깊은 문화융합을 반기며 기뻐한다. 하지만 현실적으로 보면, 문화에는 강세와 약세가 있다. 따라서 문화융합이라는 것은 사실상 의식의 동화를 뜻한다. 약한 쪽이 동화된다는 것은 당연한 것이다. 세계화가 파죽지세로 국경을 넘나드는 진정한 힘은 바로 의식의 동화에 있다. 의식의 동화가 가진 힘은 중국에서 10년 넘게 진행된 세계화의 과정에서 분명하게 드러난다.

세계화의 과정에 있어서 세계화의 역량이 정복하려는 첫 번째 목표는 민족국가 내부의 엘리트이다. 그리고 그 우선적 임무는 민족국가 엘리트들의 의식을 포섭하는 것이다. 엘리트가 엘리트인 것은 그들이 민족의 문화 건설에 결정적 작용을 하기 때문이다. 민족 엘리트를 포섭한다는 것은 민족의식을 상당한 정도로 포섭한다는 의미이다. 민족 엘리트는 규칙의 제정에 있어서 중요한 역할을 하기 때문에, 엘리트의 의식을 포섭하는 것은 민족국가 내부에서 게임의 규칙을 만드는 권리를 얻는 것과 같다는 점은 보다 중요한 점이다.

20년이 넘는 개혁을 거치고 나서 중국은 공교롭게도 엘리트가 국가를 경영하는 전형으로 바뀌고 있다. 그래서 중국에서 엘리트들의 의식을 포섭하는 것은 아주 중요하다. 2001년 중국의 증권시장이 회계조작 문제로 몹시 불안해지자 증시를 관리 감독하는 중국증권감독관리위원회는 뜻밖에도 기업의 신규 상장이나 재융자 시에는 반드시 국제회계법인의 '추가 심사'를 거치도록 했다. 중국증권감독관리위원회의 선량한 동기를 의심할 생각은 없다. 또 국제회계법인의 업무능력과 전문성을 의심하고 싶지도 않다. 하지만 이런 규정이 중국의 회계법인에 대해서는 분명한 역차별이 된다. 이와 같은 차별성을 가진 규정이 확산된다면, 중국 서비스업을 널리 억압하게 될 것이다. 거래의 흔적이 뚜렷한 포섭과는 달리, 민족국가의 엘리트가 이처럼 차별성을 가진 규정을 만드는 것은 문화적 동일시에서 비롯된 자각적 행위에서 나오는 경우가 흔하다. 이것이 바로 엘리트의 의식을 포섭하는 것은 들이는 품에 비해 많은 결과를 얻을 수 있는 이유이다. 중국에서는 최근 10여 년간 세계화 과정을 거치는 동안에 이처럼 자각적이고 자발적인 차별성 규정이 산업 전반에 널리 통행되고 있다. 그 대가는 중국의 토종기업이 가치 사슬의 바닥으로 빠르게 내려앉는 것이다. 물론 여기에서 말하는 토종기업은 특권을 누리는 정부기업을 포함한 의미는 아니다. 특권기업은 더 나은 가격에 내다 팔 기회를 기다리고 있다. 그들은 국제자본과 공모해 함께 이익을 착취하고 농단하거나, 내부자가 사들이는 방식으로 헐값에 팔아치운다.

세계화가 민족국가 엘리트의 의식을 포섭하는 것은 문제의 한쪽 측면일 뿐이다. 다른 한편으로 세계화는 민족국가 내부의 신흥 중산층에 대해서도 약탈에 가까운 의식적 포섭을 진행한다. 약탈에 가깝다고 말하는 것은 중산층은 소비를 주도해, 민족국가의 내수시장에서 주요한 판세를 이루기 때문이다. 잘 알다시피 현대의 중산층은 소비특성과 소비특성에 입각한 생활방식을 표징으로 삼는다. 현대적 생활방식은 기본적으로 브랜드 · 기술 · 유행이라는 내재적 속성을 에워싸고 이루어지는데, 그런 내재적 속성은 바로 다국적기업의 독점적 상품과 독점적 매력이다. 즉 중산층의 의식을 포섭하는 것은 민족국가 내부에서 가장 잠재력 있는 소비시장을 포섭하는 것이다. 중국 신흥 중산층의 현대적 생활방식을 좇는 과시형 소비를 보면, 세계화의 역량은 민족국가의 중산층에 대한 의식 포섭을 진행하는 동시에 민족국가의 주요 내수시장을 자신의 주머니에 옮겨 넣는다는 결론을 얻을 수 있다.

세계화의 역량이 엘리트를 포섭하고 중산층을 포섭하면, 중국의 엘리트와 중산층은 더 이상 중국 본토(本土)의 것이 아니라 세계화된 것이 된다. 쉽게 말해서 그들은 세계화의 엘리트이고 세계화의 중산층 가운데 일부분으로, 그 민족적 특성은 점차 희미해진다. 따라서 운명공동체적 성격을 지닌 민족국가는 의식의 측면뿐 아니라 시장에서도 해체된다. 결국 세계화는 엘리트와 중산층을 세계의 중심으로 바짝 끌어들이는 동시에 중국의 나머지 사람들을 더욱 먼 주변 지대로 밀어낸다. 어쩌면 진정으로 민족국가를 위해 근심하고 상심할 필요가 없을지도 모른다. 어쩌면 엘리트와 중산층은 참신한 세계화의 틀 속에서 더 행복하고 자유로워질

지도 모른다. 하지만 중국의 가난뱅이들은 어떻게 할 것인가? 그들도 우리에게 속한 사람들이라는 점을 잊지 말라. 우리의 가난뱅이들은 어떻게 할 것인가?

중국의 심각한 빈부격차가 국내적 요인에서 비롯된 것이라는 사실은 인정해야 한다. 하지만 세계화와 그것의 핵심내용을 이루는 시장의 힘은 결코 저절로 합의된 사회를 만들지는 않는다. 그것은 포악한 권력을 저절로 누그러뜨리지도 않았고, 또 국민의 권리를 저절로 높여주지도 않았다. 이런 점은 시장만능주의자들이 우리에게 굳게 맹세한 것이었다. 우리는 세계화가 결코 완벽하게 믿을 수 있는 힘은 아니라고 느낀다. 정반대로 세계화의 힘은 중국의 전환에 깊이 개입하여, 지금 중국의 상황을 오히려 강화하고 고착시킬지도 모른다는 우려가 든다. 논리적으로 보면, 중국 본토의 많은 중소기업이 가치사슬의 바닥으로 점점 밀려나면, 중소기업과 연관된 더 많은 사람들이 빈곤의 구렁텅이로 떨어지게 될 것이다. 이런 측면에서 세계화는 아직 미완성인 중국의 전환을 시험에 빠뜨렸다.

— 2005년 11월

4.3. 가치를 갉아먹는 계층

중국의 정부기구가 얼마나 비대해졌는지, 인력배치가 얼마나 황당한지 모르겠다면, 여기 한 가지 사례가 있다. 「난징신보(南京晨報)」 2005년 1월의 보도에 따르면, 장쑤성(江蘇省)의 한 지도자는 회의석상에서 "장쑤성 북부에 있는 한 진(鎭)에는 진장(鎭長), 부(副)진장, 공산당위원회의 서기(書記)만도 50명이 넘는다."고 털어놓았다. 이 보도에서 '진장, 부진장, 공산당위원회의 서기만도 50명이 넘는다'는 말에 주의하라. 만약 인민대표대회, 정치협상회의, 인민무장부 등 다른 직무를 더한다면, 이 소도시의 지도간부는 황당할 정도로 더 많을 것이라는 뜻이다. 인민대표대회나 정치협상회의 같은 기구는 겸직으로, 부진장과 서기의 수에 이미 포함되어 있다면 다행일 것이다. 하지만 그렇더라도 일개 소도시에 50명이 넘는 지도간부가 있다는 것은 정말 놀랍다.

중국의 하부 정권은 빠르게 비대해져 농민의 부담을 가중시킨다. 그야말로 "먹는 사람은 많은데, 생산하는 사람은 적은" 격이다. 하지만 현대의 과학기술 수준을 놓고 보면, "먹는 사람은 많은데, 생산하는 사람은 적은" 것은 결코 문제가 되지 않는다. 정반대로 그것은 국가경제발전의 표지이기까지 하다. 미국의 경우는 1%의 농민이 전체 인구를 먹여 살리고, 나아가 세계 다른 지역의 사람들을 먹여 살리려고 한다.

정부의 비대화는 중국만의 현상은 아니며, 세계적 추세이기도 하다. 그것은 주로 복지국가의 발전과 정부직능의 대폭 증가 때문이다. 이런 추세는 반정부의 전통이 가장 강한 미국조차도 예외가 아니다. 그렇다면 현대인에게 있어서 작은 정부는 그저 시골에나 남아 있는 아름다운 기억에 지나지 않을 것이다. 현대적 기준으로 보면, 작은 정부라는 것은 공무원의 규모에 달린 것이 아니라 정부 권력의 크기, 즉 그 정부가 구속과 감독을 받는지에 달린 것이다. 만약 정부의 비대화가 그저 몇 사람이 더 밥을 얻어먹고, 몇 사람이 더 임금을 받고, 몇 사람이 교육이나 사회보장을 받는 것일 뿐이라면 큰 문제가 아니다. 구속과 감독을 받지 않는 권력이 늘어나고, 지나치게 교묘한 수단이나 완력으로 재물과 권리를 빼앗는 것이 문제의 핵심일 것이다.

지금 중국 정부는 의료나 교육 같은 직분 내의 전형적 책임은 모두 내팽개쳤다. 듣기에 좀 좋게 표현하자면 '시장화' 되었다. 중국 정부는 그래도 '크다' 고 말할 수 있을까? 정부의 공공 직능을 따져보면, 더 이상 작아질 수 없는 정부이다. 여기에서 '작다' 는 것은 앞서 말한 '작다' 는 의미가 아니다. 이런 때에 교조주의자들이 여기저기에서 공무원의 수를 가지고 이러니저러니하는 것은 시의적절하지 않을 뿐 아니라 초점을 흐려 놓는다.

큰 정부가 현대의 추세이기는 하지만, 어떤 기준으로 보든, 중국의 정부조직은 가장 비대한 부류에 속한다. 정부의 직능은 크게 줄어드는 데도 공무원은 계속 늘어나고 있으니, 아주 이상한 일이다. 그 비밀은 아마도 중국이 점점 렌트추구행위를 하는 계층을 만들어내고 있기 때문일 것이다.

개혁에 따른 시장화는 대다수 중국인을 끌어들였고, 시장교환으로 소득을 얻는 방대한 인구를 만들어냈다. 부의 대부분을 창출한 이 사람들은 '시장계층'이라고 부를 수 있을 것이다. 그런데 시장계층이 창출한 부는 오히려 상당부분이 앞서 말한 렌트추구계층의 호주머니로 들어갔다. 누군가 이런 계산을 내놓은 적이 있다. 베이징 택시기사의 비용 7,000위안 가운데 '분전(份錢)'은 4,800위안인데, 이 '분전' 가운데서 택시회사와 이익권자가 가져가는 수익이—순이윤이다 3,300위안이나 된다. 생존을 위한 택시기사의 유일한 방법은 '자원' 해 노동시간을 늘리는 것이다. "오늘 열 번을 뛰었으면, 내일은 열한 번을 뛴다"는 식이다. 베이징 택시기사의 하루 근무시간은 대개 13시간이 넘는다. 그래서 누군가는 택시기사를 '현대판 노예일꾼'이라고 빗대어 말한다. 더 심한 통계도 있다. 20만 명에 가까운 베이징의 '노예일꾼'은—택시기사이다 해마다 렌트추구계층을 위해 261억 6천만 위안에 달하는 이윤을 창출하지만 정작 자신들이 받아가는 임금은 60억 위안 안팎이다. 이와 같은 비율은 놀라운 지경이다. 여기에서 말한 '분전'이라는 것은 아주 형상적인 낱말임에 분명하다. 그것은 '특허'를 가진 렌트추구계층이 시장 활동을 통해 얻는 임대 수입을 상징한다. 사회교역의 비용을 높여서 엄청난 부를 약탈해 가는 계층은 분명 '가치를 갉아먹는 계층'이라고 할 수밖에 없을 것이다.

이런 계층에게는 또 다른 인상적인 이름이 있다. 바로 '국가 브로커'라는 것이다. 즉 시장화되고 기업화된 방식으로 국가의 직능을 '거래'하여 개인적 이익을 챙기는 계층이다.

국가 브로커 내지 렌트추구계층은 택시업계에만 있는 것이 아니며 여러 업종에 두루 퍼져 있다. 아직까지 이런 계층이 퍼져 있다는 것을 구체적으로 느끼지 못했다면, 독점 거물과 이런저런 '민관공동경영' 기업의 과도한 인건비와 형편없는 기여도를 살펴보면 이해가 될 것이다. 국가 브로커 계층이 중국의 인구에서 차지하는 비율은 매우 낮지만, 그들이 얻는 부는 적지 않다. 그렇지 않다면, 평범한 중국인이 최근 수십 년 동안에 손발이 닳도록 열심히 일해 창출한 엄청난 부 덕분에 중국에는 결코 그렇게 많은 가난뱅이들이 존재하지는 않을 것이다. 중국에는 이미 중산층이 등장했다고 한다. 잘못된 판단이 아니라면, 그들 가운데 상당수는 렌트추구계층과 중복될 것이다. 밀스[6]의 구분에 따르면, 미국에서 20세기 초에 생겨난 신흥 중산층에는 슈퍼마켓의 점원도 포함된다. 하지만 중국의 슈퍼마켓 점원의 쥐꼬리만 한 급여는 그들이 결코 신흥 중산층은 아니며, 게다가 수십 년이 지나더라도 중산층이 되지는 못할 것이 분명하다는 사실을 보여준다. 중국에 정말로 중산층이 있다면, 분명 밀스가 말하는 그런 의미의 완전한 중산층은 아니다. 중국의 중산층은 별다른 내력이 있다. 이 점에 대해서 필자의 한 친구는 평론을 쓴 적이 있었다. 그는 거기에서 중산층은 '체제내(體制內)'를 가리킨다고 말했다. 이런 결론은 편파적이기는 하지만, 중국 중산층의 역사적 배경과 특이한 내력을 보여준다.

1992년 이후, 중국에서 발흥한 시장화는 단숨에 많은 사람들에게 중국에서도 시민사회가 우뚝 일어나는 것을 보리라는 희망을 안겨주었다. 하지만 그런 희망은 1990년대 후반으로 접어들면서 차츰 수그러들었다. 그 이유는 이러하다. 정부의 자원통제가 강화되면서, 특히 금융 · 재정 · 토지 권력이 중앙정부에 다시 집중되었다. 보다 정확하게 말하면 시장화의 형식으로 국가에 집중되었는데, 전통적인 대형국유기업이 꾸준히 중앙기업으로 변모하는 과정이 이를 잘 대변한다. 시장자원이 국가가 독점 내지 통제하는 기업에 집중되고, 그런 기업이 시장경제의 기본구조와 핵심요소를 농단한다면, 그 시장은 상당히 조종을 받을 수 있다. 결국 시장

역주 6) C. Wright Mills: 1916~1962, 미국의 비판적 사회학자.

은 결코 권력과 융합될 수 없고, 완벽하게 조종당할 뿐이다. 때문에 가치를 갉아먹는 계층은 국가권력에 기대어 노골적으로 렌트추구행위를 하고, 또 시장의 조종에 기대어 교묘하게 렌트추구행위를 할 수 있다. 특히 후자의 방식을 더욱 경계해야 할 것이다.

— 2005년 11월

4.4. 포스트 개혁시대의 기술 관료

마지막으로 복권된 이후에 덩샤오핑(鄧小平)은 변함없는 통속적 말투로 "좋은 제도는 나쁜 사람도 착하게 만들 수 있고, 나쁜 제도는 좋은 사람도 나쁘게 만들 수 있다."는 명언을 내놓았다. 역사의 풍파를 두루 거친 노정치가 덩샤오핑이 강조하려 한 것은 제도가 사람에게 결정적 작용을 한다는 것이었다. 현실의 제도가 이제껏 검지 않으면 희고, 좋지 않으면 나쁜, 흑백논리의 상태에 놓여 있었던 것은 아니며, 우리가 살아온 역사는 대개 어떤 중간 상태에 놓여 있었다. 즉 나쁜 제도가 개선되는 과정에 있든지, 아니면 좋은 제도가 나빠지는 과정에 있었다. 이는 우리가 살아온 역사는 부단히 바뀌는 변화의 상태에 놓여 있었다는 의미이다. 이런 역사적 상황에서 역사의 조성에 대한 걸출한 인물의 영향력은 눈에 띄게 바뀌었다. 영웅이 역사를 만든다는 것은 새로운 제도를 만드는 데에 있어서 사람의 능동적 역할을 가리키는 의미이다.

지금 중국은 가늠하기 힘든 변화에 놓여 있다. 1978년부터 시작한 중국의 제도 전환은 27년이 지났지만 아직 완성되지 못했고, 일부 주요 영역에서는 대중이든 엘리트이든 막막한 처지에 놓여 있다. 이런 때에 걸출한 인물의 행동은 확실한 결정타가 될 것이다. 백리 길을 가는 사람은 구십 리를 반으로 잡는다. 나머지 '십 리'는 흔히 지도자가 결정적 순간에 초월적 의지와 통찰로 이룩해 낸다.

중국의 개혁개방 후기에는 우수한 기술 관료가 등장해 중국 정치에서 주목을 받았다. 그들은 나무랄 데 없는 학벌에 전공지식이 깊고 경험 또한 풍부했다. 셰핑(謝平)[6]이나 이강(易剛)[7]처럼 깊은 학문적 배경을 지닌 사람도 있었고, 리룽룽(李榮融)[8]처럼 바닥에서부터 나무랄 데 없는 경험을 쌓은 사람도 있었다. 가장 눈길을 끈 저우샤오촨(周小川),[9] 궈수칭(郭樹淸)[10] 같은 사람은 여러 장점을 두루 갖추어서 중국의 신세대 기술 관료의 본보기와도 같은 인물이 되었다.

개혁개방의 혜택을 받은 중국의 신세대 기술 관료들은 양질의 교육 덕분으로 글로벌 시야를 갖게 되었고, 개혁 현장에 직접 참여해 행정 경험을 풍부하게 쌓았으며, 운이 좋은 사람은 요직에 앉아 중요한 정책 결정에 참여하게 되었다. 그리하여 기술 관료 엘리트들은 포스트 개혁시대에 잠시 거시관리의 방향타를 잡게 되었다. 차츰 고위직으로 올라가는 신세대 관료집단은 포스트 개혁시대의 복잡한 상황에서 기댈 수 있는 소중한 인적자원이다.

개발도상국의 현대화 역사를 보면, 전통사회에서 현대사회로 넘어가는 과정에서 대개 권위주의 정치의 시기를 겪는다. 그 시기에는 이데올로기의 힘이 약화되기 때문에 이성과 전문지식으로 무장한 기술 관료가 늘 중요한 역할을 맡게 된다. 기술 관료의 전문지식은 갈수록 복잡해지는 경제·경영·기술 문제에 충분히 대처할 뿐 아니라 기술 관료의 그런 능력이 사회구성원의 정치참여 욕구를 차단하거나 완화시키기 때문이다. 체제의 전환기에 사회구성원의 정치참여는 언제나 사회의 불안정을 가져오는 주요 원인이 된다. "행정이 정치를 흡수한다"는 것은 기술 관료가 정치참여를 억제하는 역할을 한다는 뜻이다. 기술 관료는 체제전환

역주 6) 경제학박사, 중국인민은행·중앙회금투자공사 초대 사장, 현재 중국투자유한책임공사 부사장.

역주 7) 현재 중국인민은행 행장보.

역주 8) 장쑤성 우시(無錫)에 있는 오일펌프노즐공장의 노동자에서 시작해, 경제부처의 요직을 두루 거쳐, 국무원 국유자산감독관리위원회 수석주임, 전국정협위원, 경제위원회 부주임 등을 지냈다.

역주 9) 공학박사, 현재 중국인민은행 행장.

역주 10) 법학박사, 현재 중국증권감독위원회 주석, 중국인민은행 통화정책위원회 위원.

기에 권위주의적 통치에 이성적 기반을 제공할 수 있고, 또 그런 기반 위에서 권위주의적 통치의 합법적 대리자가 된다.

포스트 개혁시대의 중국에서는 모든 압력이 행정시스템에 집중되기 때문에 기술 관료의 역할이 더욱 돋보인다. 중국 개혁의 실상이 드러날수록 기술 관료들의 역할 또한 더욱 돋보일 것이다. 보다 노골적으로 말해서, 포스트 개혁시대의 중국에서 기술 관료는 자신의 직분 안에서 전문적인 기술문제를 해결할 뿐 아니라, 이익을 조정하고 의견을 내놓는 책임을 맡게 될 것이다. 후자는 분명 정치가의 역할에 해당되는 것으로, 기술 관료가 훌륭하게 수행할 수 있는 것은 아니다. 그러므로 중국의 특수한 개혁 모델은 기술 관료 엘리트에게 각별한 중요성을 주는 한편 본분 이외의 특별한 사명을 맡겼음을 알 수 있다. 이것이 아마도 중국의 기술 관료 엘리트들이 감당하기 어려운 점일 것이다. 그런 어려움은 국유은행 개혁에 관한 최근의 논쟁에서 부쩍 부각되었다.

여러 차례 대규모 증자를 거치고 난 이후, 최근의 은행 개혁은 '헐값 매각' 논쟁을 폭넓게 불러일으켰다. 그 과정에서 개혁의 주요 설계자인 기술 관료들은 압박을 받았다. 논리적으로 말하면, 현재 중국의 체제와 문화적 여건에서는 해외의 전략적 투자를 끌어들이는 것이 국유은행의 시스템을 개조하는 보다 나은 방법이라고 할 수 있다. 이런 측면에서 기술 관료들의 자기변호는 성립될 수 있다. 하지만 반대자들은 '헐값 매각'이냐 아니냐는 기술적 세부 사항 이외에도, 이번 개혁과정에 있어서의 공정성과 투명성 등 보다 실질적인 문제들에 의문을 제기한다. 국유은행이 엄청난 공적자금을 삼켜버리면서, 개혁 그 자체가 논란거리가 되는 지금, 반대자들의 시각이 상당히 위협적인 힘을 갖는 것은 당연하다. 반대자와 기술 관료들 사이의 논쟁은 결코 똑같은 문제는 아니지만, 개혁의 실무자인 기술 관료들이 대답해야만 하는 문제이다. 이것은 중국의 기술 관료들이 으리으리한 건물에 앉아 있지만 그 처지는 옹색하다는 것을 역설적으로 보여주는 것인지도 모른다.

기술 관료는 이미 정해진 체제의 구속과 계약된 사회적 환경 속에서 가장 이성적인 방식으로 가장 뛰어난 문제해결 방안을 내놓는 재주가 있다. 하지만 안타깝게도 기술 관료의 이성은 체제의 이성을 대신하지 못한다. 더욱이 악화된 개혁 환경 속에서는 마음은 있어도 능력이 따라주지 못한다. 어쩌면 이는 기술 관료들이 재주를 펼치지 못하게 막는 궁지인지도 모른다. 기술 관료의 우수한 자질이 역사적 지위와 어긋나는 구석이 있음이 분명하다.

— 2006년 3월

4.5. 시장 도피

지금 중국에서 가장 인기 있는 직업은 무엇일까? 정답은 공무원이다.

2005년, 중국의 공무원시험에서는 '보기 드문 광경'이 펼쳐졌다. 그해 가을에 8,662명을 뽑는 중앙부처의 임용시험에는 엄청난 응시자가 몰렸다. 응시자의 수는 역사적으로 가장 높았을 뿐 아니라 그 전해보다 두 배 가까이 늘어났다. 공무원과 공무원으로 대표되는 '체제내(體制內)'는 지금 중국에서 사람을 끌어당기는 거대한 자석이 되었음에 틀림없다. 응시자는 기하급수적으로 늘어나는 추세이다.

불과 10년 전만 하더라도 중국인의 '이민(移民)'이 정반대 방향인 시장(市場)을—체제외(體制外)이다 향했다는 점은 흥미로운 사실이다. 그 당시에는 수많은 사람들이 '샤하이(下海, —사업에 뛰어듦)'하다가 지금은 다투어 '상안(上岸, —공무원이 되려고 함)'하는 강한 대비에 대해 사람들은 이런저런 결론을 내놓는다. 하지만 시장의 흡인력이 빠르게 사라지고 있다는 명확한 조짐임에는 분명하다. 본질적으로 시장에 대한 중국인의 신용이 빠르게 떨어지는 것이다.

일반적인 사회학적 정의로는, 신용이라는 것은 '타인이 미래에 할 수 있는 행동을 신뢰하는 도박'이며, 위험에 대처하는 사람들의 해결 방식이다. 경제학자들은 교역은 전적으로 교역 당사자 사이의 이성적 계산의 결과라고 여긴다. 하지만 어떤 교역도 신용에서 벗어날 수는 없다. 만약 교역 상대가 계약을 준수한다고 믿지 않거나, 심판의 강제력이 상대가 계약을 준수하게끔 하기에 충분하다는 믿음이 없으면, 아무리 정확한 이성적 계산이라도 소용이 없다. 그러므로 신용은 이성적 계산의 토대가 되고, 모든 시장교역에 있어서 불가결한 잠재적 전제이다.

J. P. 모건은 신용의 중요성에 대해 상인의 지혜와 통찰력으로, "믿을 수 없는 사람이라면, 기독교 세계의 모든 것을 저당 잡히더라도 내게서 한 푼도 빌릴 수 없다."고 말했다. 모건에게 있어서 신용은 정확하게 계산할 수는 없지만, 대단히 비싼 것이었다.

모건이 살던 시대에 비해 오늘날에는 신용에 대한 요구가 갈수록 높아진다. 그것은 오늘날 갈수록 세분화되는 노동 분업의 특성 때문이다.

노동 분업은 생산효율을 크게 높였지만, 교역과정에서의 정보 비대칭을 크게 높여 놓았다. 이런 상황에서는 간결한 이성적 계산에서 도움을 얻어야 한다. 즉 문화적 직관의 하나인 신용이 교역행위에 끼어들 수 있는 것이다. 이론적으로는 누구도 교역 상대에 관한 정보를 완벽하게 알아서 상대를 컨트롤할 수는 없다. 따라서 극단적으로는 잠재적 신용의 도움이 없이는 어떤 교역도 이루어질 수 없다. 사회학적으로는 신용이 없으면 '사람과 사람이 그 자리에서 처리할 수 있는 합작의 방식'만이 이루어질 수 있다. 이처럼 얼굴을 맞대는 초보적 협력 방식에 비해 오늘날 사회적 합작과 교역은 놀라울 정도로 복잡하다. 현대 의료기술을 이해하는 사람이 얼마나 있겠는가? 외환거래와 파생상품거래를 이해하는 사람이 얼마나 되겠는가? 미로와도 같은 관료기구의 활동을 이해하는 사람이 얼마나 되겠는가? 전지전능한 이성을 지닌 사람이 될 수 없다면, 분업은 세밀해지고 의존성은 깊어지는 현대사회에서는 신용의 도움이 반드시 필요하다. 그렇지 않으면 한 발자국도 나아가기 어려워서 복잡한 곳에 뛰어들고, 엄청난 대가를 치르는 교역 게임은 벌이지 못한다. 현대사회의 복잡성과 유동성은 전통적인 위험의 특징을 대폭 다시 쓰고 있다. 약간의 정보 비대칭은 교역에서 큰 위험을 부를 수 있기 때문이다.

이것이 오늘날 '신용'을 하나의 연(軟) 변수—제도, 경제적 지위 등 '경(硬)' 변수에 상대하여 헤아릴 수 없는 변수로 간주하고 빠져드는 이유의 하나이다.

보다 일상적 경험으로 비유하자면, 신용은 시장교역—및 교역을 주요한 특징으로 하는 현대 시장사회의 인프라라고 할 수 있다. 인프라로서의 사회적 신용과 시장규모의 확대 사이에는 높은 관련성이 있다. 신용—타인에 대한 신용이든, 제도에 대한 신용이든의 확대는 교역의 확대를 의미하고, 시장규모의 확대를 의미한다. 같은 이유로 많은 사람들은 '신용'을 공공재의 성격을 지닌 사회적 자본, 즉 양도할 수는 없지만 모든 사회구성원에게 혜택을 주는 공공재로 간주한다. 안타깝게도 우리는 지금 신용을 일종의 공공재로 간주하는 재난을 목격하고 있는 것이다.

27년 동안의 개혁을 거치면서 중국의 시장화 범위는 꾸준히 확대되었지만, 시장의 인프라로서의 신용은 심각한 훼손에 맞닥뜨렸다. 짧은 지식과 경험으로는, 이처럼 심하게 훼손된 경우는 중국 역사상 찾아보기 어렵다. 사례를 들 것도 없이, 중국의 시장역사를 충분히 경험한 사람이라면 누구나 깊이 느낄 것이다. 관료·의사·변호사·법관·교사 같은 타인을 돕는 전형적인 직업은 사회적 신용을 전파하는 가장 훌륭한 담체(擔體)로 간주되었다. 하지만 지금은 이런 직업이 오히려 '사람을 해치는 직업'으로 간주되어 해마다 앞자리를 차지하면서, 적의(敵意)와 의심을 전파하는 도구로 전락했다. 이 한 가지 사례만으로도 오늘날 중국의 사회적 신용이 얼마나 훼손되었는지 잘 알 수 있다.

신용의 훼손이 시장화의 필연적 결과인 것은 결코 아니다. 오히려 중국식 시장화의 결과이다. 1990년대 이래로 중국에서는 사회적 신용의 의미와 시스템을 파괴해 왔다는 사실은 특별히 지적해 둘 필요가 있겠다. 1980년대 말기에 관료시스템은 자신의 합법적 통제가 크게 약화되자, 본연의 통제 능력과 교섭의 지위를 지키고자, 국민의 단결을 와해시켜 한 사람씩 원자화시키고 서로 불신하게 만들어, 분할 통치하려고 시도했다. 그래서 그 무렵에는 모든 중국인은 '조용히 큰돈을 버는' 방식으로 개인의 이익을 얻으라는 암시를 받거나 독촉을 당했다. 그렇게 얻어지는 개인적 —혹은 집단 이익은 타인이나 다른 집단의 이익을 대가로 삼을 수밖에 없었다. 그래서 사람들 사이에는 심각한 '불신'이 성공적으로 널리 퍼졌고, 그로부터 관료시스템의 위기는 효과적으로 완화되었다. 약세인 관료시스템의 지위를 공고히 만드는 데는 자기 국민을 이간시키는 것보다 더 나은 방법은 없었다. 모두가 서로를 신임하지 않게 되었을 때, 사람들은 관료시스템을 다시 신뢰할 수밖에 없었다. 신용과 미덕에 대한 음모는 그 무렵부터 시작된 것이었다. 그런 전략은 분명 큰 성공을 거두었다. 하지만 그것은 놀랍게도 중국의 사회적 자본을 똑같이 파괴했다.

1990년대에 중국 사회의 신용 해체는 경제에 있어서 두 가지 중요한 결과를 낳았다. 먼저 사람 사이의 전통적인 수평적 신용의 연결고리가 해체되면서 민영기업이 지역을 넘어서 신용을 제공하기가 어려워졌다. 지방정부의 묵시적 신용보증을 받는 경우를 제외하고, 민영기업의 시장은 좁은 범위에 제한되었다. 논자들은 중국 경제에 대해 한 가지 깊은 의문을 지니고 있었다. 중국처럼 거대한 시장이 어째서 27년이나 지나면서 세계적 기업을 단 하나도 길러내지 못했는가 하는 것이었다. 다른 요소를 제외한다면, 민영기업 그 자체가 사회적 신용을 제공하고, 그것을 발판으로 교역의 규모를 확대할 수 있는 방법이 없었던 것이 한 가지 중요한 원인이었다.

앞서와 같은 결과와 더불어 또 한 가지 결과가 나타났다. 1980년에 어렵게 쌓아나가던 사회의 수평적 신용이 무너짐에 따라 낮은 수준의 신용은 부득불 관료시스템을 향해 수직적으로 집중될 수밖에 없었다. 그것은 마치 의지할 만한 신용 같았다. 합법성을 점점 잃어 가던 중국의 관료시스템에게는 이런 집중이 당연히 마음에 들었다. 그것은 관료시스템에 합법성을 주었고, 관료시스템이 최대한 렌트추구행위를 할 수 있게 만들어 주었기 때문이다. 중국에서 1990년대 후반에 진행된 대부분의 시장화는 사실상 정부의 신용이 배후에서 촉진한 것이다. 전국적 성격의 증권시장이든, 지역적 성격의 부동산시장이든, 아니면 공공재의 성격을 지닌 교육과 의료의 시장화이든, 모두 중앙정부와 지방정부의 신용이 —대개는 중앙정부와 지방정부의 협력이다 배후에서 지원했다.

1990년대 이후 형성된 독특한 신용구조는 정부의 촉진 아래 시장의 범위를 꾸준히 확대시켰다—전혀 주저 없이 교육과 의료 같은 공공사업까지 확장되었다. 하지만 다른 한편으로는 교역의 비용은 높아지고, 효율은 급격하게 감소하는, 시장교역의 퇴축(退縮)을 가져왔다. 한 연구자는 신용은 잠재적이지만 매우 결정적인 교역 비용을 교역 활동 속에 감추고 있다고 말한 바 있다. 불확실성은—신임의 반대 교역의 비용을 높이는 결정적 요소로, 현대 시장경제의 천적(天敵)이다. 시장의 퇴축은 다음과 같은 상황을 가리킨다. 신용 결핍으로 교역 비용이 부단하게 상승하면, 교역에서 얻는 이익—합작 이익은 꾸준히 감소하고, 심지어 적자에 이른다. 개별적 경험으로는, 이런 상황에서는 부득이 교역을 하게 된다—교역 방식을 선택할 수 없을 때, 교역은 결코 스스로 바라는 것을 의미하지는 않는다. 하지만 시장교역에 대한 실망이나 분노는 빠르게 커진다. 즉 시장에서 도피하기 시작하는 것이다. 신용의 붕괴는 시장 퇴축의 유용한 선행지표가 될 것이다.

중국의 부동산 · 교육 · 의료 · 증권 · 축구 등 거의 모든 영역에서 신용 붕괴가 가져오는 시장 위축이 감지되는 위험한 상황이다. 이는 전형적으로 불길한 조짐이다. 시장화의 범위가 꾸준히 확대되고, GDP가 꾸준히 증가하는 이면에서는—근년의 중국의 GDP 증가는 전적으로 일부 영역에서 시장화와 화폐화를 강제한 결과이다 시장의 내부 부패가 가속되고 있다. 사람들이 다투어 시장에서 떠나고, 공무원이 되려는 생각이 커지는 것은 시장에 대한 두려움을 보여준다. 중국 사회에서 이런 정서가 커지는 것은 전혀 좋아할 일이 아니다. 불신은 전체 시스템과 제도에 심각한 회의를 초래할 수 있기 때문이다. 여기에는 관료시스템 그 자체도 당연히 포함된다. 문화대혁명 당시의 역사는 불신의 문화는 일단 형성되면 악순환하고, 모든 통제는 효과를 거두지 못한다는 것을 보여주었다. 화폐는 좋은 것이지만, 날로 팽창되는 화폐는 신용할 만한 가치가 없다. 마찬가지로 시장은 좋은 것이지만 즐거움을 가져다주지 못하는 시장은 신용할 만한 가치가 없다.

어느 날 문득 법칙처럼 받들던 '시장화'가 돌연 저속한 말로 바뀌었다는 사실을 깨닫더라도 우리는 놀라지 않을 것이다.

— 2005년 11월

CHAPTER

05 전환점에 도달한 개혁

중국의 전략가들은 경제성장이 우리를 피안에 데려다 주리라는 깊은 신념을 갖고 있다. 경제성장으로 부가 꾸준히 늘어나면, 언젠가는 중국은 도약하면서 그간 억눌렸던 문제들이 일거에 해결된다는 것이다. 정치적 격언으로는 "발전은 확고한 법칙이다"라고 말한다. 그런데 '효율'을 꼼꼼하게 따지는 책사들은 케인즈가 "장기적으로 보면 진정한 성장은 정의의 산물이다. 공정함이 곧 효율이다."라고 암시한 보다 '확고한 법칙'을 잊었음이 분명하다.

중국의 개혁이 30년 동안이나 고도성장한 지금에 와서 커다란 논쟁을 불러일으키는 것은 개혁의 과정에서 정의가 큰 도전에 직면했기 때문이다. 다시 말하면, 누가 개혁을 결정할 것인가 하는 문제이다. 정부와 지식 엘리트가 결정하고 권력을 이용해 강제로 개혁을 추진해야 하는 것인가? 아니면 보다 공정하고 투명한 의사결정과정을 통해, 엘리트와 대중이 함께 결정해야 하는 것인가? 이것이 문제이다.

5.1. 개혁의 전환점에서 어떻게 할 것인가?

중국은 1979년부터 이미 27년 동안 개혁을 해 왔다. 관방의 이데올로기로서든 아니면 범위가 넓어져 어디에나 존재하는 실험으로서든, '개혁' 은 27년의 세월 동안에 이견을 제기할 수 없는 핵심적 가치였다. 그 실질적 작용 범위와 보통 중국인의 생활에 개입된 정도는 아마도 마오쩌둥의 혁명만이 비견될 수 있을 것이다. 개혁은 비록 표면적으로는 마오쩌둥의 혁명처럼 낭만적이고 드라마틱하지는 않지만, 13억 중국인에게 미친 영향은 매우 크다.

요즘 젊은이들은 이해하기 어렵겠지만, '개혁' 이라는 말은 우리 세대의 지식인에게는 신기한 감화력이 있었다. 우리에게 '개혁' 은 창세기와도 같은 말로, 개혁에 동참하는 것은 천지개벽의 일주일에 동참하는 셈이었다. 그 무렵 개혁은 몇 세대 사람들의 정신적 상상일 뿐 아니라 현실에서 돌을 황금으로 바꿔놓는 마술이기도 했다. 개혁이 가는 곳에는 '빛' 이 생기고 '물' 이 생겨서, 전혀 다른 세상이 생기는 것만 같았다. 당시 개혁은 모든 사람을 위해 생겨난 것이었다. 극도로 결핍되고 속박당하던 역사에서 거의 모든 중국인이 개혁이 가져온 정신적 해방과 물질적 번영에 크게 만족했다. 또 서로에게 도움이 되었기 때문에 개혁은 절대다수의 중국인에게 추대를 받았고, 아울러 사회의 단결을 이룩하는 민족의 유일한 염원이 되었다. 그 무렵 개혁은 모든 국민에게 해당되는 것이었고, 전체 국민의 에너지를 끌어들였다. 그것이 위대한 것은 바로 이런 점이었다. 만약 그 개혁의 시간에 독특한 역사적 지위를 부여한다면, 아무 망설임 없이 '영광스러운 개혁'의 시기였다고 말할 것이다. 개혁은 마침내 모독할 수 없는 이데올로기가 되어 신성한 제단 위에 올려졌다.

하지만 1980년대 말기의 특수한 역사적 사건을 분수령으로, 중국의 개혁은 본연의 정신적 지향에서 이탈하여 점점 특수한 이익집단의 독점적 이익으로 변질되고 말았다. 그 이후로 중국의 시장화 과정은 겉보기에는 1980년대보다 진전되었지만, 개혁의 진정한 내용은 슬그머니 독점되고 위협당하면서 기득권 세력에게만 봉사하는 비밀스러운 전유물이 되었다. 이러한 개혁 변질의 역사적 비밀을 상세히 따져볼 방법은 없지만, 간단히 말하면 그런 결과는 중국의 개혁이 관료에게 의존하면서 만들어진 것이다. 그런 개혁의 방법은 심각한 결과를 초래했다. 가장 중요한 것은 개혁이 당초 국민과의 약속을 저버리고, 감독받지 않고 제약받지 않고 국민의 공감을 필요로 하지 않는 관료들의 독점적 절차로 변질되었다는 점이다. 따라서 핵심의 바깥에 있는 사람들이 이익을 희생당하는 것은 논리적 필연이었다.

일찍이 1990년대 초기부터 사회의 계층이 개혁의 특급열차 밖으로 내던져지는 일이 시작되었다. 당시 종종 들리던 '샤강궁런(下崗工人, 실직노동자)의 자살'에 관한 흉흉한 소문은 개혁에 대한 중국 사회의 보편적 부적응 증상인 개혁증후군을 드러내는 것이었다. 포스트 개혁 시기에 도처에 만연한 개혁증후군은 개혁의 사회적 토대를 심각하게 약화시켰고, 개혁의 또 다른 전제인 '안정'을 직접적으로 위협하기 시작했다. 이런 상황에서 '파이를 키우는' 경제성장은 중국의 정치에 있어서 모든 것을 압도하는 목표가 되었다.

중국의 전략가들은 경제성장이 우리를 피안에 데려다 주리라는 깊은 신념을 갖고 있다. 경제성장으로 부가 꾸준히 늘어나면, 언젠가는 중국이 도약하면서 그간 억눌렸던 문제들이 일거에 해결된다는 것이다. 정치적 격언으로는 "발전은 확고한 법칙이다"라고 말한다. 그런데 '효율'을 꼼꼼하게 따지는 책사들은 케인즈가 "장기적으로 보면 진정한 성장은 정의의 산물이다. 공정함이 곧 효율이다."라고 암시한 보다 '확고한 법칙'을 잊었음이 분명하다.

중국의 편집광적 개혁가들에게는 단기적 경제성장의 촉진이 유리하기 때문에 아무리 근시안적인 조치라도 개혁이라는 명분 아래 기꺼이 내놓는다. 개혁은 더 이상 확정된 내용이 아니고 확정된 목표가 아니며, 일종의 자기 성장이고 자기 보호의 기제로서, 철저하게 경제성장의 부품이자 도구로 변질되었다. 이는 중국의 개혁이 1990년대 중반에 이르러 또 한 차례 중요하게 변질된 점이다. 즉 전체 국민에게 봉사하던 개혁에서 단기 경제성장과—GDP 특수이익집단에게 봉사하는 개혁으로 변질된 것이다. 예컨대 1990년대 중반 이후에 시작된 교육 · 의료 · 주택 등의 '개혁'은 일부 특수이익집단과 화폐경제화의 과정, 경제성장의 촉진에는 유리하겠지만, 결국 더 많은 사람들을 개혁의 밖으로 내팽개칠 것이다.

국민을 짐스러운 존재로 여기고 부를 포기하지 않으면, 사회 안정의 발판은 좁아지게 되고, 개혁 · 성장 · 안정은 악순환이 시작된다. 불안정할수록 경제성장을 촉진해야 하고, 경제성장을 촉진할수록 소수의 이익에 맞는 개혁을 촉진해야 한다. 그리고 그런 '개혁'을 촉진할수록 사회는 더욱 불안정해진다. 결국 중국의 '영광스러운 개혁'은 엘리트계층이 은밀하게 거래하는 임시변통의 계략으로 변질되고, 단기적 경제성장을 자극하는 기회주의적 유희가 되어버린다. 그것은 내부에서는 완전히 부패하고, 외부에서는 사회적 토대와 역사적 동력을 철저하게 잃어버린다. 경제의 고도성장은 변질된 개혁을 일시적으로 꾸며댈 수는 있지만, 개혁 과정에서 매몰차게 박탈당한 대중을 설득하기는 어렵다.

개혁의 지지기반은 날로 약화되어, 1980년대 초기에 '모든 사람이 지지하던' 개혁은 1990년대에는 '일부가 지지하는 개혁'이 되었고, 지금은 '모두가 지지하지 않는 개혁'이 되었다. 중국의 '영광스러운 개혁'의 강한 정신적 역량은 이미 여러 세대의 이상주의자들의 잿빛 기억이 되고 말았다. 개혁은 역사의 한 모퉁이에서 먼지를 뒤집어쓰고 녹이 슬고 곰팡이가 피어난다. 개혁은 죽었다. 우리는 어떻게 해야 하는가?

— 2006년 2월

5.2. 개혁은 이데올로기가 아니다

지금 '개혁' 이라는 말은 수십 년 전의 '혁명' 이라는 말과 사뭇 닮았다고 한다. 당시에는 누구라도 '혁명' 에 의문을 제기하면 불의의 재난을 당할 수 있었다. 가볍게는 쫓겨나고, 무겁게는 감옥에 갇히거나 죽임을 당할 수도 있었다. 이는 27년에 걸친 경제의 고도성장이 신격화되면서, 개혁이 하나의 새로운 이데올로기가 되었다는 것을 암시한다. 이데올로기라는 것은 그 허위성을 입증당하지 않고, 또 허위를 입증당하는 것을 용납하지 않는 학설 체계이다. 어떤 의미에서 보면, 그것은 종교와 다르지 않다. 사람들은 복종하고 신격화할 수 있을 뿐 결코 의심하거나 맞설 수 없다. 개혁에 대한 치열한 논쟁과정에서, 개혁을 종교처럼 여기는 광신도들은 논쟁의 상대에게 '개혁에 반대한다', '개방에 반대한다' 는 꼬리표를 달았다. 오늘날 '개혁에 반대한다' 는 꼬리표는 사람을 사지로 몰아넣지는 않더라도 권력을 진노하게 만들어 정치적 곤경에 빠뜨릴 수 있다. 이런 악질적 변론은 중국 개혁의 이데올로기화에 대한 우려가 결코 기우가 아니라는 것을 잘 보여준다.

지금 중국의 개혁 논의에 있어서 또 하나의 악질적 수법은 상대에게 은밀하게 좌파 딱지를 붙이는 것이다. 중국의 개혁 초기에 사상적 적수가 된 좌파는 도덕 · 정의 · 지식에 있어서 부정적 의미를 지녀 왔다. 따라서 논쟁의 상대를 좌파의 자리에 두면, 관중이 도덕과 정의에 대해 분노하고 지식에 대해 멸시해, 싸우지 않고도 일거에 굴복시킬 수 있다. 즉, "이 논쟁은 좌파분자가 일으킨 중국 개혁에 대한 포위공격이다"라고 억측하게 만드는 것이다. 그런데 2004년에 국유자산문제로 개혁에 대해 최초로 논쟁을 불러일으킨 사람이 미국에서 온 랑셴핑(郎咸平)[1] 교수라는 사실은 뜻밖이다. 타이완에서 태어나, 미국에서 교육받고, 홍콩에서 오래 생활한 랑셴핑이 정통적 좌파분자란 말인가? 27년 동안의 개혁을 거치며 중국 개혁의 전통적 맞수이던 극좌 사조는—물론 극좌분자를 포함한다 사라진 지 오래이다. 좌파분자가 되살아날 수는 없다. 따라서 맞수를 극좌분자로 몰아가는 것은 종교적 광신에서 비롯된 억측이거나 중국의 현실에 대한 무지에서 비롯된 것이다. 전자이든 후자이든 현재의 개혁 논의에 있어서 백해무익할 뿐이다. 그것은 사회의 조화에 도움이 되지 않을 뿐 아니라 개혁에 대한 논의를 보다 가치 있는 주제로 끌어올리는 데에도 도움이 되지 않는다.

27년 동안이나 고도성장한 지금에 와서 중국의 개혁이 큰 논쟁을 불러일으키는 것은 개혁의 과정에서 정의가 큰 도전에 직면했기 때문이다. 다시 말하면, 누가 개혁을 결정할 것인가 하는 문제이다. 정부와 지식 엘리트가 결정하고 권력을 이용해 강제로 개혁을 추진해야 하는 것인가? 아니면 보다 공정하고 투명한 의사결정과정을 통해, 엘리트와 대중이 함께 결정해야 하는 것인가? 이것이 문제이다. 27년에 걸친 개혁의 역사를 살펴보면, 풀뿌리 계층의 자발적 개혁은 큰 환영을 받았다. 1970년대 말기에 농민들이 앞장서 일으킨 농촌 개혁은 그 명확한 증거이다. 이와 반대로 충분한 논의를 거치지 않고, 지식 엘리트들이 하향식으로 강행한 개혁은 그 후유증이 심각하다. 지금 국민들의 엄청난 분노를 불러일으키고, 또 반대론자들의 공격목표가 된 의료 개혁과 교육 개혁은 하향식 개혁의 두드러진 사례이다.

따라서 27년에 걸친 중국의 개혁 역사에는 서로 다른 두 가지 개혁이 존재한다. 하나는 국민이 권리 내지 준(準)권리를 통해 자발적으로 추진한 개혁이고, 다른 하나는 관료 엘리트와 지식 엘리트가 지식에 기대고 권력의 도움으로 강제로 추진한 개혁이다. 전자는 권리의 발동에서 나온 개혁으로 공공성과 자발성을 지니는 반면, 후자는 일부 사람이 추진한

역주 1) 홍콩중문대 강좌교수, 금융전문가.

개혁으로 강제적 성격을 지닌다. 불행히도 1990년대 중반 이후의 개혁, 예컨대 부동산 · 의료 · 교육 개혁 같은 것은 모두 후자에 속한다. 그리고 이런 개혁은 개혁에 대한 의구심을 널리 불러일으켰다. 이런 의미에서 오늘날 중국의 개혁문제는 더 이상 '자본주의' 냐 '사회주의' 냐 하는 문제가 아니며, 또 '계(計)' 냐 —계획경제 '시(市)' 냐—시장경제 하는 문제도 아니다. '공(公)' 이냐—공공의 결정 '사(私)' 냐 —소수인의 결정 하는 문제이고, '민(民)' 이냐 '관(官)' 이냐 하는 문제이다. 따라서 중국 개혁의 급선무는 공공의 토론과 참여를 통한 개혁의 절차를 만들고, 그것을 계기로 중국의 정치 민주화에 대한 첫걸음을 힘차게 내딛는 데에 실질적 도움이 되어야 한다.

중국공산당 중앙위원회 총서기 후진타오(胡金濤)는 인민대표대회 상하이 대표단의 토론회에 참석해 "개혁의 방향은 결코 흔들려서는 아니되며 새로운 돌파가 있어야 한다."고 말했다. 최근의 개혁 논쟁에 대한 관방의 정식 반응인 셈이다. 잘못 이해한 것이 아니라면, 후진타오가 언급한 '새로운 돌파' 라는 것은 중국의 개혁은 공공의 논의라는 성격이 있어야 하고, 공공의 수익이라는 요소가 있어야 한다는 뜻이다. 중국 개혁의 주무자들에게 있어서 개혁은 잘못을 부단히 바로잡는 과정이지 경직된 이데올로기인 것은 아니다.

좌와 우의 양극에 자리 잡고, 개혁 때문에 얼굴을 붉히며 논쟁하는 사람들이 어서 공동의 인식을 모아 함께 긴박한 의사일정을 추진해 나가기를 바란다.

— 2006년 3월

5.3. 변화를 일으키는 사정

"수레가 산과 맞닥뜨려도 길은 있게 마련이다"라는 말이 있다. 하지만 최근 몇 년 동안의 중국 경제를 놓고 말하자면, 무위지치(無爲之治)의 전통적 지혜는 적용되지 않는 듯하다. 보다 정확하게 표현한다면, "수레가 산과 맞닥뜨려 더욱 갈팡질팡한다"고 할 것이다. 감탄 속에서 30년 가까이 고속으로 달려온 이후, 중국 경제가 맞이한 것은 기대했던 대관식(戴冠式)이 아니라 이제껏 경험하지 못한 초조감과 당혹감이다. 이런 느낌은 중국 경제 내부의 당국자가 외부의 방관자보다 훨씬 클 것이다.

대중매체에서 중국 경제의 이런 초조감과 당혹감을 접하게 된 것은 아마도 2004년부터일 것이다. 그 해에 자그마한 체구의 한 귀국파가 몇몇 기업의 사소한 사례를 입수하면서, 갑작스러운 풍파가 일어났다. 그로부터 그 고군분투하던 학자는 아무런 저항도 없이 그 논쟁을 중국의 경제 개혁 전반으로 확대시켰다. 바로 랑셴핑(郎咸平)이다. 누군가는 랑셴핑의 등장은 마치 황소가 느닷없이 도자기 가게에 들이닥친 것과 같다고 했다. 하지만 랑셴핑은 중국 개혁의 이교도처럼 보인다. 그는 이교도의 심리로 오랫동안 먼지를 뒤집어쓰고 있던 중국 개혁의 신전(神殿)에 단숨에 들이닥쳤다. 가는 곳마다 신상(神像)은 훼손되고 나한은 쓰러졌다. 초조감과 당혹감은 신상이 쓰러지면서 시작되었고, 민족의 상상력을 30년 가까이 묶어놓았던 불상이 하루아침에 환속(還俗)하자 초조감과 당혹감은 사방으로 퍼져나갔다. 이에 모든 것을 객관적으로 살펴보게 되었다. 한순간에 GDP는 신성하기는커녕 오히려 환경과 자원을 갉아먹는 괴물로 바뀌었고, 개방은 신성하기는커녕 오히려 늑대를 집안으로 불러들이는 음모와도 같았으며, 부(富)는 신성하기는커녕 오히려 연출되면서 끝없이 빼앗아가는 놀이와도 같았다. 2004년부터 대중매체의 시각이 돌연 바뀌면서 중국 경제의 찬란한 기록들을 죄다 의심스럽게 뒤바꿔놓았다. 마치 연극이 한창 상연 중인데, 갑자기 누군가 뒤에서 커튼을 내려버린 것과도 같았다. 모든 것이 그처럼 사람을 당혹스럽게 만들었다.

사실 랑셴핑이 아니었어도 중국 경제가 지닌 여러 가지 위태로운 조짐은 드러났을 것이다. 시간 문제였을 뿐이다. 점점 심각해지는 환경과 자원 문제, 비용을 따질 수도 없는 외자도입 문제, 돌이킬 수 없을 지경인 빈부격차 문제, 교육 · 의료 · 양로(養老) 등 공공서비스의 부채 문제 등은 모두 더 이상 덮어둘 수 없는 위기의 언저리에 이르렀다. 처음부터 중국의 경제성장 모델에 도사리고 있던 병폐는 중국의 GDP와 똑같이 놀라운 속도로 증가하면서 복제되고 만연했다. 사람들이 선택적으로 잊어버리는 가운데, 그것은 마침내 중국의 경제 기적에 들러붙어 떨칠 수 없는 거대한 그림자가 되었다.

2004년 이전까지는 중국이 중국의 기적과 그 기적을 이어나갈 상상에 빠져 있었다고 한다면, 2004년 이후로는 그 기적이 그림자와 싸우는 모습을 보게 되었다. 시대의 주제는 더 이상 거침없는 성장이 아니라 고도성장의 비호를 받는 적과 어떻게 맞서 싸울까 하는 문제가 되었다. 그 격렬한 싸움은 고통스럽고, 길고, 지루할 것이다. 더 염려스러운 것은 우리는 반드시 이긴다는 믿음이 조금도 없다는 것이다.

— 2006년 12월

5.4. 누구의 도금시대인가?

세세한 분야에 매달리는 사람은 역사적 관점에서 오늘을 다루기는 어려울 것이다. 하지만 관심이 있는 관찰자라면 새천년이 시작되면서부터, 특히 2002년에 세계무역기구(WTO)에 가입한 이후로 중국의 경제는 갑자기 전성기에 들어섰다는 사실을 깨달을 것이다. 이 시기는 중국의 현대사에 있어서 가장 눈부신 도금시대(鍍金時代)[2]가 되었다.

지난 10년 동안, GDP가 평균 10% 이상의 속도로 늘어나면서, 중국은 오래된 선진국을 거만하게 쳐다보았고, 더욱 오만한 눈길로 사람들이 선망하는 다른 신흥 경제체들을 바라보았다. 2010년에 중국은 GDP 총액이 일본을 추월하면서 세계에서 두 번째가 되었다. 게다가 GDP가 고도성장하면서 밀물처럼 불어났고, 정부의 재정수입은 GDP 증가 속도를

역주 2) 미국의 작가 마크 트웨인이 지은 풍자소설 *The Gilded Age—A Tale of Today*. 남북전쟁 이후 미국이 농업국에서 공업국으로 전환하는 과정에서 물욕에 사로잡혀 온갖 사회적 부정이 속출하는 시대를 비판한 작품이다. 이 작품에서 유래하여 미국에서 1865~90년의 경제 호황기를 '도금시대(Gilded Age)' 라고 부른다.

능가해 국고는 가득 채워졌다. 등수 매기기를 유난히 좋아하는 중국인에게 3조 달러나 되는 외환보유고는 중국의 재력이 전성을 구가한다는 사실을 웅변적으로 보여주었다.

부의 증가가 정부와 국가의 층위에서만 구현된다면, 진정한 도금시대라고 말하기에는 어울리지 않을 것이다. 중국의 도금시대는 앞서 기술한 수치보다 훨씬 넉넉한 모습을 지니고 있다. 지난 10년 동안, 중국의 기업은 소규모에서 대규모로 성장했다. 민영기업이든 국유기업이든 막론하고 시가총액은 기하급수적으로 늘어났다. 그 가운데서도 가장 드라마틱한 것은 대형국유기업이다. 중국의 자유경제학자들은 일찍이 신뢰할 만한 근거를 내세우며, "사유화 개혁을 거치지 않는다면, 중국의 국유기업은 모두 도산할 것이다."라고 말했다. 하지만 중국 지도자들이 골머리를 앓게 만들고, 언론매체에서 골칫덩이로 여기던 대형국유기업은 마치 하룻밤 사이에 고목에 꽃이 핀 것처럼 생기가 돌면서 빠르게 성장하고 있다. 대형국유기업이 거의 시장화의 방식으로 변신을 이룩했다는 사실은 경제학자들을 곤혹스럽게 만들었다. 도금시대에 중국은 세계에서 시가총액이 가장 많은 은행을 보유하게 되었고, 또 세계에서 시가총액이 가장 많은 석유기업을 보유하게 되었다. 다른 업종에서도 중국의 대형국유기업은 전통적 다국적기업을 뒷전으로 밀어냈다.

기업 자산의 급격한 팽창에 발맞춰 중국 국민의 자산도 폭발적으로 늘어났다. 1999년에 루퍼트 후거월프라는 영국의 젊은이는 중국의 자산이 폭발적으로 늘어날 것을 미리 헤아리고 최초로 중국 부자의 랭킹을 만들었다. 그 부자의 랭킹에 오른 부자의 수와 그들의 자산 변동에서 중국의 자산이 폭발적으로 늘어나는 현란한 드라마를 볼 수 있다. 1999년에 중국의 백만장자의 문턱은 인민폐 5천만 위안에 불과했다. 하지만 2010년에는 그 문턱이 100억 위안에 육박했다. 부자의 수에 있어서는 2010년에 10억 위안 이상의 자산을 보유한 사람이 1,300여 명이나 되었다. 서구국가에서는 한 세대 내지 몇 세대가 걸려야 겨우 모을 수 있는 자산을 중국에서는 10년, 심지어는 불과 수년 만에 모은 것이다. 지난 10년 동안, 중국에서 이루어진 자산 축적과 팽창 속도는 경제사에서 같은 사례를 찾아보기 어렵다. 명실상부한 도금시대가 분명하다. 중국에서의 자산 증가는 피라미드의 꼭대기에만 국한되지는 않는다. 평범한 국민 사이에서도 자산가치의 폭등과 금융의 덕을 보았다. 중국의 도시주민들은 이처럼 빠른 자산 증가를 몸소 체험했다. 절대 다수는 명목상으로만 부유해졌을 뿐이지만, 점점 늘어나는 자산은 사람들에게 부자가 되어 간다는 환상을 심어주었다.

하지만 자산의 폭발적 증가는 도금시대의 한 측면에 지나지 않는다. 보다 중요한 측면은 정신적 측면에 있어서의 심각한 변화이다. 중국의 도금시대에 부는 누구나 바라는 목표이자 유일한 가치가 되었다. 그것은 아마도 중국의 도금시대에 있어서 가장 본질적인 정신의 향배일 것이다. 한 중국 교수가 그런 시대정신을 가장 잘 내보였다. 학문적 자질이 몹시 의심스러운 그 교수는 자신의 트위터에서 "마흔 살이 되었을 때, 4천만 위안의 재산을 모으지 못했다면, 나를 만날 생각도 하지 말고, 내 제자라고 말하지도 말라."고 말했다. 천박한 정신세계에 입이 벌어질 지경이다. 구역질나는 기준을 자기 트위터에 공공연히 올려놓고, 스스로 고명하다고 생각한다. 만약 이 교수가 아주 멍청한 것이 아니라면, 이런 극단적 가치관은 이미 보편적 풍조가 되었다고 할 것이다.

도금시대에 중국의 자산이 세계 체제에서 차지하는 비중은 점점 높아졌다. 중국은 개발도상국에서 빠르게 세계 경제의 엔진으로 변화했고, 경제 위기의 구원투수로 변모했고, 서구 국채의 가장 관대한 채권자가 되었다. 얼마 전, 중국을 방문해 중국의 인프라와 호텔의 호화로운 모습을 본 미국인은 "미국과 중국 가운데 도대체 어느 나라가 개발도상국인가?"라는 의문을 제기했다. 내내 괴상한 이데올로기를 가진 괴물처럼 여겨지던 중국은 순식간에 독자적 모델을—이른바 중국식 모델 가진 발명가로 변신했다.

도대체 무엇이 이처럼 혈맥이 뛰고 영광스러운 도금시대를 이룩하게 만들었는가?

1990년대 중반과 후반, 그리고 2000년대 초반에 중국은 매우 급진적인 일련의 내부 제도 개혁을 이룩했다. 그 가운데 중요한 것은 이런 것들이다. 거시적 측면에서의 분세제(分稅制)[3] 개혁, 기업 측면에서의 국유은행 구제와 제도 개혁, '좌다팡샤오(抓大放小)'를 주요 특징으로 한 국유기업 개혁, 흑상(黑箱) 사유화의 방식에 따른 중소기업 개혁, 요소의 측면에서의 농민의 토지 권익 박탈을 주요 방식으로 하는 부동산 개혁 등이다. 이런 제도 개혁은 경제에 집중한 결과인데, 기업과 정부의 대차대조표에서 대규모 비용이—정부의 손을 거쳐 전가되어, 중국의 기업은 세계 시장체제에서 누구도 맞설 수 없는 경쟁우위를—저비용 우세 확보했다. 이런 저비용은 노동비용만을 말하는 것이 아니라 기업의 비용에 관련된 것을 포함한 전면적인 것이었다. 여기에는 낮은 환경비용, 낮은 토지 비용—지방정부의 작용을 통하여, 낮은 자금비용—국유금융기관의 독점적 메커니즘을 통하여, 낮은 노동력비용—정치적 억압을 통하여 등 한두 가지가 아니었다. 중국은 20세기에 이미 이런 도금시대를 위한 충분한 내부적 제도 준비를 마쳤다.

하지만 시장이 없다면 저비용 우위는 잠재적일 수밖에 없다. 역사적 기회는 빠르게 찾아왔다. 새로운 밀레니엄에 들어서자 미국을 중심으로 한 세계 시장체제는 제2차 세계대전 이후로 가장 맹렬하게—또한 최후일지도 모른다 확장되었다. 이 확장은 신흥 대형 경제체인 브릭스(BRICS)를 전면적으로 세계 체제에 편입시키는 표지가 되었다. 덕분에 중국의 저비용 우위는 더 넓은 시장으로 최대한 퍼져나갔다. 그리고 그것이 가져온 금융상의 결과는 세계 체제에 있어서의 중국 자산에 대한 빠른 재평가였다. 내부적 제도 개혁과 외부적 세계 체제의 확장은 중국이 도금시대로 들어서는 역사적 무기였다. 중국의 세계 시장체제 편입은 아주 일찍부터 시작되었다. 아시아 금융위기 이후에 저급한 산업이 중국으로 이전하면서 가속되었고, 2002년에 중국이 WTO에 가입하면서 세계 시장체제와 혼연일체가 되었다. 이것이 중국 도금시대의 기점을 2002년으로 정하는

역주 3) 세금분배 제도, 즉 중앙정부와 지방정부가 세금의 종류와 세원에 따라 전체 세수를 국세와 지방세로 나누어 과세하는 일.

이유이다.

실제로 사람들이 느끼는 것처럼, 자산의 폭발적 증가는 중국 도금시대의 눈부신 한쪽 측면일 뿐이다. 다른 한쪽 측면은 암담한 중국 사회의 모습이다. 앞서 지적하였듯이, 중국의 저비용 우위는 국가가 행정력을 통해 비용을 기업과 정부로부터 전가해 이룩한 것이다. 하지만 비용은 저절로 소멸되지 않는다. 그러면 어디로 갔는가? 대답은 사회이다. 보다 정확하게 말한다면, 중국의 대다수 가정의 복지 손실로 전가되었다. 저비용 우위가 지닌 측면들을 살펴보면, 전가되지 않는 구석이 거의 없다. 때문에 갑부가 늘어나는 배후에는 빈부격차의 급격한 확대가 있고, 새로운 국유독점기업이 불쑥 등장하는 배후에는 중소기업의 이윤 손실과 가정의 복지 손실이 있으며, 대형은행이 폭리를 취하는 배후에는 손해를 강요당하는 저축자들의 자산 축소가 있고, 부동산산업이 비약적으로 성장하는 배후에는 농민들의 참담한 박탈이 있었다. 교육 · 의료 같은 의무를 내팽개친 정부의 대차대조표가 몰라볼 정도로 개선된 배후에는 점점 가중되는 국민들의 세금부담이 있고, 경제가 꾸준히 고도성장하는 배후에는 견디기 힘든 환경과 극도로 문란한 식품 안전이 있다. 이처럼 서로 연결된 현상에서 중국 도금시대의 진정한 속사정을 살필 수 있다. 한마디로 중국의 도금시대는 중국 사회의 붕괴를 대가로 한 것이다. 수년 전에 '징츠(竟次)'라는 낱말로 중국 경제를 풀이한 적이 있다. 중국 경제기적의 비밀은 상공업과 사회 운행의 문명적 마지노선을 자꾸만 아래로 내민 것이라는 의미이다. 중국 경제발전의 비용이 사회로 계속 전가되는 과정은 이런 징츠 모델이 집중적으로 구현되는 것이다. 경제현상에 대해 경제학자들은 입으로만 어쩌고저쩌고 떠들고, 정치인들은 자나 깨나 이런저런 균형상실을 언급한다. 사실 어떤 경제현상이든 모두 사회와 정치적 연원이 있게 마련이다. 이 점에 대해 필자는 일찍이 "눈에 보이는 경제 호황이 크면, 보이지 않는 사회적 균열도 그만큼 깊다."고 단언한 적이 있었다. 안타깝게도 주류의 사고와 시각에서는 이런 사회적 균열이 끝내 '보이지' 않는다.

상식적으로 볼 때, 국가와 기업은 그 토대가 되는 사회와 떨어질 수 없다. 사회가 무너진다면 국가와 기업이 무슨 수로 살아남겠는가? "물은 배를 띄울 수 있지만, 배를 뒤집을 수도 있다." 사회가 무력하게 자본 전가를 계속 감당해야 한다면, 사회가 더 이상 위축될 수 없게 되면 징츠 모델은 더 이상 지속될 수 없다. 다시 말하면, 중국의 도금시대에는 극히 강한 자기 균열의 힘이 감춰져 있다는 것이다. 하지만 그 누구도 균열이 이처럼 빨리 찾아오리라고는 예상하지 못했다. 2008년에 금융위기가 찾아들었다. 그 누구도 도금시대가 이처럼 끝나리라고는 생각하지 못했다.

* 이 책의 제1부 「도금시대」는 필자가 2002년부터 2008년 사이에 쓴 평론 가운데 일부분이다. 생각을 가진 한 사람으로서, 필자는 이 도금시대의 변화한 사회적 세태 속에 본질적으로 내재된 긴장을 더 많이 기록했다. 이 기록은 물론 필자의 좁은 시각과 알량한 경험에서 나온 것이다. 하지만 이것을 역사의 맥락으로 삼아서 우리의 오늘과 내일을 보다 깊이 이해하게 될 것이라고 믿는다.

— 2011년 7월

PART 2

대변혁의 도래 : 2008~2011

CHAPTER

06 대변혁의 도래

달러의 구매력은—주의하라! 미국의 구매력이 아니다. 달러의 구매력은 미국의 구매력과 결코 항상 일치하지는 않는다 세계의 잉여 생산능력을 흡수해 세계 시장체제의 확장을 받쳐주었다. 사실상 일본과 아시아의 네 마리 용이 발전하는 과정에서 축적한 방대한 과잉 생산능력은 모두 달러의 구매력을 통해 흡수되었다. 그것은 이 경제체제 내에서 새로운 동료의 확장을 받쳐주었을 뿐 아니라 이 체제의 외연도 넓혀주었다. 그리고 중국 · 인도 · 러시아 등이 이 체제에 가입하자 달러는 똑같은 역할을 맡았다. 달러가 세계 시장체제에 제공한 신용의 기초가 없었다면, 중국 · 인도 같은 신흥국가가 수십 년 동안 고도성장을 하기는 생각하기조차 어렵다. 중국 · 인도 · 러시아 등의 중앙은행에 산더미처럼 쌓여 있는 거액의 달러는 세계 경제발전이라는 역사적 경로를 생생하게 증명한다. 하지만 이상하게도 중국 · 인도 · 러시아 같은 신흥국가의 가입은 달러제국을 극도로 확장시키는 동시에 이 제국에 심각한 위기를 가져왔다. 미국의 실질 소비능력에 걸맞은 달러의 구매력은 일본과 동아시아 국가의 역사적 확장을 받쳐주었지만, 그것이 중국과 인도 같은 거대국가가 만들어낸 과잉 생산능력을 받쳐주기에는 역부족이다.

달러가 이런 엄청난 생산능력을 계속 받아주기 바란다면, 미국의 실질 소비능력을 훨씬 넘어서게 달러를 남발하는 것이 유일한 방법이다. 그리고 그것은 지금 우리가 목격하고 있는 상황이기도 하다. 각국의 중앙은행에서 잠자고 있는 엄청난 달러는 이미 구매력을 상실했고, 그저 금융기관의 영역에서나 흡수할 따름이다. 미국의 구매력은 세계통화로서 달러가 지닌 특수한 성격 때문에 크게 확대되었다. 통계자료에 따르면, 최근 10년 동안에 미국의 가계지출은 가계수입을 넘어섰다. 세계의 과잉 생산능력을 흡수하는 미국의 소비능력은 사실상 미국 가정의 엄청난 부채를 통해 지탱되어 온 것이다. 중국과 인도 등의 수십 억 인구가 만들어내고, 게다가 계속 늘어나는 생산능력을 미국 가정에 빚을 지우는 방식으로 소화하는 것이 불가능하지는 않더라도 지속되기는 어렵다.

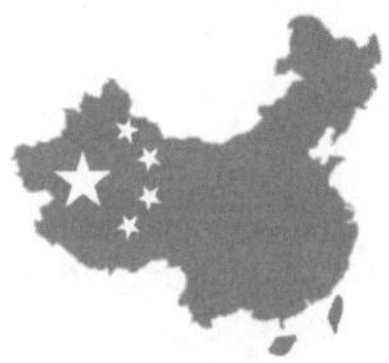

6.1. 대변혁의 도래

30년에 걸친 개혁의 긴 여정을 거치며, 중국은 마침내 성과를 이룩한 것처럼 보인다. 서구의 선진 시장경제국가들에 견주더라도, 중국은 이제 거시적 · 미시적 시장경제 시스템을 갖추었고, 또 그런 시스템을 능숙하게 관리하는 기술 관료들을 대거 거느리고 있으며, 나아가 서구 선진국가가 도저히 따라올 수 없는 성장의 동력을 갖고 있다. 결코 끝날 것 같지 않은 활력을 서방국가들은 감탄하며 부러워했다. 서구 관찰자들은 십수 년 동안 혼동 · 회의 · 고심했지만 도저히 이해할 수 없었고—기존의 사고로는 중국의 경제 신화를 믿게끔 설명하기는 어려워 보인다, 결국 중국이 지속하는 고도성장을 사실로 받아들였다. 그러자 지구 반대쪽에서는 중국 내부의 가장 완강한 회의론자들도 목소리를 낮추고 자취를 감췄다. 중국은 더 이상 수수께끼가 아니라 영원히 멈추지 않는 고도성장의 대명사가 되었다. 숱한 사람들이 서방에서는 자본주의가 저물어 가는 무렵에 동방에서는 중국이 자본주의의 새로운 역사를 쓰고 있으며, 나아가 세계 자본주의에 새로운 상상력을 제공한다고 믿고 있다. 100여 년에 걸친 중국 현대화의 역사를 살펴보면, 이처럼 천시(天時)와 지리(地利)를 고루 얻은 역사적 기회는 어쨌든 처음 있는 것으로, 그야말로 천재일우라고 할 수 있다.

비록 아직도 중국 스타일의 자제와 소극적인 구석은 남아 있지만, 낙관적 정서가 이미 중국의 엘리트집단과 관료시스템에 두루 퍼지고 나아가 주류의식으로 떠오르고 있음은 분명하다. 중국의 엘리트들은 지난 30년 동안 다진 토대를 신중하게 조정하여 대응한다면, 향후 30년 동안 지난 30년처럼 경제성장의 신화를 이어나갈 수 있다고 확신한다. 하지만 정말 그럴 수 있을까?

6.1.1. 뒤늦게 찾아온 유령

2007년 11월에 열린 당외인사(黨外人士)[1] 좌담회에서 중국공산당 총서기 후진타오는 예의 차분한 어투로 이렇게 말했다. "성과를 보는 것과 더불어 지금 우리 경제에는 오랫동안 누적된 모순과 문제점이 여전하고, 또 관심을 기울일 만한 새로운 상황과 문제점이 나타난다는 점을 분명히 인식해야 합니다."

이렇게 언급한 배경은 자세히 알 수 없지만, 많은 사람들은 의례적인 말로 치부하고 별반 관심을 기울이지 않았다. 하지만 2007년 중국 경제 상황의 특이한 변화를 이해한다면, 후진타오의 언급에는 염려와 의구심이 가득하다는 사실을 눈치챌 수 있었다.

중국의 최고 지도자들은 분명 2007년 말의 중국 경제상황에 대해 의구심을 가질 충분한 이유가 있었다. GDP는 여전히 빠른 속도로 증가해 별다른 이상 조짐이 없었지만, 오랜만에 예고 없이 인플레이션이 나타났다. 중국의 지도자들은 이미 고도성장 내지 과열성장에 익숙해져 있지만, 새로운 밀레니엄 이래로 지속된 낮은 통화팽창과 고도성장이라는 환경은 오히려 그들을 인플레에 대해 무척 낯설게 만들었다. 기술 관료들에게 있어서 인플레는 통화정책으로 가볍게 해결할 수 있는 것이었기에, 현대 경제의 역사에서 유물이 되어 있었다. 하지만 인플레가 철저하게

역주 1) 집권당인 중국공산당 이외의 민주당파(民主黨派), 무당파(無黨派) 가운데 사회적 영향력이 있는 인사.

사라졌다고 생각하고 있을 때, 중국의 정치에 있어서 유난히 민감한 해묵은 인플레가 불쑥 되찾아오자 기술 관료들은 당황했다. 하지만 이것이 중국의 지도자들이 의구심을 갖게 한 유일한 '새로운 상황, 새로운 문제점' 은 아니었다. 2007년에는 원인을 알 수 없는 유동성 범람과 국민의 분노를 자아낸 부동산시장이 시간이 지나도 진정되지 않았다. 게다가 남쪽 지방에서는 중국에서 가장 활력이 넘치던 제조업이 대규모로 도산하는 사태가 벌어졌다. 하룻밤 사이에 중국에서는 낯선 변화가 시작되었다. 이에 지도자들은 의구심을 품었고, 불안하고 초조해졌다. 마치 그들 앞에서 거대한 유령이 날개를 흔들며 춤을 추기 시작한 것만 같았다.

중국 지도자들의 직관은 아주 정확했다. 30년에 걸친 자본주의의 카니발이 지난 뒤에 중국은 기이하고 변화무쌍한 시기로 접어들고 있음에 분명하다.

지난 30년 동안의 경제성장 속에서, 최근 수년 동안에는 경제사에 있어서 비교할 수 없을 정도의 성장 기록을 세웠지만, 그 때문에 높은 비용을 치렀다. 그 비용은 GDP처럼 국민경제의 시스템 속에 반영해 계산할 방법은 없지만, 중국 사회에 확실히 채무를 늘려놓았다. 오랫동안 그 비용은 전가되고 은닉되면서 제대로 소화되지 못했고, 오히려 GDP처럼 빠르게 늘어났다. 지금까지는 고도성장의 과실을 기쁘게 누린 경우가 많았다면, 미래의 오랜 동안에는 지난 30년 동안 쌓인 엄청난 빚을 힘겹게 갚아나가야 할 것이다. 그런 의미에서 중국은 사실상 부채 상환의 절정기에 들어섰다. 2007년에 발생한 중국 경제의 여러 가지 괴이한 조짐은 채무의 홍수가 머잖아 찾아온다는 명확한 신호였다.

개발도상국에 있어서, 고도성장은 정부의 주된 합법성의 근원이다. 1989년 이후의 중국은 더욱 그랬다. 일체의 비난이 깨끗이 사라지자 경제성장은 국가의 새로운 이데올로기가 되었다. 전략적 민족주의 이외에 경제성장은 중국의 관방과 민간, 지방정부와 중앙정부, 기타 각종 이익주체 사이에 이룩된 유일한 어울림이자 일치된 인식이었다. 내놓고 말하지는 않았지만, 중국 정부와 민간 사이에는 정부는 고도성장을 허용하고, 민간은 일체의 정치적 요구를 포기할 것을 받아들이는 분명한 묵계가 이루어졌다. 그것은 사실상 덩샤오핑이 "발전은 확고한 법칙이다."라고 언급한 것에 걸맞은 것이었다. 후각이 뛰어난 노정치가 덩샤오핑은 1989년 이후 중국의 정신적 맥동을 아주 정확하게 포착했다. 그는 고도성장은 정신적으로 철저하게 와해된 국가를 지속적으로 응집하는 유일한 요술방망이라고 보았던 것이다. 그래서 성장은 관방과 민간의 은밀한 계약이 되었고, 또한 중국 관료시스템의 이마에 붙여둔 주문(呪文)이 되었다. 상당한 정도로 그것은 1989년 이후에 중국의 관방과 민간이 공유한 은밀한 헌법이었다.

하지만 경제성장이 민간과 관방이 공유하는 이데올로기가 된 것에는 일종의 가설이 함축되어 있었다. 즉 경제성장은 보편적이고 평균적인 복지의 개선을 가져올 수 있다는 것이었다. 1990년대 이전까지 중국의 경제성장은 분명히 이런 특징을 지니고 있었다. 그리고 그것은 경제성장을 국가의 새로운 공동의식으로 삼는 경험적 기초를 제공했다. 하지만 그것은 착각일 뿐이다. 경제성장이 결코 복지의 증진을 저절로 가져오지는 않는다는 사실을 보게 될 것이다. 더욱이 성장의 과실이 평균적으로 전체 국민에게 분배되지는 않을 것이며, 상당한 정도로 복지를 훼손할 것이다. 경제성장을 압도적인 정치적 임무이자 정치적 기용의 판단기준으로 삼을 때, 경제성장은 중국의 관료시스템을 극단으로 만들고, 나아가 남의 공을 가로채 상을 받는 통계적 유희가 되어버릴 수 있다. 불행하게도 1990년대 이래, 특히 1990년대 중반 이래로 중국의 경제성장은 성장의 또 다른 의미를 아주 전형적으로 보여준다.

1992년 덩샤오핑의 '남순강화(南巡講話)' 이후에 중국의 신생 시장경제는 첫 번째 과잉위기에 직면했고, 이어진 아시아 금융위기는 그런 위기를 가중시켰다. 다급해지자 중앙정부부터 지방정부까지 전면적으로 경제성장에 발을 들여놓았고, 경제성장에서 가장 활발하고 결정적인 역할을 맡았다. 1990년대 중반 이전까지는 정부가 경제성장에서 활발한 역할을 맡은 경우는 연해(沿海) 지역에 국한되었다. 하지만 1990년대 중반 이후에는 그런 상황이 전국적으로 확산되었다. 정식 언급은 없었지만, 사실상 관료에 대한 평가기준이 되는 GDP와 지방정부의 이익추구에 대한 충동은 전국의 지방정부를 광란의 GDP 경쟁으로 몰아넣었다. 중앙정부 차원에서는 대개 자신들이 장악한 재정과 금융 수단으로 경제성장을 촉진했다. 거기에는 적극적 재정정책과 느슨한 화폐정책, 심지어 적극적 증시정책이 포함되어 있었다. 지방정부의 경우는 자신들이 움켜쥔 자원을 미끼로 국내자본이든 해외자본이든 아랑곳하지 않고 미친 듯이 자본을 끌어들였다. 1990년대 중반 이후에는 세계 각지에서—중국을 포함하여 투자를 유치함에 있어서 관료들이 가장 자주 등장했다. 중국에서는 각급 정부가 경제성장에 필요한 대부분의 요소와 자원을 독점적으로 움켜쥐고 있기 때문에—이것은 중국 정부가 특별히 우월한 구석이다 원하기만 한다면, 이론상으로는 요소와 자원 가격을 최대한 낮춰 전 세계에서 투자를 끌어들이고 가장 저렴한 상품을 생산할 수 있었다.

각종 자원과 요소의 가격을 최대한 낮춰 투자를 최대한 끌어들이는 것은—유일하게 낮춰지지 않은 것은 부패비용일 것이다 1990년대 중반 이후 중국의 경제가 초고속으로 성장한 결정적 비결이었다. 중국의 가장 저렴한 에너지 가격, 가장 저렴한 수자원 가격, 가장 낮은 환경보호 기준, 가장 낮은 토지 가격—때로는 공짜이다, 최상의 세금 우대, 가장 낮은 노동기준을 엿볼 수 있다. 일인당 평균 자원 점유량이 세계 평균보다 훨씬 낮은 국가에서—중국의 일인당 자원 점유량은 세계 평균의 20% 내지 30%에 불과하다 자원이 부족하면 시장가격은 오르게 마련이지만, 중국에서는 오히려 오랫동안 대단히 낮은 수준을 유지했다. 그 엄청난 가격 차이는 정부가 투자자와 이해당사자에게 선사한 것이었다. 누군가는 "중국에서 토지를 훔치고 환경을 훔치는 것은 위험성은 아주 낮은 반면 수익은 아주 높아서 은행을 터는 것보다도 훨씬 낫다."고 말하기도 했다. 중국의 투자 유인(誘因)을—필자는 '경쟁력'이라는 낱말의 사용에 쏠리지 않는다 노동비용이 낮다는 데에 귀결시키는 사람들이 많은데, 사실 그것은 크게 잘못된 것이다. 노동비용이 낮은 것은 중국에 투자가 집중되는 요인 가운데 하나일 뿐이다. 저렴한 노동비용이 사실이더라도, 역시 정부와 기업의 공모 아래 이루어진 것이다—이런 공모 방식의 노동 가격은 중국의 소비율을 오랫동안 떨어뜨린 주된 원흉이다.

권력의 농단은 중국의 체제에 있어서 가장 특수한 배경이었다. 학계의 일반적 견해와는 달리, 이런 배경은 경제성장을 가로막은 적이 없었으며, 고도성장의 가장 중요한 비결이었다. 이런 배경에서 중국은 낮춰야 할 모든 가격을 낮춰 국제적 투자 경쟁에서 승리를 거두었다. 하지만 그 반대 측면은 국민 권리의 위축이었다. 따라서 중국의 고도성장이 지닌 결정적 비밀은 기실 극단적으로 낮은 국민의 권리인 것이다. 아울러 오랫동안 위축된 국민의 권리는 고도성장의 복지 효과를 심각하게 왜곡시켰고, 고도성장의 비용을 거듭 은닉하고 전가시켜 결국 감당할 수 없을 지경으로 쌓아놓았다.

이런 것들은 전 세계에서 가격과 환경에 있어서 투기적 이익을 좇는 국제자본을 기쁘게 만들었다. 1990년대 중반 이후, 중국은 사실상 전 세계에서 명실상부한 투자 천국이 되었다. 전 세계의 투기자본이 벌떼처럼 모여드는 상황에서, 중국 투자가 반락(反落)할 것이라고 생각하기는 어려웠을 것이다. 1990년대 중반 이전까지 중국의 경제성장이 국내의 높은 투자에 주로 의존했다면, 1990년대 중반 이후로는 국내와 해외의 높은 투자로 지탱되었다. 이런 투자는 고도성장을 가져왔다. 그것은 마오쩌둥 시대의 투자와 무척 닮은 구석이 있었다. 다만 오늘날에는 투자가 시장 수요에 어느 정도 구속을 받는다는 점이 다를 뿐이다. 이론과 경험상으로 볼 때, 장기간에 걸친 과도한 투자는 심각한 과잉을 가져오게 마련이다. 냉전 이후에 점점 긴밀해지는 세계화의 시장이 중국의 높은 투자에 일시적으로 활로를 열어주었다는 점이 다행이었다. 하지만 반드시 낮은 가격이어야 하고, 심지어 최저가격이어야 한다는 조건이 있다.

기이할 정도로 높은 고정자산 투자로 중국은 점점 엄청난 과잉 생산능력을 쌓았고, 그 과잉 생산능력은 낮은 가격을 유지함으로써 국제시장에서 잠시 활로를 찾았지만, 뒤를 이은 것은 재난이었다. 과잉 생산능력을 유지하기 위한 원자재와 자원은—인력 요소를 제외한 거의 모든 요소 즉각 심각한 부족현상을 보였다. 중국에서 누군가는 과잉을 보았고 누군가는 부족을 보았지만, 중국에는 사실 과잉과 부족이 공존한다.

1990년대 중반 이후의 고도성장에 대해서는 이런 그림을 그려볼 수 있다. 중국은 국가가 조종하는 극단적으로 저렴한 투자환경을 이용해 국내와 해외의 자본을 동시에 빨아들였고—물론 중앙정부와 지방정부 자체의 높은 투자를 포함하여, 가장 저렴한 방식으로 국내의 자원을 소모하거나 비싼 가격으로 국제시장에서 필요한 자원을 사들여, 생산능력을 유지했다. 그리고 가장 저렴한 가격으로 엄청난 생산품을 국내외 시장에서 덤핑으로 팔아치웠다. 중국의 고도성장은 의심할 여지가 없지만, 전체적으로 보면 점점 적자를 보는 장사처럼 보인다. 적자 판매는 지속되기 어렵다.

정부가 극단적으로 저렴한 투자환경을 만드는 과정은 결코 중성적(中性的)이 아니며, 착취로 충만한 과정이라는 사실을 분명히 알아야만 한다—일부 경제학자들의 관점으로는 비용을 제로로 만드는 이상적 경지이다. 이런 과정에서 농민은 토지를 빼앗겼고, 국민은 사회보장을 빼앗겼고, 노동자는 임금을 빼앗겼고, 후손들은 정상적으로 누려야 할 자연환경에 대한 권리를 빼앗겼다. 그리고 그렇게 빼앗긴 복지는 시장교역의 형식으로 국내의 특수한 이익집단과 국외의 투기꾼들과 소비자에게 부단히 돌아갔다—이런 과정에서 시장교역은 특별한 사기성을 지닌 것처럼 보인다. 이것이 1990년대 중반 이후 중국 고도성장의 정치경제학적 본질이다. 1990년대 중반 이후 중국의 경제성장은 더 이상 많은 돈을 벌 수 있는 게임이 아니라 전형적인 제로섬게임임이 분명하다. 이는 1990년대 중반 이후로 왜 점점 많은 사람들이 경제성장에 의문을 제기하는가 하는 이유이다. 사람들은 차츰 중국의 고도성장이 사실은 이처럼 터무니없는 조합이라는 사실을 분명히 깨닫는 것 같다. 즉, 고(高)오염, 고소비, 고착취와 그 이면의 저(低)임금, 저복지, 저보장, 저소비 그리고 급격하게 확대되는 빈부격차이다. 이런 경제성장 속에서 어떻게 투자가 높아지지 않고, 소비가 낮아지지 않을 수 있겠는가? 중국의 경제성장에 대한 민간의 각성은 집권자를 향해 정부의 합법성인 빛 좋은 개살구와도 같은 고도성장이 빠르게 빛이 바랠 것이라고 경고한다.

하지만 이것이 중국의 진짜 골칫거리인 것은 결코 아니다. 진짜 골칫거리는 이런 것이다. 1990년대 중반 이래 중국의 압도적 경쟁력과 그에 따른 고도성장은 아주 위태로운 균형을 이루었다. 여건이 조금만 바뀌어도, 고도성장은 갑자기 멈출 수 있다. 2007년에 이미 그 순환이 갑자기 멈출 수 있는 강한 신호를 보았다. 그것이 집중적으로 나타난 것은 갑자기 나타난 인플레이션이다.

속수무책인 인플레이션에 대해 중국의 경제학자들은 이런저런 설명을 내놓았지만, 그 역사적 본질은 오랫동안 감춰진 고도성장의 비용이 차츰 방출되기 시작한 결과이다. 즉 장기간 억눌렸던 요소 · 자원 · 환경 등의 비용이 최저 수준에서 반등하기 시작한 결과인 것이다. 그런 의미에서 보면, 중국의 이번 인플레는 일반적인 통화팽창이 아니라 역사의 보복인 것이다.

중국의 이번 인플레 유발 요인은 무척 복잡한 것처럼 보이지만 뿌리를 거슬러 올라가면 비용 상승에 따른 것이다. 비용 상승이라는 것은 중국 국내의 노동 임금, 자원 가격, 환경보호와 노동보장기준이 오르지 않고는 견딜 수 없는 상황에서 약간 상승한 것이다. 현재의 상승은 그저 노동력을 유지할 수 있는 단순재생산에 지나지 않으며, 환경보호와 자원 가격의 상승은 이미 파괴된 환경을 복원하고 지속적 발전을 유지하는 데에는 어떤 도움도 주지 못할 것이다.

이런 비용이 정상적 사회가 용인할 수 있는 기준에 이른다면, 중국의 수많은 기업은 파산할 것이며, 인플레 또한 엄청날 것이다.

누군가는 중국의 이번 인플레를 해외수입형으로 귀결시킨다. 그러니까 중국의 인플레는 대개 국제시장에서 석유 같은 대종상품이 폭등해 유발된 것이라는 말이다. 하지만 해외수입형이라는 주장을 면밀히 따져보면, 결론은 정반대일 수도 있다. 즉 세계가 중국에 인플레를 들여보낸 것이 아니라 블랙홀과도 같은 중국의 수요가 대종상품의 국제적 폭등을 초래한 것이다. 통계자료에 따르면, 2006년에 중국은 세계 소비량의 32%

에 달하는 철강을 소비했고, 알루미늄은 25%, 구리는 23%, 아연은 30%, 니켈은 18%를 각각 소비했다. 석유의 경우는 중국의 수입량이 대폭 늘면서 세계 원유 가격이 놀라울 정도로 오르기 시작했다. 2006년에는 세계의 신규 석유 수요량 가운데 중국이 31%를 차지했다. 이 밖에 또 한 가지 최신 사례를 보면, 2007년 상반기에 중국이 석탄 수출국에서 수입국으로 돌아섰을 때, 국제 석탄 가격은 단기간에 두 배 가까이 폭등했다.

국제에너지기구는 중국이 2010년 이후에 미국을 추월해 세계 최대의 에너지 소비국이 될 것이라고 예측한다. 여러 가지 요인이 대종상품의 국제가격에 영향을 미치지만, 중국의 수요가 대종상품의 국제가격 폭등에 가장 중요한 요인이 된다는 것은 의문의 여지가 없다. 오늘날 중국은 이미 표준적인 대종상품의 수입국이 되었다. 중국처럼 고소비를 토대로 만들어진 고도성장 모델이 전 세계 기초 원자재와 에너지 가격의 폭등을 가져오는 것은 시간문제일 뿐이다. 이른바 "중국이 무언가를 사면 이내 폭등한다"는 몇 년 전의 우스갯소리는 뜻밖에도 예언이 되었다. 중국의 엄청난 철광석 수요는 호주의 광산 노동력의 심각한 부족을 가져왔고, 그것은 호주의 해군병력 부족으로 이어졌다고 한다.

중국의 엄청난 생산능력이 필요로 하는 기초 원자재와 에너지가 중국의 국내수요를 만족시킬 때, 중국은 정부의 역량을 통해 요소 · 자원 · 환경보호 등의 가격을 억눌러 상품의 저가 수출을 유지할 수 있다. 이것이 바로 21세기 초에 중국이 전 세계에 디플레이션을 수출한 진상이다—"중국이 무언가를 사면 이내 폭등한다"는 것이다. 하지만 중국의 생산능력이 날로 커지면서 국내의 기초 원자재와 에너지가 수요를 충족시키기에 턱없이 모자랄 때, 엄청난 생산능력을 유지하기 위해 중국은 전 세계에서 필요한 원자재와 에너지를 사들이게 되고, 그것은 대종상품의 가격 폭등을 초래할 수밖에 없다. 국외의 인건비, 자원 가격, 환경보호 기준은 중국보다 훨씬 높기 때문에 그 비용 또한 중국보다는 당연히 높다. 정부가 국내 가격을 억제하는 것처럼 국제시장의 가격을 억누를 수는 없기 때문에 인플레이션의 고통을 견뎌내는 수밖에 없을 것이다.

중국은 잠재적 경제 규모가 크고 성장이 빠르기 때문에 '중국 수요'가 —물론 중국만은 아니다 전 세계 상품 가격의 상승을 초래하는 것은 이제 시작에 불과할 것이다. 국제 금융계에서는 중국 수요가 가져오는 대종상품의 가격상승세를 '슈퍼 주기'라고 부른다. 이번 상승세는 지속 기간과 상승 폭이 이제껏 생각하던 것을 훨씬 넘어설 것이라는 의미를 담고 있다. 어느 날엔가 중국 정부가 더 이상 자원 가격과 토지 가격을 억제할 힘이 없거나 억제하려 하지 않고, 아울러 인건비를 상식적으로 받아들일 수 있는 정도로 올린다면, 중국식 성장모델의 엄청난 소모성과 일인당 평균 자원의 결핍으로 말미암아, 중국의 인플레이션은 감내하기 어려운 수준에 도달할 것이 자명하다. 그렇지 않으면 심상치 않은 대공황을 통해 과도한 생산능력을 없애버릴 수밖에 없다. 중국 경제의 현재 상황은 극심한 인플레이션이나 대공황에 바짝 다가서 있는지도 모른다. 여기에서 중국의 경제성장이 지속될 수 없는 진짜 의미가 무엇인지 이해할 수 있을 것이다.

중국의 점점 심해지는 인플레이션은 단기적 요인이나 주기성 요소에 의한 것이 아니라 중국식 성장모델의 필연적 결과이자 중국 경제가 일찍이 치렀어야 할 비용이다. 이는 뒤늦게 찾아온 유령이다. 그것이 뒤늦더라도 끝내 찾아올 때는 중국의 경제성장이 막바지를 향해 빠르게 내달리고 있음을 예시하는 것일 수 있다. 이제 선진국이 중국의 저렴한 상품을 오랫동안 누린 아름다운 시절에 대한 대가를 치러야 할 때가 되었을 것이다.

중국의 경제성장이 개선가를 부르는 이면에는 환경 파괴와 자원 소모보다 더 깊숙이 감춰진 비용이 들어 있다. 바로 사회분열의 비용이다. 대다수 사람들의 상상과는 달리 사회분열은 경제성장의 결과만은 아니며 그 조건이기도 하다. 그 이치는 간단하다. 방대한 저임금계층을 유지하지 않으면 중국식 성장모델은 성립될 수 없고, 농민의 토지와 기타 약자계층의 이익을 빼앗지 않으면 중국 경제는 교역비용을 충분히 낮출 수 없다. 중국 경제성장모델의 이런 내재적 필요는 중국을 단기간에 빈부격차가 현격한 나라로 바꿔놓았다. 통계자료에서든 경험에서든, 중국의 사회분열은 평판이 가장 낮은 몇몇 나라들을 빠르게 앞지르고 있음을 보여준다. 부의 심각한 불균형은 짧은 30년 동안에 중국의 사회적 단결을 철저하게 무너뜨렸고, 이는 사회적 협력에 있어서 보이지는 않지만 가장 중요한 신용의 토대를 무너뜨렸다. 중국에서는 모든 정신적 유대가 거의 단절되었고, 사회적 동질감도 거의 사라졌다. 국민들은 그저 경제성장에 그림자처럼 따르는 거짓 환상에 얽혀 있을 뿐이다. 이런 환상은 국민들에게 때가 되면 누구나 재산을 늘려 부자가 될 수 있다고 약속한다. 이는 중국의 개혁에서 명확하게 밝히지는 않았지만, 끊임없이 국민 전체에게 암시하는 '차이니스 드림'이다. 안타깝게도 대다수 사람들에게는 그저 꿈일 뿐이다.

건강한 경제성장의 근간은 굳건한 사회적 단결이며, 사회적 동질성을 강화하는 과정이다. 불행히도 중국의 30년에 걸친 경제성장, 특히 1990년대 중반 이후의 경제성장에서 중국은 사회적 동질성을 새로운 토대 위에 새로 세우기는커녕 오히려 고유의 사회적 동질성과 사회적 단결마저 더욱 무너뜨렸다. 환경 파괴, 에너지 소비와 마찬가지로 사회적 단결의 와해는 어떤 기업의 대차대조표에도 포함되지 않으며, 또 국민경제 통계 시스템에도 포함되지 않는다. 하지만 그것은 진정한 부채가 되어 언제든지 전체 경제 시스템에 내부폭발을 가져올 수 있다. 확률적으로 보면, 어떤 경제체도 경제 위기를 만날 수 있다. 중요한 것은 위기에 부딪칠 것인가의 여부가 아니라 위기를 만났을 때 사회가 단결하는가, 국민이 난국을 함께 이겨내는가의 여부이다. 많은 사람들은 아시아 금융위기를 겪을 때, 한국인들이 다투어 자신이 가지고 있던 금붙이를 기부해 함께 난관을 극복하던 모습을 기억하고 있다. 이것이 곧 사회적 동질성과 사회적 단결이 결정적 순간에 결정적 기능을 행하는 것이다. 이는 오래된 지혜이다. 인류는 대대로 사회에 깊이 심어놓은 유전자 속에서 본능적인 지혜를 갖추었다. 지금 중국 사람들은 일본이 무엇 때문에 10년이 넘는 경제 침체를 겪으면서도 무너지지 않고, 사회는 평온을 유지할 수 있는지 도무지 이해하지 못한다. 그것은 결코 신비한 것이 아니다. 경제가 고도 성장하던 시기에 일본에서는 부가 아주 공평하게 분배되었다. 만약 일본과 같은 상황이 오늘날 중국에서 벌어진다면, 10년은커녕 2년만 지나면 더 이상 견디지 못할 것이다.

자연자원과 환경 약탈을 전제로 하는 경제성장은 전쟁이나 다른 나라의 자원을 약탈해 억지로 유지될 수 있다면, 내부의 국민을 착취하는 것을 전제로 하는 경제성장은 엄청난 좌절을 겪을 것임에 틀림없다. 내부 수요의 심각한 위축을 초래하고 나아가 경제의 순환을 막을 뿐 아니라 —내수 부족은 중국 경제의 가장 큰 고민의 하나이다 사회의 가장 중요한 신용 환경과 추상적 자원을 파괴하기 때문이다. 이는 한 사회가 사회다워지는 기본적 인프라이다. 그것이 없으면 무엇에 의지하겠는가? 인플레이션은 경제시스템을 무너뜨리는 보조제에 불과하지만 사회적 공감과 사회적 단결의 와해는 연료임에 틀림없다. 이것이 중국 경제의 성장모델이 지속될 수 없는 또 다른 층위와 더 깊은 층위의 의미를 지닌 구석이다.

손꼽아 보면, 1978년부터 시작해 중국 경제는 이미 30년을 고도성장했다. 그 엄청난 비용 또한 30년이나 누적되었다. 30년이 지난 지금, 중국에서는 마치 기이한 구조가 나타난 것처럼 보인다. 엄청난 대외 채권이 쌓여 있고—거액의 외환 보유고 동시에 천문학적 액수의 대내 채무가 쌓여 있다. 비용을 무한정 미래에서 끌어온다는 것은 상식적으로 불가능하다. 그렇다고 영원히 카펫 아래에 숨겨둘 수도 없다. 중국 경제에서 여러 가지 불길한 징조가 암시하는 것은 중국의 경제성장에 따른 높은 비용이 이제 집중적으로 풀리는 주기에 들어섰고—이것은 일찍이 우리에게 붙들려 억지로 병 속에 들어간 유령이다, 마침내 살금살금 뒷문으로 우리 곁으로 돌아왔다. 30년에 걸친 성장의 파티를 치른 중국은 사방에 위기가 도사린 골치 아픈 주기에 들어서고 있다. 누군가는 이를 부채 상환 주기라고 말한다. 유감스럽게도 중국 내부의 이런 위험한 주기는 어쩌면 또 다른 불길한 주기와 함께 터져 나올 수도 있다.

6.1.2. 1970년인가, 1930년인가?

2008년 3월, 중국인민대표대회 기자회견에서 중국인민은행 행장 저우샤오촨(周小川)은 미국의 서브프라임 모기지론 사태에 대해 이렇게 논평했다. "세계화가 심화되는 상황에서는 이제까지 우리가 경험하고 분석한 방법을 뛰어넘는 숱한 요인이 있습니다. 그러므로 세심하게 관심을 기울여야만 합니다." 후각이 민감한 저우샤오촨은 차츰 심각해지는 미국의 서브프라임 모기지론 사태에서 이상한 냄새를 맡은 듯했다. 하지만 저우샤오촨이 그 이상한 냄새의 배후에 있는 무언가를 눈치챘는지는 모르겠다. 서브프라임 모기지론 사태로 자산은 연기처럼 사라지고, 그 잿더미 속에서는 스산한 가을 기운이 피어났다. 왜냐하면 서브프라임 모기지론 사태는 주기적으로 터지는 그런 금융재난이 아니라—예컨대 1980년대의 모기지론 사태, 1990년대의 LTCM 사태, 2000년의 닷컴 버블[2] 대변혁의 시대가 끝나가는 조짐일 수 있기 때문이다. 이런 점을 모르면, 우리 눈앞에 놓인 역사적 상황을 제대로 이해할 수 없을 것이다.

제2차 세계대전이 끝난 뒤에 미국은 전쟁을 통해 축적한 경제적 실력과 도덕적 역량으로 세계 자본주의의 새로운 패자(覇者)가 되었다. 그리하여 세계 자본주의 체제의 중심도 정식으로 미국으로 옮아갔다. 네덜란드 · 영국의 뒤를 이어 수백 년 자본주의의 역사적 혈맥을 잇는 임무가 미국인의 어깨에 올려졌다. 새로운 일련의 규칙—관세와 무역에 관한 일반 협정(GATT), 브레튼우즈체제[3] 등, 조직과 기구를—세계통화기금(IMF), 국제부흥개발은행(IBRD) 등 만들어 미국은 참담한 전쟁의 폐허 위에서 빠르게 새로운 세계 경제체제를 만들었다. 뒤이은 40여 년 동안 자본주의 체제는 구(舊)유럽의 번영과 성장을 도왔고, 동아시아의 새로운 경제기적을 만들어냈다. 비록 냉

역주 2) dot-com bubble: 인터넷 관련 분야가 성장하면서 산업국가의 주식시장이 지분 가격의 급속한 상승을 본 1995년부터 2000년에 걸친 거품경제 현상. IT 버블, TMT 버블, 인터넷 버블.

역주 3) 1944년 7월, 44개 연합국 대표들이 미국 뉴햄프셔주의 브레튼우즈(Bretton Woods)에서 제2차 세계대전 후의 국제통화질서를 논의하고자 개최한 회의. 그 결과 국제부흥개발은행(IBRD), 국제통화기금(IMF)이 설립되었고, 국제무역기구(ITO)의 설립이 제안되었다.

전에 따른 군사적 대치와 이데올로기 경쟁이 있었지만, 냉전이 끝나기 이전까지 역사적 운동으로서의 자본주의의 판도는 미국 체제 시대가 네덜란드와 영국의 시대를 크게 넘어섰다는 것은 의문의 여지가 없었다. 미국 체제 시대에서 자본주의의 황금 같은 성공은 미국이 냉전에서 완승을 거둔 결정적 이유 가운데 하나였다. 베를린 장벽이 무너지고, 자본주의가 이데올로기에서의 맞수를 쓰러뜨리자, 미국 체제 시대는 자신도 어리둥절할 정도로 전속력으로 전성기에 들어섰다. 미국 체제 시대의 역사적 전성은 두 가지 중요한 특징으로 나타난다. 하나는 거의 모든 나라가 이 체제에 가입했다는 점이다. 러시아 · 동유럽 · 중국 등 옛 공산주의 국가는 물론이고, 이전까지 양대 진영 사이를 오가며 애매한 태도를 보이던 인도 등이 20세기 말에 망설임 없이 세계 자본주의 체제에 가입했다. 더욱이 거대인구를 가진 중국과 인도의 가입은 강한 상징적 의미를 지닌다. 즉 지구상의 인구 절대다수가 자본주의 세계 체제에 편입되었음을 뜻하는 것이다. 그 순간 이 세계는 그 어디도 자본주의 시장논리의 침투 · 규제 · 조류에서 벗어날 수 없게 되었다. 세계 대국의 역사적인 집단 전향에 따라 시장자본주의는 세계에서 유일하게 공동으로 누리는 새로운 이데올로기가 되었다. 이 새로운 신(神)의 보조(普照) 아래에서 세계는 다시 '선사시대의 암흑'을 뛰어넘어 대동(大同)의 시대로 들어선 것만 같았다. 프란시스 후쿠야마[4]가 근거를 가지고서 내놓은 '역사종결론'에서 암시한 것이 바로 이런 광경이었다. 시장자본주의에 대한 세계 대국의 높은 공감은 미국 체제 시대가 전성을 구가한다는 또 하나의 중요한 표징이 되는 한편, 이 체제를 공간적으로 빠르게 확장시켰다. 이런 관점에서 보면, 1990년대 중반 이후부터 지금까지 중국의 고도성장은 이런 체제가 확장된 결과이자 이런 체제가 확장된 중요한 구성 부분이다. 그러나 21세기에 들어 인구를 비롯해 점점 방대해지는 경제규모 때문에 중국은 또다시 이 체제의 확장에 결정적 요인이 되었다. 중국 · 인도 · 러시

역주 4) Francis Fukuyama: 일본계 미국의 국제정치경제학자.

아 등 인구대국이—이 자본주의의 신대륙을 국제적 투자은행은 '브릭스(BRICS)'라고 개괄했다 이 체제에 편입되면서 미국 체제의 자본주의 시대를 정점에 올려놓았다. 하지만 사람들이 성장과 번영을 역사의 정상적 상태로 간주하며, 성장과 번영이 지난 60여 년과 다름없이 지속될 것이라고 낙관할 때, 미국 체제는—60년 이상을 확장하고 최근까지도 세계의 경제성장을 이끈 보이지 않는 제국 모든 제국이 반드시 겪는 숙명과도 같은 균열이 생기고 있는지도 모른다.

통일된 화폐가 없다면 시장체제의 확장은 상상하기 어렵다. 전후 60여 년 동안의 세계 시장체제의 발전을 자세히 들여다보면, 세계 화폐로서의 미국 달러가 결정적 역할을 했다. 달러가 세계적 범위에서 수용되고 인정받지 않았다면, 전후에 미국을 중심으로 하는 세계 시장체제는 지금처럼 구석구석까지 확장될 수 없었다. 달러는—국경을 넘나드는 유령 국경으로 나뉘어 파편처럼 되어버린 민족경제체를 통일된 세계 시장체제로 최대한 이어놓았다. 미국 대통령이 누구인지 모르는 사람은 많아도, 달러를 모르거나 달러가 지닌 탄탄한 구매력을 모르는 사람은 많지 않을 것이다. 달러의 세계 화폐로서의 지위는 IMF가 제시한 통계수치에서 확인된다. 2007년 9월까지 전 세계 중앙은행의 외환보유고 가운데 달러의 비중은 64%에 이른다—비록 최고치인 2002년의 72%보다는 8%가 떨어졌지만. 이런 점유율은 미국 경제가 세계 경제에서 차지하는 비중을 훨씬 압도한다. 세계 유일의 초강대국이라는 미국의 지위에 대해서는 다소 의문이 들지라도, 세계에서 유일한 슈퍼 화폐라는 달러의 지위에 대해서는 결코 이론의 여지가 없다. 지금 우리가 마주한 거대한 세계 시장체제는 본질적으로 달러의 제국이다. 달러는 빠르게 돌아가는 세계 시장체제에 가장 기본적인 신용의 기초를 제공함으로써 체제의 성립을 지탱하는 초석이다. 달러가 사라지면 이 거대한 시장체제는 한순간에 무너질 수 있다. 옛날 중국의 진시황(秦始皇)은 "수레의 폭을 통일하고, 문자의 꼴을 통일시켜" 천하를 통일했지만, 달러는 초록색 지폐로 훨씬 방대한 보이지 않는 제국을 세웠다.

"일을 이루는 것도 소하(蕭何)에게 달려 있고, 일을 그르치는 것도 소하에게 달려 있는"[5] 법이다. 세계 시장체제를 만들고, 촉수를 세상 구석 구석까지 뻗은 달러는 어쩌면 그 체제를 뒤흔드는 장본인일지도 모른다.

닉슨 충격 이후로, 달러는 황금의 구속에서 완전히 벗어났다. 그로부터 달러가 지닌 화폐 발행의 토대는 황금을 대신해 '실력'과 신용이 되었다. 사람들이 달러를 신뢰하고 받아들이는 것은 달러가 지닌 미국의 실력과 신용 때문이다. 실력과 신용은 세계 최강인 미국의 매체와 미국의 위대한 역사에서 분명하게 '느낄' 수 있지만 정확하게 측정할 수는 없다. 이것이 바로 달러가 국경을 초월해 무한 발행될 수 있는 가능성을 주었다. 하나의 윤활제로서 무한 발행되는 달러는 세계 시장체제의 확장에 신용의 기초를 제공했다. 달러의 구매력은—주의하라! 미국의 구매력이 아니다. 달러의 구매력은 미국의 구매력과 항상 일치하지는 않는다 세계의 잉여 생산능력을 흡수해 세계 시장체제의 확장을 받쳐주었다. 사실상 일본과 아시아의 네 마리 용이 발전하는 과정에서 축적한 방대한 과잉 생산능력은 모두 달러의 구매력을 통해 흡수되었다. 그것은 이 경제체제 내에서 새로운 동료의 확장을 받쳐주었을 뿐 아니라 이 체제의 외연도 넓혀주었다. 중국·인도·러시아 등이 이 체제에 가입하자 달러는 똑같은 역할을 맡았다. 달러가 세계 시장체제에 제공한 신용의 기초가 없었다면, 중국·인도 같은 신흥국가가 수십 년 동안 고도성장을 하기는 불가능했다. 중국·인도·러시아의 중앙은행에 산더미처럼 쌓여 있는 거액의 달러는 세계 경제 발전의 역사적 경로를 생생하게 증명한다. 하지만 이상하게도 중국·인도·러시아 같은 신흥국가의 가입은 달러제국을 극도로 확장시키는 동시에 이 제국에 심각한 위기를 가져왔다. 미국의 실질 소비능력에 걸맞은 달러의 구매력은 일본과 동아시아 국가의 역사적 확장을 받쳐주었지만, 그것이 중국과 인도 같은 거대국가가 만들어낸 과잉 생산능력을 받쳐주기에는 역부족이다. 달러가 이런 엄청난 생산능력을 계속 받아주기 바란다면, 미국의 실질 소비능력을 훨씬 넘어서게 달러를 남발하는

역주 5) 소하는 한나라를 세운 고조 유방(劉邦)의 승상(丞相)을 지낸 인물이다. 일의 성패는 개인에게 달렸음을 비유한 말이다.

것이 유일한 방법이다. 그리고 그것은 지금 우리가 목격하고 있는 상황이기도 하다. 각국의 중앙은행에서 잠자고 있는 엄청난 달러는 이미 구매력을 상실했고, 그저 금융기관의 영역에서나 흡수될 따름이다.

미국의 구매력은 세계통화로서 달러가 지닌 특수한 성격 때문에 크게 확대되었다. 통계자료에 따르면, 최근 10년 동안에 미국의 가계지출은 가계수입을 넘어섰다. 세계의 과잉 생산능력을 흡수하는 미국의 소비능력은 사실상 미국 가정의 엄청난 부채를 통해 지탱되어 온 것이다. 중국과 인도 등의 수십 억 인구가 만들어내고, 게다가 계속 늘어나는 생산능력을 미국 가정에 빚을 지우는 방식으로 소화하는 것이 불가능하지는 않더라도 지속되기는 어렵다. 갈수록 심각해지는 달러의 위기는 미국이 무거운 부담을 감당하지 못한다는 사실을 보여준다. 60여 년에 걸친 미국체제의 확장 역사를 보면, 미국이 그 무거운 부담을 견뎌내지 못한다는 사실은 이미 밝혀졌다. 1970년대 이후로 빠르게 평가 절하된 달러의 일본 엔화에 대한 환율은 이런 위기의 초기 증상이다. 다만 그 위기가 다음과 같은 두 가지 이유 때문에 의도적으로 덮였다. 첫째, 미국이 냉전에서 완승을 거두면서 미국의 소프트파워[6]는 정점에 올랐다. 화폐 발행이 표준적 예측가능성을 잃어버린 시대에는 예측할 수 없는 소프트파워가 화폐 발행의 가장 중요한 토대가 된다. 둘째, 1990년대에 미국에서 시작되어 번영한 신기술혁명은 1990년대 초기에 미국의 성장을 이끌었고, 아울러 미국이 자본주의 체제 내부에서의 모델 경쟁에서 지존의 자리를 차지하게 만들었다. 그렇게 되자 사람들은 달러를 신뢰했고, 나아가 숭배하기까지 했다. 그래서 달러의 위기는 덮였고, 오히려 세계 화폐 경쟁에서 달러의 지위를 더욱 굳건하게 만들었다. 하지만 달러를 지탱한 이런 두 가지 요인은 시간이 지나면서 차츰 사라지고 있다.

냉전이 끝나면서 세계 자본주의 체제에 대한 외부의 위협이 사라지자, 체제 내부의 갈등과 미국 모델 자체가 지닌 문제가 점차 수면 위로 떠올

역주 6) soft power: 정치력, 군사력, 경제력 같은 하드파워에 상대한 교육, 학문, 예술 등의 문화적 영향력.

랐다. 미국은 더 이상 예전과 같은 미국이 아니며, 이제 '해체' 당하고 있다. 게다가 미국이 장차 또 다른 새로운—정보기술 따위의 과학기술혁명을 일으킬 가능성은 보이지 않는다. 즉 미국이 1990년대와 같은 슈퍼 성장을 재현하기는 어렵다. 이제 달러의 남발을 받쳐주던 '매력'과 경제의 기본적 요인들은 거의 사라지고 말았다.

일개 민족국가의 명실상부한 소비능력이—미국의 소비능력은 달러에 의해 상당히 과장되었다 인구가 수십 배나 되는 다른 민족국가의 생산능력을 소화하고, 게다가 시스템 전체의 확장을 유지한다는 것은, 현재의 달러체제에서는 심한 역설이다. 달러는 한 민족국가의 화폐이고, 미국의 연방준비제도이사회(FRB)는 한 민족국가의 중앙은행인데, 그것이 체제 내부의 다른 경제체에 영향을 미치면서도 책임은 질 필요가 없다는 사실은 달러체제의 보다 심각한 역설이다. FRB의 정책과 달러의 발행은 이제까지 미국의 국내문제를 먼저 고려했고—이는 민선 정부가 반드시 지켜야 하는 철칙이다, 그것이 야기할 수 있는 외부의 문제는 고려하지 않았다. 미국의 재무장관을 지낸 존 코널리[7]가 "달러는 우리 것이지만 문제는 당신 것이다."라고 한 널리 알려진 조크처럼 말이다.

2007년에 발생한 서브프라임 모기지론 사태는 세계 자본주의 시장체제에 감춰진 이런 역설을 잘 보여준다. 체제 내부의 다른 나라가 여전히 극심한 자산거품, 경기과열, 통화팽창에 시달릴 때, FRB는 미국 경제를 살리려고 금리를 대폭 낮추고 시장에 유동성을 계속 공급했다. 그것은 체제 내 다른 국가의 통화정책을 곤경에 빠뜨리는 것이었다. FRB의 극약 처방은 아직까지는 문제를 일으키지 않았고, 어쩌면 단기간에 세계 시장체제의 경제성장을 촉진할 수도 있겠지만, 9·11 사태 이후에 FRB가 행한 것처럼, 향후 세계 경제체제의 심한 동요에 복선을 깔아둔 것이다. FRB가 남에게 재앙을 전가한다고 비난하는 것은 사리에 맞지 않는 것이었다. 그럴 의무가 없었고, 게다가 세계 경제에 대해 책임을 지기는

역주 7) John Connally: 미국의 정치인. 텍사스주 지사, 재무장관을 지냈다.

불가능하였기 때문이다. 더욱이 당시는 미국의 국내문제와 체제 내 다른 나라의 문제가 서로 어긋나던 때였다. 체제가 확장되면서 나라마다 발전 단계가 다르고 국내문제가 제각각이기 때문에 이런 상황은 갈수록 보편적이 될 것이다. 하지만 그 때문에 이런 체제가 갖는 역설이 무엇인지를 보다 깊이 있게 알게 된다. 거기에서 파생되는 세계의 또 다른 미래 모습은 다음과 같을 것이다. 민족국가의 국경선이 여전히 명확하고 세계의 정치가 통일되기는 요원할 때, 주요 국가와 다국적기업은 오히려 세계 경제의 통일을 최대한 촉진시킨다. 역설적이게도 이런 새로운 형태의 유토피아를 의식하는 사람은 많지 않다.

논리적으로 말해서, 지금 세계 시장체제가 지닌 이런 역설을 없애려면 방법은 두 가지 뿐이다. 미국 정부가 세계 정부가 되어 세계의 유권자에게 책임을 지거나, 달러가 지금의 체제에서 퇴출되고 세계 화폐의 역할을 더 이상 맡지 않는 것이다. 전자는 여전히 민족국가가 주요한 정치 단위인 세상에서는 환상임에 틀림없다. 후자 역시 엄청난 위험을 의미한다. 화폐는 퇴출시킬 수 없다. 그것은 일종의 불가역과정(不可逆過程)[8]이다. 중국에서 갑자기 인민폐 사용이 정지된다면, 어떻게 될지 상상해 보라. 그런 변화가 얼마나 큰 혼란을 부를지는 충분히 헤아릴 수 있다.

상품과 서비스를 가늠하는 가치 척도로서 화폐는 상당한 안정성을 유지해야만 한다. 화폐 자체가 동요한다면, 생산과 무역은 지속될 수 없다. 지금의 세계 시장체제는 즉시 화폐로 말미암아 대혼란에 빠질 것이다. 아무런 생산 가치도 없고 게다가 일찌감치 퇴출된 화폐 영역의 황금이 지금처럼 신경질적으로 받들어지는 것은 투자자가 황금이 지닌 가치를 재발견했다는 의미는 아니다. 오히려 그것은 화폐자산을 가진 사람들이 엄청난 공포 속에서 사방으로 자산의 피난처를 찾고 있다는 암시이다. 그런 공포에서 세계 체제의 해체가 가까웠다는 불길한 징조가 엿보인다. 한 설탕 생산업자는 설탕 가격 폭등을 언급하면서, "설탕 가격은 반드시

역주 8) irreversible process: 어떤 상태에서 다른 상태로 넘어가면서 본래의 상태로는 되돌아갈 수 없는 과정. 열의 전도, 확산, 마찰 따위.

올라간다. 그래야 달러 약세로 생긴 손실을 메울 수 있다."고 단언했다. 이와 같은 화폐증후군은 화폐의 동요가 세계 시장체제를 얼마쯤 혼란스럽게 만들었음을 보여준다.

유치한 시장 신봉자들은 과거 일본 엔화와 기타 화폐에 대해서 그랬던 것처럼, 달러가 충분히 평가 절하된다면, 시장에서의 달러 남발을 청산할 수 있어서 이번과 같은 달러 위기는 무사히 넘길 수 있다고 생각한다. 하지만 거액의 달러를 보유한 국가에 있어서든 아니면 미국 자신에 있어서든, 달러의 평가 절하에는 정치와 시장에 있어서의 마지노선이 있다. 그 마지노선을 넘어서면 지금의 세계 시장체제는 청산을 마주하는 것이 아니라 붕괴를 맞이할 것이다. 거액의 달러를 보유한 나라의 입장에서는 달러의 과도한 평가 절하는 천문학적 자산 손실을 가져올 수 있기 때문에 서둘러 달러를 팔아치우려고 할 것이고, 그러면 달러의 평가 절하는 더욱 심화될 것이다. 미국의 입장에서는 달러의 과도한 평가 절하는 미국인의 구매력을 급격히 떨어뜨리고, 중산층의 실질소득을 크게 낮출 수 있기 때문에 정치적으로 받아들일 수 없다. 사실 현재 달러의 평가 절하에 따른 구매력 하락은 미국에서는 정치적 골칫덩어리이다. 달러의 급격한 평가 절하가 가져오는 미국 국내의 실질소비능력의 위축은 더욱 심각한 문제이다. 미국을 중심으로 하는 세계 시장체제에 있어서, 이는 아주 치명적이다. 그것은 이 체제에서 세계의 잉여생산품을 소화하는 조절기가 사라진다는 뜻이다. 이는 세계 시장체제의 대공황을 불러오게 될 것이다. 그런 이유로 모든 나라, 특히 달러를 대량 보유한 나라는 달러의 과도한 평가 절하를 감당하지 못하며, 오히려 달러의 강세를 뒷받침해야 한다. 대영제국의 패권이 쇠락하던 1920년대에, 미국이 영국 파운드의 지위를 지켜낸 것은 흥미로운 사실이다. 오늘날 세계 경제에 있어서 그런 역사적 유사성은 결코 좋은 징조가 아니다. 그것은 세계의 패권체제가 이미 무척 불안정한 상태에 있음을 암시한다.

누군가는 냉전의 용어를 빌려, 지금 달러의 상황을 '공포의 평형'이라고 아주 적절하게 비유했다. 미국이든 달러를 다량 보유한 나라이든, 지금의 달러 균형을 함부로 깨뜨리지는 못한다는 뜻이다. 달러가 손쓸 수 없게 평가 절하되는 것은 체제의 붕괴와 모두의 손실을 뜻하기 때문이다. 중국의 경우를 보자. 중국이 달러를 대거 팔아치운다면, 달러는 순식간에 대폭 평가 절하될 것이다. 중국이 보유한 달러자산 또한 대폭 줄어들 것이다. 달러에 대한 중국의 난감한 처지는 많든 적든 달러자산을 가진 달러체제 속의 모든 사람들의 처지이기도 하다. 달러는 "너무 커서 넘어질 수 없다"—Too big to down는 금융시장의 유명한 격언처럼 말이다. 냉전에서는 절대적 통제력을 지닌 핵무기를 가진 두 맞수가 냉정하게 대치했지만, 세계 금융체제는 온갖 참여자들로 넘치고 관계도 아주 복잡하다. 때문에 지금 달러의 '공포의 평형'은 냉전 시기의 '핵위협 평형'보다도 훨씬 취약하다. 정치적 이유나 자산의 가치 보존을 위해 갑자기 달러를 투매하는 나라가 나오지 않으리라고 장담할 수는 없다. 하지만 초보자라도 금융시장에서 그런 투매는 연쇄적 자산손실을 초래한다는 사실을 알고 있다. 당면한 문제는 달러가 붕괴될 것인지가 아니라 달러가 언제 붕괴할 것인가 하는 것이다.

2차 대전 이후, 세계 시장체제의 상징적 코드가 된 달러의 위기는 결코 단일 화폐의 위기가 아니라 체제 전체의 위기이다. 체제의 위기는 달러의 평가 절하로 나타날 수 있지만, 달러의 평가 절하 때문에 무너질 수 있는 것은 아니다. 새로운 평형에 이르려면, 장기간에 걸친 경제적 동요와 정치적 계산이 불가피하다. 거기에는 틀림없이 위태로운 현상이 꼬리를 물고 일어날 것이다.

지난 60여 년 동안, 달러가 지탱한 미국의 소비는 세계 무역의 정상적 순환에 크게 기여했다. 그것은 많은 나라에서 경제기적을 이루었고, 세계 시장체제의 확장을 이끌었으며, 숱한 개발도상국이 혜택을 입었다. 하지만 이제는 그 대가를 치를 때가 되었을 것이다. 달러가 대폭 평가 절하되고, 그에 따라 세계의 잉여생산품을 수용하던 달러의 능력도 빠르게 줄어들 것이다. 달러는—지난 60여 년 동안 세계 시장체제의 꾸준한 확장을 촉진한 결정적 엔진 점점 꺼져 가고 있다.

불행하게도 세계 자본주의 체제의 꾸준한 확장을 이끄는 또 다른 엔진도 걸핏하면 문제가 발생하는 처지에 놓여 있다.

이윤은 자본주의 기업의 산소이자, 자본주의 기업과 자본주의 시장체제에서 꾸준히 영토를 개척하는 엔진이다. 이윤이 사라진다면, 자본주의 기업과 세계 자본주의 시장체제도 숨을 멈출 것이다. 때문에 자본주의는 잠재적 이윤의 근원을 최대한 개척해야 한다. 역사적으로 보면, 자본주의는 두 가지 좌표에서 이윤을 개척했다. 하나는 공간적 좌표의 확장으로, 대개 신흥시장과 주변지역을 개척했다. 신흥시장은 신흥민족국가시장과 각종 신기술이 가져오는 새로운 산업시장을 포함한다. 하지만 신흥시장은 유한하다. 자본이 넉넉하게 축적된 상황에서는 신흥국가시장에서든 신흥산업시장에서든 경쟁자들에게 빠르게 차단당한다. 그래서 자본주의는 상상력을 동원해 시간적 좌표에서 다른 길을 개척했다. 바로 현대의 금융이다. 현대 금융의 본질은 미래에서 이윤을 가져오고, 미래의 수입을 현금화해, 당기 이윤으로 바꾸는 업종이다. 주택담보대출, 선물파생상품, 자본시장은 모두 미래의 예상 수입을 가불해 현금화함으로써, 현재의 이윤으로 만드는 도구이다. 자본주의 체제 확장의 말기에, '미래'는 자본주의가 최대의 이윤을 얻을 수 있는 금맥이다. 미래의 이윤에서 일회분을 가불한다면, 자본주의 기업의 미래 '이윤'은 일회분이 줄어든다. 자본주의 실물경제가 갈수록 힘이 빠지는 상황에서, 마술 같은 금융은 자본주의의 확장과 활력 유지에 결정적 수단이 되었다. 자본주의가 확장할수록 금융의 중요성은 더 커진다. 미국의 경우를 예로 들면, 1990년대 중반에 미국의 금융서비스 부문은 GDP 비중이 제조업을 넘어섰다. 2007년에는 금융서비스 부문이 창출한 이윤이 미국의 전체 기업 이윤에서 40%를 차지했다. 미국의 금융업 의존도를 알 수 있다.

미국은 사실상 금융국가로, 세계 시장체제의 금융 허브로서의 기능을 떠맡고 있다. 월가는 미국과 마찬가지로, 세계 시장체제의 명맥이 달린 곳이다. 역사는 네덜란드와 대영제국의 패권이 쇠락하던 무렵에 세계 체제에서는 금융이 확장되었다는 사실을 일깨워준다. 다시 말해서 금융의 확장은 자본주의 세계 시장체제가 더 이상 확장되기 어려운 마지막 단계에 이르렀음을 현저히 보여주는 표지이다. 자본주의는 공간적 좌표에 있어서의 개척 잠재력은 점점 고갈되는 반면 시간적 좌표에 있어서의 굴착은 점점 광분하는 것이다. 엄청나게 늘어나고 복잡해진 세계 금융체제는 자본주의가 금융을 도구로 미래를 미친 듯이 파헤치고 있음을 상징한다. 하지만 금융체제가 미래를 향해 뻗어나갈수록 위험성도 높아진다. 먼 미래일수록 예측하기 어려워 불확실성으로 가득하기 때문이다.

이렇게 보면, 미래에 대한 상상에 입각한 현대의 금융은 전형적인 신념의 게임으로, 고도의 불안정성을 태생적으로 지니고 있다. 이것이 최근 수십 년 동안, 세계의 금융위기가 점점 자주 벌어지는 까닭이다. 이런 사실을 헤아린다면, 지금 미국의 서브프라임 모기지론 사태가 결코 개인적 탐욕과 감독자의 소홀함 때문에 빚어진 것이 아니며, 현대 금융체제가 지닌 강제성 때문임을 알 수 있다. 자본주의의 이윤 논리는 마치 채찍과도 같아서 금융가들을 모험으로 내몰고, 또 자본주의 국가가 감독의 기준을 늦추도록 몰아댄다. 게다가 금융가들은 금융 혁신이라는 명목으로, 심지어는 고의로 이런저런—이해하는 사람은 아주 적다 복잡한 금융상품을 만들어, 자신의 보너스를 챙긴다. 그리고 감독당국은 기꺼이 모른 체한다. 이런 광기가 전통적 자본주의 시대에 만들어진 금융의 규율과 투자의 지혜를 팽개치고 미래를 향한 모험에 나서게 만들었다. 그리고 마침내 오늘날 금융의 진면목이 되었다.

자본주의 체제는 확장 말기에 이르면, 금융이 지배적 지위를 차지하면서 기업의 왕(王)이 된다. 이런 상황에서 자본주의 국가는 애매한 태도로 금융의 모험을 장려해 자본주의를 지탱하는 이윤의 동력을 얻도록 장려한다. 하지만 그 모험이 재난으로 바뀌면, 현대 금융이 갖는 공공재적 성격—어떤 금융기업도 도산하면 연쇄반응을 일으켜 수많은 다른 사람들에게 피해를 입힐 수 있다 때문에 정부는 세금으로 갚는 수밖에 없었다. 하지만 그것은 오히려 현대 금융업의 도덕적 해이를 부추겼다. 그런 상황은 최근 수십 년 동안 벌어진 금융위기를 통해 익숙해졌다. 한 경제평론가는 "금융시스템의 취약성은 내부인을 위해 만든 거액의 수익과 결탁해 장차 세계적 범위에서 보다 중요한 것들을—시장경제 자체의 정치적 합리성 망가뜨릴 것이다."라고 예리하게 논평한 적이 있다. 하지만 그는 현대 금융의 정치적 합법성 상실이 자본주의의 핵심 논리에 깊이 박혀 있다는 사실은 모르는 것 같다. 금융업 종사자의 임금은 다른 직종보다 훨씬 높다. 그들이 결코 다른 사람들보다 더 노력하거나 더 지혜가 많아서 그 대가를 받는 것은 아니다. 이윤을 창조해 자본주의의 생명을 이어나가는 금융의 독보적 지위 때문이다. 한 투자은행의 직원은 보너스로 50만 파운드를 받자 "이게 보너스냐? 팁이지!"라며 불평했다고 한다. 자본주의 체제에 산소를 불어넣는 현대 금융업의 종사자로서, 그는 분명 그런 불만을 쏟아낼 이유가 있었을 것이다.

자본주의는 공간적 개척이 끝난 것 같고, 금융이 미래에서 이윤을 가져오는 것도 한계에 부딪쳐 무한정 미래에 손을 뻗을 수도 없다. 모든 곳이 자본주의로 바뀌고, 모든 곳의 자본주의 국민이 빚더미에 앉고, 미래를 금융자본가에게 저당 잡힐 때—각종 모기지론은 미국과 같은 오래된 자본주의 국가에서는 말할 것도 없고, 신흥시장의 중산층 사이에서도 아주 보편적이 되었다, 자본주의는 여전히 어디선가 에너지를 얻으며 앞으로 나아갈 수 있을까?

세계 시장체제의 중심인 미국은 전 세계의 저축을 빨아들여 금융 팽창을 유지해 왔다. 하지만 그런 능력은 서브프라임 모기지론 사태로 심각한 타격을 입었다. 1990년대 후반에 아시아 금융위기가 터지자 위험을 피한 전 세계의 저축이 미국의 증권시장과 채권시장으로 모여들었다. 마침 미국에서 일어난 신경제(新經濟)[9]의 물결은 위험 회피 저축에 최대한 상상력을 주었다. 시스코,[10] 야후, 마이크로소프트 같은 신화적 기업은 전 세계의 저축에게는 엄청난 매력이었다. 한창 무렵에는 미국 증시의 시가총액이 전 세계 증시의 50%에 육박했다. 신경제는 세계 시장체제의

역주 9) New Economy: 1990년대에 인플레 없이 장기호황을 누린 미국의 경제모델에 붙여진 이름으로, 정보통신분야의 기술혁신을 통해 생산성을 지속적으로 증가시키는 경제를 말한다.

역주 10) Cisco Systems: 미국의 네트워크 통신 회사.

금융팽창에 동력을 제공했고, 또 세계적으로 엄청나게 과잉된 달러에 저수지와도 같은 역할을 했다. 뜻밖에도 오랜 평가 절하를 거친 달러는 잠깐 동안 다시 빛나기 시작했다. 하지만 신경제의 열풍이 가라앉고, 서브프라임 모지기론 사태에서 미국 금융시장의 취약성이 드러나자, 미국 금융시장의 매력은 역전되고 말았다. 계속되는 금융위기 속에서, 세계의 저축은 1990년대에 각광받던 '연자산(軟資産)'[11] 대신 투기적 상상력을 바탕으로 신흥시장이 시급하게 필요로 하는 '경자산(硬資産)'으로 몰렸다. 석유와 농산물 같은 대종상품이 그것이다. 여기에 담긴 역사적 전환의 의미는 매우 크다. 예측 가능한 미래에는 미국의 금융시장이 신경제와 같은 기적을 다시 만들어내기 어렵기 때문에 사람들은 미국의 금융시장을 더 이상 동경하지 않는다. 그곳은 더 이상 위험을 피할 수 있는 안전한 곳이 아니다. 지난 날 끊임없이 월가로 모여들던 자금은 이제 물줄기가 끊어지거나 역류하는 상황이 나타날 것이다. 세계 시장체제의 금융중심인 월가에 그런 상황이 나타나는 것은 세계 시장체제의 금융 확장동력이 고갈되어 간다는 뜻이다. 그리고 그것은 달러의 붕괴를 간접적으로 가속화시킬 것이다—미국의 강대한 자본시장은 과잉 달러를 흡수해 간접적으로 달러 환율을 떠받치는 주요한 요인이었다. 하지만 그런 상황이 단순히 다른 어떤 화폐가 강세를 보이거나, 자금 흐름이 다른 금융시장으로 흘러간다는 의미는 아니다. 세계 자본의 유통 질서가 무너지고, 거처를 잃은 투기자금은 더욱 표류하고, 금융 불안정성은 더욱 높아지는 문제가 뒤따를 것이다.

금융위기가 잦아지는 것은 세계 자본주의 금융체제라는 활화산이 활동기에 들어서고 있다는 뚜렷한 조짐이다. 서브프라임 모기지론 사태는 주기적으로 돌아가는 경제 주기의 마지막이 아니라, 2차 대전 이후에 미국을 중심으로 하는 세계 시장체제의 더 큰 위기의 시작이다. 서브프라임 모기지론 사태는 개별적 위기가 아니라 이어지는 위기의 한 부분이며, 세계 시장 위기의 명확한 신호탄이다. 서브프라임 모기지론 사태는

역주 11) 인터넷을 통해 거래될 수 있는 자산.

현대의 금융을 상징하며, 현대 자본주의가 극도로 불안정한 시대로 접어들었을 가능성을 상징하기도 한다. 또한 세계 시장체제의 확장에 동력을 제공하던 금융이 급격하게 고갈될 때가 되었음을 상징하는 것일 수도 있다. 냉전 이후로 영광을 누린 미국 체제의 자본주의 시대는 이제 그 화려한 시절이 끝나가고 있다. 2차 대전 이후로 60년 동안 지속된 미국 체제의 자본주의 시대가 역사의 무대에서 물러나는 미래의 모습은 우려스럽다.

2차 대전 이후 세계 자본주의 체제에 대한 예상이 정확하다면, 우리는 이미 거대한 변화의 전야에 다가서고 있다. 어떤 상상력도 필요치 않다. 이미 드러난 실마리만으로 정체와 팽창의 두려운 모습을 보았다. 구체적으로 말하자면, 선진국의 정체와 신흥국가의 팽창이다.

지금 신흥시장국가는 대부분 고속 산업화 시대에 있어서 기초자원에 목말라한다. 특히 중국과 인도처럼 거대한 인구를 지닌 나라의 산업화는 세계의 자원 공급을 심각하게 시험하고 있다. 인구요소로 보면, 이번 산업화는 인류 역사에서 가장 규모가 크고, 또 가장 마지막 단계이다. 즉 40억 명에 가까운 인구가 동시에 중진국의 대열에 뛰어드는 것이다. 이들의 산업화와 도시화가 완성되면, 절대 다수의 세계 인구가 산업화를 완성하게 된다. 그러므로 이는 이들 산업화 국가의 자원 담당 능력을 시험하는 것이 아니라 이미 수백 년 된 산업화와 자본주의에 대한 지구의 자원 담당 능력을 시험하는 것이다. 어쩌면 그것은 산업문명이 정녕 이 세상에 어울리는지에 대한 첫 판결이라고 시원스레 말할 수도 있을 것이다. 이런 관점에서 비로소 지금 벌어지고 있는 세계적 팽창이 갖는 역사적 성격을 이해할 수 있다. 하지만 산업문명의 역사에 있어서, 인간은 제도의 혁신을 통해 산업문명의 자원 소모에 꾸준히 대처했다. 하지만 자본주의와 거기에 그림자처럼 따라붙는 소비주의는 여전히 본질적으로 약탈에 치우쳐 있고, 결국 자연자원을 소진한다. 자본주의 시장은 희소성을 이용할 수는 있지만 희소성을 없애지는 못한다.

중국에서 관찰되는 현실에 근거한다면, 신흥시장국가는 산업문명의 가장 나쁜 모델을 거의 완벽하게 계승했다. 중국에서는 자원 소모, 자원 낭비, 환경오염이 보기만 해도 몸서리쳐지는 지경이다. 자본주의와 현대 소비주의의 최종 운명을 심판하려는 것이 아니다. 중국을 필두로 하는 세계의 새로운 산업화가 세계의 가격에 어떤 충격을 주는지를 논의하려는 것이다. 이 문제에 대해서는 꾸준히 기록을 갈아치우는 석유 가격, 농산물 가격, 대다수 대종상품의 가격에서 이미 어느 정도 답을 얻어냈다. 하지만 중국과 인도 등의 산업화는 아직 완성되지 않았고, 신흥국가가 세계의 투자를 유치하는 과정에서 환경 · 자원 · 노동력의 가격을 최대한 억눌러 생긴 적자를 고려하면—신흥국가 내부의 갈등이 격화되면서, 더 이상 마지노선조차 없이 낮아지는 경쟁은 허용되지 않는다, 상식을 뛰어넘는 세계적 가격 폭등은 시작에 불과할지도 모른다. 이들 상품 가격의 계속되는 상승추세는 아마도 기초자원 가격이 주기적으로 오르는 것일 뿐이라고 생각하는 많은 사람들을 놀라게 할 것이다.

중국을 위시한 신흥시장국가가 산업화를 중지하거나 대공황이 오지 않고서는 이런 가격 상승세를 막기에는 역부족이다. 하지만 이것이 정치적으로는 선택의 여지가 없는 길임에 분명하다. 대다수 신흥시장국가에서는 불황은 물론이고 성장 둔화에 따른 실업 등의 연쇄적 후폭풍을 정치적으로 견뎌내지 못한다. 인플레이션 역시 감당하지 못한다—그것이 고도성장을 동반할지라도.

향후 일정한 기간 동안에 대다수 신흥시장국가가 유일하게 할 수 있는 것은 인플레이션과 경제성장 사이에서 아주 위험한 균형을 유지하는 것이다. 지금 중국의 경우처럼 말이다. 위험한 균형인 것은 신흥시장국가는 균형을 조절할 수단이 많지 않기 때문이다. 세계의 산업사슬이 기본적으로 고착된 지금은 과거에 폐쇄경제에서 행하던 조절 수단은 이미 효력을 상실했다. 가장 심각한 문제는 자원을 가장 필요로 하는 나라가 애당초 자원의 국제가격을 결정할 수 없으면서도 기초자원은 엄청나게 수입해야 한다는 점이다. 다시 말해서 그들은 가장 통제가 필요한 자원의 가격을 통제할 방법이 없다. 이것이 신흥시장국가가 상당히 오랫동안 부닷치게 될 대책 없고 두려운 모습이다. 자칫하면 인플레이션이 발생하고, 이런저런 사회적 재난이 뒤따를 수 있다. 사실 최근 반년 동안에 맬서스(Malthus)의 냉혹한 예언이 일부 개발도상국의 저소득층에게서 되살아났다—이집트와 태국에서는 곡물 가격의 상승으로 소요가 벌어졌는데, 이런 일은 오랫동안 보지 못한 특이한 상황이다. 이미 세계 자원에 대한 필사적 쟁탈전에 다가섰음에 분명하다. 신흥국가는 취업을 보장하고 국내의 정치적 갈등을 완화하고자—그들은 과잉 여부는 따지지 않으며, 전 세계에서 시장을 차지하려고 애써 부추긴다 이 쟁탈전에서 매우 활발한 역할을 맡을 것이다. 경제적 수단이 주효하지 않으면, 정치적 수단이나 심지어 더 극단적인 수단에 호소할 것이다. 세계의 산업화에 있어서 서로 다른 단계마다에 유사한 일이 있었다.

신흥시장국가가 초래한 세계적 인플레이션에 대해 선진국이 독특한 면역력을 지닌 것은 결코 아니다. 그들에게서도 똑같이 위험한 반응이 나타난다. 세계의 인플레이션은 먼저 선진국의 소비능력을 크게 떨어뜨린다. 그리고 불황의 가장자리에서 발버둥치는 미국을 위시한 체재 내 선진국의 경제를 깊은 연못으로 밀어 넣는다. 선진국에서 정치적 안정의 토대가 되는 중산층은 세계화의 과정에서 큰 타격을 받았기 때문에, 경기둔화나 경기불황은 그들의 정치적 항의를 자극하게 마련이다. 얼마 전, 미국 의회가 석유수출국기구(OPEC)의 유가 조작을 조사하라고 요구한 것은 정치인들이 잠재적인 정치적 긴장감을 감지하고 선제적 행동에 나선 것처럼 보인다. 문제는 금융의 확장과 신경제의 성장 동력 고갈로—1990년대 이래의 활발한 세계화가 불러온 대규모 산업 이전을 포함해 선진국의 불황이 오래갈 것이라는 데에 그 심각성이 있다. 인플레이션은 이런 과정을 가속시키고, 미국의 장기 불황의 미래를 보다 분명하게 만들 뿐이다. 서브프라임 모기지론 사태 이후의 미국은 1990년대 거품이 붕괴한 이후의 일본과 아주 유사하다. 일본은 그 이후로 10년이 넘는 힘든 경기둔화를 겪고 있다. 그러면 미국은 어떨까? 불황이 무엇을 가져오든, 한 가지만큼은 아주 분명하다. 바로 미국의 사회구조와 이데올로기는 일본에 비해 불황에 견디는 능력이 훨씬 취약하다는 것이다.

선진국의 장기 침체와 신흥국가의 장기 인플레이션을 조합하면 세계 시장체제의 미래 모습이 나온다. "절반은 바닷물이고, 절반은 불덩이이다."[12]

이런 미래의 모습은 1970년대의 위태롭던 모습을 떠올리게 한다. 신흥국가의 고도성장, 석유위기, 대종상품의 가격 폭등, 통화 불안 등 1970년대 초기의 경제위기는 오늘날과 너무도 유사하다. 만약 1970년대 초반, 미국의 스태그플레이션과 통화 불안이—닉슨 충격 당시 세계 시장체제가 일본 등 신흥국가의 빠른 성장에 적응하는 것이었다면, 지금의 세계 체제는 중국과 인도 같은 신흥국가의 산업화에 더 고통스럽게 적응하게 될 것이다. 그리고 그 증상은 먼저 이 체제의 맹주인 미국의 경제적 반응에서 나타날 것이다. 하지만 지금의 세계 경제를 1970년대의 오일파동에 단순히 견주는 것은 너무 낙관적일 것이다. 지금 세계 시장체제 내의 신흥국가는 선진국과는 전혀 다른 발전단계에 놓여 있고, 국내의 사회적 갈등도 크게 다르다. 따라서 그들의 거시경제 정책은 같을 수 없고, 심지어 타협의 가능성조차 없게 만들었다. 그런 의미에서 지금의 세계 시장체제는 이미 통제력을 상실했고, 개혁도 불가능하다. 지금의 세계 시장체제는 극심한 고통 속에 놓여 있고, 이 체제를 재건하려는 노력은 전혀 진전을 보지 못하고 있다. 그래서 국가와 국가 사이에는 정책적 협조를 강화한다는, 긴박감 없는 원칙적 말만 무성할 뿐이다. 지금의 세계 시장체제는 신흥국가의 인플레이션과 선진국의 경기둔화가 거대한 피드백 효과를 이루고, 그 때문에 결국 체제의 붕괴를 불러올지도 모를 위험한 상황에 놓여 있다.

이처럼 위태로운 세계 경제의 미래 모습은 영국의 패권이 해체되던 전야(前夜)와 너무도 닮았다. 당시에는 이윤을 찾는 자본가들이 도처에서 미친 듯이 자유방임적 세계 시장체제를 만들었고, 결국 1차 대전과 2차

역주 12) "一半是海水, 一半是火焰." 왕수오(王朔)의 동명소설에서 나온 말로, 물과 불은 서로 상극이지만, 달리 보면 불은 물을 끓이고 물은 불을 끄기도 하므로, 조화가 중요하다는 뜻을 갖기도 한다.

대전이 연이어 발발했으며, 체제의 패권과 체제 자체는 아무런 조짐도 없는 상황에서 삽시간에 무너졌다. 세계 체제의 대혼란 속에서 민족국가들은 세계 체제에서 달아나 각자의 경제 구명보트에 올라탔다. 칼 폴라니[13]는 일찍이 "1차 대전이 끝난 이후에, 루즈벨트의 뉴딜정책, 소비에트의 '5개년 계획', 독일의 국가사회주의는 모두 해체된 세계 시장에서 벗어나 국민경제의 구명보트로 들어가는 나름의 수단이었다."고 평가했다. 이런 역사적 이해에 따라, 누군가는 "우리는 1930년대의 대공황과 유사한 상황에 직면하고 있다."는 사실을 일깨워준다.

역사는 이제껏 단순하게 되풀이된 적은 없지만, 1차 대전과 2차 대전의 폐허 위에서 세워진 미국 체제가 대혼란과 대폭발의 시대에 접어들고 있다는 것에는 의문의 여지가 없다. 미국 체제의 가을이다. 그것도 스산한 늦가을이다. 이 거대한 체제가 언제 폭발해 어떤 방식으로 끝날지 미리 알 수는 없지만, 분명히 쟁탈 · 충돌 · 살육으로 가득할 것이다. 이 체제가 거대하게 바뀔 때, 지난 60여 년 동안 금과옥조처럼 받들던 경제관리의 지혜는 아무런 쓸모조차 없게 될 것이다. 경제성장의 열정에 휩싸인 중국은 곧 이런 상황에 직면할 것이다. 세계 체제의 주요 일원으로서, 중국의 운명은 이 체제의 흥망과 깊이 연루되어 있다. 체제의 운명이 곧 중국의 운명일 개연성이 크다.

중국이 이 저물어가는 체제에서 지속적으로 혜택을 입을 방법도 없고, 또 이 체제의 붕괴에서 이익을 얻을 수도 없다는 것은 역사의 아이러니이다. 이런 처지는 중국의 유치한 민족주의자들이 그려내는 낭만적 환상보다—그들은 언제나 미국의 쇠락을 중국의 흥기와 동일시한다 훨씬 불확실하다. 냉전이 끝나기 직전에 처음으로 '역사종결론'을 꺼낸 사람들은 자본주의와 민주적 가치 속의 신세계가 끝나면 평화와 번영의 영원한 시대가 장기간 지속될 것이라는 낙관적 암시를 주었다. 하지만 이미 펼쳐진 세기는 이런 낙관적 예측보다 훨씬 위험하고 모질다. 역사는 이제까지 어떤 소망

역주 13) Karl Polanyi: 1886~1964, 헝가리의 정치경제사학자.

도 만족시킨 적이 거의 없었다.

6.1.3. 위기와의 경주

역사가 얼마쯤 신뢰할 수 있는 지식의 원천이라면, 모든 자본주의는 큰 경제적 위기를 거쳤다는 사실을 발견할 수 있다. 어떤 식의 자본주의도, 어느 시대의 자본주의도, 모두 그런 역사적 숙명을 피한 적은 없었다. 하느님의 자식으로 온갖 행운을 누린 미국인들조차도 1930년대의 경제적 재난을 피하지는 못했다. 다소 기이하고 이해하기 어려운 것은 위기가 발생하기 이전에는 그 나라의 자본주의는 전성을 구가하고, 그 국민은—특히 주류의 중산층 아름다운 시절은 영영 떠나지 않으리라고 가장 낙관했다는 점이다. 1929년 이전에 미국이 그랬고, 1990년 이전에 일본이 그랬으며, 1997년 아시아 금융위기 이전에 동아시아가 그랬다. 행운의 여신이 중국에 내려오지 않는다면, 중국도 이와 같은 역사적 운명에서 예외라고 확신할 수 없다.

지난 30년 동안, 중국의 자본주의는 앞선 몇 가지 자본주의의 전성기에 비해 더 번영했으면 번영했지 못하지는 않다. 하지만 사회적 환경과 자연환경의 야만적 파괴 정도도 더할 수 없는 지경이다. 중국의 자본주의에 누적된 위기의 에너지도 앞선 사례를 훌쩍 넘어서리라는 의구심을 갖게 한다. 중국의 신세대 지도자들이 항상 신중하게 경계하고, 기술 관료들이 지난 위기에서 최대한 관리의 지혜를 얻었다고 하더라도, 중국 경제와 사회가 보이는 최근의 현상은 이런 운명적 액운을 피할 수 없으며, 단지 위기의 방식과 결과가 다를 뿐일 것임을 보여준다.

역사에서 유사한 사례를 찾는다면, 중국 경제의 모습은 1929년 이전의 미국과 분명 어느 정도 유사하다. 1929년의 재난 이전에 미국인은 축복받은 대지에서 자본주의의 장대한 연극을 펼치며 역사상 유례없는 번영을 창조했다. 하지만 재난은 어떤 징조도 없이 갑자기 들이닥쳤다. 결국 억세게 운이 좋았지만, 치명적 위기는 하마터면 세계에서 독보적인 자본주의 문명을 없앨 뻔 했다. 그 참담한 정도는 당시 월가의 역사를 담은 사진에서 살펴볼 수 있다. 1929년에 시작된 미국의 위기는 당시 자본주의 세계 체제의 위기와 재결합되었는데, 이는 현재 중국의 역사적 운명일 수도 있다. 앞서 지적한 것처럼, 30년에 걸친 중국의 개혁과정에서 누적된 내부적 위기와 60여 년에 걸친 세계 체제의 외부적 위기가 어울려 공진(共振)한다면, 위기를 복잡하게 만들고 파괴력도 커질 것이다.

시장경제의 역사에 대한 현 중국 지도자와 주류 기술 관료의 기억은 자본주의의 전성기에 형성된 것이다. 그런 기억 속에서는 시장경제는 영원히 끝나지 않는 번영을 뜻한다. 위기와 불황이 오래된 달력이 아니라면, 미리 대비해 없앨 수 있을 것이다. 과거 몇 차례 되지 않던 위기를 —1993년에 내부에서 벌어진 경제위기든, 1998년에 외부에서 비롯된 아시아 금융위기든 중국은 성공적으로 이겨냈다. 그리고 위기를 해결하는 과정에서 중국의 지도자와 기술 관료의 훌륭한 학습능력은 깊은 인상을 주었다. 하지만 앞선 두 차례의 위기가 벌어졌을 때, 중국은 거의 폐쇄된 경제체였고 시장주체[14] 도 아주 여렸다는 사실을 기억해야 한다. 하지만 지금은 이미 방화벽이 철거되었고, 시장주체의 정책유세 능력도 비교가 되지 않는다. 최근 수년 동안에 중국 정부가 부동산 · 거시경제 · 환경 · 자원의 조정에 있어서 드러낸 무능함은 과거 손쉽게 좋은 결과를 내놓던 행정능력은 결코 미래에 의지할 수 없으며, 행운도 영원히 따를 수는 없다는 것을 보여준다.

정반대로 천지개벽과도 같은 조정의 분위기 속에서, 과거의 경험이 미래에 구속이 될 수 있고, 그로부터 큰 좌절을 부를 수 있다. 위기가 위기인 것은 예측할 수 없기 때문이다. 위기의 발생, 발전 그리고 최후의 파괴 정도는 언제나 시계(視界)와 상상을 넘어선다. 중국 같은 행정만능형 —자원은 거의 행정당국의 수중에서 통제된다 사회에서, 행정능력은 신속한 조정으로 자원을 집중시켜 부분적 위기를—지방 또는 특정 업종의 위기 해결한다. 그런 능력은 중국의 은행 위기에서 잘 입증되었다. 중국의 금융 개혁을 아

역주 14) Market Entity: 시장에서 경제활동에 종사하면서 권리와 의무를 지닌 개인과 조직.

는 사람들은 단기간에 신기할 정도로 변모한 것이 결코 중국의 금융가들이 초인적인 재주나 능력을 가졌기 때문이 아니라 행정당국이 신속히 거액을 지원해 위기를 해소했기 때문이라는 것을 알고 있다.

그런데 그 전능한 정치적 능력을 중국의 관방은 줄곧 '사회주의 우월성' 으로 오해했다. 그 때문에 중국의 위기는 난치병과도 같은 상황이 될 수 있으며, 그로부터 각종 목표 사이의 충돌과 각종 수단 사이의 상쇄를 가져와 수습할 수 없게 되고, 결국 모든 행정 자원을 소진하게 될지도 모른다. 그렇게 되면 유일하게 우위에 있던 완전 통제의 능력이 돌연 해체될 수도 있다. 중국처럼 정부만 있고 사회는 없는 곳에서 그런 상황은 재앙과도 같을 것이다. 그것은 전혀 손을 쓸 수 없는 전면적 붕괴를 뜻하기 때문이다. 지금 생각으로는, 미래의 위기를 구할 뚜렷한 방법을 그려낼 수는 없지만, 위기는 이제껏 익숙한 방식으로 나타난 적은 없었다는 사실은 분명하다. 중국은 높은 격랑 속에 항로 표지조차 없는 위험수역으로 달려 들어가고 있음이 분명하다. 이런 점에 대해 중국은 엘리트든 국민이든 전혀 대비가 없어 보인다.

위기가 운명적으로 찾아온다면, 우리의 마지막 피난처는 어디일까? 위기 그 자체의 모습을 명확하게 볼 수 없듯이 위기에서 살아남을 분명한 방법도 알 수 없다. 어쩌면 정녕 달아날 구석이 없는지도 모른다. 그렇더라도 지금은 행동에 나서는 것이 앉아서 죽음을 기다리는 것보다는 한결 낫다. 그나마 미리 위기와의 경주를 보았다는 사실은 다행이다. 환난 속에서 살아나고 안락 속에서 죽는다는 오래된 말이 위기에서 벗어나 살아남을 유일한 희망일 것이다.

2002년, 중국의 집권층은 조그만 동요도 없이 세대교체를 이룩했다. 그것은 드라마틱한 인수인계는 전혀 없는 것처럼 보였지만, 30년에 걸친 중국의 개혁에 있어서 중요한 전환점이었다. 언론매체에서 '후원신정(胡溫新政, 후진타오와 원자바오의 새로운 정치)' 이라고 부른 개혁의 전환은 그 정신적 방향과 내면적 기질이 사실상 혁명적이었다.

혁명의 시대에 중국이 외부와 학계에 준 인상과는 전혀 달리, 개혁의 시대에 중국은 세계에서 가장 속물적인 정권과 가장 속물적인 국민을 거느리고 있다. 중국에서는 정권이든 기업이든 국민이든 효율지상주의의 사고가 극단적으로 왜곡되었음을 알고 있는 사람들이 많다. 그러므로 시장경제의 틀과 시장의 이익주체를 형성함에 있어서 미시적이고 국부적인 효율은 이미 근본적인 문제가 아니다. 오히려 개체의 극단적 이성과 효율지상주의가 가져온 전면적인 비이성과 반효율이 심각한 문제를 일으키고 있다. 중국에서 이미 공공의 재난이 된 환경오염 · 불신풍조 · 빈부격차 등은 모두 여기에서 비롯된 것이다.

이와 같은 역사적 배경에서, 중국 개혁의 유일한 척도가 되어 온 효율과 성장의 가치 이외에, 중국의 개혁을 위해서는 별도의 공정하고 정의로운 가치 척도를 끌어들이는 것이 급선무이다. 그렇지 않으면 개체에 의한 사회환경과 자연환경 전체에 대한 극단적 파괴를 규제하고 균형을 유지하지 못한다. 이런 점에서 후진타오와 원자바오는 집권 초기에 공정과 정의의 가치를 내걸었고, 나아가 새로운 정치의 핵심 내용의 하나로 삼았다. 지금 보면 그것은 분명 중국 개혁에 있어서 비밀의 문을 찾아낸 것이었다. 공정하고 정의롭지 못한 경제성장은 합법성을 가져오지 못한다. 오히려 사회적 자본과 환경자원의 고갈을 가속하고, 나아가 성장의 둔화와 사회의 해체를 초래할 것이다.

이른바 '화해사회(和諧社會)'[15]는 공정과 정의를 사회의 새로운 가치로 삼아, 경제성장이 사회와 환경의 토대와 함께 지속적으로 균형을 얻는 것이다. 비록 그것이 관방의 이데올로기에 의해 이상하게 읽혀서 민간의 습관적 조롱을 받지만, 사람들은 예전에 "발전은 확고한 법칙이다"거나 "목소리를 낮추고 큰돈을 번다"는 식의 개혁의 방향과 비교할 때, 중국의 경제성장에 대한 중요한 인식론적 전환이 있다는 것은 발견하지 못했다. 그런 인식에서 출발해 후진타오와 원자바오의 새 정부는 공정한 분배, 약자에 대한 지원, 환경보호 등에 있어서 일련의 노력을 기울였다.

역주 15) 사회주의 화해사회(社會主義和諧社會)의 약어로, 마르크스주의 정당이 추구하는 '조화로운 사회'를 뜻하는 사회적 이상.

그것은 국민적 공감을 단순한 경제성장이 아니라 공정하고 정의로운 가치로 전이시키려는 것이었다. 성장은 영원히 지속될 수 없다. 공정하고 정의로운 토대 위에서의 번영과 풍요만이 사회가 영원히 생존하는 토대가 된다. 후진타오와 원자바오의 새 정부의 실질은 중국의 개혁과정에서 내팽개친 정신적 유대(紐帶) 위에 사회와 국가의 새로운 공감대를 세우는 것이다. 국민과 지도자가 더 큰 뜻을 품는다면, 그것은 새로운 나라와 새로운 사회를 건설하는 기점이자 계기가 된다. 후진타오와 원자바오의 전환이 갖는 혁명적 의미도 바로 여기에 있다. 이런 혁명적 전환은 힘껏 성원해야 한다. 하지만 소극적으로 공정과 정의로 안정을 지켜 현재의 성장모델을 유지하는 임시변통의 꼼수로 삼는다면, 또 공정과 정의는 약자를 돕는 것이지 사회와 경제 운행의 보편적 준칙은 아니라고 이해한다면, 후진타오와 원자바오의 전환이 갖는 혁명적 의미는 크게 퇴색할 것이다. 현재 중국의 주류의식에서 공정과 정의는 부의 증가와는 대립적 측면에서 나타났다는 점에 주의해야 한다. 사상사와 문명사를 알지 못하는 경제학의 편협한 시야로는, 공정과 정의가 늘어나면 경제성장과 부의 창출은 그만큼 줄어들 것이라고 본다. 이런 유치한 생각은 불가사의하게도 중국의 주류의식을 이룬다. 그야말로 중국 사상계의 치욕이다. 공정과 정의는 사회의 기본적 인프라이자—비록 형태가 없지만 제도적 공공재이다. 그것은 부의 성장에 필요할 뿐 아니라 그것의 외적인 표출, 더욱이 공정한 분배는 내수 부족과 과잉생산으로 곤경에 빠진 중국 경제에 있어서 급선무가 된다.

요컨대 공정과 정의의 가치 이면에는 더욱 고품질의 부의 성장이 있다. 중국의 개혁이 시장화되고—1978년부터 1990년대 중반까지, 케인즈주의가 촉진되고—1997년 아시아 금융위기부터 2000년대 초반에 주룽지(朱鎔基) 내각이 내수 진작 정책을 펼칠 때까지, 세계화되는—2003년 중국이 WTO에 가입한 이후로 지금까지 세 가지 동력을 거친 이후, 중국 경제성장의 앞선 몇 가지 동력은 점점 쇠퇴하고 있다. 이런 때에 있어서 공정과 정의는 다음 단계 경제성장의 강한 동력의 원천이 될 것이다. 비즈니스계에 종사하는 한 친구의 생생한 비유처럼, "공정과 정의는 중국 개혁의 두 번째 화살이 되어야 한다." 즉 공정과 정의는 중국이 보다 건강한 바탕 위에서 다시 30년을 번영하게 촉진할 수 있다. 중국의 개혁 30년이 이룩한 사상과 제도의 무거운 관성이 아직도 우리의 궤도에서 질풍처럼 휩쓸고 있다는 사실은 안타깝다. 그런 의미에서 후진타오와 원자바오의 혁명은 위기와의 경주이다.

중국이 현대적 의미의 민족국가가 된 이래, 쑨중산(孫中山), 장제스(蔣介石)에서 마오쩌둥(毛澤東), 덩샤오핑(鄧小平) 등 중국의 여러 세대 지도자와 그들의 국민들은 민족의 독립과 빠른 경제성장에 온힘을 바쳤다. 이 두 가지 국가적 임무가 어느 정도 이루어지자, 정부에 대한 국민의 요구 수준은 한층 높아졌다. 그것은 공정하고 정의로운 바탕 위에서 지속적 번영을 이루는 것이다. 중국의 새 세대 지도자는 경제의 성장과 민족의 독립은 단독으로 정치적 합법성을 위한 자원을 계속 제공하지는 못하며, 그들이 국민에게 더욱 지속적인 핵심적 가치와 더욱 매력적인 미래의 비전을 주어야만 한다는 것을 알아야 한다. 핵심적 가치와 미래의 비전에 대한 약속은 한 민족이 큰 좌절을 만났을 때 마지막 피난처가 되고, 민족이 되살아나 더욱 위대한 문명을 창조할 수 있는 발전기가 된다. 1차 대전과 2차 대전이 벌어지는 동안에 미국은 자유민주 정신의 토대 위에서 새로운 번영과 위대한 문명을 창조했다. 이것이 미국이 결국 세계대전 이후에 두각을 나타낼 수 있었던 관건이었다. 그러면 중국은 이 세계를 위해 어떤 공헌을 할 수 있을까?

— 2008년 4월

6.2. 대변혁 시대의 과제

—'대변혁'에 대한 『가치중국』과의 특별 인터뷰

『가치중국(價値中國)』[16] : '대변혁'이란 어떤 의미인가요?

위안젠(袁劍) : '대변혁'은 일종의 은유입니다. 그것을 '붕괴'로 이해하는 사람이 많은데, 그것은 적잖은 오해입니다. 지금 상황은 중국이 30년 동안의 개혁개방 이후에 그동안 사용한 발전 모델과 방법이 중대한 문제에 직면한 것인지도 모릅니다. 게다가 2차 대전 이후에 미국을 중심으로 하는 세계 자본주의 체제도 심각한 위기에 봉착했습니다. 이런 두 가지 중요한 배경이 함께 겹쳐진 것은 어떤 의미일까요? 그것은 우리의 고유한 경제성장 모델과 방법이 더 이상 지속되기 어렵다는 의미입니다. 그러면 이어서 어떤 일이 벌어질 수 있을까요? 제가 보건대, 논리적 결론은 세계의 경제성장 모델에 중요한 전환이 일어나고, 세계 경제체제가 급격하게 재편될 것입니다. 이런 역사적 전환과 더불어 우선 지식에 있어서, 경제성장 모델 내지 심지어 산업문명 자체에 대한 전면적 반성이 일어날 것입니다. 그런 뒤에는 정치제도와 경제제도가 빠르게 혁신되겠지요.

1, 2차 세계대전 때도 낡은 모델이 지속되기 어려워 세계 체제가 유례없이 혼란스러웠던 시기였습니다. 흥미롭게도 당시도 세계제도에 대한 시험과 혁신이 가장 빈번했던 시대였습니다. 그 상황은 오늘날과 아주 유사합니다. 지금 우리가 제도를 성공적으로 시험한다면, 미래에 두각을 나타낼 수 있습니다. 따라서 '대변혁'은 사실상 제도의 빠른 전환을 뜻합니다. 이는 파괴와 혁신이 동시에 벌어지는 과정임에 틀림없습니다. 어떤 전환도 큰 위험성을 지니고 있습니다. 세계적 성격의 전환이야 말할 필요도 없습니다.

제가 상기시키고 싶은 것은 정치제도와 경제제도의 성공적 혁신을 위

역주 16) 2004년 성립된 중국의 경제, 투자, 금융, 경영 방면의 권위 있는 인터넷 매체. www.chinavalue.net

해서는 오랫동안 누적된 정신적 자원이 필요하다는 사실입니다. 물론 행운도 포함됩니다. 중국은 지난 30년 동안에 누적한 정신적 자원이 무척 적습니다. 이 때문에 지금 우리가 전환을 요구받자 위에서부터 아래까지 모두가 당황해 허둥대는 것입니다. 그래서 솔직히 말해서, 저는 낙관하지 않습니다. 어째서냐고요? 저는 글의 끝머리에서 중국은 세계를 위해 무슨 공헌을 했느냐라고 물으려 했습니다. 저는 이것이 모든 대국(大國)에게 있어서 무척 절박한 문제라고 생각합니다. 언젠가 친구들에게 커다란 문제를 지닌 변혁의 시대가 다시 찾아올 수 있다고 말한 적이 있습니다. 저는 그때가 이미 무척 가까워졌다고 확신합니다.

『가치중국』 : 중국에서 누군가는 과잉을 보았고 누군가는 부족을 보았는데, 이런 상황이 벌어지는 까닭은 무엇이라고 생각하십니까?

위안젠 : 점점 긴밀해지는 경제의 세계화와 관계가 있다고 봅니다. 폐쇄된 경제체에서는 이런 상황이 쉽게 벌어지지 않습니다. 국내의 최종 수요를 놓고 보면, 중국의 생산능력은 심각한 과잉으로 보입니다. 이런 방대한 생산능력에 비해 중국의 자원은 심각하게 부족합니다. 내수가 장기간 진작되지 않아서, 중국은 심각하게 외부 자원에 의존하고 있고, 또 심각하게 외부 시장에 의존하는 어려운 처지입니다. 이는 대형 경제체에게는 그다지 좋지 않아 보입니다.

『가치중국』 : 최근에 『대변혁은 찾아올 것인가?』라는 글에서 "지난 30년 동안의 자본주의 실험 속에서, 중국은 초유의 성장 기록을 세웠지만, 그 때문에 높은 비용을 치렀다. …… 오랫동안 그 비용은 전가되고 은닉되면서 제대로 소화되지 못했고, 오히려 GDP처럼 빠르게 늘어났다."고 지적하셨습니다. 이는 아마도 세계화의 과정에 있어서, 특히 개발도상국이라면 정도의 차이는 있더라도, 누구나 겪는 문제일 것입니다. 이것이 세계화의 한계성을 보여주는 것은 아닌지요?

위안젠 : 문제를 세계화로 떠넘기는 것은 온당치 않다고 생각합니다. 중국이 지닌 어떤 문제든 세계화 속에서 모종의 원인을 찾을 수는 있겠지만, 보다 중요한 것은 내부의 제도적 호응이 없었다면, 그 비용이 이처

럼 감당하기 어려울 지경에 이르지는 않았을 것이고, 그 지속된 시간도 이처럼 오래되지는 않았을 겁니다. 역사의 운동으로서, 세계화는 피할 수 없는 것입니다. 지혜로운 것은 세계화를 잘 이용하는 것이지, 그 유희 속에서 멍청하게 희생양이 되는 것은 아닙니다.

『가치중국』: 서구 학계에서는 중국의 발전 모델을 '권위주의적 자본주의'로 개괄합니다. 중국은 마치 민주화의 전제 없이 자본주의 방식으로 경제발전을 추진한 것처럼 보입니다. 이런 귀납에 동의하십니까? 지금 서구사회는 중국의 발전 모델이 국제질서에 어떤 영향을 미칠 것인가에 관심이 높습니다. 이 문제에 대해서는 어떻게 보시는지요?

위안젠: 대체적으로 그렇다고 생각합니다. 전환기 사회에서는 과도적 성격 대신에 권위가 질서와 같은 공공재를 제공할 수 있습니다. 질서가 없으면 경제성장을 이야기할 수 없습니다. 하지만 현대성(現代性)은 권위를 부단히 없애고 있다는 사실을 알아야 합니다. 즉 권위주의가 오래 지속되어서는 안 된다는 것입니다. 이는 모든 현대화 과정에서 대부분 발견되는 경험적 사실입니다. 그런데 권위가 사라지면 어떻게 할 것인가 하는 문제가 야기됩니다. 무엇에 기대어 질서라는 공공재를 제공하느냐는 것입니다. 이것이 지금 중국이 진정 고민해야만 하는 시급한 문제입니다.

'권위주의적 자본주의'라고 한 것은 제가 잘못 이해하지 않았다면, "민주주의가 없어도 경제성장은 가능하다"는 이런 결론을 가진 말입니다. 민주주의와 경제성장의 관계는 아주 해묵은 문제입니다. 하지만 이제껏 명확하게 언급된 적도 없는 문제인 듯합니다. 정반대에서 각기 유력한 사례를 제시할 수 있습니다. 우리가 볼 수 있는 사례에 따르면, 민주주의와 경제성장 사이에 통계적 의미의 상관성은 명확하지 않습니다. 저는 민주주의를 독립된 가치로 이해하고, 그것을 경제성장의 가치와 분리해야 하며, 민주주의 자체의 가치와 합법성을 경제성장으로 입증할 필요는 없다고 생각합니다. 민주주의는 고유의 기능을 가지고 있습니다. 그 자체가 하나의 복지입니다. 마치 시장경제가 좋은 것도 있고 나쁜 것도 있는 것처럼, 민주주의도 좋은 민주가 있고 나쁜 민주가 있습니다. 제가 알기로는 좋은 민주는 박탈을 최대한 없앰으로써 사회적 안정을 가져오고 나아가 사회의 발전에 기여합니다.

중국의 발전 모델이 국제질서에 미치는 영향에 대해 말씀드리겠습니다. 다른 자본주의 모델과 비교할 때, 중국식 모델이 무슨 독창적 측면이 있어 보이지는 않습니다. 정신적 측면에서의 발전은 더욱 그렇습니다. 그 다음으로 중요한 점은 중국의 경제발전은 결정적 검증을 받지 않았다는 사실입니다. 따라서 저는 중국식 모델이 국제질서에 큰 영향을 줄 것이라고는 보지 않습니다. 국제질서에 대한 중국의 영향과 충격은 규모의 문제이지 모델의 문제는 아닙니다.

『가치중국』 : 칼 폴라니가 『대전환(*The Great Transformation*)』에서 제기한 주제 가운데 하나는 정치적으로 자유시장경제에 반대하는 유토피아 사상입니다. 그는 사회적 감독과 통제를 강화할 것을 요구합니다. 지금의 발전 단계에 있어서, 이는 세계 정부를 만들어 세계화된 사회를 관리하거나 아니면 세계 경제를 인위적으로 해체해 국가나 지역 단위로 돌아가야 한다는 의미는 아닌지요?

위안젠 : 수년 전에 한 친구가 이렇게 조롱한 적이 있습니다. “IMF는 사실상 신흥 코민테른이다. 다만 세계 공산주의의 유토피아가 아니라 세계 자유시장의 유토피아를 추진할 뿐이다.” 저는 적절한 비유라고 생각합니다. 공산주의와 마찬가지로 순수한 자유시장은 관념의 세계에서만 살아있을 뿐입니다. 인간성을 새롭게 만들어 인간의 행위를 자유시장에 완전히 적응시킨다는 가설은 사람을 공산주의의 도덕적 기준에 강제로 적응시켜 이상사회를 세운다는 것과 조금도 다르지 않습니다. 나는 세계 자유시장과 순수한 자유시장은 모두 이런 이유로 유토피아적 성격을 지닌다고 봅니다. 폴라니의 『대전환』은 2차 대전이 일어나기 얼마 전에 쓰였습니다. 그것이 지금 ‘재발견’ 된 것은 우리가 유사한 역사적 곤경에 처했기 때문입니다. 다만 이번에는 그 규모와 복잡성이 예전보다 훨씬 심각합니다.

제기하신 두 가지 가능성은 모두 너무 극단적입니다. 지금 우리에게 세계 정부의 가능성이 보입니까? 또 되돌아갈 어떤 가능성이 보입니까? 우리는 우리를 흥분시키고 또 고뇌하게 만드는 이 세상에서 출로를 찾는 수밖에 없습니다.

『가치중국』: 세계 경제의 일체화가 1914년부터 1945년까지의 전철을 밟아 다시 끝나버릴 가능성은 어떻게 보십니까? 경제가 하나로 쏠리는 힘이 차이를 벌리는 힘을 압도하게 하려면, 어떤 기제가 가장 중요하겠는지요?

위안젠: 세계 경제의 일체화 과정은 끝날 수 없다고 봅니다. 그것은 자본주의 운동에 내재된 이윤 논리가 그렇게 만드는 것입니다. 다시 말해서 자본주의 내부에서 강력한 동력이 세계 경제를 더욱 긴밀하게 일체화시킵니다. 하지만 세계화의 신봉자들이 믿는 것처럼, 그렇게 순조로울 수는 없습니다. 역사가 똑같이 되풀이되는 것은 불가능합니다. 각 세대마다 함정은 똑같이 사람을 유혹합니다. 각 세대마다 자신의 역사적 운명을 갖고 있습니다. 우리 세대의 역사적 운명은 무엇일까요? 사실 저는 모릅니다.

구체적 통계자료는 없지만, 1990년대에 더욱 긴밀해진 세계화의 조류 속에서 중국에는 두 가지 추세가 나타났습니다. 하나는 중국 중산층의 소득수준이 세계 중산층에 빠르게 다가서고 있다는 점입니다. 아닌가요? 중국의 중산층과 부유층은 소비수준과 배포가 선진국에 빠르게 접근하거나 오히려 넘어서지 않았습니까? 또 한 가지 추세는 국내 각 계층의 소득격차가 현저히 벌어진다는 것입니다. 이는 국내 정치의 문제가 분명합니다. 분배의 최종 결정자는 경제가 아니라 상당 부분 정치입니다. 때문에 격차를 완화하는 최종 기제도 정치에서 나와야 합니다. 물론 이런 문제는 하늘만이 해결할 수 있을 것입니다.

『가치중국』: 중국의 특수한 길을 결정한 것은 무엇입니까? 다음 단계의 세계화는 프로메테우스식의 성장 확대로 들어서지 않겠는지요?

위안젠: 중국의 개혁 30년은 특수한 역사적 여건에서 시작되었습니

다. 그 과정에서 몇 가지 굵직한 역사적 사건이 벌어졌습니다. 그런 초기 여건과 역사적 사건은 부단히 중국의 개혁 30년의 역사적 길을 촉진하고 또 수정했습니다. 어떤 요인이 전적으로 중국의 길을 '결정' 했다고 말하기는 어려울 것입니다. 기회와 인연이 우연하게 맞아떨어진 것이 너무 많아서 명확하게 정리할 수 없습니다. 하지만 어떤 여건은 시종 큰 변화가 없습니다. 거기에서 뽑아낼 수 있는 가장 큰 역사적 요인은 자원에 대한 정부의 높은 통제일 것입니다. 고도의 자원 통제는 중국의 특수한 경제성장 비용의 지불과 방출 방식에 큰 영향을 주었습니다.

지금 단계의 세계화 추세는 충분히 빠르다고 봅니다. 세계 경제의 일체화가 더 확장된다면 과연 어떤 모습일지 예상하기 어렵지만, 현재의 세계화를 상승장세라고 한다면, 하락장세가 이어질 것입니다. 만약 더 확장된다고 한다면, 그것은 각국이 세계화를 정치적 · 사회적 측면에서 어떻게 소화했느냐에 달렸을 것입니다. 물론 이것은 각국 정부의 보다 긴밀한 정치적 협조를 포함합니다. 그런데 그것이 가능하겠습니까?

— 2008년 7월

6.3. 우리의 어제와 오늘
— 『아주주간』과의 특별인터뷰

『아주주간(亞洲週刊)』[17) : 개혁 30년을 어떻게 평가하십니까?

위안젠 : 간단히 평가할 수 있다면, 책 한 권 분량도 되지 않을 겁니다. 긴 여정을 지닌 역사의 안목으로 본다면, 중국의 개혁개방 30년은 1840년 이래로 중국이 서구세계와 융합된 역사적 운동을 이어받은 것입니다. 제 개인적 가치관이나 감성으로는 그런 과정을 긍정적으로 평가합니다. 하지만 사상적 탐구자의 입장에서 말한다면, 그런 평가는 너무 나태한

역주 17) 1987년 홍콩에서 창간된 세계 최초의 중국어 시사주간지.

것입니다. 그러나 불행하게도 중국에서는 이런 어리석은 학문이 절대적 주류를 이룹니다. 30년에 걸친 중국의 개혁이 얻어낸 성과가 시장화 개혁을 시작한 것이라지만, 거기에 들어간 시간을 보면 결코 놀라운 것이 아닙니다. 2차 대전 이후에 일본이 폐허 위에서 재건한 과정, 특히 일본의 국민소득과 임금수준이 따라잡은 속도와 비교해 볼만 합니다. 그렇지만 부정적 효과는 국민의 권리, 특히 정치적 권리가 극단적으로 억눌렸습니다. 국민 권리의 억압은 결국 시장의 운행에서 나타나고, 또 분배의 극단적 불균형으로 나타나게 마련입니다. 중국의 개혁은 아주 복잡한 역사적 과정입니다. 긍정적인 면과 부정적인 면이 상쇄되지 못합니다. 긍정적인 측면이 변질되어 부정적 측면을 상쇄하지 못하기 때문입니다. 이는 학문적으로 아주 황당한 모습입니다. 저는 중국의 시장화 과정은 이미 끝났으며, 지금은 국민에게 사회적 발판과 보장된 정치시스템을 제공해, 시장이 보다 공정하고 효율적이고 인성에 맞게 운행되어야 한다고 말한 적이 있습니다. 중국이 당면한 문제는 시장이 부족한 것이 아니라 민주와 법치가 부족하고 공정하지 못한 것입니다. 정치적 · 권력적 · 문화적 요소가 시장의 게임에 들어가, 시장의 최종적 결과의 도출에 영향을 주어야 한다는 사실을 분명히 해야 합니다. 지금까지 시장이 진공 상태에서 돌아간 것은 아닙니다. 이것이 제가 시장원리주의자들과 가장 견해가 엇갈리는 부분입니다. 수년 동안 중국의 시장원리주의자들은 자신과 타인에게 시장의 힘은 일체의 미덕을 저절로 가져올 수 있다고 현혹하며 무지함을 내보였습니다.

『아주주간』 : 『저무는 기적』은 중국의 현재 상황과 미래에 대해 비관적으로 봅니다. 「대변혁은 찾아올 것인가?」는 중국의 시대가 찾아온다고 예측하는 낙관주의자들에게 찬물을 끼얹었지만, 또 중국의 미래를 비관하지 않는다고 했는데, 과연 그런지요? 중국의 미래를 도대체 어떻게 보시는지요?

위안젠 : 저처럼 비관적으로 보는 사람들이 더 많다면, 그것은 좋은 것입니다. 더 많은 사람들이 비관적 상태가 벌어지는 것을 막으려고 애쓰

겠지요. 모두들 낙관적 전망에 눈이 멀어 끝내 낭떠러지로 떨어지는 것보다는 낫습니다. 중국이 30년에 걸친 개혁에서 길러낸 양호한 추세는 관성이 있습니다. 예컨대 창업정신 같은 것입니다. 30년 동안에 길러진 부정적 추세 역시 관성이 있습니다. 예컨대 현격한 빈부격차, 경제성장으로 강화된 관료주의 같은 것입니다. 최종 결과는 두 관성의 마지막 싸움에서 결판날 것입니다. 어쨌든 중국의 미래를 묻는다면, 모든 것을 운에 맡겨야 한다고 하겠습니다. 역사는 우연으로 가득합니다. 그것은 애당초 인간의 지식으로 이해할 수 있는 것이 아닙니다. 주식시장조차도 이해하지 못합니다. 복잡하고 방대한 인류사회는 말할 것도 없습니다.

『아주주간』 : 「대변혁은 찾아올 것인가?」는 언제 완성한 것입니까? 그 글에서는 2007년의 인플레가 끼친 영향에 대해서만 분석한 것 같더군요? 2008년 들어 심각해지는 금융위기는 어떻게 보시는지요?

위안젠 : 「대변혁은 찾아올 것인가?」는 『저무는 기적』에 최근 동향을 보충하려는 것이었습니다. 원고는 2008년 5월 무렵에 완성했지요. 그 글의 요지는 국내적 상황을 보든 국제적 상황을 보든, 중국의 발전 모델은 지속될 수 없다는 것입니다. 최근 10여 년 동안 중국의 성장과정에서 가장 의존한 국제 경제체제도 지속될 수 없습니다. 게다가 지속될 수 없는 이 두 가지는 빠르게 극한으로 다가서고 있습니다. 중국의 생산능력이 심각하게 과잉되자, 심각한 인플레가 나타난 것이 그 뚜렷한 신호입니다. 「대변혁은 찾아올 것인가?」에서 서브프라임 모기지론 사태는 개별적 위기가 아니라 일련의 위기 중의 하나라는 사실을 제기했습니다. 서브프라임 모기지론 사태는 생산품의 문제이고 관리감독의 문제일 뿐이라는 주장에는 동의하지 않습니다. 그것은 체제 자체의 운동에 내몰려 벌어진, 대단히 비논리적인 결과입니다. 그런 의미에서 보면, 서브프라임 모기지론 사태는 금융수단을 통해 국제 경제체의 소비능력을 팽창시킨 결과입니다. 소비가 없으면 체제의 확장도 없습니다. 기실 소비능력이 모자라는 상황에서 금융수단을 통해 소비능력을 부풀린 것입니다. 이것이 서브프라임 모기지론 사태의 체제 운동에서의 진실한 모습입니다.

금융위기는 미국에서 벌어졌지만, 그것은 체제 자체의 위기입니다. 이 점은 아주 중요합니다. 중국의 경제성장이 바로 이런 체제에 크게 의존하고 있기 때문입니다. 만약 이 체제가 수요의 불황에서 빨리 벗어나지 못한다면, 중국의 경제성장은 필연적으로 하락하게 됩니다. 그 이치는 간단합니다. 중국은 단기간에 국내 수요를 신속하게 높일 수 없기 때문입니다. 게다가 그것은 정치적 용기가 필요합니다.

『아주주간』 : 「대변혁은 찾아올 것인가?」에서 중국의 개혁은 "가장 저렴한 에너지 가격, 가장 저렴한 수자원 가격, 가장 낮은 환경보호 기준, 가장 낮은 토지 가격—때로는 공짜이다, 최상의 세제혜택, 가장 낮은 노동기준이 오랫동안 유지했다. 그 엄청난 가격 차이는 정부가 투자자와 이해당사자에게 선사한 것이었다."라고 했습니다. 하지만 그것은 국제 분업의 과정에서, 중국이 자본과 기술에 있어서 부득이하게 취한 타협은 아닐는지요?

위안젠 : 물론 타협에는 찬성합니다. 모든 비즈니스는 타협입니다. 하지만 타협으로 자살할 수는 없습니다. 자살과도 같은 그런 타협은 전적으로 국민의 권리를 위축시킨 결과이기 때문입니다. 지방정부의 관료들은 주민들의 장·단기적 이익은 전혀 고려하지 않고 그런 교역을 합니다. 단기적으로 GDP와 재정수입은 빠르게 상승할 수 있지만, 지방정부와 투자자 사이에 이루어진 교역에서 국민들의 복지는 어떻게 됩니까? 현지 주민에게 관료가 자신을 살찌우는 거래를 제약할 권리가 있다면, 그 거래가 이처럼 부작용을 낳지는 않을 것입니다. 오히려 현지 주민에게 도움이 될 것입니다. 이것이 문제의 본질입니다.

중국의 경제성장은 자원 소모에 있어서든 소비자에 있어서든, 적자가 아주 심각합니다. 향후 수년 동안의 성장을 현재에 끌어다 놓았습니다. 단기적인 GDP 성장속도는 사람들의 이목을 잡아끌겠지요. 하지만 뒷일이 어떻게 될지, 돌연 황당해질지는 말하기 어렵습니다. 중국의 도시에서는 이런 문제에 대한 뚜렷한 조짐을 볼 수 있습니다. 무엇 때문에 이처럼 적자가 쌓이는지는 중국의 특수한 기제(機制)가 결정적으로 작용했습니다. 경제의 고도성장을 일개 정부나 일개 정당의 합법성의 토대로 삼는다면, 머지않아 큰 문제가 벌어질 것입니다. 중국의 집권자는 경제의 저속성장에 적응해야 하고—어떤 의미에서는 건강한 성장이기도 하다 또 그런 성장 환경에서 사회의 조화 · 안정 · 행복을 지키는 법을 익혀야 합니다.

『아주주간』 : 『저무는 기적』은 다른 대다수 글처럼 중국의 시장화 과정에 나타난 부정적 측면만 보고, 긍정적 부분과 중요한 역할에 대해서는 거론하지 않는다고 말하는 사람들도 있습니다. 『저무는 기적』에서 권력과 시장의 결탁을 강하게 비판했는데, 중국은 시장화 과정에서 이익이 다원화되고, 체제 밖에서 많은 긍정적 역량이 나타나고 있습니다. 이런 체제 밖의 역량은 어떤 작용을 한다고 보십니까?

위안젠 : 지금에 와서도 시장화의 순기능을 긍정해야만 할까요? 중국의 개혁이 아직도 시장화의 순기능을 확신하고 강조하는 단계에 머물러 있다면, 중국 지식인의 역할은 사람을 너무도 서글프게 만들 겁니다. 저는 이제까지 시장화를 지지했습니다. 그것은 두말할 필요조차 없습니다. 문제는 주류경제학자라는 사람들이 시장화를 너무 단순하게 본다는 사실입니다. 그들은 시장을 일종의 교섭으로, 우리가 원하는 모든 것을 바꿀 수 있다고 여깁니다. 그것은 무척 유치합니다. 현대의 시장경제는 분업과 운행에 있어서 아주 복잡해졌습니다. 낯익은 그런 경제가 아닙니다. 그런 시장은 정보 · 권리 · 감독—특히 사회의 감독 같은 여러 여건이 보장되어야 합니다. 그렇지 않으면 시장은 나쁘게 변질될 것이고, 심지어 인간지옥이 되고 말 것입니다. 제 생각으로는 이미 미국의 금융위기를 통해서 이런 점을 확실히 깨달았습니다. 중국에서는 일부 사람들이 시장을 숭배한 나머지 모독할 수 없는 토템으로 바꿔놓았습니다. 그것은 예전에 계획경제를 숭배하던 것과 다를 것이 없습니다. 일종의 새로운 의식형태인데, 놀라울 정도로 맹목적입니다. 자화자찬이 아니라 비판을 하는 것은 지식인, 특히 공공 지식인이 해야 하는 일입니다. 비판하지 않는다면, 무엇이 문제인지 어떻게 알겠습니까? 만약 제가 너무 비판만 하고 건설적인 의견은 드물다고 한다면, 그것은 칭찬이지 배척은 아니라고 봅

니다. 건설의 출발점은 비판입니다. 저의 세계에서는 비판이 곧 건설입니다.

체제내(體制內)와 체제외(體制外)로 나누는 이분법은 이미 시대에 뒤떨어진 것입니다—아울러 예전에는 유용하다고 여긴 형태나 개념이 시대착오적이고 설명능력도 부족해졌다는 사실을 지적해야겠다. 예컨대 좌파니 우파니 하는 것들이다. 저는 제 자신이 체제외에서 산다고 생각하지는 않습니다. 운전을 한다면 남들과 똑같이 신호등과 경찰의 통제를 받고, 주식을 한다면 남들과 똑같은 법규에 따릅니다. 우리는 같은 체제에서 살아가고 있습니다. 결코 체제내이니 체제외니 하는 것은 없습니다. 저는 지금 체재내와 체제외를 어떻게 나누는지도 모릅니다. 지금 기업인들은 모두 정협(政協)[18]의 상무위원이 되었습니다. 그들이 체제외라고 할 수는 없습니다.

만약 단순히 국가재정을 축내거나 국가기관에서 밥을 먹는 사람을 체제내라고 하고 그 밖의 사람을 체제외라고 한다면, 그들은 부정적 역량이기도 하고 긍정적 역량이기도 할 것입니다. 제도를 어떻게 조정하는가를 전체적으로 보아야 합니다. 도적은 전형적인 체제외입니다. 그들은 일관되고 또 영원하게 긍정적 역량이라고 말할 수 없을 것입니다.

『아주주간』: 중국 중산층의 현재 상황과 전망에 대해 부정적으로 보는데, 그것은 그들이 형성되기 시작해서 튼튼하게 자리 잡지 못했기 때문은 아닐는지요? 중산층의 현재 상황은 일종의 잠복은 아닐는지요? 중산층은 사회의 가치관을 조용히 바꾸지는 않겠는지요? 예를 들면 개인의 이익을 지키고 개인의 권리를 주장한다든지 말입니다.

위안젠 : 중산층은 제도 자체를 떠나서는 존재할 수 없습니다. 민주와 법치는 결국 일종의 생활 방식입니다. 그것은 시간과 좋은 제도에서 길러져야 합니다. 지금 단계에서는 중국의 중산층은 여전히 소비적 의미일 뿐입니다. 그런데 그것이 사람들에게 착각을 불러옵니다. 중산층이 생기면 저절로 민주와 법치가 생긴다고 말입니다. 그것은 전적으로 환상일

역주 18) 중국인민정치협상회의 상무위원회. 공산당 및 기타 정당, 각 단체, 각 정계의 대표로 구성되는 중화인민공화국의 정책자문기구.

뿐입니다. 제가 보는 중국의 중산층은 주택을 구입했는데 가격이 떨어지면, 부동산업체의 마케팅부를 부셔버릴 중산층입니다. 자기 이익만 있고 규칙에 대한 의식은 전혀 없는 그런 중산층입니다. 물질적 이익의 최대화만 있고 공민의식은 전혀 없는 그런 중산층입니다. 엘리트가 이토록 부패했는데, 중산층이 민주와 법치를 지킬 것이라고 기대할 수 있겠습니까? 한마디로 특정 계층에 전적으로 의지하는 것은 논리적으로나 이론적으로나 과장된 것입니다.

『아주주간』: 개혁의 핵심 문제는 분배에 달려 있다고 생각하시더군요. 후진타오와 원자바오는 집권 이래로 공평과 정의를 강조하면서 분배시스템을 개선해, 농촌과 민공(民工)에게 관심을 기울이고, 또 사회적 약자의 이익 보호를 강화하고 있습니다. 이런 것이 일종의 전환이라고 보시는지요?

위안젠: 물론 일종의 전환입니다. 하지만 아직 멀었습니다. 게다가 임시방편에 불과합니다. 1990년대에 노동자와 농민을 죄다 차창 밖으로 내던진 것과는 분명 다릅니다. 하지만 제가 강조하려는 것은 진정한 공평과 정의는 민주적이고 공정한 제도를 통해 이루어져야 합니다. 그래야 장기적으로 공평과 정의에 도달할 수 있습니다. 국가의 진정한 역할은 GDP를 최대한 창조하는 것이 아니라 공평하고 정의로운 체제와 질서를 만들고 또 지키는 것입니다. 이것이 국가와 정부가 존재하는 근간이자 목적입니다. 중국에서는 부를 창조하는 시장의 기제는 이미 대충 만들어졌습니다. 개선이 필요한 구석은 많지만, 부를 어떻게 공평하고 정의롭게 분배하느냐가 급선무입니다. 그것은 사회의 안정과 관련될 뿐 아니라 중국의 장기적, 심지어 단기적 경제성과도 관계가 있습니다. 우리는 현재의 위기 속에서 심각하게 인식하고 있습니다.

『아주주간』: 『저무는 기적』에서는 관료자본이 중국의 경제와 사회에 끼치는 해악에 대해 많이 언급했더군요. 그런데 핵심은 어떻게 문제를 해결하느냐는 것입니다. 특권층이 국가와 국민의 보편적 복지를 위해 자신의 이익을 버릴 것이라고 생각하십니까?

위안젠 : 30년 동안의 개혁과정에서 가장 큰 이익을 얻은 사람들은 부의 분배구조가 지속된다면, 자신들은 벌 수 있는 돈이 금세 사라진다는 것을 잘 알 것입니다. 소비성향이 가장 높은 사람들이 소비할 능력이 없어지기 때문입니다. 그렇다면 개혁을 지속할 동력이 생겨납니다. 그것은 자기 이익을 포기하는 것이 아니라 자신의 장기적 이익을 더해줍니다. 물론 미래의 부의 분배구도에 있어서, 그들은 예전처럼 그렇게 많은 몫을 차지하지는 못할 것입니다. 하지만 부의 절대적 액수는 계속 늘어날 것입니다.

그런 때가 되면, 아마도 전환을 지속하는 계기는 위기에서 나올 것이라고 봅니다. 다시 말해서 과거의 모델이 지속될 수 없을 때 한 걸음 나아가지 못하면, 자기반성을 할 수 없습니다. 자기반성은 하더라도 자기혁신은 하지 못합니다. 역사는 늘 그래 왔습니다. 절망하는 때가 전환의 시기가 될 것입니다. 지금의 위기는 사실상 과거의 성장 모델과 분배 모델이 더 이상 지속될 수 없기 때문입니다. 이런 관점에서 보면, 우리는 그런 역사의 전환점에 바짝 다가서고 있는 것입니다. 우리의 지도자가 위기를 통해 정확하게 배우고, 역사의 결정적 순간에 역사를 뒤바꿀 용기를 내보인다면, 전기(轉機)는 반드시 찾아올 것입니다. 물론 그것은 높은 지혜가 필요합니다.

— 2009년 11월

CHAPTER

07 변혁의 진행

세계화의 관점에서든 아니면 중국의 내부 상황에서든, 미래의 청사진은 너무도 분명하다. 중국은 30년 동안 경험하지 못한 대변혁의 국면을 마주하고 있다. 낙관적 입장에서 보면, 위기는 비단 붕괴를 뜻하는 것만은 아니다. 그것은 또한 열반(涅槃)을 의미하고, 큰 기회를 의미한다.

서브프라임 모기지론 사태가 불러온 세계의 금융위기는 미국만의 위기이거나 금융위기인 것이 아니라 세계 시장체제의 위기이다. 이 시장체제의 중요한 일부분인 중국은 분명 체제 안에 있지 체제 밖에 있지 않다. 다시 말해서 지금 중국의 위기는 아무런 이유 없이 벌어진 재난이 아니라 그 자체의 위기이다.

7.1. 파란만장한 2008년

2008년의 중국과 세계를 가장 정확하게 개괄할 수 있는 말은 무엇일까? 정답은 '붕괴' 일 것이다.

한 해가 가기도 전에, 중국에서 세계까지, 자본시장에서 거시경제까지, 한 차례씩 이어진 완벽에 가까운 붕괴는 영원할 것만 같던 성대한 파티를 한순간에 끝내버렸다.

사람들은 놀란 가슴을 쓸어내리지도 못하고 숨이 막힐 것 같은 위기로 내몰렸다. 잇단 붕괴는 우연한 구석도 있었지만, 뜻밖의 재난은 아니었다고 믿을 충분한 이유가 있다.

7.1.1. 2008년의 눈사태

좀체 눈이 내리지 않는 중국의 남쪽 지방에 갑자기 닥친 설해(雪害)는 2008년 중국에서는 마술과도 같은 예언이었다. 2008년은 기이하고 또 전환의 의미로 가득한 운명적인 해가 되리라는 이상한 암시였다. 뒤이은 원촨(汶川)의 지진, 웡안(甕安) 사건, 주식시장 붕괴, 산루(三鹿) 분유 파동을 비롯해 성난 파도와도 같은 금융 해일은 이런 예언이 우연히 맞아떨어졌음을 보여주는 것만 같았다. 이 모든 사건에 담긴 신비한 연관성을 풀어내고 이해하는 것은 우리의 능력을 벗어난다. 우리는 이해할 수 있는 것만 규명하고 논할 수밖에 없다.

10년 가까운 상승 장세를 거치며 한껏 달아오른 중국의 부동산시장은 2008년에 들어 마침내 식기 시작했다. 가격은 떨어지고 거래는 급격하게 줄어들었다. 만약 베이징 올림픽 이전까지는 그래도 부동산시장에 대해 현실에 맞지 않는 어떤 기대를 품고 있었다면, 올림픽이 끝난 이후로는 부동산시장이 하락 추세를 보인다는 사실을 거의 누구나 인정한다.

1998년에 시작된 부동산의 슈퍼 상승세에는 몇 가지 동력이 있었다. 첫째, 주택제도의 개혁이다. 즉 과거에는 대개 단위(單位)에서 주택을 분배하던 것이 개인적으로 주택을 구매하는 방식으로 바뀐 것이다. 이런 개혁에 따른 수요는 부동산시장의 가장 큰 동력이 되었다. 주택제도의 개혁과 더불어 대규모 도시화는 부동산시장의 두 번째 동력이었다. 도시화가 가져온 인구의 대량 유입은 부동산의 시장 수요를 한층 자극했다. 세 번째 동력은 투자수요이다. 특히 국제자본과 중국 중산층의 투자 내지 투기는 세 번째 동력의 핵심이었다.

그런데 부동산시장에는 더 깊이 감춰진 강력한 동력이 있다. 바로 정부이다. 1990년대 중반 이후로 중국의 각급 정부는 경제성장을 목적으로 부동산시장에 강력하게 개입했다. 1990년대 후반에 이르러 부동산은 GDP를 촉진하고 지방재정수입을 늘리는 지방정부의 요술방망이가 되었다. 통계자료에 따르면, 중국 대도시에서 토지 매입과 부동산 관련에 따른 세수(稅收)는 지방정부 전체 수입의 3분의 1이 넘는다. 뿐만 아니라 부동산의 산업유발 효과는 다른 업종의 추종을 불허한다. 이런 요인들이 어우러져 중국 부동산시장의 슈퍼 주기를 견인했다. 부동산시장은 중국 토지시장과 정치의 특수성 때문에 박탈과 부패가 아주 심하다. 그런데 그것이 폭리를 가져다주었기 때문에 각종 자본이 부동산시장으로 몰려들어 시장의 광기와 거품을 극도로 심화시켰다. 부동산시장을 촉진한 주요 요인 가운데 상당수는 다른 경제체에서는 볼 수 없는, 이른바 중국의 특수한 요인이라는 사실을 알 수 있다. 그런 까닭으로 중국의 부동산시장은 예언가들에게 꾸준한 명성을 쌓아주었다. 그들이 외국에서 들어온 뜨내기든 본토의 전문가든 상관없이 말이다.

그런데 아무리 특수한 요인일지라도 상승과 하락이 순환하는 시장 그 자체의 기본 법칙을 막을 수는 없다. 2008년의 '특수'한 부동산시장은 마침내 진즉에 드러냈어야 하는 피로현상을 내보였다. 비록 뒤늦게 찾아왔지만, 정상회복이 어려운 조정국면에 놓이자, 호시절을 즐기며 빠르게 돈을 버는 데에 익숙하던 부동산업자들은 집단으로 발을 구르기 시작했다. 완전한 시장주기를 경험해 보지 못한 중국의 대다수 부동산업자들이 보인 반응은 전혀 이상한 것이 아니었다. 정말로 이상했던 것은 중국의 지방정부가 이와 같은 조정 앞에서 드러낸 경솔함과 이성 상실이었다. 통계자료와 관찰에 근거하면, 중국의 부동산시장은 이제 막 조정이 시작되었다. 보다 익숙한 지수로 나타낸다면, 당시 중국의 부동산 가격은 여전히 상하이증권지수 5,000포인트에 상당하는 것이어서 여전히 조정될 여지가 아주 컸다. 그런 무렵에 중국의 지방정부는 서둘러 감세에서 담보대출까지 온갖 부양책을 쏟아냈다. 시장에 직접 개입해 매입하는 것에서부터 주택구매보조금을 제공하는 것까지 실로 눈이 어지러울 지경이었다. 당황하고 서두르는 모습은 뜨거운 솥단지에 올라앉은 개미와도 같았다. 더 심한 경우는 동남부 연해(沿海)의 도시에서 지방정부가 부동산업자의 가격흥정을 금지하는 행정조치를 발동한 것이다. 망하게 하려면 먼저 미치게 만드는 법이다. 이익에 눈 먼 지방정부의 비이성적 행위는 부동산의 가격 하락을 막기는커녕 중국 부동산에 내재된 하락세만 내보이고 말았다. 결국 주택시장 하락세에 대한 소비자의 예상을 키웠고, 부동산 하락세를 가속시켰다.

소득대비주택가격비율, 총부채상환비율, 매매가대비 임대수익률 등 부동산 가격을 최종적으로 결정하는 기본 요소들을 통해 보면, 중국의 부동산시장에는 여전히 잔뜩 거품이 끼어 있다. 더욱이 중국 경제는 이제껏 경험한 적이 없는 경기후퇴 주기가 도래하면서 잠재적 주택구매층의 미래 예상 수입이 악화되고 있다. 이는 깊은 늪으로 빠져들면서도 '죽기 살기로 버티는' 중국 부동산시장의 마지막 지푸라기가 될 것이다. 중국의 특수한 요인은 미래의 부동산시장에서도 그대로 작용할 것이 분명하다. 하지만 그런 특수한 요인들이 이미 쇠약해진 것도 틀림없는 사실이다. 따라서 2009년도에 부동산시장에 진정한 의미의 붕괴가 진행되고 또 국유은행과 중국 경제의 전반적 상황이 악화되더라도 전혀 놀랄 필요가 없다. 그 이유는 너무도 간단하다. 앞서 얼마를 지출했다면, 나중에 그만큼 갚아야 하기 때문이다. 장기적으로 보면 누구든지 이런 철칙에 맞설 수는 없다.

2008년에 중국의 부동산은 그래도 강한 생명력을 보였다면, 주식시장은 전형적으로 무너졌다. 2008년 중국 증시는 연거푸 예상을 벗어났다. 6,000포인트에서 1,600포인트까지 미친 듯이 떨어져 하락폭은 최고 75%에 육박했다. 수년 동안 세계에서 가장 강세장이던 중국 증시는 2008년에는 세계 최대의 하락장으로 바뀌었다. 부동산시장에 비해, 증시 투자자들은 이미 몇 차례 상승과 하락을 겪었기 때문에 상승장세 이후의 하락장세에 대비하고 있었다. 그렇지만 그런 폭락은 대다수의 예상을 훌쩍 뛰어넘는 것이었다. 그것은 집단적 광란의 시기에 '황금의 10년' 이라고 외치던 애널리스트들의 경박함은 논외로 하더라도, 한 가지 큰 의문을 남겼다. 그 이면에서 대체 무슨 일이 벌어진 것일까? 대체 무엇이 믿어 의심치 않던 투자의 가설을 훌쩍 뛰어넘은 것일까?

중국 증권시장의 투자자 대부분은 중국은 세계에서 가장 성장가능성이 높은 경제체로, 고도성장의 주기가 적어도 30년은 더 지속될 것이며, 설령 조정이 있더라도 앞서 경험한 그런 주기적 조정에 지나지 않는다는 가설을 깊이 신뢰했다. 이런 신념은 중국의 주류 매체가 반복하면서 강화되었고, 대중들의 머릿속에서 검증할 필요조차 없는 가설이 되었다. 이 때문에 대다수 사람들은 중국의 증권시장은 하락세가 나타나더라도 정상적인 조정이며 고작해야 단기적 하락장세일 뿐이라고 믿었다. 하지만 불행하게도 믿어 의심치 않았던 그런 기본 가설은 엄혹한 시험을 당하고 있다. 중국 경제의 펀더멘털을 뛰어넘는 하락은 중국 주식시장의 심상치 않은 하락을 설명하는 가장 중요한 요인일지도 모른다. 중국의 투자자들이 굳게 믿어온 기본 가설이—중국 경제는 아직도 30년 동안은 고도성장을 지속할 수 있다 깨진다면, 중국 증시는 2009년에는 2008년보다도 더 시련이 클지도 모른다.

앞서의 상승장세가 지나가자 중국의 자본시장에는 중요한 변화가 생겼다. 대형독점기업과 국유은행이 중국 자본시장의 주체가 되어 절대적 몫을 차지하게 된 것이다. 대형국유기업과 국유은행 상장을 위한 사전작업은 정부가 나서 상승장세를 촉진하는 중요한 동력이었다. 비록 앞선 경제 확장 주기에 중국의 대형기업은 그런대로 괜찮은 실적을 낸 것으로 보이지만, 독점적 지위와 국가의 재정지원에 의존하는 대기업은 1990년대 말기에 점차 형성된 이래로 진정한 의미에서의 경기후퇴 주기를 경험한 적이 없었으며, 2008년과 같은 갑작스럽고 치명적인 경기후퇴 주기는 더욱이 경험한 적이 없었다. 때문에 다가오는 참담한 상황에 대한 이들 대형독점기업의 저항력은 중국의 증시에 큰 영향을 줄 것이다. 이것은 결코 낙관할 수 없다. 최근 자료에 따르면, 중국의 대형 항공사 세 곳이 잇달아 대규모 적자를 기록했다. 그런데 그 적자가 GDP 성장이 10%에 이른다는 전제에서 나온 것이라는 사실은 놀라운 일이다. 만약 GDP 성장이 8% 또는 그보다 낮아지는 상황이라면, 이들 기업이 어떻게 대응할지 상상하기 어렵다. 우려할 만한 이유가 있는 셈이다. 몇 년 이후에 중국의 납세자들은 이런 대형기업과 은행에 또다시 거액을 수혈해야만 할까? 자본시장에 있어서 유일하게 확실한 것은 불확실성이다. 2009년과 그 이후 중국의 자본시장에서는 더욱 그렇다.

중국 증권시장의 거대한 붕괴는 2008년 중국의 대형 사건 가운데 하나라고 하겠지만, 그 영향과 사람들이 느끼는 의외성은 중국 경제가 2008년 3분기에 보인 갑작스러운 둔화에는 훨씬 미치지 못한다.

2008년 하반기로 들어서면서, 상반기까지 미친 듯 내달리던 중국 경제는 둔화되는 추세를 보이기 시작했고, 9월과 10월 이후에는 그런 둔화가 고공에서 추락해 경착륙하는 모습으로 바뀌었다. 공개된 이런저런 자료가 보여주는 빠른 전환과 큰 하락폭은 급속 붕괴라고 표현할 수 있을 것이다. 10월에 중국의 일정 규모 이상 제조업은 전년대비 8.2% 증가에 그쳤고, 전년 동기보다는 무려 9.7%나 떨어졌다. 그것은 과거 5년 평균 증가폭의 절반에 지나지 않는 것이었다. 11월 들어 이 수치는 5.4%까지 떨어져 2001년 말 이래로 최저치를 기록했다. 재정수입도 2008년 11월에는 수년 동안 없던 마이너스 성장을 기록하면서, 전년 동월 대비 3.1%가 감소했다. 경제성장을 가장 사실적으로 반영한다고 할 수 있는 전력사용량을 보면, 11월에 총발전량이 전년대비 7%나 급감해 1989년 이래 최대 하락폭을 보였다. 아울러 11월 제조업구매관리자지수—PMI도 10월에 44.6이던 것이 38.8로 떨어졌다. 미시적 측면에서 나타난 불황은 거시적 통계수치를 입증한다. 요즘 유행하는 말로 수요가 하룻밤 사이에 거의 사라져버린 것이다. 세계적 신(新)에너지 거물에게 납품하는 한 친구는 잘나가던 공장이 돌연 원자재 반입이 거의 동결되었다고 귀띔해 주었다. 멀리 남쪽 지방에 있는 또 다른 친구는 그 지역 항만은 1989년 이래로 가장 침체된 모습이라고 털어놓았다. 곰곰이 따져보면, 이런저런 거시적 통계수치의 하락폭은 20년 내지 심지어 30년 이래로 처음 보는 것이다.

거시경제의 이런 급속한 전환이 짧은 2, 3개월 사이에 벌어졌다는 사실은 혼란스럽다. 중앙정부는 이제 살얼음판을 걷고 있다는 사실을 얼마쯤 깨달았을 터이지만, 빠른 경기후퇴에 대해서는 여전히 속수무책이다. 몇 달 전까지만 해도 중앙정부는 은행의 지급준비금과 금리를 꾸준히 올려 경기과열을 막았지만, 몇 달이 지난 뒤에는 오히려 보기 드물게 자주 지급준비율과 금리를 대폭 낮추고, 또 30년 이래 최대 규모인 4억 위안의 재정을 즉각 투입해 경기를 부양했다. 만약 운전사가 차를 급정거했다가 다시 가속페달을 밟는다면, 어떤 긴급한 상황을 만난 것임에 틀림없을 것이다. 이것이 아마도 중앙정부가 정책을 신경질적으로 급선회한 배경일 것이다. 하지만 정책 입안자들이 보여준 '의구심' 이든, 경제학자들이 보여준 난감한 집단 실어증이든, 기업계의 갈팡질팡하는 모습이든, 모두가 위기와 위기의 방식에 대한 준비가 거의 없었다는 사실을 보여준다. 이런 사실은 30년 동안 믿기 힘든 운세를 누리면서도 민족의 주류의식에는 위험에 대한 자각이 없다는—어리석을 정도의 자만심과 낙관 사실을 입증한다.

중국의 몇몇 최고 지도자들이 가장 먼저 위기를 눈치챘다는 사실은 의외이다. 그들의 함축적 발언을 세심히 들었다면, 눈앞에서 벌어지는 위기를 조금 일찍 깨달을 수 있었을 것이다. 가장 직설적으로 말한 인물은 원자바오 총리이다. 원 총리는 봄에 "2008년은 중국 경제가 가장 어려운 한 해가 될 것"이라고 솔직하게 경고했다. 그래서 누군가는 원자바오를 2008년도의 가장 뛰어난 거시분석가라고 추켜세우기도 했다. 이는 창의적 유머만은 아니다. 하지만 2008년보다는 2009년 그리고 그 다음 해가 가장 어려울 것이다.

올림픽, '선저우(神州) 7호' 발사, 설해(雪害), 지진, 증시 붕괴, 부동산 혼조에 견주어, 중국 경제의 갑작스러운 둔화는 2008년 최고의 사건이자 2009년도에 중국에서 가장 주요한 초점이 될 것임에 틀림없다. 수년 동안 GDP가 핵심이 되고 나아가 일체의 목표를 압도한 중국에서 뜬금없는 경기 둔화는 사람들을 두렵게 만들었다. 그것은 이 사회에서 유일한 응집력이자 접합제였다. 중국 엘리트계층의 비관적 분위기도 20년 이래로 처음 보는 것이라는 사실도 덧붙여 둘 만하다.

2008년에 중국 경제에 빨간불이 켜진 것이 일시적 문제인지 아니면 30년 동안 계속된 중국식 발전 모델의 최종 귀결인지는 판단할 수 없다. 하지만 점점 위기의 전환점에 다가서고 있다는 것은 분명하다. 그런데 2008년은 결코 돌연히 찾아온 것은 아니다. 복잡하고 난해한 역사가 마침내 놀라운 힘을 드러냈을 뿐이다. 지난 30년을 잘 이해한다면, 2008년의 중국은 더 이상 기괴하지 않을 것이며, 현재 중국의 상황도 한층 뚜렷해질 것이다.

7.1.2. 30년 이래의 비상 국면

1978년부터 2008년까지, 중국의 개혁은 30년이라는 세월이 지났다. 30년이 지나 시장화의 성과에 익숙해졌을 무렵, 중국 사회에서는 중국의 독특한 발전 모델이 남긴 고통스러운 결과가 감지되고 있다.

1989년 이후로 합법적 우려는 중국의 정치에서 떨쳐낼 수 없는 심리적 질병으로 바뀌고 말았다. 경제의 고도성장은, 보다 정확하게 말하면, GDP의 고도성장은 그런 우려를 씻어내는 유일한 처방이 되었다. 신속하게 GDP를 제고할 수 있는가는 개혁과 진리를 가늠하는 유일한 기준이 되었다. 이런 집권(執權)의 사유 아래에서, 또 중국의 당시 정치적 상황 아래에서, 중국 경제는 빠르게 높은 투자율, 높은 외향형, 높은 오염도, 낮은 내수, 낮은 복지, 낮은 인권보장 속에서 발전의 길을 치달렸다. 냉전이 끝나고 1990년대 초기에는 이와 같은 발전 모델이 한층 팽배해져 세계화의 물결을 극단으로 올려놓았다. 십 수 년에 걸친 배양을 거쳐, 새로운 세기가—특히 2001년에 WTO에 가입한 이후에 시작되자 중국은 기적과도 같은 GDP 성장기록을 세웠지만, 구조의 왜곡과 내부문제의 누적 또한 놀라운 지경에 이르렀다.

내수를 보면, 중국의 소비율은 2007년에 35%라는 최저 수준으로 떨어졌다. 다른 나라의 경우는 이 수치가 70%를 넘는다. 이처럼 예사롭지 않은 소비율의 배후에는 중국 분배구조의 심각한 왜곡이 감춰져 있다. 통계에 따르면, GDP에서 국민이 차지하는 몫은 경제가 발전하면서 늘어나기는커녕 오히려 꾸준히 줄었다. 1994년에 정부, 기업, 국민의 분배비율은 18 : 16 : 66이던 것이 2005년에는 23.8 : 16.2 : 60.0으로 바뀌었다. GDP에서 국민이 차지하는 몫이 계속 줄어드는 것에 대해, 한 평론가는 "현재 중국의 소비율은 1950년대 말에 '3년 곤란'[1]을 겪은 시기보다도 더 낮다."고 지적한다. 이것은 중국의 내수가 장기 불황을 겪는

역주 1) 중국이 1959년부터 1961년까지 진행한 대약진운동과 농업을 희생시켜 공업을 발전시키려던 정책이 전국적으로 식량부족과 기근을 가져온 사건을 말한다.

주요한 까닭이다. 중국 내수의 장기 불황은 시장게임의 결과가 아니라 정치적 도박의 결과이다. 개혁과정에서 정부와 기업이 권력을 확장하는 반면 이에 상응해 국민의 권리는 극도로 억압되었다. '저인권비용' 이라는 말은 이런 상황을 가리킨다.

중국 경제가 지닌 또 한 가지 기형적 지표 역시 정치적 자질에서 나왔다. 마오쩌둥의 시대부터 높은 투자율은 중국 경제에 있어 하나의 나쁜 질환이었다. 그 질환은 개혁을 통해 말끔히 치유되기는커녕 오히려 줄곧 악화되었다. 2005년 말, 중국의 GDP 대비 투자율은 48.6%에 이르렀다. 누군가는 이에 대해 "투자율이 이런 속도로 늘어나면, 2012년이 되면 중국은 투자만 있고 소비는 없는 경제체가 될 것이다."라고 꼬집었다. 논리적으로 보면, 장기적으로 높은 투자율은 생산능력의 과잉을 가져오게 마련이고, 나아가 경제의 급격한 조정을 부르게 마련이다. 그런 사실은 과거 중국이 폐쇄 경제체이던 시절에 거듭 입증된 바 있었다. 그 역시 마오쩌둥의 시대에 벌어진 일이다.

하지만 중국이 세계 경제체제에 빠르게 융합된 이후로, 그런 과잉 생산 능력은 세계 시장에서 소화될 수 있었다. 게다가 중국의 지방정부는 각종 자원을 통제해 토지 · 세금 · 환경 · 자원 · 인력 비용을 극도로 억눌렀다. 이는 중국의 방대한 과잉 생산능력이 다른 어떤 나라도 필적할 수 없는 가격 우위를 갖게 만들었다. 중국의 과잉 생산능력에 투자한 사람들은 시장의 징벌을 받기는커녕 오히려 이윤을 챙겼다. 이는 뒤집어보면 미시적으로는 정부와 기업의 합리성을 장려하지만, 거시적으로는 거대한 재난을 가져올 투자에 대한 유혹일 수 있다. 단기적 성공은 많은 사람들을 미혹시켰다. 십수 년 동안 이어진 높은 투자율은 생각지도 못한 놀라운 것이었다. 하지만 지나치게 높은 투자율과 지나치게 낮은 소비율이라는 경제성장의 조합이 취약한 균형을 유지하려면, 논리적으로 외부 시장과 외부 자원에 대한 높은 의존이 필요하다. 경제지표는 중국이 대외무역의존도가 지나치게 높은 경제체로 변했다는 사실을 보여준다. 2006년 중국의 대외무역의존도는 64%에 이르러, 다른 대형 경제체를 크게 앞질렀다. 십수 억 명의 인구를 지닌 대형 경제체인 중국의 대외무역의존도는 위험할 정도로 지나치게 비정상적이다. 이는 중국의 GDP 1위안당 0.64위안은 외부 경제와의 교환을 통한 것임을 의미한다. 또 외부의 소비수요가 줄면, 중국 경제는 심각한 타격을 받을 수 있음을 의미하기도 한다. 2008년 초겨울에 들어 중국 경제가 급격하게 둔화된 것은 이런 위험성을 전형적으로 드러낸 것이다.

세계 금융위기가 벌어지자 중국의 주류 여론은 중국은 실물경제가 튼튼하기 때문에 금융위기의 영향을 그다지 받지 않을 것이라며 사람들을 안심시켰다. 하지만 이런 천박한 '전문가의 견해'는 금세 헛소리가 되고 말았다. 중국의 높은 대외무역의존도에 비추어보면, '중국 경제'라는 개념 자체도 시대에 어울리지 않음이 자명하다. 2008년 3분기부터 시작된 중국 경제의 급격한 둔화는 개혁과정에서 오랫동안 쌓인 문제점이 금융위기를 통해 드러난, 치명적 보복일지도 모른다. 30년 동안 중국은 세계적으로 독보적 성장속도를 보였지만, 경제 체질은 여전히 무척 취약하다는 사실을 보여준다. 물론 정부의 낙관적 견해로는, 중국 경제의 구조가 왜곡된 것은 곧 중국 경제가 잠재력을 지닌 구석일 수 있고, 소비율이 낮은 것은 아직도 내수가 크게 진작될 여지가 있으며, 산업이 낙후된 것은 아직도 업그레이드될 잠재력을 지니고 있다는 설명일 수도 있다. 이런 중국식 변증법 속에 담긴 지혜를 부인하지는 않는다. 하지만 이런 결과를 가져온 원인에 있어서는 정치적 변화가 요구된다. 내수 진작과 구조조정은 중국의 지도자들이 항상 이룩하겠다고 약속한 것이지만, 수년에 걸친 노력에도 결과를 얻기는커녕 도리어 악화되기만 한다. 그 수수께끼는 바로 정치적 어려움에 달려 있다. 결코 가벼운 임무가 아니다.

1990년대 이후로 GDP를 유일한 기준으로 삼고, 중국의 특수한 정치적 상황을 조건으로 삼은 중국 개혁의 발전 모델은 경제를 왜곡시켰을 뿐 아니라 사회와 정신문화에도 심각한 후유증을 남겼다. 게다가 후자는 구체적 경제지표에 반영되지 않기 때문에 쉽게 감춰지고 무시될 수 있었다. 이런 관점에서 반드시 거론해야 하는 것이 빈부격차문제이다. 개혁

이전에도 중국에서는 심각한 불평등이 있었지만, 경제에 있어서 만큼은 그래도 무척 평등한 나라였다. 하지만 30년이라는 짧은 세월이 지나고 중국은 일약 빈부격차가 가장 현격한 경제체가 되고 말았다. 아주 평등한 사회가 빠르게 빈부격차가 현격한 사회가 되었기 때문에 그 억눌린 잠재적 분노는 폭발의 위력을 지니게 되었다. 위기가 엄습한다면, 그 분노는 사회분열의 도화선이 될 수 있다. 즉 중국은 사회 단결에 있어서의 거대한 파탄이 경제위기라는 화력(火力)에서 가장 먼저 터져 나올 수 있고, 그것은 사회 전체의 위기의 발화점이 될 것이다. 2008년의 웡안(甕安) 사건은 그런 위기를 아주 생생하게 예언하는 것이다. 불행하게도 경제위기가 찾아온다면, 앞서 말한 상황은 그저 논리와 확률상의 추론에만 그치는 것이 아니라, 중국이 마주하는 엄중한 현실이 될 수 있다.

비단 이것만이 아니다. 개혁 30년 이후, 중국 사회에는 물질적 이익을 주요 목표로 하는 기회주의가 엘리트에서 서민까지, 정부에서 기업까지 거의 모든 이익 주체의 압도적 행동 문화가 되었다. 그런 강한 독성을 지닌 문화에서, 사람들은 자신에게 유리한 것이 이성적이고 좋은 것이라고 생각하게 된다. 목표를 이룰 수만 있다면 기초적인 상도덕과 문화준칙은 헌신짝처럼 내던질 수 있는 것이다. 2008년에 풍파를 몰고 온 독성 분유 파동은 오늘날 중국의 문화정신을 그대로 드러냈다. 경제성장 과정에서 중국의 각급 정부가 보여준 기회주의적 속성은 이런 문화적 토양을 조장했을 뿐 아니라 심지어 본보기가 되기까지 했다. 이런 문화적 토양 위에 세워진 사회가 거대한 경제적 충격에 어떻게 대응할지는 상상하기 어렵다. 앞으로도 운이 따른다면, 요행으로 위기를 넘길 수 있을 것이다. 하지만 행운만 기원하는 민족이라면, 그것은 얼마나 취약한 공동체이겠는가? 믿고 싶지 않지만, 유감스럽게도 이것이 위기가 임박하던 2008년도 중국 사회의 진정한 정신적 토대이자 기점이었음을 밝혀두어야만 하겠다. 물질적 성취는 한 차례 위기로 금세 흔적 없이 사라질 수 있다. 하지만 정신적 역량은 위기 속에서도 가장 굳건한 보루가 될 수 있다. 그런 의미에서 중국은 아마도 다른 경제체보다 위기에 훨씬 가까이 있을 것이다.

앞서 말한 것처럼, 1978년 이후, 특히 1990년대 중반 이후로 중국의 경제성장은 중국의 제도 변혁의 결과일 뿐 아니라 1990년대 이후 세계 체제가 확장된 결과이기도 하다. 다시 말해서, 달러를 상징으로 삼는 세계 체제는 이미 중국의 경제성장에 있어서 보이지 않는 중요한 바탕이 되었다. 그러므로 중국의 미래 경제성장의 청사진은 세계 체제의 시야를 벗어나서는 살필 수 없다.

제2차 세계대전 이후, 미국을 중심으로 새로운 세계 체제가 형성되었다. 냉전이 종식되고 IT혁명과 미국이 가진 이데올로기의 매력에 힘입어, 세계 체제는 급속하게 팽창했다. 중국 · 인도 · 러시아 등 거대인구를 가진 나라가 완전히 편입된 것을 표지로, 세계 체제는 정점에 이르렀다. 하지만 정점은 쇠락의 시작을 의미하는 것이다. 서브프라임 모기지론 사태를 뇌관으로, 결국 2008년에 터진 금융위기는 기실 이 체제가 정상에서 쇠퇴로 돌아서는 분명한 신호였다. 본질적으로 이는 달러를 남발해 세계의 과잉 생산능력을 흡수한 미국 소비능력의 붕괴였다. 서브프라임 모기지론 사태는 미국이 '금융 개혁'을 통해 소비수요를 팽창시키고 아울러 세계의 저축을 빨아들여 초래한 위기인 것이다. 누군가는 "서브프라임 모기지론 사태는 마치 미국이—마치 모범 노동자처럼 세계의 소비 견인차로 분장하고 오랫동안 병든 채로 일하다가 끝내 쓰러진 것과도 같다."라며 조롱한다.

현재의 위기는 미국의 위기만이 아니며, 또한 어느 한 나라만의 위기도 아니다. 그것은 2차 대전 이후, 무수한 신화를 만들어낸 세계 체제의 위기임에 분명하다. 그러므로 세계 체제의 관점에서만이 지금 벌어지는 위기의 진상에 한걸음 다가설 수 있다. 체제 주변에서 벌어진 아시아 금융위기와는 달리, 지금 벌어지는 금융위기는 세계 체제의 심장부에서 벌어진 것이다. 아시아 금융위기가 빠르게 진정될 수 있었던 것은 당시 세계 체제의 엔진인 미국의 소비수요가—그 밖의 선진국을 포함해 여전히 강했기 때문이었다. 그 수요는 아시아 신흥 경제체의 과잉 생산능력을 빠르게 재편했고, 체제를 신속하게 정상으로 돌려놓았다. 따라서 이번 세계 금융위기는 10년 전 아시아 금융위기보다 훨씬 예측하기 어렵다. 그 이유는 간단하다. 심장폐색은 국부적 통증보다 훨씬 위험하기 때문이다.

이런 실마리를 따라가노라면, 미국과 기타 선진국의 소비수요가 언제 회복되느냐가 이번 위기의 종점임을 알 수 있다. 그렇지만 선진국의—미국의 경우가 특히 심하다 소비수요는 금융이라는 지렛대에 오랫동안 '부풀렸고', 선진국은 기업에서 가정까지 전체적으로 차입금 시대에 접어들어, 이런 수요를 회복하는 것은 지루한 과정이 될 것이다. 사실상 선진국의 소비수요 위축은 이제 막 시작일 것이다. 이어서는 체제 내부와 금융에서 실물까지, 선진국에서 신흥국가까지 전면적인 네거티브 피드백, 즉 나선형 하락 과정이 발생할 것이다. 세계의 3대 주요 경제체가 동시에 쇠퇴에 빠졌다는 사실이 이런 추세를 방증한다. 그런 상황은 2차 대전 이후로 이제껏 보지 못한 것이다. 아울러 두터운 희망을 주던 중국과 인도 같은 신흥 경제체도 위기 속에서 빠르게 그들의 체제에 대한 높은 의존성을 드러내고 있다. 이들 수출주도형 신흥 경제체가 하룻밤 사이에 바뀌어 체제의 위기를 구하기를 바란다는 것은 경제에 있어서는 비현실적이며, 지금의 세계 정치의 권력구도에도 심각한 충돌을 야기할 것이다. 이런 사실은 세계 체제가 분명히 2차 대전 이후로 가장 심각한 상황에 직면했다는 사실을 일러준다. 앞으로 어떻게 발전해 나갈지는 알 수 없지만, 변화가 이미 시작되었음은 분명하다.

지난 10여 년이 미국을 중심으로 한 세계 체제의 빠른 확장의 시기였다면, 앞으로 걸어가는 것은 이 체제의 부단한 축소의 시대일 것이다. 그것은 결코 유쾌한 시대가 아님이 분명하다. 그 과정에서 체제 내의 어느 나라도 위축의 고통에서 벗어날 수 없다. 이는 아주 확정적인 세계 체제의 미래 모습이다. 만약 그 가운데 어느 한 대국이 위축이 가져오는 고통을 견디지 못하고 큰 정치적 변고를 겪는다면, 2차 대전 이후의 세계 체제는 즉각 폭발할 것이다. 노련한 투자자들은 이런 불확실성은 인류 지혜의 천적이라는 사실을 알고 있다. 경제의 확실한 위축이든 불확실한 체제의 불확실한 폭발이든, 모두 중국이 2009년에 마주할 힘든 상황이다.

예측이라는 것은 이제껏 어리석은 일로 치부되었지만, 중국과 깊숙하게 연관된 몇몇 중요한 추세들은 아직도 모험을 해볼 만하다는 힌트를 건넨다. 첫째, 2009년에는 달러가 대폭 평가 절하되어 세계 금융시장의 더 큰 동요를 부를 수 있다. 둘째, 중국은 당국이 대규모 경기부양책을 내놓았지만, 경기 후퇴가 예상을 뛰어넘는 폭으로 진행되어, 30년 동안 지속된 성장 모델을 폐기하도록 압박할 수 있다. 셋째, 경기 후퇴 속에서 오랫동안 누적된 국내의 각종 사회적 모순이 한계에 이르러, 30년 동안 보류되었던 정치 개혁이 새로운 동력을 얻을 수 있다. 더 멀리 내다보면, 공산주의 이데올로기의 쇼크에 이어서 이번 세계화에 주요 이데올로기를 제공한 보수주의도 퇴조할 것이다. 그리고 뒤이어 이런저런 대체 방안과 견해가 나올 것이다. 그것은 분명 대변혁의 시대일 것이다.

세계화의 관점에서든 아니면 중국의 내부 상황에서든, 미래의 청사진은 너무도 분명하다. 중국은 30년 동안 경험하지 못한 대변혁의 국면을 마주하고 있다. 낙관적 입장에서 보면, 위기는 비단 붕괴를 뜻하는 것만은 아니다. 그것은 또한 열반(涅槃)을 의미하고, 큰 기회를 의미한다. 필자는 이제껏 낙관주의자는 아니었지만, 오늘은 중국의 2009년을 낙관적 태도로 기다리고 싶다. 오바마가 선거승리 연설에서 "변화의 시대는 이미 찾아왔다."고 한 것처럼 말이다.

— 2008년 12월

7.2. 경제위기 그림자 속의 중국 사회

세계적으로 경기가 더 위축될 것이 자명한 때에, 중국의 문제를 관찰하는 사람들은 이제 중국의 사회문제에 관심을 돌리기 시작했다. 역사적 경험에서 보든 논리적 추론에서 보든, 경제위기는 사회적 위기와 맞물려 상승작용을 일으킨다. 위기가 오래 지속되고 널리 파급되면, 그것은 정치에 중대한 변수가 된다. 20세기의 역사를 돌아보면, 그런 교훈은 멀리 있지 않다. 이런 지식의 실마리를 좇아가면, 경제위기의 먹구름에 휩싸인 중국은 사회적 위기가 모습을 내보이고 있다는 사실을 발견할 수 있다.

경제위기가 사회적 위기로 바뀌는 도화선은 실업문제이다. 이는 현대 산업문명의 역사가 우리에게 던지는 가장 중요한 충고인 듯하다. 그런데 중국에서 이 문제는 누가 어떤 식으로 일자리를 잃는가 하는 특수성이 있다. 간단히 답하자면, 농민공이 전근대적 실업에 직면하고 있는 것이다.

2009년 설날이 지나고 중국 국무원 신문판공실이 개최한 뉴스브리핑에서 주인공은 농민공이었다. 이는 농민공 문제가 중국에서 얼마나 민감한 것인지를 잘 보여준다. 브리핑에서는 중국에서 존경받는 실업문제 전문가 천시원(陳錫文)[2)]이 금융위기 이후 중국 농민공의 상황을 소개했는데, 그가 제시한 자료는 암울한 모습을 보여주었다. 지난 1년 동안 외지에 나가 일하던 1억 3천만 명의 농민공 가운데 약 2천만 명이 일자리를 잃고 부득이 고향으로 돌아갔다. 1년 만에 농민공의 실업률은 15.3%에 이르렀다. 이는 다른 집단을 훌쩍 뛰어넘는 수치인데, 이것이 최근 1년 동안의 수치라는 사실을 기억해야 할 것이다. 위기가 계속되고 또 깊어지면, 농민공의 실업률은 더 높아질 것이다. 지금 판단하기에는 농민공은 확산되는 위기 속에서, 가장 먼저 그리고 가장 심각하게 타격을 받을 사람들이다. 하지만 그들은 견뎌낼 수 있는 능력은 가장 취약하다.

발생기제 · 확산방식 · 전파속도 그리고 매체를 통해 일반인들에게 주는 심리적 불안의 정도에 있어서, 이번 금융위기는 포스트모던적 색채가 짙다. 어쩌면 인류 역사상 최초의 인터넷 시대의 경제위기라고 할 수 있을 것이다. 이번 경제위기를 가장 먼저 알아챈 사람은 중국에서 이미 포스트모던의 생활을 누리던 중산층과 엘리트이지만, 가장 먼저 생존의 충격을 몸으로 느낀 사람은 전근대적 사회에 놓여 있는 농민공이다.

어떤 학자는 중국의 불평등과 분할 구도를 "하나의 중국, 네 개의 세

역주 2) 중앙재경영도소조판공실 부주임, 중앙농촌공작영도소조판공실 주임.

상"이라는 말로 실감나게 묘사한 바 있다. 하지만 보다 정확하게 표현하자면 "하나의 중국, 여러 개의 사회"라고 할 것이다. 중국의 농민공은 사회의 가장 밑바닥인 전근대적 사회에 놓여 있다. 작업방식, 생활방식, 개인과 현대국가와의 관계에서 본다면, 농민공은 전근대적 사회에 놓여 있음이 분명하다. 그들은 일정한 거처도 없고 일정한 직업도 없으며 신분조차 모호하다. 직업에 대한 보장이나 사회적 보장은 꿈도 꾸지 못한다. 현대국가와의 관계는 거의 완벽하게 절망적인 상태이다. 그런 까닭으로 일자리를 잃으면, 가장 빠르게 생존의 위협에 부딪친다. 일부는 고향에 돌아가 일단 위기를 피할 수는 있지만, 노동수입의 상실과—중국판 『포브스』에 따르면, 중국 농민의 노동수입이 농민수입에서 차지하는 비중은 40%에 가깝다 농업이 지닌 비교열세는 그들의 삶을 한층 빈곤하게 만든다. 게다가 그들 가운데 다수는 고향으로 돌아갈 수도 없다. 그런 사람들은 도시에 남거나 여기저기 도시를 떠돌며 생존을 도모하는 수밖에 없다.

농민공은 주장을 펼칠 기본적 채널이 없고, 또 조직적으로 훈련을 받지도 못했다. 그들은 대부분 고향을 매개로 하여 서로 돕는 비정규적인 집단이다. 그래서 극복하지 못할 생존의 위기에 내몰리면, 제한적인 개인적 방식으로 의사를 표현한다. 건물에서 뛰어내려 체불임금을 요구하는 것은 그 전형적 방식이다. 아울러 한걸음 나아가 작은 소요를 일으키거나 다른 파괴행위를 벌일 수도 있다. 그들은 도시에서 살고 있지만, 그 도시와는 아무런 연고도 없으며, 또 그들을 제어할 수 있는 어떤 연계도 없다. 극단적으로 말하면, 그들은 범죄를 저질렀을 때 비로소 그 도시의 시야에 들어오고, 그럴 때이면 그들과 유일하게 대화하는 사람은 경찰이다. 이것은 서구사회에서 일상적으로 행하는 거리시위나 그 밖의 합법적이어서 쉽게 통제할 수 있는 항의 수단과는 전혀 다르다. 이런 개별적 항의행위는 정부나 사회의 다른 집단을 직접 겨냥하지는 않지만, 다발성 · 돌연성 · 분산성 · 은폐성 같은 특징을 지녔기 때문에 오히려 더 많은 행정적 비용이 소모될 수 있다.

다시 말해서 농민공은 효율적으로 조직화된 표현 방법이 없고, 점점 심화되는 위기에서 그저 기회를 보아 생존을 위해 행동하는 수밖에 없다. 그것은 도처에 존재하는 기이한 전쟁이다. 그들은 결코 소란스럽지 않지만, 그것이 사방에 만연하게 되면, 정부를 지치게 만들기에 충분하다. 그러므로 농민공이 통일된 국가시스템 속에 들어가, 보장받고 또 통제받는 것이 해결 방법이다. 진부한 표현으로는 중국의 도시와 농촌의 이원 분할 문제를 조속히 해결하는 것이 해법이다.

지금 농민공은 자신의 요구를 명확히 담은 사회적 운동을 펼칠 능력이 없어 보인다. 하지만 위기가 오래 지속되어 상처가 깊어진다면, 농민공은 사회 위기를 불러오는 기초 집단이 될 수 있고, 나아가 보다 조직적인 다른 집단과 연합해 대규모 사회 운동을 일으킬 수 있다. 특히 날로 늘어나는 대졸 실업자는 그들의 동맹군이나 지도자가 될 수 있다.

중국에서 농민공 문제는 흔한 이야깃거리였다. 다만 이번에 더 심각해졌을 뿐이다. 반면 대규모 대졸 실업자 문제는 처음으로 중요한 이슈로 부각되었다. 원자바오 총리가 이 문제를 여러 차례 거론한 사실에서 문제의 심각성을 엿볼 수 있다.

흔히 인용되는 통계자료에 따르면, 2009년 중국에서는 700만 명이 넘는 대학생이 졸업한다. 대학생을 모집한 이래로, 졸업생이 가장 많이 배출된다. 분명한 것은 그들이 앞선 어느 해 졸업생보다도 훨씬 직장을 얻기 어렵다는 사실이다. 비공식 조사에 따르면, 중국의 광둥(廣東) 지방은 대졸자 취업률이 25%에 불과하다. 이는 개혁개방 이래로 가장 낮은 대졸자 취업률이다. 더욱이 지난 수년 동안 졸업 후에도 직장을 얻지 못했거나 임시직 일자리를 구한 경우를 더한다면—일상적으로 보면, 최근 수년간 대졸자의 취업 상황은 몹시 불안정하다 중국 사회에는 역사상 유례없이 많은 대졸 실업자가 쌓였을 것이다. 그들은 바로 중국 역사상 수차례 나타난 적이 있는 이른바 '주변부 지식인'이다. 이런 상황은 1940년대에 학생들이 "졸업이 실업이다"라고 과장되게 묘사한 암흑시대를 쉽사리 떠올리게 한다. 전체 취업인구 가운데 미취업 대졸자의 비중은 높지 않지만, 그들은 중국의 잠재적 실업자 대열에서 핵심을 이루는 집단이다. 그들의 핵심적 역할은 20세기 초반 중국의 혁명에서 충분히 입증되었다.

미취업 대졸자는 농민공보다 훨씬 많은 정보 채널을 가지고 있고, 체제 자체에 대한 이해도 훨씬 깊다. 이런 사실은 그들이 일으키는 집단행동이 훨씬 뚜렷한 목소리와 체제적 목표를 갖고 있다는 의미이다. 지금까지는 미취업 대졸자가 다른 집단과 연대한 어떤 흔적도 없지만, 그런 상황이 생기지 않는다고 장담할 수 있는 사람은 아무도 없다. 중국에서 주변부 지식인의 역할은 무시할 수 없다. 기대치가 매우 낮은 농민공에 견주어 그들은 기대에 훨씬 못 미치는 현실적 격차와 강한 좌절감을 지니고 있기 때문이다. 미취업 대학생 가운데는 농촌 출신으로 도시에 아무 연고가 없는 경우가 많다. 이런 사실은 그들이 다른 기층 민중과—예컨대 농민공 긴밀한 연대를 맺게 할 수 있을 뿐 아니라, 그들이 기층 계급의식을 뚜렷이 자각하게 만들 수 있다. 그리고 그것은 사회위기의 적대성을 격화시킬 수 있다.

중국에서 계속 늘어나는 대졸 미취업자는 본질적으로 대학 개혁 이후의 산물이다. 이런 사실은 그들의 대학교육이 높은 비용을 들였으며, 그 비용은 많은 가정을 빈곤상태로 몰아넣었다는 사실을 입증한다. 불행하게도 높은 비용을 들여 얻은 것은 실업이고, 이런 사실에서 국가가 장려한 교육은 적나라한 사기로 뒤바뀌었다. 투자를 했다가 사기를 당한 것보다 더 속 쓰린 일은 없다. 대졸 실업자 집단은 더 많은 시간과 비용을 들였지만, 그들의 처지는 경제위기 속에서 조금도 달라지지 않았다. 그들에게는 국가의 어떤 보장도 없고, 또 자신들이 기댈 조직도 없다. 유일하게 의지할 수 있는 것은 지금껏 자신들이 의지했던 가정이다—이것이 특수한 중국의 가정 보장 기제가 갖는 우월성을 보여준다고 할 수는 없다. 하지만 대다수 농촌 출신인 그들의 교육에 들어간 엄청난 비용은 가정의 보장을 교육에 이전한 사례가 아주 많다. 이런 역설보다 더 안타까운 일은 없을 것이다.

계획경제시대와 비교해 대졸 실업자들은 개혁에 대해 정서적으로 멀어졌다. 그들은 시장경제의 혜택을 받기는커녕 오히려 그 부작용을 겪기 때문에 시장경제에 대한 부정적 성향을 가질 수 있다.

전체적으로 볼 때, 걸음마 단계인 이번 실업 물결은 그 실질과 규모가 1990년대의 실업 물결과는 사뭇 다르다.

중국에서 첫 번째 실업의 물결을 이룬 것은 전통적인 국유기업의 노동자들이었다. 그런데 국유기업 노동자들은 직장은 잃었지만 원래의 '단위(單位)'에서 완전히 내밀리지는 않았다. 그들은 애초부터 도시에서 살았고, 도시에는 그들의 친구가 있었다. 그것은 그들을 구원하는 여지였고, 또 그들의 행위에 대한 규제였다. 국유기업 노동자들은 상당히 조직화되어 대개 조직적인 집단행동을 벌였다. 그러므로 그들의 행동은 예측이 가능하고 통제할 수 있었다. 하지만 이번 실업자 집단은 이런 특성에 있어서 크게 다르거나 전혀 상반된다. 농민공은 평소 참아내고 삼킬 뿐 표현할 수 있는 통로는 아예 막혀 있다. 그들은 부득이 표현할 때면 극단적 수단을 흔히 사용한다. 그 칼끝은 정부일 수도 있고 기업가일 수도 있으며 또 사회의 다른 집단일 수도 있다. 그러므로 이번 실업의 물결이 야기할 사회적 문제를 예측할 수 있는 가능성은 무척 낮다. 지금 판단할 수 있는 것은 도시의 치안문제가 악화되리라는 점이다. 기실 최근에 그런 추세는 확인되고 있다.

국유기업 노동자의 대규모 실직이 있던 1990년대 중반은 세계 경제체제가 빠르게 확장되던 시기였다. 세계적 범위에서의 대규모 산업 이전이 있었기 때문에—동시에 일자리의 전이를 뜻하기도 한다 도시로 밀려드는 농민공과 함께 중국의 국유기업 실직 노동자를 빠르게 소화했다. 하지만 이번 경제위기는 본질적으로 세계 자본주의 체제의 유례없는 위축이다. 즉 산업 이전과 일자리 이전이 되살아나지 않는다면, 적어도 잠시 종막을 고한 셈이다. 2009년 1월 28일에 국제노동조합이 내놓은 예측에 따르면, 세계적 경제위기는 이미 일자리 위기로 바뀌었다. 통계에 따르면, 2009년 말까지 세계적으로 5,100만 개의 일자리가 사라질 것이고, 세계적인 일자리 위기는 빠르게 악화될 것이다. 1990년대 중반에 중국의 농민공과 국유기업 노동자는 엄청난 인내력에 의지해, 세계적인 취업경쟁 속에서 자신의 밥그릇을 얻었다. 하지만 이번에는 그들이 그리 운이 좋지 못할 것 같다. 오바마 정부가 최근 내놓은 방대한 경기부양책에서는 놀랍게도 "이 자금은 미국산 물건을 사는 데만 사용할 것이다."라고 했다. 위급한 상황에서 가장 소중한 일자리는 미국 내에만 남게 될 것임이 분명하다. 최근 영국의 노동자 시위에서 나온 "영국의 일자리를 영국인에게"라는 구호처럼 말이다. 금년 설 연휴 특별수송기간에 농민공 대다수는 편도 차표를 구입했다. 중국의 파티가 잠시 끝날 것이기 때문이다. 세계적 위기 속에서 보호무역주의를 비판하는 언론은 정치적으로 목소리를 잃을 것이다. 자국 국민의 일자리를 보호하는 것은 모든 정부가 합법성을 얻는 첫 번째 임무가 될 것이다. 이번 실직자들은 앞선 실직 물결 때보다도 훨씬 심각한 세계적 일자리 경쟁의 환경에 직면할 것이다.

지금 낙관적 편집증을—중국의 일부 경제학자들만의 질병이다 앓는 경제학자와 정치 관료만이 이번 위기의 지속기간과 성격에 대해 환상을 품을 것이다. 그들은 위기가 지난 몇 차례의 경우와 마찬가지로, 금세 구름처럼 흩어질 것이라고 생각한다. 하지만 갈수록 많은 증거는 이번 위기가 심상치 않음을 보여준다. 그것은 낯설지 않으며, 또 오래 지속될 가능성이 있다. 세계 자본주의는 사망하지 않겠지만, 고통스러운 전환에 직면할 것이다. 더 좋은 운이 따르지 않는다면, 지금 겪는 중국의 실업 위기는 아주 작은 일부분일지도 모른다. 그리고 그것이 불러오는 사회적 위기도 지금 상상하는 것을 훌쩍 뛰어넘을지도 모른다. 지금까지 나온 가장 비관적 예측은 칭화대(清華大)가 내놓은 것이다. 그 예측에 따르면, "경기가 지속적으로 쇠퇴한다면, 2009년에는 5,000만 명의 농민공이 도시에서 일자리를 잃을 것이다."

논리적으로 보면, 이번 실직 사태의 규모와 그것이 일으킬 수 있는 사회적 위기는 이번 경기쇠퇴의 지속기간과 정도에 달려 있다. 이는 전혀 낙관할 수 없다. 대규모 실업은 경제위기와 맞물려 더욱 격화되고, 그로부터 사회 전체를 끝없는 추락의 길로 몰아넣을 수 있다. 그 이치는 아주 간단하다. 대규모 실업은 소비 위축을 가져오고, 위축된 소비와 투자는 일자리를 더욱 없애는 것이다.

경제위기가 초래하는 실업이 농민공과 대졸 실업자에만 국한되는 것은 아니다. 또한 그것이 가져오는 사회적 문제가 실업의 위기에만 그치지도 않는다. 중국에서 경제위기가 사회적 위기를 불러오는 또 다른 논리적 실마리는 관심을 불러일으키기에 충분하다. 우선 시야에 들어오는 것은 재정위기에 따른 문제이다.

2008년 9월부터, 중국은 10년 가까운 고도성장에 따른 재정수입이 급격하게 하락하는 추세를 보였다. 12월에는 월간 재정수입이 전해 동기 대비 3.3%나 줄었다—그 가운데 중앙정부의 재정수입은 15.5%나 감소했다. 반면 재정지출은 30.8%나 급증했다. 경제위기가 가중되면서 중국의 재정난도 점점 악화되는 것이다.

중국에서 재정이 부양하는 인구는 대단히 많다. 의사 · 교사 · 언론인 · 공무원 · 군인 등 대부분 중산층으로, 과거 수십 년 동안의 개혁과정에서 그들 대부분은 경제성장의 수혜자였다. 그 때문에 사회적 위기를 부르는 요인에 있어서, 그들을 주시하는 사람은 많지 않다. 하지만 재정이 지속적으로 악화된다면, 그들이 사회적 위기를 불러올 가능성은 결코 농민공에 못지않다. 그리고 사회의 주요한 발언권을 가진 사람인 그들의 항의는 보다 정치적 성격이 강하고 위협성도 훨씬 크다. 일찍이 20세기의 경기침체기에는 재정위기로 교사나 심지어 공무원의 임금이 체불되는 현상이 적지 않았고, 그 때문에 흔히 이런저런 항의가 일어났다. 하지만 그런 현상은 경제성장주기에 접어들면 이내 완화되었다.

중국의 신흥 중산층이 경제의 고도성장 시기에 기른 낙관적 정서는 머잖아 시험대에 오를 것이다. 재정위기로 겪게 되는 좌절이 무거운 나머지 수년 동안 누적된 상대적 박탈감은 정치적 색채를 지닌 항의로 바뀔 수 있다. 최근에 중국의 인력자원과 사회보장부가 추진한 개혁이 불러온 분노는 그런 위기를 설명한다. 얼마 전, 인력자원과 사회보장부는 "기업과 기관의 사업단위별로 제도를 연계시키기 위해, 사업단위의 양로보험 제도를 기업과 일치되게 바꾼다."고 밝혔다. 이는 사업단위의 양로보험금을 대폭 낮춘다는 의미이다. 재정을 감당할 수 없기 때문이다. 계획일 뿐인 개혁은 대다수의 불만을 불러일으켰다. 그 불만의 정도는 미처 예상하지 못한 것이었다. 오랫동안 중등학교에 근무한 한 교사는 "정부가 일부러 제도를 어지럽히기야 하겠는가?"라고 반문했다. 중국어에 익숙한 사람이라면, 이 말에는 항변의 뜻이 담겼다는 것을 알 것이다. 이런 개혁은 많은 사람들에게는 심한 박탈이 될 수 있다. 이후의 반응은 중국에서 재정이 부양하는 사람들이 경제위기에서 어떤 역할을 할지를 엿보는 창구가 될 수 있다.

재정수입이 줄어드는 시기에는 임금의 체불, 대우의 악화, 환경의 악화가 흔히 벌어진다. 이런 모든 것이 위기의 도화선이 될 수 있다. 게다가 스스로 옳다고 여기는 엉성한 개혁은 수십 년에 걸친 부패와 불공정을 보아온 사람들에게 변혁의 요구를 불러일으킬 것이다. 그들이 원하거나 필요하다고 느끼면, 그들이 사회의 위기를 확산시키는 능력은 다른 집단을 훨씬 넘어설 것이다. 그리고 그들이 영향을 확산시키려고 한다면, 사회의 위기는 보다 보편적인 체제의 위기와 정치적 위기로 올라서게 될 것이다.

매체가 고도로 발달한 인터넷 시대에는 위기의 확산에 있어서 한 가지 재미있는 현상이 있다. 사회적 사건이 금세 세계적으로 퍼져나가는 것이다. 지금 보기로는 이번 세계적 위기에서 다행히 벗어날 나라는 하나도 없다. 3대 선진국은 물론이고, 부러움을 받는 신흥시장국도 심각한 위기에 직면했다. 이런 상황은 냉전 이후로는 결코 보기 드문 일이 아니며, 2차 대전 이후로도 마찬가지이다. 사회적 위기는 결코 중국만의 것이 아니다. 어떤 나라들은 위기의 정도가 중국보다도 클 것이다. 하지만 그렇다고 다행스러워 할 일은 결코 아니다. 매스 미디어의 시대에는 위기가 더욱 빠른 속도로 전파될 수 있다. 지금 러시아에서, 유럽에서, 미국에서 사회적 위기가 불러오는 항의는 이미 뜨겁게 달아오르고 있다. 위기가 계속된다면, 그것은 중국 중산층에게는 본보기가 될 수 있다. 1980년대에 중국에서는 그런 파급이 이미 입증된 바 있었다.

중국의 정치적 통제 시스템에 있어서, 재정이 부양하는 집단은 정부가 정책을 펼치는 유일한 도구이다. 따라서 정말 부득이한 상황이 아니라면, 그런 집단의 사람들에게는 위기가 파급되기 어렵다. 그렇지만 경기가 계속 위축되어 재정위기가 온다면, '정말 부득이한' 상황도 찾아올 것이다. 이제껏 중국의 재정은 남의 부러움을 사고 있다. 채권을 발행할 여지도 아직은 넉넉하다. 하지만 지난해에 시작된 경기위축이 예상을 뛰어넘은 것처럼, 재정위축도 예상을 완전히 벗어날 수 있다. 그런 측면에서 지방정부의 재정 상황은 특히 눈길을 끈다.

경제위기 상황에서는 정부가 지출할 구석은 늘어나지만 수입은 빠르게 위축된다. 이는 경제위기 상황에서의 재정 운용의 고민스러운 구석이다. 중국 같은 만능 국가에서는 상황이 더욱 그럴 수 있다. 중국에서는 정부가 경제와 사회를 절대적으로 주도한다. 즉 정부는 모든 사회문제에 대해 거의 무한 책임을 지는 것이다. 이런 의미에서 보면, 정부의 재정은 사회문제 전반에 대해 뒤처리를 맡아야 한다. 앞서 말했듯이 위기가 깊고 오래가면 사회문제가 빈번하게 발생한다. 정부가 적절히 대응하지 못하고 통화를 남발해 인플레이션을 야기하면, 이는 사회적 위기와 어울려 새로운 악성순환을 일으킨다. 지금 중국 정부를 포함한 세계 각국의 정부는 마치 도박을 하는 마음으로 통화를 발행한다. 그 방임의 정도는 역사상 유례가 없을 지경이다. 이런 배경에서 보면, 앞서 말한 우려는 근거가 없지 않다.

경제위기는 사회적 위기로 이어지기 쉽다. 하지만 금융위기를 예측할 수 없는 것과 마찬가지로, 그것이 어떤 형태, 어떤 규모로 나타날 것인지는 예상할 수 없다. 다만 최근에 사회위기에 대응하는 중국 정부의 태도에 중요하고 긍정적인 변화가 생겼다는 사실은 위안이 된다. 금년에 늘어날 것으로 예상되는 집단행동에 대해 언급하면서, 중국의 한 고위 관료는 "평소 법률과 정책에 따라 이런 문제를 잘 처리해 갈등이 격화되는 것을 막겠다."고 했다. 그는 나아가 "폭력 · 파괴 · 약탈 · 방화 같은 상황을 제외하고는, 원칙적으로 경찰력을 동원할 수 없으며, 담당부서에 책임을 물어 국민에게 만족스러운 답을 줄 것이다."라고 강조했다. 이는 사회적 위기에 관련된 사건의 처리에 대한 정부의 공식 정책이라고 할 수 있다. 칭찬할 만한 발전임에 틀림없다. 그러나 보다 진취적인 태도는 체제 개혁을 통해 사회적 위기를 최대한 근본적으로 해소하는 것이다. 경제위기가 먹구름을 드리우고 있는 지금, 체제 변혁을 서둘러야 한다.

— 2009년 3월

7.3. 낯선 신세계

1분기에 10.6%이던 GDP가 4분기에는 6.8%로 급격하게 떨어지고, 8월에 10.1%이던 생산자물가지수(PPI)가 12월에는 -1.1%로 가파르게 떨어졌다. 2008년 중국 거시경제의 추세는 사람을 깜짝 놀라게 만들었다. 아울러 거시경제정책 또한 사람들을 놀라게 만들었다. 경기과열을 방지하려고 경제당국은 상반기에만 잇달아 금리를 다섯 차례나 올리고, 지급준비금을 높이고, 심지어 계획경제시대처럼 대출규모를 제한했다. 하지만 하반기에 이르자 거시정책은 돌연 상반되게 바뀌었다. 금리를 잇달아 내리고, 지급준비금을 낮추고, 아울러 최단기간에 역사상 가장 방대한 경기부양책을 내놓았다. 그 빠른 전환에 사람들은 넋이 빠졌다.

롤러코스터와도 같은 경험은 2008년을 중국의 지난 30년 가운데 의외성이 가장 큰 한 해로 만들었다. 그리고 그 이면에서 드러난 정보로 지금껏 잘 이해하고 있고 또 능숙하게 통제할 수 있다고 믿었던 경제에 대해, 사실은 몹시 무지했다는 생각에 사람들은 아주 난감했다. 이것이 아마도 사람들의 마음을 뒤흔든 2008년이 남긴 최대의 유산일 것이다. 그리고 그것을 중요하게 바라볼 수밖에 없는 또 다른 이유는 실물경제의 안정성이 갈수록 낮아진다는 점이다. 자본시장의 변화무쌍함에 대해서는 익숙해졌지만, 실물경제와 정부의 경제정책이 이처럼 갈팡질팡하는 경우는 좀체 찾아보기 어렵다. 그 까닭은 알 수 없지만, 점점 심화되는 세계화와 무관하지 않을 것이다. 즉 세계화가 경제체제를 고도로 복잡하게 만드는 것이다. 또 매체와 인터넷이 날로 발전하는 것과도 무관하지 않을 것이다. 즉 정보를 점점 빠르게 유통시킴으로써, 단기간에 미시적 주체의 예측과 행위에 심한 파동을 일으킬 수 있는 것이다. 하지만 실물경제의 안정성과 예측가능성이 크게 낮아지는 것은 갈수록 분명해지는 사실이다. 이런 판단이 나름의 근거가 있다면, 미래에는, 구체적으로 2009년에는, 또다시 경제와 경제정책의 급격한 변화를 경험하면서 롤러코스터를 타지 않을까 하는 생각이 든다.

이런 주장은 다소 황당하게 들리겠지만, 전혀 근거가 없지는 않다. 가장 중요한 이유는 이런 것이다. 경제위기가 터지자 세계의 통화당국은 마치 도박을 하듯이 통화정책을 유례없이 완화했다. 통계에 따르면, 금융 쓰나미 이후에 미국의 본원통화는 3개월 만에 두 배로 늘어났다. 단지 통화승수[3]가 급격하게 떨어져 고성능통화[4]가 잠시 작용하지 못했을 뿐이었다. 다른 나라도 상황은 크게 다르지 않았다. 하지만 중국에서는 놀랍게도 통화 공급의 역전 현상이 벌어졌다. 12월에 광의통화량이 수개월 연속해 떨어지다가 갑자기 반등해 연쇄지수[5]가 3.02% 늘어났고, 협의통화도 같은 추세를 보여 12월의 연쇄지수가 2.26%나 늘어났다. 대출은 12월에 18.76%나 빠르게 늘어나, 11월 말보다 2.73%가 높아졌다. 원자바오 총리가 다보스 포럼에서 밝힌 수치에 따르면, 1월의 처음 20일 동안에 중국의 신규 대출은 9,000억 위안이나 급증했다. 원 총리가 경기가 회복되려는 기미가 보인다고 자신 있게 말하는 것도 이상하지 않았다.

하지만 회복인지 아닌지는 아직 말하기 어렵다. 그러나 세계의 지폐제조기가 미친 듯 돌아간다는 데에는 이론의 여지가 없다. 과도한 통화 공급은 최대한 빨리 경기를 회복시킬 수 있다. 하지만 그것은 하나의 가능성일 뿐이다—통화정책이 전혀 효과가 없는 상황도 점점 많아진다. 일본이 1990년대 이후 통화정책에서 효과를 거두지 못한 것이 그 명확한 증거이다. 또 다른 가능성은 인플레이

역주 3) money multiplie: 외환 본원통화가 그 몇 배의 통화를 창출하였는지를 나타내는 지표.
역주 4) monetary base: 민간이 보유한 현금통화와 예금은행의 지급준비.
역주 5) chain index: 성장률, 산업생산, 물가지수 등 거시 경제지표들을 만들 때 기준연도를 정하지 않고 직전연도의 생산액과 가중치를 산정하여 반영하는 지수.

션 그것도 악성 인플레를 가져올 수 있다는 것이다. 이에 대해 미국의 한 평론가는 "지속적 무역 흑자에 따른 본원화폐의 증가와 최근 중국의 각종 유동성 증가 조치로, 2009년 말에 이르면 중국의 본원화폐 공급은 지금보다 두 배나 많아질 것이다."라고 말했다. 그는 한걸음 나아가 무척 단호한 어조로 "그때가 되면 중국에는 악성 인플레가 나타날 것이다. 현재 세계 경제의 성장 모델이 변화하지 않는다면, 각종 자원과 대종상품의 부족은 장기적 추세가 될 것이고, 과도한 통화는 때가 되면 적당한 구실로 인플레이션에 불을 댕길 것이 분명하다."고 예측했다. 이 예측이 사실이 된다면, 2008년에 경험한 롤러코스터 같은 체험은 워밍업에 지나지 않을 것이다. 이 역시 하나의 가능성에 지나지 않음은 분명하다. 하지만 세계 경제가 이미 이토록 이해하기 어렵고 또 변화를 예측할 수 없어졌기 때문에 거시경제의 관리자는 이런 가능성을 살펴야만 한다.

과도한 통화는 출구를 찾을 수밖에 없다. 이쪽으로 가지 않으면 저쪽으로 갈 것이다. 지금 통화라는 호랑이는 은밀한 곳에 앉아서 적당한 먹잇감이 사정권에 들어오기만을 기다리고 있다. 2009년 중국에서 넘치는 통화가 노릴 가능성이 가장 높은 먹잇감은 자본시장이다. 그것은 자본시장의 폭등과 폭락을 일으킬 것이다. 제조업에 비해 자본시장은 유동성이 훨씬 높다. 두렵기는 하지만 큰돈을 벌고 싶은 욕망에 찬 현금 소지자가 단기간에 이익을 얻기에 가장 좋은 곳은 자본시장임에 틀림없다. 그렇다면 중국 자본시장 투자자는 2008년에 못지않은 뇌진탕을 경험할 수 있다. 어쩌면 그 어떤 일도 벌어지지 않을지 모른다. 2009년이 지나면 우리의 경험과 상상을 완전히 뛰어넘는 또 다른 모습이 나타날지도 모른다. 이 세상은 점점 불안정하고 예측하기 어려워진다. 그리고 앞에 놓인 불확실성이 지금처럼 두려운 적은 없었다. 유일하게 분명한 것은 그것이 낯선 신세계라는 사실이다.

— 2009년 7월

7.4. 중국 경제는 불바다에 빠졌는가

한바탕 위기가 몰려오면서, '성장'은 우리의 생활에 있어서 압도적인 말이 되었다. 정부는 성장을 장담하고, 학자들은 성장을 이야기하고, 서민들조차도 성장을 간절히 소망한다. 성장만 하면—8%를 넘어야 하는 것은 말할 것도 없다 금세라도 방금 지나간 태평성세로 되돌아갈 것만 같다. 하지만 정반대로 성장을 유지하지 못한다면, 그것도 8%의 성장을 유지하지 못한다면, 중국은 영원히 돌아올 수 없는 상황으로 빠져들 것만 같다. 내놓고 이렇게 말하는 사람은 없지만, 정부의 태도와 매체의 보도는 사람들에게 이런 인상을 강렬하게 심어준다. 하지만 그것은 위험한 오도일 수 있다.

아주 천박하지만 널리 퍼져 있는 단선적 사고에 따르면, 작년 이후 중국의 경제위기는 전적으로 외부적 요인에서 비롯된 것이다. 미국의 금융위기가 터지지 않았다면, 중국의 놀라운 경제기적은 손상을 받지 않았을 것이라는 뜻이다. 중국의 정부 관료, 경제학자, 편협한 민족주의자들에게는 원인을 남에게 돌리는 이런 추리가 무척 매력적일 것이다. 그래야만 고통과 부끄러운 자기반성에서 떳떳하게 빠져나갈 수 있다. 하지만 현실은 이런 단순한 모형보다 훨씬 복잡할 것이다.

30년에 걸친 중국의 경제성장, 특히 1990년대 이후의 경제성장은 세계 시장체제의 맹렬한 확장 위에 세워진 것이다. 중국의 경제성장은 이런 체제 확장의 주요한 동력 가운데 하나이자, 또한 체제 확장의 결과이기도 하다. 대외무역의존도를 놓고 보면, 대형 개발도상국 가운데 중국의 경제성장은 세계 경제체제에 대한 의존성이 가장 클 것이다. 1990년대 이후 세계 시장체제를 간단히 묘사하면, 중국을 비롯한 개발도상국은 생산을 제공하고, 미국을 비롯한 선진국은 소비를 제공했다고 할 수 있다. 그런데 불행히도 이 새로운 세계 시장체제는 공급과 수요 양쪽 모두 심각한 문제를 만났다. 공급 측에서는 지나치게 낮은 노동 · 토지 · 환경 비용에 정부의 과도한 세금 혜택이 더해져 엄청난 과잉 생산능력을 만들었고, 수요 측에서는 선진국 중산층의 지위가 대거 전이되고 분배의 심각한 불균형으로 말미암아 심각한 수요 부족이 나타났다. 이런 상황 속에 세계 시장체제를 지속적으로 가동하기 위한 새로운 순환이 만들어졌다. 즉 중국을 비롯한 개발도상국이 미국을 비롯한 선진경제체로 거액의 저축을 옮겼고, 이에 신용대출을 통한 소비의 방식으로 세계 경제체제에서 수요를 늘려 개발도상국의 엄청난 과잉 생산능력을 소화해 낸 것이다. 그렇지 않았다면 이 시장은 지속될 수 없었다.

누군가는 이런 점을 간파해, 원수처럼 보이는 중국과 미국 두 나라가 사실상 가장 큰 이익공동체라고 정확하게 지적했다. 그런 관점에서 보면, 서브프라임 모기지론 사태는 금융거품의 방식으로 세계 시장체제의 수요를 늘려 초래한 결과일 뿐이다. 이런 의미에서 서브프라임 모기지론 사태가 불러온 세계의 금융위기는 미국만의 위기이거나 금융위기인 것이 아니라 세계 시장체제의 위기인 것이다. 이 시장체제의 중요한 일부분인 중국도 분명 체제 안에 있는 것이지 체제 밖에 있는 것은 아니다. 다시 말해서 지금 중국의 위기는 아무 이유 없이 벌어진 재난이 아니라 그 자체의 위기인 것이다.

세계 시장체제가 수요 측에서 먼저 터지지 않았더라면, 2008년의 세계 경제위기는 전혀 다른 방식으로 터졌을 것이다. 즉 중국을 비롯한 공급 측에서 먼저 터졌을 것이다. 아마도 그 폭발의 형식은 자원과 환경의 제약으로 말미암은 악성 인플레였거나 생산능력을 판매하지 못해 생기는 대량의 기업도산과 경기불황이었을 것이다. 2008년에 중국 내부의 심각한 인플레이션과 세계의 자원 폭등은 이런 예상이 사실임을 입증한다. 다행히 미국인이 중국인보다 먼저 쓰러졌기 때문에 중국인은 문제를 일으켰다는 오명을 뒤집어쓰지 않았다. 그렇지 않았다면 지금 전 세계는 한 목소리로 중국을 비난할 것이다.

1990년대 이후로 최대한 확장된 세계 체제는 더 이상 지속될 수 없다. 수요 측에서는 통화남발, 차입, 아무런 구속력도 없는 금융 '혁신'을 주요 수단으로 삼는 수요 창출을 지속할 수 없고, 공급 측에서는 환경과 자원의 희생, 방대한 하층민의 기본적 복지 박탈을 주요 수단으로 삼는 생산능력의 공급을 지속할 수 없다. 세계 시장체제를 회복하고 유지하려면—시장의 붕괴 같은 전혀 예상 밖의 일이 벌어지지 않고는 이 체제에서 벗어날 방법은 없다, 미국을 위시한 선진국은 명실상부하지 못한 수요를 줄이고, 중국을 위시한 염가 생산능력 수출국은 결과를 헤아릴 수 없는 환경과 자원의 희생을 줄이고 내수를 키워야 한다. 그래야만 세계 시장체제는 새로운 균형을 얻을 수 있다. 그런 새로운 균형을 잡아 나가는 과정에서는 모든 나라가 경기 불황에 따른 엄청난 고통과 거대한 정치적 압력을 견뎌내야 한다. 하지만 염려스러운 것은 세계가 또 다른 방향으로 함께 치달리는 것만 같다는 사실이다. 마치 더 큰 문제를 만들어내는 방식으로 위기를 넘기기로 결의한 듯하다.

지구 반대편에서는 미국인들이 미친 듯이 통화를 남발해 수요를 창출하고, 우리 눈앞에서는 중국이 똑같은 성장의 길을 따라 미친 듯이 내달린다. 주된 방법은 정부 재정투자를 꾸준히 늘리는 것으로, 판돈은 과거 어느 때보다도 크다. 2009년 1분기에 중국 은행업계의 대출액은 5억 위안에 육박한다. 1년 치 대출을 모두 끝낸 듯한 느낌이다. 그 가운데 대부분은 GDP를 빠르게 높이는 데로 모여들고, 삶의 질을 높이는 데는 전혀 사용되지 않는다. 그 형세는 '대약진 운동'과 다르지 않다.

정부에서는 성장을 소리 높여 외치는 한편으로 '구조조정 촉진'이라는 말을 덧붙이지만, 후자는 겉치레에 불과하다. 이처럼 통화를 늘리고 대출을 늘리는 것이 진정으로 '성장'을 유지할 수 있는지는 모르겠지만, 훗날 언젠가 손쓸 수 없는 생산능력의 과잉과 엄청난 인플레이션이 초래될 확률은 대단히 높다.

우리에게 익숙한 또 다른 재난도 뒤이어 찾아올 수 있다. 산더미처럼 쌓인 은행의 부실 채권이 그것이다. 정말 그렇게 된다면, 중국의 은행은 납세자의 주머니를 털어 자신들의 결손을 메울 것이다. 정부가 엄청난 재정을 지출하고, 은행이 대출을 쏟아내는 것은 1998년의 적극재정정책[6)]

역주 6) 디플레이션에 대응하고자 정부가 재정지출을 늘려 수요를 확대시키는 정책. 중국 정부이 성공한 데에서 고무되었음에 분명하다. 하지만 지금은 상황이 다르다. 주룽지(朱鎔基) 총리 시대의 성공적인 부양책은 중국의 부족한 인프라가 있었고 세계 시장체제의 왕성한 수요가 있었기 때문이지만, 지금은 중국의 인프라가 상당히 포화상태이고 세계 시장의 수요도 갈수록 위축되고 있다. 전혀 다른 상황에서 낡은 방법으로 대처하는 것은 성공할 확률이 크게 떨어진다. 중국의 경제성장은 과도하게 높은 투자율을 뚜렷한 특징으로 한다. 기형적 투자율은 세계 시장체제가 빠르게 확장되던 시대에는 왕성한 세계 수요로 흡수되었지만, 행운이 항상 따르는 것은 결코 아니다. 예상할 수 있는 미래는 세계 시장의 수요이든 중국 내수시장의 수요이든 뚜렷이 위축되는 추세이다. 따라서 지금처럼 높은 투자에 따른 엄청난 생산능력을 신속하게 흡수할 수 없다. 과도한 투자는 경기 회복을 가져오더라도 우담바라처럼 잠시 나타났다 이내 사라지고 말 것이다. 또 한 가지 더욱 두려운 미래의 모습이 우리 앞에 빠르게 나타날 것이다. 극심한 인플레이션과 장기적 경기침체가 맞물리는 것이다. 그것은 재정에 있어서 더욱 심각한 문제를 보탤 것이다. 그런 때가 되면 중국 경제는 불더미에 빠질 수도 있다.

중국 정부가 지금 취하는 조치는 정치적으로는 충분한 이유가 있음을 이해한다. 하지만 정치에서 올바른 것이 경제에 있어서도 늘 통용될 수 있다는 의미는 아니다. 더욱 심각한 상황에 대비해야만 한다.

— 2009년 8월

7.5. 거품경제로 달려들다

2009년 초에 "금융위기 이후에 중국과 세계는 모두 낯선 신세계로 들어설 것이다. 신세계에서는 전후(戰後) 60년 동안 쌓은 거시관리의 지혜

는 1998년에 아시아 금융위기에 대응하고자 처음 적극재정정책을 채택했고, 2008년 세계 금융위기 상황에서 성장률을 유지하고자 4조 위안 규모의 재정정책을 시행했다.

가 아무 소용이 없을 것이다."라고 지적한 바 있다. 그 후 반년이 지나자, 낯선 신세계는 차츰 진면목을 드러냈다. 중국에서는 거품경제의 모습이 차츰 뚜렷해지기 시작했다.

세계 금융위기가 터지자 각국 정부는 서둘러 지폐제조기를 가동해 대량으로 화폐를 찍어냈다. 그것은 정부의 힘으로 유동성 위기에 내몰린 금융시장을 되살려 시장을 다시 돌아가게 만들려는 취지였다. 그런데 중국의 경우에는 다른 구석이 있었다. 폐쇄적 금융체제 덕택에—물론 후발주자가 갖는 이점의 덕택도 있었고, 게다가 독소를 지닌 각종 금융상품을 배울 시간적 여유가 없었다 세계 금융체제에서의 재앙을 피할 수 있었고 금융체제도 손상되지 않았다. 하지만 중국의 경우는 세계 시장에 대한 실물경제의 의존도가 여느 경제체보다 훨씬 높다는 점이 문제였다. 그래서 외부의 수요 손실이 미치는 경제적 악영향은 치명적이었다. 중국은 부득이 따라갈 수밖에 없었고, 화폐를 마구 찍어 외부 수요의 축소에 따른 손실을 메웠다. 게다가 중국은 재정이 튼튼하다는 사실을 믿고서—실제 상황은 통계에 나타난 것보다는 훨씬 안심할 수 없다 정부가 나서 온갖 방식으로 천문학적 금액을 뿌려댔다. 통 크고 호탕한 기세는 거부할 수 없었다. 세계의 매체들은 부양책이 가장 효과를 발휘할 것이라고 했다. 그 긴박한 순간에 반대자들은 그것이 갖는 위험성을 알았더라도, 그것을 논리적으로 차근차근 설명할 방법이 없어서 그저 몇 마디 투덜대고 이내 입을 다물 수밖에 없었다.

적극재정정책과 양적완화정책[7]은 현대 거시경제 관리의 전통적 지혜로, 몇 차례의 경제위기 상황에서 정부가 반드시 사용한 정책이었다. 그 효과는 아직까지 확인되지 않았지만, 보기에는 그런 것도 같았기에 줄곧 유효한 처방으로 받아들여졌다. 이것이 경제학자들이 과학적으로 논증한 거시정책이라는 것인지는 모르겠다.

하지만 때에 따라 상황은 달라지는 법이다. 오늘날 경제체제의 복잡성과 세계 경제의 상황은 이런 정책이 발명되었을 당시와는 크게 다르다.

역주 7) quantitative easing: 중앙은행이 통화를 시중에 직접 공급해 신용경색을 해소하고, 경기를 부양시키는 통화정책.

따라서 똑같은 거시정책이 정치 경제적으로 서로 다른 결과를 가져오더라도, 의외라고 할 수는 없다. 중국에 있어서 이제까지 사용한 적이 없던 적극재정정책과 유례없는 양적완화정책은 실시한 지 반년이 지났다. 실물경제는 회복되고 있는지 모르겠지만, 자본시장에는 이미 거품이 퍼지고 있다. 실물경제가 미처 회복되기도 전에 거품경제가 우리에게 달려오려고 준비하고 있는 것이다. 디왕(地王)[8]의 빈번한 거론, 폭등하는 부동산시장, 엄청나게 거래되는 주식시장을 보면 조금은 짐작할 수 있다. 부동산시장을 예로 들면, 2008년의 보합세를 거쳐, 2009년 연초부터 차츰 시세가 오르더니 중반에는 거의 광적인 지경에 이르렀다. 중국에서 부동산시장이 가장 광적이었던 것으로 공인되는 2007년조차도 비견되지 못할 정도이다.

고명한 독자들은 여기서 말하는 거품경제가 자본시장의 거품을 가리키는 것이 아니라 다음과 같은 상황을 가리킨다는 것을 짐작할 것이다. 경제가 일정 단계에 도달하면, 부(富)도 일정 단계에 도달한 셈이다. 때문에 실물경제에 대한 투자는 점차 활력이 떨어지고, 대량의 자본, 특히 주류 자본은 자본시장에 모여들어 더 높은 이윤을 추구하는 단계로 들어선다.

역사를 돌아보면, 거품경제는 결코 새로운 것이 아니다. 일본의 1990년대 이후와 미국의 21세기 이후에는 오랫동안 지속된 거품경제가 등장했다. 그 결과가 바로 1990년대 이후의 일본의 '잃어버린 10년'이고, 전 세계를 강타한 미국발 쓰나미인 서브프라임 모기지론 사태이다. 거품경제는 결과가 참담하다고 해서 다시 발생하지 않는 것은 아니다. 그렇지 않다면, 현대 시장경제를 깊이 이해하고 있는 미국과 일본이 이토록 피해가 엄청난 거품경제에 빠지지는 않았을 것이다. 사람을 헷갈리게 만드는 용어를 들먹일 것도 없이, 거품경제는 사람들의 본성에 감춰져 있기 때문에 뿌리 뽑기 어렵다. 사람은 누구나 일하지 않고 얻기를 바라기 때

역주 8) Meridian View Centre: 1995년에 아시아 최고층인 69층으로 건립된 중국 광둥성 선전(深圳)의 랜드 마크.

문이다. 사람은 누구나 일하지 않고 큰돈을 벌고, 일하지 않고 엄청난 갑부가 되고 싶어한다. 현대 금융시장이 발달하기 이전에는 인간의 본성에 뿌리박은 이런 몽상은 실물경제를 통하거나 정치적 이윤을 얻음으로써 어느 정도 실현될 수 있었다. 하지만 금융이라는 도구가 발달하고, 금융시장의 폭과 깊이가 예전과는 크게 달라진 상황에서는 금융시장에 뛰어들어 거액의 이윤을 얻는 것이 가능해졌다. 그리고 실물경제에 투자하는 것이 위험성이 높고 정치적 이윤을 기대할 수 없는 상황이라면, 금융시장에 뛰어들어 꿈을 이루는 것은 필연에 가깝다.

일본과 미국의 거품경제는 실물경제의 세계적 확장이 가로막힌 이후에 벌어졌다. 금융시장의 거품은 자아실현의 능력이 있다. 자금 공급만 꾸준히 이어지면, 금융시장의 거품은 점점 커질 수 있고, 사람들은 함께 어울릴 수 있다. 그 긴 지속시간은 숱한 공론가들의 이론적 예측을 훌쩍 넘어설 것이다. 이것이 공론가들이 금융시장에서 늘 비웃음을 당하는 까닭이다. 한마디로 상당히 긴 기간 동안 거품경제는 실물경제와는 전혀 별개로 자기순환을 이룩할 수 있다. 금융 거품의 팽창이 일정한 시간과 정도에 있어서는 실물경제를 촉진할 수 있다는 사실에는 보다 관심이 필요하다. 이는 자본시장은 결국 실물경제에서 결정된다는 전통적 지식에 대한 일종의 희롱이자, 경제 관리자들이 실물경제가 다시 제자리를 찾았다며 쉽게 안심하게끔 현혹한다.

금융위기 이전까지는 심각한 과잉 생산능력과 산업구조 개편의 어려움 때문에 실물경제가 지속적으로 고도성장하려면 대외 수출에 매달리는 것이 유일한 방법이었다. 이는 중국이 사실상 거품경제의 전야에 들어섰고, 모든 준비를 마쳤다는 의미였다. 갑자기 금융위기가 찾아와 외부의 수요가 철저하게 무너지자, 거품경제는 일촉즉발의 위기로 내몰렸다. 그 무렵, 중국의 통화당국은 경기둔화를 막고 8%라는 안전속도를 유지하려고 대거 방류를 시작했고, 인플레이션의 가능성도 덩달아 높아졌다. 통화는 거품의 토대이고, 인플레는 거품의 구실이다. 두 가지가 어우러지자, 30년 동안 축적된 자산과 부단히 차입한 자본은 마치 수은을 땅바닥에 부은 것처럼, 자본시장으로 흘러들어 금융시장에서 도도한 강물을 이루었다. 금년 초에 원자바오 총리는 "연간 대출을 5조 위안으로 늘릴 것이다."라는 다소 불안한 약속을 했는데, 한 해가 절반도 지나지 않아서 대출은 7조 위안에 이르렀다. 뒤를 이어 한 해 동안 침체를 겪은 부동산시장은 미친 듯이 뛰어올랐고, 주식시장도 갑절로 올랐다. 우리는 중국 은행업계의 대출에 대한 큰 뜻과 능력을 너무 얕잡아보았고, 또 중국이 거품경제로 들어서는 관성을 너무 과소평가한 것이었다. 사실 금년 초까지도 필자는 수년 동안의 개혁으로 중국의 은행은 건전한 자기관리 능력을 상당히 갖추었다고 생각했다. 반년이 지난 지금, 중국의 은행개혁 성과는 재평가되어야 할 것이다.

우려되는 것은 거품경제 그 자체가 아니라 거품경제가 가져오는 성장의 허상이다. 예컨대 부동산의 거래 폭증과 가격 폭등은 윗선의 부동산 투자를 자극할 수 있다. 재정 부족으로 허덕이던 지방정부는 오랜 가뭄 끝에 단비를 만난 것과 같을 것이고—한마디 덧붙이면, 봄바람을 만난 것처럼 승승장구하는 부동산업자들은 중국 경제의 이런 맥락은 옳다고 외치면서, 부동산이 과대평가된 상황에서 자신을 '저돌적'이 되게 부추긴다, 증권시장의 열기가 만든 부의 효과[9]는 소비를 일시적으로 자극할 것이다.

이런 것들은 모두 실물경제를 어느 정도 자극하고, 나아가 거품은 성장을 가져온다는 이미지를 만들어낼 수 있다. 각국 정부는 거품경제의 위험성을 알고 있다. 하지만 자발적으로 거품을 가라앉히는 경우는 드물며, 오히려 실물경제가 부진할 때는 자발적으로 거품을 조장하기도 한다. 수수께끼의 답은 바로 여기에 있다. 거품경제시기에는 자본시장의 거품이 경제성장을 이끄는 주요 동력이 된다. 이런 무렵에 통화정책은 실물경제에 그다지 영향을 주지 못하고 주로 자본시장에 영향을 미친다. 그래서 평소와는 정반대인 자극적 순환이 이루어진다. 따라서 거품이 없으면 성장이 없고, 거품이 없으면 이윤이 없게 되는 것이다. 이것을 '거

역주 9) 경제주체의 소득 증가에 따라 소비, 지출 등에 나타나는 간접적인 효과.

품화 생존’이라고 한다. 성큼성큼 성장한 중국 경제가 쇠락의 시대로 들어선다는 확신을 갖게 만드는 증거와 흔적들은 점점 늘어나고 있다.

2008년 이래로 중국의 경제 관리자가 적극재정정책과 양적완화정책을 신봉하는 사례는 보기 드물게 되었다. 그것이 갖는 의미를 몰라서가 아니다. 완화는 장기적으로 인플레와 거품의 우려가 있고, 긴축은 현재의 불황을 무릅써야 하는 위험이 있기 때문에 정치적 자살과 다르지 않다. 어느 것이 중요한지는 사실상 뻔하다. 지금 경제 관리자는 지능지수가 아주 높은 엘리트들이어서 깊은 의미를 잘 알고 있을 것이다. 한껏 방류해 위기를 구하고, 위험은 미래에 떠넘기는 것이 유일한 선택이다. 아마도 경제 관리자들의 속셈은 다음과 같을 것이다. “국제시장 상황이 점차 호전되어 실물경제가 확고하게 돌아가면, 서둘러 양적완화정책을 철회한다. 그러면 일시적 위급함은 구하되 장기적 걱정거리는 피할 수 있다. 결국 일거양득의 길이 될 것이다.” 하지만 단기적이든 중기적이든, 외부의 수요가 호전될 확률은 사실상 낮고, 내수가 제고될 잠재력도 사실상 과장되었을 가능성이 있다. 따라서 거기에 너무 기대를 걸어서는 안 된다. 다시 말해서, 기왕의 8% 성장을 꾸준히 유지하려면, 거품경제를 대가로 삼는 수밖에 없다. 앞서 말한 것처럼, 거품 속에서 성장하고 거품 속에서 생존하는 것이다. 극도의 양적완화정책이 없으면, 중국이 8% 성장을 계속 유지하기를 기대하기 어렵다. 또 약간이라도 긴축정책을 편다면, 거품은 가라앉고 실물경제도 본연의 모습을 드러낼 것이다. 죽음에 가까운 사람에게 강심제를 주사하면 마치 정상으로 돌아온 것처럼 보이지만, 강심제를 주사하지 않으면 이내 숨이 끊어질 수 있는 것과 같은 이치이다. 중국의 경제 관리자는 아마도 이처럼 과도한 양적완화정책에서 헤어나기 어려울 것이다. 철회하는 시기가 바로 중국 경제의 속도가 떨어지는 시점이다.

거품의 폐해에 대해서는 누구나 알고 있다. 하지만 지금 중국에서는 성장이 모든 것을 압도하는 임무가 되었다. 성장을 제외한 그 어떤 목표도 임의로 그 순서를 바꿀 수 있다. 어떤 구조조정도, 어떤 사회 개혁과

정치 개혁도 위기 속에서 한방에 날아가고 말았다. 성장은 이미 중국에 있어서 가장 큰 정치가 되었다.

역사를 거울 삼으면 현재의 모습을 알 수 있다. 하지만 안다는 것은 일부를 대략 엿보는 것에 지나지 않는다. 일부를 엿본 것은 정책의 결정에 응용하기에 너무 모자란다. 결국 거울로 삼을 만한 역사가 없는 셈이다. 때문에 역사의 긴요한 곳에서, 정책 결정자는 완전함을 찾아내지 못하고, 어느 한쪽에 판돈을 거는 수밖에 없다. 지금의 상황은 분명 중국 경제 관리자의 정상을 참작해 줄 여지가 있다. 하지만 구경꾼인 우리는 한 가지 의문을 갖게 된다. "거품 이후에는?"

사실 이제껏 중국 경제의 역동적인 모습은 우리의 상상력을 넘어서지 않았다. 그런데 상상력의 그 밖에는 무엇이 우리를 기다리고 있을까? 그것은 바로 가장 큰 불확실성이다.

— 2009년 8월

CHAPTER

08 슈퍼 하락장세

이제껏 경전처럼 받들던 매입보유 전략은 투자 비극을 부르는 함정이 될 수 있지만, 새롭게 전환된 환경에 적응한 보다 융통성 있는 투자전략은 승자가 될 것이다. 100포인트에서 시작해 6,000포인트에 도달한 것이 중국 경제가 지난 30년 동안 시장화를 통해 얻어낸 고도성장을 반영한다면, 이어지는 10년 동안의 새로운 전환 주기는 중국의 자본시장에 거듭 발버둥치는 새로운 모습을 가져올 것이다. 시간이 오래 걸리고 변동성이 잦고 극복하기 어려운 것은 슈퍼 하락세로 개괄할 수밖에 없을 것이다.

8.1. 위기가 커질수록 커지는 거품

2009년 중국의 주식시장과 부동산시장의 거품 때문에 넋이 빠진 사람들이 많다. 지수는 2007년도 고점의 절반에 불과했지만, 7개월이라는 짧은 기간에 1,600포인트에서 3,400포인트까지 뛰어올랐고, 더욱이 거래량은 2007년의 엄청난 기록을 갈아치웠다. 그야말로 격세지감을 피할 수 없었다. 가격이 급등하고 거래가 폭증하는 뜨거운 부동산시장도 전혀 손색이 없어 보였다. 폭등과 폭락은 자본시장의 본성으로 결코 놀랄 만한 일이 아니다. 하지만 중국 자본시장에서는 전례가 없던 금융위기 속에서 벌어진 그런 광경에 대해서는 참여자와 구경꾼 모두가 깊이 음미해 볼 만하다.

자본시장의 전통적 지식으로는, 주식시장은 실물경제를 반영하는 것이다. 즉 자본시장의 거품은 실물경제의 번영에 따른 것이고, 그 반대의 경우도 마찬가지이다. 이런 관점에서 중국의 자본시장을 살펴본다면, 사람들은 큰 의문이 들 것이다. 하지만 자본시장과 실물경제가 어긋나는 것은 이미 일반적인 현상이고, 그 관계도 교과서에서 말하는 것처럼 맞아 떨어지지는 않는다. 그 까닭은 현대 시장은 기존의 지식체계로 이해할 수 없기 때문이다. 그러므로 "주식시장은 실물경제의 반영이다"라는 전통적 금과옥조가 잘못된 것이 아니라면, "정확한 허튼소리"에 지나지 않아서, 지금의 경제현상을 이해하는 데에는 전혀 도움을 주지 못한다.

중국의 자본시장이 폭등하는 까닭은 다음 몇 가지로 볼 수 있다.

첫째, 외부적 요인이다. 서브프라임 모기지론 사태 이후에 금융시장을 살리려고 미국을 비롯한 선진국은 유례없는 양적완화정책을 취해 단기간에 엄청난 통화를 풀었다. 그것은 금융시장의 동결 상태를 신속하게 풀어주었지만, 아주 위험한 결과도 함께 가져왔다. 바로 대량의 통화가 풀린 것이다. 서브프라임 모기지론 사태 이전에도 세계는 통화범람으로 이미 위기를 맞고 있었다. 금융위기는 그 통화를 동결시켰지만, 결코 통화를 없앤 것은 아니었다. 위기가 일단 완화되자 그 통화는 다시 사냥감을 찾아 나섰다. 묵은 통화에 새 통화가 더해지자 화력은 당연히 강해졌다. 선진국의 실물경제가 여전히 침체의 늪에 빠져 있는 상황에서 투기자본의 가장 좋은 출로는 넓은 신흥시장이었다. 그리고 그들 신흥시장 가운데서도 중국의 자본시장은 가장 여지가 컸다. 마침내 짧은 잠복기를 보내고 거대한 화력으로 무장한 투기꾼들은 다시 움직이기 시작했다. 통계에 따르면, 자본의 단기 유출을 거친 이후, 2009년 3월부터 중국은 자본의 순유입 상태로 접어들었다. 유입된 자본 대부분은 투기성이 강한 핫머니였다. 금융위기를 거치고 나서 핫머니는 이전보다 훨씬 강한 투기성을 갖추었다. 핫머니가 중국에 유입된 것은 중국 경제의 미래를 반드시 낙관적으로 전망했기 때문은 아니었다. 중국이 시장 매력이 낫다는 '소문' 때문이었다. 그런 까닭으로 핫머니의 대량 유입과 유출은 중국의 금융시장을 한층 출렁이게 만들 수 있다. 이런 측면은 거시 당국이나 시장 참여자 모두가 잘 헤아려야 하는 점이다.

중국 자본시장의 폭등을 불러온 두 번째 요인은 내부 요인이다.

금융위기 이전에 중국은 이미 거품경제시대의 중·후기에 접어들었다. 필자가 말하는 거품경제는 이런 것이다. 즉, 어떤 경제체가 일정한 단계에 도달하면, 실물경제는 투자기회가 부족해지고 기술혁명의 새로운 도래는 요원하다. 따라서 대량 축적된 자본은 자본시장에서 이윤을 찾는 단계로 접어든다. 경제사를 돌아보면, 일본과 미국은 이미 이런 단계에 접어들었다. 금융위기 이전, 중국은 30년에 걸친 고도성장을 거치며 대량의 자본을 축적했고, 과잉 생산능력은 외부 수요에 의지해 억지로 돌아가고 있어서, 이미 한쪽 발을 거품경제의 문턱에 들여놓은 상태였다. 금융위기가 닥치며 하룻밤 사이에 외부수요가 사라지자 대량의 과잉자본이 갈 곳은 투기시장밖에 없었다. 남은 문제는 언제 어떤 구실로 등장할 것인가 하는 것이었다. 그런데 기회와 명분은 사람들이 상상하는 것보다 훨씬 빠르게 찾아왔다. 금융위기가 터지자 중국 정부는 실물경제를 되살려 사회 안정을 위협하지 않을 정도의 최소한의 일자리를 보장하기 위해 보기 드문 양적완화정책과 적극재정정책을 펼쳤다. 상반기에만 하더라도, 은행대출은 연간 계획의 50%를 넘어섰다. 유례없는 일련의 강력한 부양책은 추락하는 실물경제를 구출한 강심제였지만, 아울러 강력한 인플레 조짐을 가져왔다. 이 두 가지는 자본시장의 추세를 움직이는 사람들이 좀체 얻기 어려운 구실이었다. 영리한 사람들은 이것을 '조짐'이라고 부른다. 이런 조짐이 과연 그런 것인지, 또 정말로 현실화될 것인지는 오로지 하늘만이 알 뿐이지만, 아무튼 구실을 찾아냈다. 그리하여 해외 자본과 국내 자본이 어울리면서 중국의 자본시장에서 거대한 물줄기를 이루었다. 마침내 중국 경제의 남은 한쪽 발도 주저 없이 거품경제의 문턱을 넘어섰다.

이런 사실을 명확하게 이해하면, 중국의 자본시장이 향후 어떻게 발전해 나갈지 알 수 있다. 거품은 통화정책의 결과이다. 그렇다면 실물경제의 위기는 하루아침에 끝나지 않고, 양적완화정책은 하루아침에 물러나지 않으며, 자본시장의 거품도 한순간에 사라지지 않는다. 위기일수록 거품이 끼는 것이다. 물론 또 다른 가능성도 있다. 실물경제가 예전과 같은 고도성장을 회복할 수 없으면, 양적완화정책은 퇴출될 수 있다. 그렇다면 거품의 마지막 붕괴는 더욱 참담할 것이다. 후자의 가능성이 전자보다 크다. 금년 상반기에 투자가 중국의 GDP에서 차지하는 비중이 88%에 이른다는 통계는 그런 가능성을 입증하는 가장 유력한 근거이다. 아무튼 놀라운 위험의 신호이다.

방관자들은 이러쿵저러쿵할 수 있을 것이다. 하지만 냉정하게 생각해 보면, 위기가 겹겹이 도사린 중국 경제에 있어서, 양적완화정책이 최악의 선택이라고 할 수는 없을 것이다. 만약 거품경제가 국제적 환경과 중국의 개선이 불가능한 정치시스템에 내밀려 그렇게 된 것이라고 한다면, 거시관리에 있어서 거품을 이용해 무언가를 이루고 거품이 터지는 최악의 결과는 막을 대책이 있어야 한다.

— 2010년 2월

8.2. 슈퍼 하락장세

2010년 1월 12일, 중국 중앙은행은 '뜻밖에도' 지급준비금을 상향 조정했다. 그리고 이튿날 상하이와 선전(深圳)의 증시는 폭락했다.

대다수 투자자들은 이것이 결코 평범한 하락이 아니라 슈퍼 하락장세가 정식으로 도래했음을 확실하게 입증하는 것임을 알지 못했다. 상하이 증시지수가 6,124포인트에 도달한 2007년 10월부터 따져보면, 중국의 주식시장은 10년 내지 어쩌면 더 오랫동안 슈퍼 하락장세 주기로 들어설 것이다. 역사가 어떤 계시를 줄 수 있다면, 1989년 부동산 거품붕괴 이후 일본의 주식시장은 미래 중국 증권시장의 가장 가능한 역사적 본보기일 것이다. 1989년 연말에 38,915포인트라는 고점을 찍고 나서, 일본의 주식시장은 등락을 거듭하며 꾸준히 하락하고 있다. 하지만 저점을 찾는 일본 증시의 여행이 20년이나 계속되고, 게다가 여전히 바닥이 어딘지 모를 것이라고는 아무도 예상하지 못했다. 이와 같은 장기 하락장세에 상응한 것은 일본 경제를 깊은 수렁에 빠뜨린 경기불황이다. 식물인간과도 같은 일본 경제의 모습을 대다수 논자들은 부동산 거품 내지 엔화의 평가 절상에 귀결시킨다. 하지만 그것은 복잡한 역사를 학문적으로 경솔하게 단순화시킨 것임에 분명하다. 보다 숙명적 관점에서 바라보면, 일본의 기적이 1989년 이후에 마주한 '비참한 세계'는 일본의 특수한 정책적 잘못 때문이라기보다는 하나의 경제체가 성장에서 성숙에 이르는 과정에서 반드시 거쳐야 하는 보편적 운명이라고 할 것이다. 그리고 거기에 담긴 보다 심각한 역사적 교훈은 국외 수요를 위주로 하는 대형 경제체는 경제구조를 바꾸고 고도성장을 유지하는 과정에서 두려운 도전에 직면하게 된다는 것이다. 그것이 경제체의 성장에서 성숙에 이르는 과정에서의 보편적 운명이라는 관점에서 보든, 중국의 고도성장 자체의 내부적 논리에서 보든, 2010년의 이런저런 현상은 지금 중국과 1989년의 일본이 이미 상당히 근접했음을 보여준다. 다시 말해서 30년 동안 고도성장을 지속하고 나서 중국은 이미 중·저속성장으로 접어들었고, 아울러 여러 가지 복잡한 사회적 · 정치적 변혁에 직면해 있다. 앞선 30년 동안의 전환에 비해, 이번 전환의 복잡성과 난도는 더하면 더했지 결코 모자라지 않을 것이다.

8.2.1. 거품성장

2008년 상반기에 중국에서는 1994년 이래로 가장 심각한 인플레가 나타났다. 그것은 결코 보편적인 주기성 인플레가 아니라, 20여 년 동안 지속된 중국의 경제성장 방식이 지속될 수 없다는 명확한 신호였다. 높은 투자, 높은 소모, 높은 대외의존도, 낮은 권리, 낮은 복지를 본질로 하고, GDP의 성장속도를 목표로 삼는 발전방식은 경제적으로 더 이상 지속되기 어렵고, 정치와 사회의 영역에 있어서도 높은 대가를 요구한다. 2008년 발생한 중국의 심각한 인플레는 이런 성장방식이 가져오는 자원 소모와 비용의 축소가 이미 한계에 이르렀음을 보여주었다. 그 무렵 중국 앞에 놓인 선택은 아주 분명해졌다. 경제성장의 속도를 늦추어 성장의 질을 높이고 아울러 일련의 골치 아픈 정치적 · 사회적 문제의 해결에 착수하든지, 아니면 심각한 인플레와 불가피한 경착륙을 받아들이는 것이었다. 이는 2008년에 중국에서 발생한 일이다. 하지만 이 일은 더 크고 더 놀라운 이야기에 관심을 빼앗겼다. 2008년 가을, 미국에서 시작된 금융위기는 중국의 어려운 상황을 이상하리만치 모호하게 바꿔 놓았다. 외부 수요가 순식간에 사라진 것은 신기하게도 중국의 인플레를 잡았고, 또 중국식 모델이 지닌 심각한 결함에 훌륭한 방탄복을 입혀 놓았다. 세계적 금융위기 이전에 중국의 경제 관리자들은 중국식 모델의 문제점이 무엇인지 잘 알고 있었다. 그래서 그들은 경제를 안정시키는 동시에 온화한 성장환경 속에서 전환을 이룩하려고 시도했다. 하지만 갑자기 들이닥친 위기는 그들이 계획한 일정을 뒤죽박죽으로 만들었다. 전환의 길은 압력을 받아 중단될 위기에 놓였고, 가장 과격한 위기대응 조치를 내놓도록 압박했다. 전반적인 위기대응의 과정에서, 중국의 지도자들은 구조조정을 통해 전철을 밟지 말 것을 거듭 강조했지만, 체제에 잠복한 GDP에 대한 충동은 배설에 가장 적합한 타이밍을 찾아냈다. 마침내 대출이 불길처럼 타올랐고, 사방에는 자산 거품이 흘러넘쳤다. 2009년에는 성공적으로 개혁했다던 은행의 구태가 다시 싹트더니, 1년 동안의 대출총액이 10조 위안에 이르렀고, 그에 따라 1990년대 초반 이래로 가장 높은 통화팽창이 일어났다.

2009년에 필자는 —「거품경제로 달려들다」라는 글을 보라 한 경제체가 성숙하는 과정에서 본래의 성장방식이 난관에 부딪치는 전환의 시기에 고도성장을 유지하려면 거품경제가 가장 편리한 방법이라는 사실을—생산성을 높이는 것은 보다 장기적 과정이다 밝힌 적이 있다. 흥미롭게도 바로 그런 순간에는 성장속도가 둔화되고 기업의 이윤은 감소하지만 돈을 벌고 싶은 욕망은 커지면서, 정부 · 기업 · 국민 모두가 거품을 만들고 싶은 강한 충동을 갖게 된다. 역사를 돌아보면, 거의 대부분의 대형 거품은 모두 이런 역사적 배경을 지니고 있다. 가장 유사한 사례로는 미국의 서브프라임 모기지론 사태와 1980년대 일본의 부동산 거품을 들 수 있다. 2009년 중국의 경제 상황은 아마도 이런 검은 역사의 또 하나의 전형적 사례일 것이다.

2008년 금융위기 이전에 이미 중국 경제가 거품경제의 단계에 들어섰음을 보여주는 많은 증거들이 있었다. 중국의 증시가 2007년 10월에

6,100포인트라는 기록을 세운 것은 그 두드러진 신호였다. 그것은 2006년 초의 1,200포인트에 비하면, 다섯 배 넘게 오른 수치였다. 중국의 은행과 자본시장이 어느 정도 방호벽을 갖추고 있었기 때문에 뒤따른 주식시장의 붕괴에도 은행의 대차대조표에는 충격이 그다지 크지 않았다. 아울러 부동산시장은 고도의 조정단계로 들어섰고 이어서 점차 하락세를 보였다. 위기가 폭발하자 급격한 대출 증가로 증시는 바닥에서 빠르게 반등했고, 부동산시장은 마치 흥분제를 맞은 것처럼 높은 수준에서의 광적인 그레이터 풀(greater fool)[1]이 벌어졌다. 부동산은 지방정부의 GDP 경쟁과 지방정부의 융자에 있어서 매우 중요한 자리를 차지하기 때문에 지방정부는 부동산의 가격 상승을 촉진하는 데에 온 힘을 쏟아부었다. 그것은 중국의 부동산 거품을 다른 경제체보다 훨씬 빠르게 부풀렸다. 정부의 통계가 보여주는 온화하고 이성적인 것과는 달리 1년이라는 짧은 기간에 중국 주요 도시의 주택 가격은 갑절 넘게 폭등했다. 부동산을 투자상품으로 보는 매매가대비 임대수익률로 보든, 소비상품으로 삼는 소득대비주택가격비율로 보든, 아니면 부동산 투기자의 흥분된 정서나 공실률 같은 다른 지표로 보든, 중국의 부동산 거품은 아주 위험한 상황에 이르렀다.

부동산 거품과 밀접한 관계를 지니면서도 자못 중국적 특색을 지닌 대출 거품은 지방융자평대공사(地方融資平臺公司)[2]가 만들어낸 것이다. 소극적 통계에 따르면, 여러 지방융자평대공사가 지난 1년 동안에 대출한 총액은 3조 8천억 위안으로, 신규대출의 40%를 차지하며, 대출 잔액은 2008년 초보다 2배 이상 폭증했다. 지방융자평대공사의 대출은 절대 다수가 이미 엄청난 가격 거품이 낀 토지를 담보로 삼았다는 데에 문제의 핵심이 있다. 전 세계가 빠르게 부채를 줄이던 2009년에 중국의 지방정부는 특수한 제도를 이용해 부채를 배가시켰다. 이는 거품이 은행의 대

역주 1) 투기적 행위가 만연된 활황시장의 말기에, 증권 구입자가 가격이 얼마이든 나중에 이것을 다시 사려는 보다 덜 합리적인 투자자가 나타난다고 생각하는 일.
역주 2) 지방정부와 관련 부서가 재정이나 토지 · 증권 등 자산을 출연해 설립한, 정부투자 프로젝트의 융자를 담당하는 독립법인.

차대조표에 파고드는 중국식의 형태이다. 많은 전문가들은 중국 부동산의 위험성을 논할 때, 중국의 부동산 투자는 개인 부문의 레버리지 비율이 낮다며 우리를 안심시킨다. 하지만 중국 지방정부의 대단히 높은 레버지리 비율을 고려하면, 그런 위안은 어느 정도 현혹성을 지닌 것이다. 이들 지방융자평대공사는 상당한 정도로 2009년의 주요한 투자를 떠받쳤고, 또 경제성장을 떠받쳤다.

1년 남짓한 대출과 그에 따른 통화팽창으로, 중국의 GDP 대비 총통화량은 2009년 연말에 180%를 기록했다. 이 수치는 미국의 65%나 일본의 110%를 훌쩍 앞선다. 이 수치를 어떻게 해석하더라도, 한 가지 사실은 분명하다. 현재 중국 경제에는 대량의 통화가 유통되고 있는데, 그것은 강력한 인플레 압력으로 바뀌지 않으면, 두려울 정도의 자산 거품으로 바뀔 수 있다는 사실이다. 더 비관적인 상황은 두 가지가 동시에 나타날 수 있다는 사실이다.

2009년의 중국 경제는 분명 전 세계가 재난을 겪는 중에도 유독 강한 면모를 보였다. 하지만 그 대부분은 거품에 의지해 쌓고 지탱된 것이었다. 이는 서브프라임 모기지론 사태나 일본의 1980년대 부동산 거품과 결코 다르지 않다. 유일하게 다른 점은 중국의 각급 정부가 GDP에 대해 정치적으로 크게 의존하기 때문에, 거품경제의 촉진에 각별한 애정을 갖고 있어서, 거품의 잠재적 규모가 앞서 언급한 두 가지 경우보다 훨씬 크리라는 점이다.

이런 사실은 중국이 결코 어떤 특별한 능력을 지녔다고는 할 수 없으며, 오히려 중국의 경제성장 모델이 지닌 취약성을 뚜렷이 드러낸다. 그 무렵에 중국식 모델은 오히려 세계로부터 가장 융숭한 존경을 받았다는 사실은 풍자적이다. 손쉽게 이룩한 고도성장과 싸구려 아첨이 가져온 환상 때문에 중국은 2008년 이전의 황금기로 되돌아갈 것이고, 심지어 전 세계가 중국의 시대로 들어설 것이라고 생각하는 사람들이 많았다. 하지만 바로 그 무렵에 중국은 조용히 거품경제의 후기로 접어들었다. 보편적인 낙관적 정서는 이제껏 거품경제의 전형적인 징조였다. 작년에 필자는 한 칼럼의 말미에서—「거품경제로 달려들다」를 보라 "거품 이후에는?"이라는 질문을 던진 적이 있다. 이제 그 문제에 대답해야 할 때가 된 듯하다.

본래 의도는 적절한 경제성장을 유지하기 위한 부양책이었는데, 가라앉던 자산 거품이 순식간에 극한으로 치달으려 한다. 그다지 의외는 아니지만, 중국의 경제 관리자는 잠시 대피할 공간을 잃어버렸다. 그들은 시간은 벌었지만, 공간은 이미 상실했다.

8.2.2. 2010년, 구식 성장의 종말

WTO에 가입하고 얼마동안 중국은 낮은 인플레와 고도성장의 황금기를 보냈다. 그것에 대한 집단적 기억은 시각과 관점이 모두 의심스러운 경제학자들에 의해 점차 확고부동한 미신처럼 자리 잡았다—중국은 특수한 고도성장 능력이 있어서 미래에도 오랫동안 대가를 치르지 않거나 적은 대가만을 치르며 성장의 신화를 지속할 수 있다. 거시경제 관리에 반영되면서, 이런 미신은 이렇게 바뀌었다. 우리는 아직 전략적 호기에 놓여 있다. 조심스럽게 통제한다면, 지속적으로 훌륭하고 빠른 성장을 이룩할 수 있으며, 고도성장 속에서 더 발전적인 성장의 전환을 이룰 수 있다. 명확하게 밝히지는 않았지만, 속도가 먼저이고 품질은 나중이라는 사실은 분명하다. 중국의 정치와 사회의 안정이 성장속도에 크게 의존한다는 사실이 경제 관리자에게 이러한 선후의 순서를 선택하게 압박한 것임이 분명하다. 금융위기 이전에 중국의 최고지도자는 전환이 시급하다는 사실을 깊이 인식했다. 전환에 대한 중국 최고지도자의 성실하고 진지한 모습을 엿볼 수 있었다. 하지만 중국 경제의 잠재적 성장속도에 대한 낙관적 통계는 늘 그들에게 가장 높은 속도에서 전환의 적기를 찾아내기 위해 온갖 지혜를 짜내게 압박했다. 다시 말해서 그들은 성장속도의 전술적 환경에 잠재된 어떤 것도 희생하지 않고, 전략적 전환을 시행하기를 원했다. 그것은 거시통제 속에서, 성장속도의 밸브는 항상 최대한도로 열어놓고, 그런 조건에서 훌륭한 균형을 찾게 했다. 하지만 시대는 변한다. 현실적으로 현재 중국의 잠재적 성장속도는 일반적 통계나 가설에 훨씬 못 미칠 것이다. 겨우 1년 동안의 부양책을 실시하고 나서 중국에서는 강력한 인플레 조짐과 거대한 자산 거품이 나타났다. 이것은 중국 경제의 잠재적 성장이 이미 둔화되고 있다는 명확한 조짐이다. 이런 상황에서 과거의 지나친 낙관적 가설에 따라 거시통제를 하는 것은 아주 위험한 게임이 될 것이다.

보다 신중하고 비관적인 관점에서 본다면, 중국의 경제성장 환경에는 이미 중대한 전환이 생겼다. '전략적 기회' 라는 것은 이미 '전략적 도전' 으로 바뀌었을 것이다. 낮은 인플레와 낮은 거품의 고도성장 황금기는 영영 우리에게 돌아오지 않을지도 모른다. 실성해서 영혼을 도박꾼에게 빼앗기지 않았다면, 이런 전환의 미래 모습은 분명히 판단할 수 있다.

앞선 일단의 시간 동안에 중국의 낮은 인플레와 고도성장을 이룩한 역사적 조건을 받쳐준 것은 다음과 같은 몇 가지였다. 정치적 억압과 풍부한 노동력이 어우러지면서, 값싼 노동력과 정부의 권력이 농단해 만들어낸 저비용의 자원과 환경, 세계 시장의 확장이 가져온 높은 시장 수요, 도시화와 대규모 인프라가 촉진한 높은 투자가 그것이다. 점점 분명해지는 것은 이런 황금의 성장조합을 만든 기본적 요소들이 이미 사라졌거나 점점 약화된다는 사실이다. 그리고 이런 요소가 사라지고 약화되는 속도도 우리의 예상을 벗어난다. 투자자들의 관심이 값싼 중국산에서부터 순식간에 대종상품 시장의 이른바 '중국 가격' 으로 옮아간 것을 돌아보면, 이런 점은 이해하기 어렵지 않다. 필자는 중국의 자원소모가 2007년에 이미 병목현상에 이르렀다고 추정한다.

GDP의 구성을 살펴보면, 이런 구조를 보다 분명하게 이해하는 데에 도움이 될 것이다.

앞 단계에서 중국의 고도성장을 이끈 주된 요인이었던 외부의 수요는 항상 큰 기대를 모았다. 하지만 세계 시장체제의 확장세가 점차 약화되면서, 특히 주요 외부 시장이던 구미 시장이 수렁에 빠지면서, 중국의 경제성장에 대한 외부 수요의 공헌은 안정적 국면을 유지할 수 없게 되었다. 금융위기는 단기적 위기에 불과하며, 위기가 끝나면 외부 수요가 빠르게 회복될 것이라고 믿는 것은 지나치게 천진한 생각이다. 도박의 성격이 분명했던 2009년의 부양책은 이것이 진심이기를 바라는 가설 위에 세워진 것이었다. 하지만 결과는 크게 실망스러웠다. 외부 수요의 회복은 아직도 요원하다. 금융위기 이후로 성숙한 경제체도 중대한 전환기에 놓였기 때문에 외부 수요의 불경기는 장기적 현상이 되리라는 것을 분명히 깨달아야 한다. 전환이 순조롭지 못하면, 실업문제는 정치적 압력을 더할 것이고, 중국의 외부 수요는 악화될 수 있다. 실업문제를 민족국가 내부에서 책임져야 할 때, 자유무역에는 분명 극복하기 어려운 역설이 존재한다. 1990년대에 일본이 경제위기에 부딪쳤을 때는 세계 체제가 한창 확장되던 때였다. 그런 상황은 수출주도형인 일본으로서는 위기에서 구명보트를 찾은 격이었다. 하지만 마찬가지로 수출주도형인 중국의 경우는 오히려 IT혁명과 세계화라는 이중의 과실이 점점 쇠락하는 시대에 직면했다.

외부 수요가 부진한 상황에서 고도성장을 포기할 수 없다면, 내수에 희망을 거는 수밖에 없다. 높은 투자는 중국의 경제성장을 강력하게 받쳐주는 요소였다. 중국이 2009년의 위기극복 과정에서 '홀로 우뚝한' 모습을 보일 수 있었던 것은 중국 정부가 새로 내놓은 이 전가(傳家)의 보물 때문이었다. 2009년에 중국의 GDP에서 투자가 차지한 비율은 90%라는 놀라운 정도였다. 지난 10여 년 동안에 중국이 높은 투자율을 유지할 수 있었던 것은 정부의 '합작(合作)' 아래에서 기업이 대량의 자본을 외부화하고 사회화해 기업 내부에 초(超)저비용을 만들었고, 나아가 세계화의 보너스가 가져다준 시장수요가 과도한 투자의 이익을 억지로 만족시켰기 때문이다. 하지만 중국 사회는 차츰 깨어나고 있고, 세계 시장체제의 확장은 가로막힌 시점에서, 비용의 감축과 시장의 수요는 모두 높은 투자율 모델에 있어서는 엄중한 시험이 된다. 인프라 건설에 대한 투자는 아직 여지가 있지만, 투자의 절정기는 지난 것 같다. 1990년대 말에 갑자기 속도가 떨어지자, 일본은 공공재정을 인프라 건설에 과도하게 투입해 여러 곳에 공항을 건설했다. 하지만 일본의 성장을 수렁에서 건져낼 방법은 여전히 없었다. 이런 사실은 중국의 도시화가 성장의 속도를 대폭 높일 수 있다는 주장을 그대로 받아들이기 어렵다는 것을 보여준다. 정부의 지원으로 혁신적인 신흥 산업을 일으켜 경제성장을 촉진한다는 주장도 로또에서 일등에 당첨되는 격이다.

GDP를 구성하는 삼두마차 가운데 유일하게 믿을 수 있는 것은 소비뿐이다. 여기에는 중국은 소비 부족이 심각하기 때문에 대규모 소비가 이루어진다면, 경제가 지속적으로 고도성장할 수 있다는 보편적 인식이 있다. 하지만 그것은 소비율이 지나치게 낮아서 비롯된 일종의 착각일 것이다. 현실적으로 소비율이 지나치게 낮은 것은 소비 자체가 너무 낮아서가 아니라 투자율이 지나치게 높기 때문이다. 투자율이 떨어지면 소비율은 저절로 높아진다. 이는 간단한 산술적 문제이다. 경험과 통계수치는 중국의 소비는 매우 안정적으로 성장하고 있음을 알려준다. 사치품 소비는 이미 세계 2위이다. 젊은이들의 광적인 쇼핑은 자신의 수입을 훌쩍 넘어선다. 소비 부족이라는 말은 우리의 일상적 경험과는 심각하게 어긋난다. 정책적 부양과 소비의 폭발적 성장으로 투자와 외부 수요의 공백을 메우기를 바라는 것은 지나친 기대일 것이다. 중국에서 소비가 지속적으로 증가하는 데에 장애가 되는 중요한 요인은 급격하게 늘어나는 빈부격차이다. 하지만 그것은 결코 단기간에 쉽게 바뀔 수 있는 것이 아니다.

이상 몇 가지 사실은 중국이 이미 고도성장에서 중·저속성장으로 전환하는 시점에 들어섰다는 사실을 강하게 보여준다. 이런 시대적 배경 속에서 한사코 경제성장의 속도를 예전 수준으로 끌어올리려고 한다면, 필연적으로 거품과 경제체제의 심각한 혼란이 따를 수밖에 없다. 거시통제가 마술처럼 아무 것도 없던 것을 만들어낼 수는 없다. 그것은 경제의 잠재적 성장능력 범위 내에서만 작용할 수 있을 뿐이다. 잠재적 성장능력을 크게 뛰어넘는 정책적 부양은 호르몬제를 대량으로 복용하는 것과 다르지 않다. 중국의 심각한 대출 거품은 중국 경제의 잠재적 성장능력을 지나치게 높게 계산하고, 그로 말미암아 현실에 맞지 않는 성장목표를 설정한 데에서 비롯된 것이다. 기존의 한정된 조건에서 보면, 중국의 경제 관리자는 전술적으로는 이미 최상이다. 하지만 그 최상의 전술이 잘못된 전략적 가설 위에 세워진 것이라면, 그 결과는 치명적일 것이다. 금융위기 초기에 성장속도가 급격히 떨어진 것이 중국 경제의 가장 절박한 위험이었다고 한다면, 지금은 두 가지 위험이 한꺼번에 다가오고 있다. 하나는 경제성장의 급격한 하락의 위험이고, 다른 하나는 인플레의 상승과 거품의 붕괴 위험이다. 이것이 아마도 원자바오 총리가 언급한, 진퇴양난에 빠진 거시통제의 진정한 속사정일 것이다.

지금 각종 매체는 여전히 '바닥을 쳤다'는 논조로 가득하다. 제법 '전문적' 언론처럼 보여서, 마치 중국 경제가 정말로 회복되는 것처럼 보인다. 하지만 사실상 중국 경제는 아직 중환자실을 떠나지 않았다. 고강도의 화폐 '강심제'에 의지해 연명하는 경제체가 어떻게 위기에서 진정으로 벗어났겠는가? 강심제를 제거하면 환자는 끝내 죽을지 아니면 살지, 누구도 그런 도박은 하지 못할 것이다. 위기는 이제껏 우리 곁을 떠난 적이 없다. 경제에서 말하는 단기간의 '바닥을 쳤다'는 것이 아니라, 경제성장의 장기적 둔화 추세일 수 있음을 걱정해야 한다. 문제는 환자의 생사가 불투명한 상황에서 주입하는 고강도의 화폐 '강심제'는 거품과 인플레라는 합병증을 부른다는 점이다.

통화를 긴축하지 않으면, 거품은 점점 커지고 인플레도 이내 고삐 풀린 망아지처럼 될 것이다. 2010년 3, 4월의 통계는 이런 추세를 분명하게 보여준다. 이런 추세는 현행 정치시스템과 취약한 사회시스템이 감당할 수 있는 것이 아니다. 하지만 통화를 긴축한다면 거품은 금세 터질 수 있고, 힘들게 지탱하던 성장도 갑자기 속도가 떨어질 수 있다. 그 또한 정치적으로 감당할 수 없다. 이런 조짐이 최근 몇 달 동안의 통계에 반영되고 있다. 통화와 대출이 여전히 높은 증가세를 유지하고 있는데, 경기는 하락세를 보이는 것은 잠재적 경제성장 속도가 확연히 떨어진다는 사실을 입증하는 것이다. 전통적인 거시통제의 지식으로는 확실히 다소 복잡한 느낌이 든다. 어떤 논자는 인플레의 상승 흔적을 근거로, 지금 중국 경제에는 이미 과열현상이 나타났다고 여긴다. 하지만 여러 흔적들은 현재의 인플레는 수요가 불러온 것이 아니라 생산능력이 심각하게 과잉된 상황에서, 비용의 가파른 상승이 촉진한 것으로 보인다. 그리고 그 가운데 각종 비용의—예컨대 노동력 비용, 환경보호 비용 등 상승은 모두 장기적인 추세를 지닌 것들이다. 부동산 거품은 도시화가 아직 불충분한 상황에서 대거 도시로 이주한 사람들의 장기적 예상 비용을 높였는데, 이것은 본질적으로 일종의 '탈(脫)도시화'〔去城市化〕[3]라는 사실을 지적해 두어야 겠다. 생산능력이 대량으로 과잉된 상황에서, 인플레가 나타나는 또 다른 가능성은 인프라를 건설하기 위한 기초원자재가 국내에서 병목현상을 빚기 때문이다. 철광석 · 원유 등 기초원자재를 대량으로 수입해야 하지만, 가격결정권은 그들의 수중에 없다. 이것은 2007년에 나타난 상황이다. 앞선 상승 주기에는 경제가 수년 동안 성장한 다음에 인플레가 나타났지만, 이번에는 겨우 1년 만에 눈에 띄게 인플레 조짐이 나타났다. 2009년에 필자는 중국 경제에 대해 세 가지 가설을 내놓았는데—「중국의 미래를 위해 잘 준비하자」를 보라, 지금 보면 가장 나쁜 점괘를 선택한 것 같다. 그리고 비용의 장기적 상승 추세는 마치 유령처럼 재빠르게 찾아왔다.

물론 전통적으로 통화를 수단으로 삼아—예컨대 금리를 높이는 수요를 억제하는 것은 바람직한 해결책이 아니다. 그렇게 한다면, 중국은 경기과열이 아니라 경기의 대대적 쇠퇴에 직면할 수 있다. 이런 의미에서 보면, 스태그플레이션은 더 이상 과장된 말이 아니다. 중국에서 실로 과열된 것은 거품이다. 거품경제 자체는 상당 정도가 실물경제 쇠락의 결과물이다. 실물경제는 앞에서 위축하고, 거품경제는 뒤에서 팽창한다. 역사를 돌아보면, 미국의 거품이든 일본의 거품이든 그렇지 않은 적이 없었다. 이런 사실을 명확히 인식한다면, 자발적으로 거품을 터뜨리든 거품이 저절로 터지게 내버려두든, 그 어느 쪽도 실물경제의 번영을 가져올 수 없

역주 3) 대학생들이 농촌으로 가서 농민들과 함께 농장과 합작회사를 설립 · 운영하는 새로운 농업 모델을 이르는 말로, 중국인민대 원톄쥔(溫鐵軍) 교수가 명명했다.

다. 거품이 터져서 벌어지는 자본 손실은 오히려 실물경제에 더 큰 타격을 줄 수 있다. 그리고 그 파괴의 정도는 거품의 크기에 따라 결정된다.

시야를 넓혀서 보면, 지금 중국에서는 양쪽 모두가 정치적 낭떠러지이다. 때문에 현상을 유지하며 복지부동하는 것이 가장 좋은 거시정책이 되어버렸다. 이런 사실은 중국의 거시통제가 여지가 전혀 없지는 않지만 공간은 상당히 비좁아졌음을 일러준다. 중국의 거시경제정책은 2007년 초부터 긴축기조를 펼치다가 2008년 연말에 돌연 대폭 완화로 돌아섰고, 2010년 연초에 다시 긴축기조로 되돌아섰다. 거시통제의 방향이 자주 바뀌는 것은 중국 경제가 점점 통제하기 어려워져 거시통제 역시 마음대로 되지 않는다는 의미이다. 이제 그 요동을 멈추려고 한다. 예상이 빗나가지 않는다면, 향후 일정 기간 동안에는 중국의 거시통제는 이러지도 저러지도 못하는 난처한 상황이 될 것이다. 다시 말해서, 지금의 정치기구가 효과적으로 운전할 수 있는 최저한도의 경제성장 속도에 대해 거시통제는 어떤 힘도 발휘하지 못할 것이다. 그 배경에는 더 심각한 역사적 어려움이 감춰져 있다. 지난 30년 동안 중국이 고도성장에 의지하는 한편 사회의 균형을 유지하려고 애쓴 체제의 잠재력이 거의 소진된 것이다. 어쩌면 그것은 중국식 통치 모델이—경제성장으로 정치와 사회의 변혁을 대체하는 종말로 달려가고 있다는 선포인지도 모른다. 2010년 여름으로 들어서는 길목에서, 중국의 지도자는 분명 대단히 고통스러운 역사적 선택에 직면하고 있다.

중국이 경제성장 속도를 높이려는 본연의 의도는 중국의 정치와 사회 문제 해결을 위한 더 나은 경제적 토대를 만들고 아울러 그것을 해결하기 위한 더 많은 시간을 얻으려는 것이다. 그런 논리는 쉽게 이해할 수 있고, 또 동정을 받을 가치가 있다. 하지만 경제성장은 결코 정치적 해결방안을 대신할 수 없다는 사실 또한 쉽게 헤아릴 수 있다. 방울을 매단 사람이 방울을 떼어야 한다. 정치적 문제에는 결국 정치적 해결방안이 필요하다. 지금 중국에서 이런 전략에는 아주 심각한 역설이 담겨 있다. 즉 지금과 같은 경제성장의 방식—이런 성장방식의 가장 주요한 특징은 모든 것을 기꺼이 던져서 속도를 추구하는 것이다 자체가 정치와 사회 문제를 일으키는 소굴인 것이다. 그렇다면 고도성장의 속도를 높여서 경제혼란을 초래하기보다는, 솔직하게 잠재적 경제성장 속도가 이미 둔화하고 있다는 현실을 인정하고, 보다 객관적 토대 위에서 경제를 통제하고, 아울러 최저한도의 정치적 · 사회적 해결방안을 찾아내 보완하는 편이 나을 것이다. 이것은 어쩌면 현재의 거시통제의 진퇴양난을 해결하는 유일한 방법일 것이다. 또 이것은 중국 경제의 구조조정과 정치사회적 문제의 해결에 보다 조화로운 환경을 제공할지도 모른다.

생각해 보면, 중국의 정치인들은 최악의 경제적 환경을 집권의 가설로 삼아야 할 것이다. 거시통제를 어떻게 할 것인가 하는 식의 기술적인 문제보다, 이는 분명 전략적 성격이 훨씬 강한 문제이다. 역사의 전환점에서, 정치인이 여전히 기술 관료처럼 단기적이고 기술적인 사고에만 눈길을 주고, 심지어 이런저런 전문가들의 꼭두각시가 된다면, 중대한 잘못을 저지를 수 있다. 중국 기적의 간판으로서든, 정부 통제능력의 결정적 출처로서든, 잠재적 경제성장 속도의 하락을 인정하는 것은 무척 난감하고 고통스러울 것이다. 자발적으로 거품을 터뜨리고 더 낮은 경제성장과 마주하려면 고도의 정치적 용기가 필요하다. 하지만 양적완화정책으로 더욱 수습하기 어려운 상황을 초래하는 것보다는 낫다.

자극을 더하는 일부 논자들에게 특별히 일깨워줄 점이 있다. 미국이 통화를 남발할 수 있는 것은 달러가 초래하는 인플레를 세계가 분담할 수 있기 때문이다. 하지만 중국이 그렇게 한다면, 결국 중국인이 홀로 감당해야 한다—어떤 형식이든 상관없이. 하지만 긴축정책을 계속 펼치든 완화정책을 펼치든 아니면 지금처럼 현상을 유지하든, 규모가 크고 증상이 복잡한 경제는 어차피 조정이 불가피하고 또 시급하다. 이것을 발단으로 30년 이상 고속으로 내달린 중국은 다시 몹시 힘들고 고통스러운 전환의 시대로 접어들 것이다. 이런 기본적 배경 때문에 중국의 자본시장도 베어마켓(bear market)으로 들어서게 될 것이다.

8.2.3. 슈퍼 하락세의 도래

2010년을 중국 전환의 원년으로 삼는다면, 2010년에 처음으로 마주칠 중대한 경제적 사건은 부동산 거품의 붕괴이다.

중국의 부동산에 심각한 거품이 끼어 있지 않다고 생각하는 사람은 소수에 불과하다. 그런데 거품이 연착륙해 차츰 해소될 것인지 아니면 심각하게 터질 것인지에 대해서는 이견이 있다. 전자에는 여러 가지 조건이 필요하다. 그 가운데 가장 중요한 것은 중국 경제가 반드시 예전처럼 고도성장을 유지해야 한다는 점이다. 이런 주장을 하는 사람들은 대개 부동산을 장기간 과잉매입한 사람들로—그들은 대부분 '중국특수론'을 주장한다, 이런 주장을 자기 위안을 위한 유일한 논리로 삼는다. 하지만 앞서 말한 것처럼, 중국 경제는 황금기를 재현하기 어려울 뿐 아니라, 장기적으로 중·저속성장 시대에 처할 가능성이 아주 높다. 그리고 그 사이에는 대규모 위축이 나타날 위험성도 적지 않다. 그런데 지금 중국 부동산시장의 상승폭은 현재의 경제성장 속도를 크게 넘어설 뿐 아니라 미래의 성장 전망도 훌쩍 넘어섰다. 지금 중국의 이런 슈퍼 부동산 거품이 무사히 끝나려면, 아마도 귀신의 도움이 필요할 것이다.

이제껏 금융의 역사에서 대형 거품의 참담한 결말에 대해 요행을 얻은 경우는 거의 없었다. 그래서 중국 부동산의 거품이 꺼진 이후의 미래 모습은 점점 두려운 모습으로 바뀌어간다. 거품이 지속된 시간이 아주 길고, 규모가 대단히 크다는 사실에 비추어, 거품은 이미 극히 취약한 상태에 있어서 미세한 자극에도 터질 수 있다. 통화정책의 미세한 긴축이 있거나 극소수 기민한 투자자들이 앞장서 투매하기만 해도, 죽음의 나선을 움직이게 만들 수 있다. 마치 기구에 바람을 끝까지 불어넣어 터지기 일보직전인 것과도 같은 형국이다. 금융시장의 파동에 대해 교훈이 부족한 사람을 제외하고—안타깝게도 중국의 부동산 투기꾼들 가운데는 이런 경솔한 바보들이 우글우글하다, 숙련된 투자자라면 누구나 2009년 중국 부동산시장의 과열에서 어떤 두려움을 느꼈을 것이다. 그것은 일반적 관점에서 보면, 가격 상승

주기의 종막이라는 신호이다. 아울러 가격을 조종하는 자가 양을 잡아먹는 때이다. 망하게 하려면 먼저 미치게 만드는 법이다. "내일은 값이 더 오를 것이다."라는 미치광이의 행동논리는 이처럼 단순하고 또 논박할 수조차 없다.

더 강렬한 신호는 많은 부동산을 소유한 주변의 친구들에게서 들려온다. 아주 놀라운 사실은 부동산 억제책이 나온 이후에도 그들은 심리적으로 조금도 흔들리지 않았다는 점이다. 아주 제한된 투자경험을 토대로, 그들은 부동산 가격이 소폭 조정되고 나면 다시 예전처럼 계속 오를 것이라고 믿는다. 거기에는 이런 도박도 섞여 있다. 앞서 중국의 경제당국자가 부동산 정책에서 누차 보여준 소극적 태도 때문에, 그들은 당국이 양적완화정책을 다시 펼 것인지를 놓고 도박을 벌이는 것이다. 하지만 지금 극도로 완화된 통화정책 위에서 또다시 통화를 자극한다면, 그것이 부를 경제적 혼란과 인플레 압력은 엄청날 것이다. 그것은 정치적 자살행위와도 다르지 않다. 그러므로 중국의 경제당국이 무모하다면 모를까, 그렇지 않다면 아주 오랫동안 양적완화정책을 펼칠 확률은 거의 제로에 가깝다. 부동산시장에 뛰어든 사람들은 한 차례 활황기를 겪었다. 겨우 한 차례 활황기를 겪었을 뿐이다. 하지만 자산의 시원한 증가 경험 때문에 이토록 편파적이고 완고하고 유치한 신념에 도취한 듯하다. 거품의 붕괴는 늘 대다수 투자자가 정신적 도취에 빠져 있는 가운데 조용하게 시작된다. 우리는 천당으로 가는 꿈을 꾸는 동안에 도리어 지옥으로 가는 길을 내닫는 것이다.

우리에게 확신을 주는 신호는 많다. 중국 부동산은 2010년 봄에 이미 정점을 찍었다. 그리고 그것이 정식으로 터지기 시작한 시점 역시 2010년의 어느 날일 것이다. 2010년 봄은 부동산 투기자에게는 아주 미묘한 계절이겠지만, 2010년은 그들의 꿈을 묻어버리는 거대한 무덤이 될 것이다. 이어서는 거품이 터지는 스산한 소리가 또렷이 들릴 것이다.

부동산 거품의 붕괴는 중국의 은행과 도시민 그리고 중국의 자본시장에서 주요한 자리를 차지하는 부동산업체의 손익계산서에 심각한 타격을 입힐 것이다. 중국의 은행이 여러 가지 방식으로 자본을 늘리는 것을 보면, 아마도 여기에 대한 최악의 시나리오를 상정한 것으로 보인다. 그 타격은 전혀 낙관적이지 않다. 부동산 거품의 붕괴가 경제에 가져올 심각한 압력은 숨길 필요가 없다. 구식 성장방식의 상징적 업종인 부동산은 중국 GDP 성장의 중요한 엔진이었다. 하지만 그것을 '구식'이라고 하는 것은 거기에는 비효율이 넘치고, 숱한 박탈이 감춰져 있고, 엄청난 사회 분열을 가져오기 때문이다. 그런 까닭으로 부동산산업은 전형적으로 중국에서만 볼 수 있는, 너무나도 부끄러운 거부(巨富)들을 낳았다.

한마디로 지금 중국의 부동산산업은 부에 대한 시장의 가치관을 비웃고 왜곡시키고 있으며, 사회에 대한 전반적 공헌은 그들이 사회를 파괴하는 것에 훨씬 못 미친다. 이런 비효율적인 업종이 중국 경제의 이른바 지주 산업이 된다는 것은 그야말로 중국의 치욕이다. 긴축, 불황, 부동산 부자에 대한 징벌적 세수(稅收)를 통해 부동산산업을 정리하고, 건강한 토대를 재편하는 것이 중국의 경제성장 방식을 전환하는 중요한 모습이 된다. 그런 의미에서 부동산 거품이 터지는 시기는 곧 중국 경제의 새로운 전환이 시작되는 날이다. 거품은 곤경을 심화시킬 수도 있지만, 더 큰 곤경은 전환을 가속할 것이다. 이런 적극적이고 낙관적인 변증법 속에서만이 이미 세상의 해악으로 전락한 중국의 부동산산업이 조금이나마 긍정적 의미를 갖게 될 것이다.

중국의 자산과 대출의 평가 고리의 근원지로서 부동산 거품의 붕괴가 기업과 정부에 끼치는 손실은 광범하고 심각할 것이다. 그리고 그 손실의 회복에는 오랜 시간이 걸릴 것이다. 많은 기업의 경우는 아예 불가능할 것이다. 다시 말해서 중국의 새로운 전환의 시기에 있어서 가장 어려운 사명은 부동산 거품이 가져오는 후유증을 흡수하고 소화하는 것이다. 물론 그것은 중국의 이번 전환의 시간을 늘리고 곤경을 키울 것이다. 그런 까닭으로 부동산 거품은 중국의 자본시장을 하락세로 몰아넣는 결정적인 손이 될 것이며, 아울러 하락세의 주요한 기본적 배경이 될 것이다.

새로운 전환의 시기에는 또 하나의 장기적 추세가 중국 자본시장의 주요한 기본 배경을 이룬다. 그것은 중국 경제성장 비용의 꾸준한 상승세이다.

과거 수십 년 동안에 중국의 각급 정부는 극단적으로 기형적인 '기업친화적' 성장전략을 펼쳐, 대량의 자본이 기업과 정부로부터 사회로 전가되었다. 예컨대 환경보호 비용, 노동 가격에 대한 정치적 압력, 토지 징수를 통한 농민과 도시주민에 대한 착취, 대형국유기업에 대한 저금리 대출에 따른 예금자의 이익 착취와 각종 우대정책과 감세에 따른 공공복지의 저하 같은 것은 모두 중국의 기업, 특히 대기업과 외자기업이 중국사회에 엄청난 비용을 전가하게 만들었다. 이런 문제는 GDP에서 차지하는 국민소득의 비중은 갈수록 낮아지고 정부와 기업의 수입은 갈수록 높아지는 결정적 요인이 되었다. 이런 비용을 전가해 이윤을 얻어내는 방식은 기업과 정부의 맹목적 투자를 부추겼고, 전통적 성장모델인 고투자와 고도성장의 순환이 유지될 수 있는 중국식 여건을 만들었다.

그런 시대가 과거가 되고 있다는 사실은 점점 분명해진다. 최근 몇 달 동안에 중국의 연해(沿海) 지방에서 빈번하게 발생하는 조직적인 파업은 —이는 중국에서 사실상 파업이 허용되지 않는 지역은 상당히 드물다는 것을 보여준다 중국 사회가 깨어나고 있을 뿐 아니라 제도에 맞서고 있다는 사실을 보여준다 —노동 가격의 상승을 오로지 노동력 부족이라는 단순한 수요공급 논리에 귀결시키는 것에 필자는 동의하지 않는다. 슬그머니 그리고 강제로 전가된 비용을 제자리로 돌려놓는 것은 수입 분배구조의 개혁에 있어서 가장 핵심적 내용이며, 경제성장 전환의 의제에 당연히 포함되어야 하는 문제이다. 전환의 다른 목표는 얼마쯤 모호할지라도, 지금 이 문제만큼은 아주 명확하다. 따라서 이어지는 전환의 시기에는 기업의 비용이 장기적으로 상승하고, 어떤 단계에서는 대폭 상승할 것임을 예견할 수 있다. 중국 기업의 과거 손익계산서에서 떳떳하지 못한 이익을 없애야 한다.

중국 경제의 꾸준한 성숙과 세계 시장 확장추세의 약화는 수요의 위축을 가져올 것이다. 두 가지 추세의 협공 속에서 기업의 이윤이 감소하고 기업이 빈번하게 파산하는 것은 흔한 현상이 될 것이다. 꾸준히 늘어나는 중국의 상장기업도 이런 추세에서 물론 예외일 수는 없다. 요컨대 수입의 분배구조 조정이 새로운 전환의 시기에 있어서 시대적 주제가 되면, 성장 단계에서 주요한 수익자였던 중국의 기업은 이익을 양보하도록 강요받을 것이고, 과거에 기업의 이윤으로 돌아가던 상당부분은 노동자와 사회로 흘러들어가 사회의 조화를 유지하는 기본비용이 될 것이다. 이런 사실을 거울로 삼는다면, 증권시장이 2,500포인트에서 역사적으로 바닥을 쳤다고 소리치던 애널리스트들은 귀엽고 순수한 경험주의자로 나누어져야 할 것이다.

미래의 어느 시기에 중국의 주식시장 가치에 영향을 미치는 요소는 비용 상승이라는 측면에만 그치지 않을 것이다. 앞서 말한 것처럼, 새로운 전환의 시기는 중국 경제가 날로 성숙되는 시기이다. 성숙이란 동전의 다른 한쪽이어서, 성장속도가 현저하게 떨어진다. 속도가 떨어지는 구체적 구간을 예측할 수는 없지만, 아마도 지난 30년 동안의 GDP 평균 증가 속도인 9.8%보다는 현저하게 낮을 것이다. 이는 이미 시가를 좌지우지할 수 있는 덩치를 가진 세계의 선두 대열에 있는 중국의 대기업에게는 특히 불길한 소식이다. 철강 · 부동산 · 석유화학 그리고 그런 기업들을 위해 봉사하는 국유은행 등 구식 경제성장 방식의 전형적 대표성을 갖는 기업들은 점점 성장의 동력을 잃게 될 것이다. 다시 말해서 이들 기업에게 고도성장은 아련한 과거지사가 될 것이다. 향후 10년 동안에 이런 기업의 성장속도가 갑자기 대폭 떨어지거나 적자가 났다는 소식을 자주 듣게 되더라도 놀랄 필요는 없다. 생산능력을 청산해야 할 주요한 대상으로, 상당수의 기업이 도태될 것이다. 아직은 중국의 블루칩 기업인데도 불구하고 저평가하는 것이 도저히 이해되지 않는 사람들은 어째서 이 거대한 식물인간과도 같은 기업을 위해 값을 치를 수 없는지 곧 알게 될 것이다. 그 이유는 간단하다. 오늘 10배인 주가수익률은 내일 주가가 반토막이 나더라도 여전히 10배일 것이다. 중국의 상당수 상장기업은 이런 부류에 속한다.

이런 사실은 중국 주식시장의 주가가 지속적으로 하락 조정될 압력이 무척 크다는 의미이다. 황금 같던 10년 동안의 드라마는 시작되자마자 그 소리가 뚝 그쳐버렸다. 투자자가 가질 수 있는 유일한 희망은 저 업종들이 아직은 충분히 발육되지 않았다는 것이다. 어쩌면 진정으로 미래 산업의 발전방향에 승부를 걸거나 아니면 초인적 지혜를 가진 기업으로 모여들 것임에 틀림없다. 그런 기업이 있다면 비로소 경제의 전반적 성장속도가 갖는 한계를 돌파할 수 있고, 대폭 성장할 수 있는 기회를 잡을 수 있다. 하지만 그런 기업은 볼품없이 작다. 따라서 중국 증권시장의 전반적 양상을 지탱하기는 어렵다. 성장속도가 뚜렷이 떨어지는 시기에는 중국의 경제구조 조정도 극심하다는 사실을 반드시 기억해야 한다. 일부 기업이 사라지는 것은 하락장세 드라마의 주요한 줄거리 가운데 하나일 것이다.

사회정치적 요인은 너무 복잡하여 분석틀 속으로 끌어들일 수 없기 때문에 분석가들은 흔히 배제한다. 하지만 사회정치적 요인은 시장의 중·장기 추세에 늘 중요한 영향을 미친다. 중국처럼 경제 · 사회 · 정치가 모두 전환에 놓여 있는 나라는 더욱 그렇다. 정부의 표현에 따르면, 중국의 다음 단계 전환의 주요 목표는 경제성장 방식의 전환이다. 그렇지만 그것은 보다 복잡한 과정을 완곡하게 표현한 것일 뿐이다.

중국 경제성장 방식이 극도로 왜곡된 것은 다른 요인은 빼고, 가장 근본적인 논리의 기점은 게임에 있어서 권리와 권력이 극도로 불균형하다는 점이다. 저임금과 환경 문제는 물론 과잉투자, 극심한 공공재 부족, 심각한 빈부 분화는 모두 이런 분석틀에서 훌륭한 답을 얻을 수 있다. 이 게임에서는 정부가 성장속도를 추구할수록 권리에 대한 권력의 압박은 더욱 필요하고 깊어진다. 그 이유는 경제성장에 있어서 최저 비용을 유지하려는 것이다. 지난 30년 동안 지속적 고도성장을 유지하기 위해 권리는 이미 극한까지 눌려 왔다. 그러므로 새로운 전환의 시기에 있어서 경제성장 방식의 전환이 갖는 중요한 의미는 게임에 있어서 권리와 권력이 기본적으로 균형을 되찾는 것이다. 이것을 내버려둔 채로 경제성장 방식의 전환을 논할 수는 없다. 그 논리는 아주 분명하다. 권리와 권력의 게임이 기본적 균형을 이루는 바탕에서 이룩된 경제성장이라야 훌륭한 경제성장이고, 절대다수 사람들의 복지를 개선할 수 있는 경제성장이다. 아울러 그런 바탕에서 실현된 경제성장의 방식이라야 지속될 수 있다. 따라서 경제성장의 방식을 바꾸는 것은 거시적인 문제가 아니라 미시적인 문제이다. 풀뿌리 국민의 권리 실현의 문제인 것이다.

그런데 이제껏 권력과 권리의 게임은 평온한 적이 없었다. 때로는 아주 격렬하기까지 했다. 보다 넓은 역사적 안목으로 보면, 권리와 권력은 부단히 격렬한 게임을 통해 균형을 찾아냈다. 그러므로 사회적 조화에 이르는 과정은 중국의 정치와 사회 체제를 재편하는 과정이다. 그 어렵고 복잡하고 아슬아슬한 정도를 헤아려볼 수 있다. 그 과정은 경제성장 속도의 하락과 맞물려 예측하기 어려운 연쇄적 반응을 일으킬 것이고, 나아가 위험하거나 또는 역사적인 다른 가능성의 문을 열어젖힐 것이다.

다음 전환의 단계에 있어서 높은 불안정성과 낮은 가시성(可視性)이 중국 자본시장의 사회정치적 배경을 이룰 가능성이 대단히 높다. 그리고 뒤따르는 거시정책의 불안정성과 경제적 기복은 더욱 빈번해질 것이다. 이런 점은 1990년대의 일본과는 아주 다르다. 일본은 경기가 하락하고 거품이 붕괴되던 당시에 사회의 빈부격차가 아주 적었고, 정치시스템도 탄력성이 높아서 여러 가지 충격을 흡수했지만, 지금 중국은 그 무렵 일본과는 정반대이다. 중국 자본시장의 장기조정은 사회정치적 환경을 더욱 흔들어 놓을 것이 분명하다. 중국의 전환은 세계 자본주의의 전환과 보조를 맞추어 시작되었다는 점을 지적해 두어야겠다.

서브프라임 모기지론 사태 이후로 한결 자유로운 미국 자본주의이든 훨씬 복지적인 유럽 자본주의이든, 사실상 모두가 중대한 도전에 직면했다. 그 도전은 성장과정에서의 번뇌가 아니라 쇠퇴의 위기이다. 세계 체제 속에서 벌어지는 충돌의 위기는 결코 우리에게서 멀리 있지 않다. 시간이 흐르면서 이런 미래의 모습은 점점 뚜렷해질 것이다. 중국의 경우는 세계 자본주의의 좌절이 가져올 가치체계의 유례없는 혼란이 더욱 골치를 썩일 것이다. 30년 동안 '미국을 스승으로 삼던' 모방의 단계를 지나자 갑자기 스승이 의심스럽게 변해 버렸다. 중국의 출구는 곤경 속에서 스스로 찾는 수밖에 없다. 어쩌면 그것은 진정한 '중국식 모델'이 배태되는 시점일지도 모른다. 이런 전환의 과정에서 연관된 정치 · 경제 · 사회 체제의 관념 사이의 충돌과 논쟁은 무척 치열할 것이다. 구체적으로는 지금은 의문의 여지가 없어 보이는 중국 자본시장의 기능 확정이 논쟁의 화두가 될 수 있다. 전환이 가져올 위험은 기초 경제 여건의 불확정성보다 더한 것은 없다.

이제껏 경전처럼 받들던 매입보유 전략[4)]은 투자비극을 부르는 함정이 될 수 있지만, 새롭게 전환된 환경에 적응한 보다 융통성 있는 투자전략은 승자가 될 것이다. 100포인트에서 시작해 6,000포인트에 도달한 것이 중국 경제가 지난 30년 동안 시장화를 통해 얻어낸 고도성장을 반영한다면, 이어지는 10년 동안의 새로운 전환 주기는 중국의 자본시장에 거듭 발버둥치는 새로운 모습을 가져올 것이다. 시간이 오래 걸리고 변동성이 잦고 극복하기 어려운 것은 슈퍼 하락세로 개괄할 수밖에 없을 것이다. 증권시장의 선동가들이 아직도 6,000포인트 심지어 8,000포인트를 떠벌이고 있을 때, 6,000포인트는 이미 구식 경제성장 방식의 묘비(墓碑)가 되어, 역사의 먼지 속에 묻힐 것이다.

— 2010년 6월

8.3. 초읽기에 들어간 부동산시장의 붕괴

부동산 가격이 하락하기를 바라는 사람은 중국 부동산시장의 효력비율을 조금만 이해한다면 이내 풀이 죽고 심지어 절망할 것이다.

중국 부동산의 거대한 거품 속에서 매입자 측은 현재 중국에서 가장 뛰어난 힘을 가진 자들이다. 그들 가운데 가장 수위에는 지방정부가 있

역주 4) buy and hold strategy: 매입지속 전략으로 단일자산(증권)이나 포트폴리오를 장기 보유하는 투자방침.

다. 관료의 정치적 업적 때문이든 지방 재정과의 격차를 고려한 이유에서든, 중국의 지방정부는 부동산 거품을 한껏 부풀어 오르게 부추긴다. 중국 부동산에 있어서 '묻지마' 식의 매입자들이다. 모두 '이익' 때문이다. 이는 금융위기 이후에 중앙정부가 정책을 약간 완화하고, 각급 정부가 단호하고 신속하게 각종 부동산 부양책을 내놓은 까닭이기도 하다. 같은 이유로 2010년 중앙정부가 부동산 거품을 억제하기 시작하자 지방정부는 겉으로만 따르는 체했다. 그리고 2010년부터는 특수한 정치적 필요에서 비롯되었다. 비록 지방의 고위관료가 주택소비세 따위로 농간을 부려 부동산 거품을 키운 경우도 일부 있지만, 지방정부의 토지 거품에 대한 큰 수요가 그렇게 만든 것이다. 일부 지방 관료의 부동산 거품에 대한 특수한 태도는 고작해야 정치적 선언의 역할을 했을 뿐이다.

토지재정에 대한 지방정부의 의존이 어느 날 사라진다면, 지방정부는 중국의 부동산 거품을 촉진한 매입자가 될 것이다. 특히 현행 정치시스템에서는 지방정부가 부동산 거품에서 나오는 이익만 챙기고 거품 붕괴에 따른 책임은 전혀 지지 않기 때문에 거리낌 없이 부동산 거품을 부추긴다.

중국의 부동산 거품 속에서 지방정부와 이해가 같아서 굳건한 동맹을 맺은 또 하나의 매수자는 크고 작은 부동산업자들이다. 그들은 나름의 타산은 있겠지만, 가격 거품을 좋아하지 않을 리는 없다. 그들은 거품이 클수록 더 많은 돈을 벌어들인다. 아무리 차분한 사람이라도 거품을 그냥 지나치지는 못할 것이다. 장기적 이익은 장기적 이익으로 돌리고, 단기간에 폭리를 취하는 것도 어차피 나쁘지는 않다. 거품이 붕괴되는 순간에 낱낱이 드러날 터이지만 지방정부는 아랑곳하지 않으며, 이익만을 도모하는 부동산업자들이야 남을 대신 걱정할 필요가 없다. 따라서 가능하다면 그들은 정보 조작이나 정부 로비 같은 가능한 수단을 동원해 부동산 거품에 기름을 끼얹을 것이다.

사기업 위주이던 부동산업자들 사이에 근자에 다크호스가 등장했다. 중앙정부기업이다. 자본과 능력에서의 특징, 인사(人事), 중국의 현행 정치시스템과의 특수한 관련성 때문에 중앙정부기업의 개입은 중국의 부동산산업에 중요한 변수가 되었다. 그 가운데 가장 중요한 점은 중국 부동산산업의 유례없는 느슨한 규제이다. 일반적인 토지 브로커와는 달리 중앙정부기업의 관리자들은 부동산 거품 붕괴에 대해 개인적으로 어떤 책임도 질 필요가 없으며, 단기적으로 거품이 커질수록 자신들에게 유리하다. 모든 부동산업체 가운데 중앙정부기업은 부동산 거품을 키울 동력이 가장 크다. 뿐만 아니라 지금 중앙정부기업의 느슨한 규제는 사후의 면책에만 그치지 않는다. 그들은 사전에 정책로비를 벌인다. 그것도 전통적인 범위에만 국한되는 것이 아니라 통화정책에까지 개입한다.

어떤 자산 거품도 따져보면 그 근본은 통화문제이다. 통화정책에 영향을 주는 것은 자산 거품에 영향을 미치는 근본적 요인이 된다. 2009년 이래로 중국은 다른 신흥 경제체가 점차 긴축기조를 취한 것과는 반대로 통화정책을 완화하려는 애매한 태도를 보였다. 전적으로 중앙정부기업의 공으로 돌릴 수는 없지만, 정책에 대한 그들의 견제와 분명 큰 관련이 있다. 경제적 측면을 살펴보면, 통화정책 완화보다 더한 느슨한 규제는 없다. 결국 통화팽창과 가격 상승이 따르게 마련이고, 그 뒤처리는 전체 국민의 몫이 된다. 1년 남짓한 동안에 중국의 부동산시장에서는 중앙정부기업의 부동산이 두각을 나타냈다. 그들은 거품 앞에서도 전혀 두려워하지 않았고, 디왕(地王)[5]의 기록을 숱하게 갈아치웠다. 거기에는 사실 까닭이 있었던 셈이다. 그리고 그것은 중국 부동산시장의 주요한 특징 가운데 하나이기도 했다. 그들이 나중에 나타나 두각을 보이는 것에 대해 오래된 민영 부동산업자들은 반기면서도 우려한다. 우려하는 것은 그들이 시장에서 자신들의 기회를 빼앗을 수 있어서이고, 반기는 것은 목숨을 건 관상(官商)은 어차피 시장이 요동쳐 추락하려 할 무렵에 거품 주기를 연장함으로써 자신들을 격려하고 뒷받침하기 때문이다.

하지만 지방정부와 부동산업자들의 시세차익에 대한 열정만 있고, 은

역주 5) 광둥성 선전(深圳)의 랜드 마크인 69층 빌딩 Meridian View Centre. 여기서는 거침없이 오르는 중국의 부동산을 비유한 말이다.

행의 일방적 대출이 뒤를 받쳐주지 않았다면, 중국의 부동산 거품은 지금처럼 뜨겁게 달아오르지 않았을 것이다. 1990년 이후로 중국의 은행은 수조 위안에 이르는 공적자금을 받고 간신히 살아났다. 이제 시가는 세계에서 독보적이고, 위기관리와 경영관리에 있어서도 환골탈태했다고 한다. 하지만 최근 몇 년 사이에 목격한 사실은 엄청난 비용을 들인 은행개혁의 성과가 어쩌면 허상일지도 모른다는 우려를 갖게 한다. 중국의 은행은 업무수준의 동질화는 고사하고 최종적 책임에 있어서도 거론할 정도가 못 된다. 단기 이익은 여전히 교체가 빈번한 은행장들의 최고 이익이다. 예대마진에서 은행의 절대적 이윤이 나오지 않는 상황에서, 아직도 박리다매 식의 대출로 수익을 올린다. 대형 은행들은 다투어 대출에 나서, 순식간에 역사상 가장 엄청난 대출 광풍을 만들었다. 하지만 일단 주기가 뒤집히면—지금 보기에 그럴 가능성이 점점 커지고 있다, 악성 부채가 산더미처럼 쌓일 것이 뻔하다. 그런 비극은 금융의 역사에서 얼마든지 찾아볼 수 있다. 게다가 중국에서는 10년 전에 벌어졌던 일이다. 하지만 단기 수익에만 매달리면서도, 비극이 다시 연출되리라고 믿는 사람은 없는 것 같다. 그들은 오히려 중국의 경제와 부동산은 역사적으로 특별한 케이스가 될 것이라고 기대한다. 중국의 금융업계는 여전히 기술 엘리트들이 운집한 곳이다. 시장이 과열될 때는 보다 이성적이 되어야 하지만, 최근 몇 년 동안 그들의 모습에서 거품의 광기는 일정 정도에 이르면 민족의 이성과 지혜조차 꺾어버릴 수 있다는 사실을 알 수 있다. 그렇지만 은행가는 어차피 은행은 자기 것이 아니며 결과적으로 중앙은행이나 중앙정부의 재정으로 다시 메우리라는—사실상 전체 국민이 뒷감당을 한다 속내를 감추고 있다. 모두를 망쳐놓은 뒤에, 책임은 온전히 시스템의 위험 탓으로 돌리고, 은행가는 종적도 없이 사라질 수 있다. 따라서 거시적 형세가 바뀌지 않고 부동산이 단기간에 붕괴되지 않는 한, 다투어 대출해 단기 이윤을 챙기는 것이 유일한 이성적 행위가 되고, 신중하게 경영하는 은행을 마치 자기만 옳다고 우기는 공론가처럼 바라본다. 이처럼 어리석은데 무슨 말을 더하겠는가? 단기적으로 보든 장기적으로 보든, 다투어 부동산에 대출해 거품을 키우는 것은 은행의 이익에 맞아 떨어진다. 이런 제도적 규제에서 중국의 은행들이 부동산의 구매자가 되지 않는 것이 오히려 이상하다.

중국 부동산의 구조에 있어서 중앙정부의 역할은 가장 미묘하다. 중앙정부는 중국의 경제와 사회에 대해 최종 책임을 지기 때문에, 그들은 부동산에 대한 생각도 유난히 복잡하고, 입장도 곤혹스럽다. 한편으로는 부동산으로 경제를 견인해야 하고—그것은 중국 정치가 합법성을 얻는 주요한 원천이다, 한편으로는 계속 오르는 부동산 가격이 불러오는 국민들의 불만으로 그 합법성이 끊임없이 손상된다. 더욱 중요한 것은 언제 터질지 모르는 부동산 거품이 중국의 금융시스템을 완전히 무너뜨리고 나아가 경제 쇼크를 가져올 수 있다는 점이다. 이런 두 가지 위해요소가 부동산에 대한 중앙정부의 정책을 좌우한다. 그리고 그 최종 정책은 그것에 대한 그들의 계산 결과에 따라 결정된다.

지난 수년 동안 부동산은 점점 시스템적인 민생 문제를 일으켰지만, 중앙정부에게는 부정적 가치보다 긍정적 가치가 훨씬 컸다. 그것이 중앙정부가 이런저런 거품 억제책을 내놓으면서도, 강력하게 대처하지 못한 이유이다. 금융위기가 닥치자 위기에서 벗어나려는 필요 때문에 부동산은 더욱 총애를 받았다. 중앙정부는 약속을 저버리고 자신을 살찌웠고, 다시 각종 부동산 부양책을 쏟아냈다. 이제껏 중앙정부의 공식적인 태도는 변함없이 "부동산의 건전성과 안정성을 유지한다"는 것이다. 이런 부분에 대해 평소 솔직하고 거침없기로 유명한 런즈창(任志强) 선생의 견해는 대단히 정확하다. 런 선생은 기회가 있을 적마다 중앙정부의 태도에 대한 매체의 잘못된 해석을 바로잡았다. "지금까지 정부는 부동산을 억제하겠다고 밝힌 적이 없으며, 부동산 가격이 안정되기를 바란다고만 했다." 다시 말해서 런 선생의 말은 이런 뜻이다. '중앙정부가 하는 말을 대단하게 여기지 말라. 그들은 여전히 잠재적 매수자들의 동맹군이다.' 최근 10년 동안 부동산에 대한 중국 정부의 태도는 애매하고 오락가락하는데, 가격 상승을 기대하는 입장이라고 보는 것이 아주 정확하지는 않더라도 틀린 것은 아니다.

이처럼 애매하고 오락가락하는 정부의 부동산 정책은 주택 가격을 억제하기는커녕 오히려 착각을 불러왔다. 그런 착각 속에서 중앙정부의 정책은 부동산 가격을 좌지우지할 수 있는 유일한 요인이었다. 모든 하락은 중앙정부의 억제 정책 때문이었지 시장 자체의 역량이 가져온 것은 아니었다. 그래서 부동산 투기자와 시장의 게임은 중앙정부와의 게임으로 바뀌었다. 부동산 투기자들은 "정부는 부동산 투기를 일시 억제할 수는 있어도 GDP 때문에 부동산을 죽이지는 않을 것"이라며 일찌감치 중앙정부의 히든카드를 간파했다. 그래서 중앙정부가 부동산 거품을 억제할 방안을 내놓으면, 투기꾼들은 조용히 앉아서 정부의 다음 타협안을 기다렸다. 이런 식의 의지의 대결 속에서 지난 10년 동안은 시장의 다양한 투기꾼들이 거의 완승을 거두었다. 여러 차례에 걸친 중앙정부의 부동산 억제 정책은 오히려 부동산 거품을 조장했고, 거품의 시간만 늘려놓았다.

지난 10여 년 동안 중국의 부동산시장에서는 지방정부, 개발업자, 은행, 저가 주택[6]을 대량 보유한 각종 관료들이 상당히 안정적인 이익집단을 이루었다. 유일하게 그들에게 맞설 수 있는 중앙정부는 경제성장이라는 주문(呪文)에 얽매어 사실상 번번이 그들의 손을 들어주었다. 한편 공매도를 하는 쪽을 보면, 아직 직장을 가져보지 못한 젊은이와 도시로 흘러든 농민공이 있을 뿐이다. 그들은 지금 중국의 정치시스템에 있어서 가장 취약한 계층으로, 정책에 대한 영향력은 거의 무시해도 좋을 정도이다. 그런 힘으로 사나운 부동산 과도 매수자들과 맞서는 것은 계란으로 바위를 치는 격이다. 게다가 그들도 일단 자기 주택을 구입하고 나면, 그 즉시 가격 상승을 바라는 쪽으로 입장이 선회할 것이다. 누가 자기 자산이 줄거나 심지어 빚쟁이가 되기를 바라겠는가?

이렇게 보면, 현재의 부동산 시세 아래에서 철저하게 구경꾼이 되어버

역주 6) low cost house: 일정한 주택 수준을 확보하면서 건축 단가를 가능한 한 줄여서 설계된 주택의 총칭.

린 잠재적 주택 구매자들을 제외하면—자못 창의적인 중국 부동산업자들은 자신에게 '강쉬(剛需, 묻지마 식 구매의 뜻)'라는 자못 수치스러운 별명을 만들어냈다, 중국 부동산시장은 온통 상승만을 바라보는 형국이 되었다.

이익의 주체들은 신비한 힘에 의해 부동산 가격이 꾸준히 오르면, 거기에서 이익을 취하려고 관망하고 있다. 그래서 중국의 부동산이 정말로 천정부지로 오를 것이라고 믿는 사람들이 적지 않다. 하지만 경험이 있는 투자자들은 시장이 온통 매수자로 돌아설 때는 시장이 이미 높은 위험에 빠졌다는 사실을 알아챈다. 즉 시장이 반락할 시기가 가까워진 것이다. 그 이치는 아주 단순하다. 구매 역량이 포화상태가 되었기 때문에 가격을 떠받칠 자금여력이 더 이상 없는 것이다. '강쉬'들이 시장으로 벌떼처럼 모여들 때, 부동산 구매력은 고갈되어 간다. 그 조짐은 점점 분명해진다. 통계적으로 보면, 중국에서는 최초 주택 구입자의 연령이 빠르게 낮아지고 있다. 베이징에서는 그들의 평균 연령이 27세로 낮아졌다. 다른 나라의 평균치를 훨씬 밑도는 이런 수치는 중국 부동산시장의 구매력이 빠르게 고갈되고 있음을 보여준다.

주택을 구입하는 것이 걸맞지 않은 사람들이 주택구입에 나선다면, 상승세가 막바지에 다가섰다는 유력한 증거가 아닐까? 마치 야채장수 할머니들이 주식 매입에 나서는 것과 같은 것이어서, 숙련된 투자자들은 시장의 악재로 여긴다. 한편, 중국의 부동산시장에서 가장 단호한 공매도자인 뉴다오(牛刀)[7]라는 인물이 최근에 가격 상승을 기대하는 매수자들에게 손을 들었다. 농담으로 이런 상황에서는 뉴다오를 시장의 민감한 반등지표로 삼아야 할 것이다. 수년 전에 필자의 한 친구는 주식시장을 재미있게 빗대 "시장에는 마찰력이 반드시 필요하다. 마찰력이 사라지면 시장은 날아갈 것이다. 날아간 결과는 거듭되는 하락이다."라고 말한 적이 있었다. 중앙정부, 지방정부, 은행, 부동산업자, 각양각색의 투기꾼이 힘을 합쳐 시세차익을 챙긴 2009년의 중국 부동산시장과 어쩌면 그리도 쏙 빼닮았는가? 2009년의 중국 부동산은 정말로 날아간 것인가?

역주 7) 영향력 있는 중국의 부동산 경제 프리랜서 평론가.

오만한 힘은 스스로 파멸하는 경우가 많다. 세상일이 그런 법이기에 애석할 따름이다.

논리적 근거와—중국 부동산의 공실률, 주택보유율, 매매가대비 임대수익률, 소득대비주택가격비율과 중국 미래 경제의 성장 청사진을 포함해 시장에서의 경험으로는, 2009년 중국의 부동산은 매물이 폭증해 시장의 구매여력이 거의 소진되었다고 할 만한 이유가 있었다. 2009년은 중국의 부동산시장이 12년에 걸친 상승세를 마감한 해이다. 그리고 지금 부동산시장에 나타나는 이런저런 모습은 그 정점에서의 마지막 몸부림에 지나지 않는다. 이제 무서운 하락세가 이어질 것이다. 그것이 어떤 모습일지 알고 싶다면, 2008년의 증권시장이 모범적인 본보기가 될 것이다. 중국의 경제성장에 대한 부동산가격의 심각성에 비추어 볼 때, 부동산이 연착륙할 가능성은 거의 없으며 한바탕 눈사태가 일어날 것이다.

아놀드 토인비는 인류의 농업혁명과 목축혁명은 기술혁명에만 그친 것이 아니며, 인류는 거기에서 하나의 미덕을 얻었다고 평가했다. "사람들은 설사 굶주리더라도 종자를 모두 먹어치우거나 자신들에게 우유를 주고 가축을 낳아주는 암소, 암양, 암산양을 모두 잡아먹을 수는 없다."는 사실을 깨달은 것이다. 하지만 지금 중국의 부동산시장은 마치 문명이 이어질 수 있는 미덕을 아예 팽개쳐 버린 것 같다.

목장에서 모조리 잡아먹고 맹수들만 남으면, 그들끼리 물어뜯고 싸우는 것이 유일한 생존의 길이다. 그것이 시장의 힘이라는 것이다. 지금 중국의 부동산시장은 이런 투쟁의 언저리에 놓여 있다.

2005년에 「부동산에 묶인 중국」이라는 글을 쓴 적이 있다. 부동산은 중국의 이익집단을 하나로 단단히 묶어놓았고, 나아가 중국 경제의 운명을 붙들어 매게 될 이상한 업종이라는 내용이었다. 5년이 지난 지금도 묶인 것은 풀리기는커녕 오히려 바짝 조여졌다—이미 누군가는 숨조차 쉴 수 없을 것이다. 이것이 당시에는 하나의 추세였다면, 지금은 중국을 옭아매는 풀리지 않는 매듭이 되었다. "영원한 친구는 없으며, 영원한 이익만 있을 뿐이다"라는 서양 속담이 있다. 중국 부동산의 풀리지 않는 매듭은 이익 때문에 풀릴 것이다.

앞서 말한 것처럼, 부동산에 대한 중앙정부의 태도는 부동산 거품이 그들에게 어떤 가치가 있느냐에 따라 결정된다. 따져볼 것도 없이, 지난 10여 년 동안 중앙정부에게 부동산은 부정적 가치보다는 긍정적 가치가 훨씬 컸다. 하지만 시간이 지나면 상황도 달라지는 법이다. 거품은 커지고 금융은 위태로워지고 국민의 분노는 끓어오르면, 중앙정부의 셈법도 달라질 것이다. 중앙정부의 입장에서 보면, 부동산이 가져오는 경제유발 효과는 여전히 크다. 하지만 대체할 방법이 전혀 없는 것은 아니다. 예컨대 저렴한 임대주택을 대량으로 짓는 것도 같은 경제유발 효과를 거둘 수 있다. 하지만 10년 넘게 지속된 고도성장으로 자가보유율이 90%에 육박하는 상황에서, 부동산이 경제를 견인할 수 있는 잠재력이 얼마나 되는지에 대해서는 의구심이 든다. 더욱 중요한 것은 부동산이 초래하는 정치적 신뢰의 위기와 손실이 점점 감당하기 어려워진다는 사실이다. 이익과 폐단을 저울질해 보면, 저울은 분명 한쪽으로 기울어진다.

부동산에 대한 중앙정부의 입장은 오락가락했다. 당초에는 적극적으로 장려하다가, 몇 년 전에는 소극적 지지로 돌아서더니, 지금은 중도적 입장으로 바뀌기 시작했다. 정부 측 표현에 따르면 “부동산의 건전성과 안정성을 유지하기” 위한 것이었다. 중앙정부가 2010년 초부터 9월 30일까지 잇달아 부동산대책을 쏟아낸 것은 태도 전환의 분명한 신호이다. 중앙정부의 입장은 또 바뀔 수 있겠지만, 부동산 거품이 커질수록 그럴 확률은 낮아진다. 반대로 강력하게 억제할 확률은 오히려 높아진다. 투자의 대세라는 것은 이런 것을 일컫는 것이다. 시간이 흐르면서 반석과도 같던 부동산 매수자의 이익단체에도 균열이 생겨난다. 그런데 중앙정부의 입장이 부동산의 추세를 결정하는 유일한 요인은 아니다. 가장 중요한 요인은 더욱 아니다. 어떤 자산 거품도 뿌리를 추적하면 통화문제로 귀착된다. 그렇기 때문에 중국의 부동산 거품이 막바지로 치달아 이제는 정점을 지나 쇠락하는 전환점에 놓여 있다고 판단할 수 있는 것이다.

2008년 금융위기 이래로 중국은 위기대응의 차원에서 통화의 빗장을 활짝 열었고, 역사상 가장 많은 통화를 풀었다. 널리 인용되는 통계자료에 따르면, 중국의 GDP 대비 광의통화의 비율은 180%나 되어 60%인 미국을 크게 앞질렀고, 2010년 8월에는 총통화량이 68.7조 위안으로 10조 달러 남짓한 미국을 훌쩍 넘어섰다. 홍수처럼 불어나는 통화의 물결을 보면서도 통화정책을 계속 완화하리라고 기대할 수 있을까? 미국에서는 광적인 통화 공급에도 인플레가 유발되지 않은 듯하다. 하지만 미국이 어떻고 일본이 어떻든, 또 통화 공급과 인플레 사이에 우리가 모르는 어떤 변화가 생기더라도, 나라의 운명을 손에 쥔 정치인은 통화 공급과 인플레의 상관관계에 관한 전통적 교훈을 전혀 무시할 수는 없을 것이다. 분명한 사실은 중국의 소비자물가지수는 모든 예상을 뛰어넘어 빠른 속도로 올라간다는 것이다. 10월 초, 원자바오 총리는 미국 CNN과의 인터뷰에서 부패와 인플레를 정권을 위협하는 두 가지 요인으로 분명하게 지목했다. 이는 향후 얼마 동안의 통화정책 방향을 분명하게 밝힌 것이다.

이 밖에 더 중요한 한 가지 조짐은 중국의 지도자가 더 낮은 GDP 성장속도를 수용할 것 같다는 사실이다. 이는 더 튼튼하고 신중한 통화정책을 뜻하는 것이다. 물론 중국의 통화당국이 어떤 단기적인 정치적 이익 때문에 더 광적으로 지폐제조기를 돌릴 가능성도 배제할 수는 없다. 그러나 그런 상황이 실제로 벌어진다면, 더 이상 부동산에 대해 왈가왈부할 필요는 없을 것이다. 따라서 향후 중국의 통화정책은 점진적으로 긴축기조를 띨 것이고, 언젠가는 급격한 긴축정책을 펼칠 것이다. 점진적 긴축은 대세이고, 남은 것은 긴축의 정도와 속도이다. 그러므로 중국 부동산시장의 큰 추세에는 이미 기본적 틀이 정해졌다고 하겠다. 이쯤에서 줄곧 몸을 감추고 침묵하던 공매도자가 얼굴을 드러낼 것이다. 부동산 전반의 거품 유희 속에서 아직 뚜렷하게 손실을 본 사람은 없는 것 같다. 부동산이 오르면 발을 들여놓은 사람은 누구나 이익을 보기 때문에 이익을 얻기에 이보다 나은 것은 없어 보인다. 이렇게 좋은 일을 무엇 때문에 하지 않겠는가? 아마도 이런 사고에서 한 유명한 경제학자는 “부동산의 하락은 누구에게도 좋을 것이 없다."고 말했을 것이다—이 말은 필자가 들은 부동산에 관한 언급 가운데, 가장 무지한 생각이다.

그런데 정말로 그런 것인가? 세상에 공밥은 없다. 부동산 거품은 사실상 상당부분이 전체 국민의 구매력 손실에 의해 유지되었다. 인위적으로 거품을 만들기 위해 통화를 멋대로 남발하는 지금의 중국은 상황이 더욱 그렇다. 전체 국민의 화폐가치 하락을 대가로 삼아 시장의 일부 특정 주체에게 공짜로 폭리를 안겨주는, 이런 게임은 오래 지속될 수 없다. 마치 중도인 체하는 통화당국의 사기가 진면목을 드러내면, 이 게임은 끝날 것이다.

투기꾼들은 시장에서 가장 중요한 매수자들이 방향을 선회하고, 통화정책이 긴축기조를 띠기 시작하면, 시장 하락이 시작될 것이라고 확신한다. 부동산시장의 투기꾼들은 매체에 의해 가증스러운 마귀로 묘사됐지만 사실 그들은 중도적 세력이다. 오르면 올라가게 조장하고, 내리면 내려가게 조장한다. 그들은 이제껏 어느 한쪽에 서지 않았으며, 또 장기적 이익을 본 적도 없었다. 어쩌면 그들이 왜 두려운 심정으로 지난날의 동료들을 무너뜨리는지 곧 보게 될지도 모른다. 서로서로 짓밟는 한바탕 하락세가 서서히 벌어지고 있다. 수많은 갑부를 만들어내고, 수많은 스포트라이트를 받은 황금의 소굴인 중국의 부동산은 전혀 다른 스토리의 드라마를 펼칠 것이다. 그런 스토리에 대응한 배경을 만들어내는 것은 중국의 경제와 정치에 있어서의 또 한 차례 어려운 전환이다.

— 2010년 10월

8.4. 저무는 부동산의 10년 호시절

부동산은 한 차례씩 조정을 거치며 2010년을 보냈다. 다가오는 2011년에 중국의 부동산시장은 어디로 갈 것인가? 근자에 『이재일주보(理財一週報)』[8]의 기자가 프리랜서 경제평론가 위안젠(袁劍)을 인터뷰했다.

『이재일주보』: 선생께서는 여러 글에서, 거시적 정치경제의 관점에서 중국의 부동산시장을 분석했습니다. 중국의 부동산시장에 있어서 2011년은 얼마나 중요한 해가 될 것이라고 보십니까? 누군가는 '12·5계획'[9]이나 뒤이은 정부의 인사이동이 주택시장 동향에 어느 정도 영향을 줄 것이라고 봅니다만?

위안젠 : 시간이 시장에 의미를 부여하는 것이 아니라, 시장 자체의 변화가 특정한 시간에 의미를 부여합니다. 2011년에는 악성 인플레가 나타나고, 중국의 부동산은 눈에 띄게 하락할 것입니다. 다시 말해서, 10년 넘게 지속된 중국 부동산의 상승세가 끝난다는 분명한 신호를 보게 될 것입니다. 그리고 중국의 경제성장에 있어서 부동산이 지녔던 지위에도 큰 변화가 생길 것입니다. 정부의 인사이동과 '12·5계획'은 부동산시장의 향배에 다소 영향을 미치겠지만, 그런 정치적 역량이 부동산시장의 큰 물줄기를 바꾸기는 어렵습니다. 부동산시장의 큰 흐름은 상승세가 끝나간다는 것입니다. 경제에 있어서 부동산의 지위는 현재의 중심적 지위에서 자신이 있어야 하는 곳으로 물러날 것입니다.

『이재일주보』: '흐리지도 맑지도 않고, 미래를 예측할 수도 없던' 2010년의 부동산 국면이 끝났습니다. 2011년에는 이런 국면에 어떤 변화가 있겠습니까?

위안젠 : 부동산시장에서 사람들은 정부의 조정에 너무 큰 기대를 겁니다. 그런 기대는 그 자체로 황당한 것입니다. 내년 1년 동안에 정부가 더 엄격한 부동산 억제 조치를 내놓을 것이라고 기대해서는 안 됩니다. 제가 보기로는, 중앙정부는 여전히 부동산이 연착륙하기를 바랍니다. 따라서 정책도 그런 방향에 맞추어 조정될 수밖에 없습니다. 그런데 제가 지적하고 싶은 것은 부동산에 대한 각급 정부의 입장에 상관없이 미래에는 시장 그 자체의 역량이 더 중요해진다는 사실입니다. 시장이 충분하

역주 8) 2008년에 상하이문회신민연합보업집단(上海文匯新民聯合報業集團)이 창간한 전국 규모의 경제 주간지.

역주 9) 제12차 5개년계획. 1953년부터 중국 정부가 5년 주기로 시행하는 중·단기 계획.

게 커지면, 정부의 힘은 더욱 위축될 것입니다. 정부의 정책이 거듭 역(逆)지표가 되어 버릴 때, 시장은 충분히 커진 것입니다. 마치 주식시장에서 본 것처럼 말입니다. 정부를 가르칠 가장 좋은 시기는 정부가 시장에 어떤 힘도 펼칠 수 없을 때입니다. 저는 그런 시기가 오고 있다고 믿습니다.

『이재일주보』 : 11월의 소비자물가지수가 최고점에 이르렀습니다. 이것이 더 엄격한 조정을 불러오지는 않겠는지요?

위안젠 : 대다수 경제학자들이 일찌감치 중국의 소비자물가지수가 정점에 이를 것이라고 예측하지 않았습니까? 이것이 최고점인지는 아직 말할 수 없습니다. 하지만 인플레가 사회의 안정을 심각하게 위협한다는 것은 아마도 기정사실일 것입니다. 그런 의미에서 인플레는 가장 위험한 적이 되었습니다. 물론 사람들은 중앙정부가 인플레, 경제성장 속도, 구조조정의 세 가지를 거시적으로 조정해 균형을 잡아주기를 바랍니다. 하지만 그것은 고난도의 서커스 동작과도 같아서 쉽게 이룰 수 있는 것이 아닙니다. 와이어케이블을 타고 안전하게 착륙할 수 있을지는 말하기 어렵습니다. 만약 인플레를 잡지 못해 악성 인플레로 이어진다면, 통화정책은 나가자빠질 수 있습니다. 부동산 거품은 비용 상승을 초래하는 주요한 동력이기 때문에 더 심각한 조정을 불러올 수 있습니다.

『이재일주보』 : 부동산 관련 세금을 정식으로 시행한다면, 그 효과는 확실하겠는지요?

위안젠 : 솔직히 말해서 부동산세의 영향력은 그다지 분명하지 않습니다. 그것은 부동산의 미래가격 상승폭에 대한 투기꾼의 기대치와 연관되기 때문입니다. 만약 어떤 투기꾼이 해마다 30%의 가격 상승을 기대한다면, 2%의 부동산세는 아무런 영향도 주지 못할 것입니다. 부동산세를 투기꾼이 아무 소득도 얻지 못할 정도로 높이는 것 말고는 말입니다. 부동산세보다는 통화정책이 훨씬 영향력이 클 것입니다.

『이재일주보』 : 보장방(保障房)[10]을 늘려 지으면 중국 부동산의 어려움

역주 10) 중국 정부가 저소득층을 위해 저렴하게 공급하는 공공주택. 개인적으로 거래가 가능

이 해소될 수 있겠는지요?

위안젠 : 중국 부동산의 문제점은 주택 부족이 아니라 지나치게 높은 가격입니다. 가격이 너무 높아서 시장은 효율성을 완전히 상실했습니다. 이 문제는 보장방이 해결할 수 있는 것이 아닙니다. 물론 보장방은 저소득층의 주거문제를 일부 완화할 수는 있습니다. 하지만 그것은 중국의 부동산시장이 안고 있는 전체적인 문제와는 거리가 멉니다. 보장방이 도시 저소득층의 주거문제를 완화시킬 수 있을지의 여부도 중국의 정치 개혁에 달려 있습니다.

『이재일주보』 : '투기' 와 '투자' 가 같이 거론되는 추세입니다. 연말에는 심지어 일부 은행이 정상적 투자자들의 대출신청을 거부했습니다. "투기자의 모습은 중도적이다."라고 하신 적이 있는데, 시장 조정에 있어서 부동산 수요를 '투자성 수요' 와 '투기성 수요' 로 구분하는 것이 필요한지요? 또 그것이 가능한지요?

위안젠 : 책상머리의 이론적 세계에서는 정의를 내리고, 또 그 정의에 따라 투자와 투기를 구분하는 것이 어렵지 않습니다. 하지만 현실에서 투자와 투기를 명확하게 구분할 수 있는 사람은 없을 것입니다. 더욱이 어떤 기술적 수단으로 투자와 투기를 가려낸다는 것은 말할 것도 없습니다. 따라서 부동산 투기와 투자를 구별하는 것은 거의 불가능합니다. 설사 가능하더라도 그 비용이 엄청날 것입니다. 정책적 성격을 지닌 은행을 제외하고, 상업기관으로서의 은행은 구체적 리스크를 근거로 대출여부를 결정할 수밖에 없습니다. 투자인지 투기인지를 근거로 대출하거나 말거나 하지는 않습니다. 거주자의 주택 수요를 보장하는 것은 정부가 재정정책과 저렴한 임대주택 같은 수단을 통해 이룩할 목표이지 상업기관의 목표는 아닙니다. 정부가 해야 할 일은 이런 분야에서 역량을 강화하는 것입니다. 성공적으로 개혁되었다는 중국의 은행들이 아직도 윗선의 정책에만 따르고, 구체적 업무에 대해 독자적 판단으로 대출여부를

한 상품방(商品房)에 상대한 말. 보장성주방(保障性住房).

결정하지 않는다는 사실은 우스꽝스럽습니다.

『이재일주보』: 각 지역의 주택 가격은 여전히 오르고 있습니다. '시장 전체가 매수자로 돌아서는 시점은 시장이 고도로 위험한 상황'에 가까워진 것이 아닌지요?

위안젠: '시장 전체가 매수자로 돌아섰는지 아닌지'를 판단할 일정한 지표는 없습니다. 이 문제에 대해 살펴보는 괜찮은 방법 가운데 하나는 주변 친구들이 모두 주택을 구입했는가를 살펴보는 것입니다. 나아가 주변 친구들이 주택 여러 채를 소유한 비율이 얼마나 되는지 살펴보는 것입니다. 제 친구들은 주택을 두 채 이상 소유한 경우가 100%에 가깝습니다. 대학원에 재학 중인 한 젊은 친구는 제게 집이 두 채라고 말하더군요. 시장이 얼마나 더 끌고 나갈 힘이 있는지 정말 의심스럽습니다.

『이재일주보』: 2010년은 중국의 부동산시장이 12년 동안이나 지속된 상승세가 끝나는 해가 될 것이라고 말씀하신 적이 있습니다. 지금까지 여러 차례의 조정이 있었지만 주택 가격은 여전히 상승세입니다. 앞서의 결론을 수정할 생각은 없으신지요?

위안젠: 거품은 사람들에게 사전에 터질 것이라고 알려주지는 않을 것입니다. 최고점에서 성공적으로 발을 뺀 사람들은 모두 전술의 선택에 있어서 두 번 다시 없는 행운이 따른 것입니다. 추세라는 것은 수시로 바뀝니다. 오늘은 이런 추세를 보이다가도 내일 깨어 보면 바뀌었을 수도 있습니다. 내일이 오늘과 같을지를 예측하는 것은 전형적으로 유치한 예측입니다. 저는 상황을 이렇게 봅니다. 부동산의 지속적인 상승세는 이미 한풀 꺾였습니다. 따라서 2010년은 중국의 부동산시장이 전환하는 해가 될 것이라고 믿습니다. 물론 주식시장처럼 그렇게 빠르지는 않을 것입니다. 하지만 대다수 사람들이 전환이라고 확신할 때는 이미 늦은 것입니다.

『이재일주보』: 중국의 부동산시장에는 배후에 엄청난 '매수세'가 있다고 말씀하신 적이 있습니다. 그런 매수세를 한데 불러 모으는 데에는 어떤 요인이 있는지요? 예컨대 체제상의 안배라든가 사회적 전통 같은 것 말입니다.

위안젠 : 중앙정부, 지방정부, 부동산업자, 은행, 투기꾼이 긴밀하게 연계되어 있는 것은 부동산이 엄청난 단기 이익을 지니고 있기 때문입니다. 그리고 그런 결탁이 이처럼 긴밀하고 오래가는 것은 중국이 효과적인 균형제어 능력을 갖고 있지 못하기 때문입니다. 정부라는 것은 본래 사회의 여러 가지 역량이 서로 균형을 이루게 만드는 기제입니다. 하지만 제가 보기에 중국 정부는 전혀 그렇지 못합니다. 전국의 시스템이 경제성장을 높이는 것만큼 거품도 키울 수 있습니다.

『이재일주보』 : 부동산시장 조정에 있어서, 중앙정부의 역할은 때로는 진퇴양난이고 때로는 앞뒤가 맞지 않는 모습을 보입니다. 이런 상황을 바꿀 수 있는 결정적 요인이 있는지요?

위안젠 : 상황을 바꾸는 방법은 정치시스템과 재정시스템을 개혁하는 것입니다. 지방정부가 주류 여론에 대해 책임을 지는 것이 핵심입니다. 상급 기관에 대해 책임을 지는 것이 관건이 아닙니다. 물론 그러려면 아주 복잡한 제도를 만들어야 하고, 또 엄청난 위험도 따를 수 있습니다. 불행히도 우리에게는 그런 엄청난 위험과 어려운 개혁과정에 대한 준비가 전혀 없습니다. 심지어 회피하며 거론하지도 않습니다. 아무튼 이런 문제는 반드시 닥칠 것입니다. 미리 대비할수록 능동적이 될 수 있습니다.

『이재일주보』 : 지금과 같은 어려운 상황에서 중앙정부의 권위가 손상되지는 않겠는지요? 그래서 미래 중국의 경제와 사회의 전환을 촉진하는데에 어떤 영향을 주지는 않겠는지요?

위안젠 : 부동산은 중국의 심각한 사회문제 가운데 하나입니다. 그것은 이미 중앙정부의 권위를 심하게 깎아내렸습니다. 하지만 부동산 거품은 중대한 경제적 좌절이라는 문제를 부를 수 있기 때문에, 미래에 중앙정부에게는 엄청난 부채가 될 것이고, 더 심각한 정치적 문제가 될 것입니다. 중국에서는 경제문제가 곧 정치문제입니다. 그 둘 사이에는 방화벽이 없습니다. 오늘날 사회의 성공적 전환은 정부의 역할과 권위에서

벗어나지 못합니다. 만약 중국의 부동산 거품이 터지거나 아니면 극심한 인플레를 거쳐 꺼진다면, 정부의 역할에 심대한 타격을 입힐 것이고, 그것은 중국의 전환에 어려움을 가중시킬 것입니다.

『이재일주보』: 중앙정부와 비교할 때, 지방정부의 '큰 손'으로서의 역할은 정해진 것입니까?

위안젠: 중앙정부와 비교할 때, 지방정부가 GDP 성장을 촉진함에 있어서 움켜쥐고 있는 가장 중요한 자원은 바로 토지입니다. GDP가 여전히 중앙정부가 지방정부를 평가하는 주요 지표인 상황에서—명시적이든 암시적이든, 또 지방정부가 중앙정부에 대해서는 책임을 지지만 현지 주민의 여론에 대해서는 책임을 지지 않는 상황에서는 지방정부는 부동산이라는 자원을 최대한 사용하도록 장려합니다. 이런 점은 지방의 경제발전 정도가 다르다고 해서 다르지 않습니다. 지방정부가 부동산 거품에서 벗어나고 싶다면, 현재의 재정시스템과 정치시스템을 대대적으로 개혁하는 것이 근본적인 방법입니다. 부동산에 대한 지방정부의 높은 의존은 결코 운명적인 것이 아닙니다. 1990년대 중반에 전개된 개혁의 결과입니다. '경제연방'으로 불리는 그 개혁은 지방정부의 GDP에 대한 적극성을 크게 자극하기는 했지만, 심각한 부작용을 함께 만들어냈습니다. 지방정부가 GDP의 고도성장을 이룩하려고 현지 주민의 복지를 소홀히 하거나 심지어 고의로 희생시켜 목표에 도달한 것이 그 본질입니다. 그것은 국민의 심각한 부의 분배 불균형을 가져온 요인이기도 합니다.

『이재일주보』: "반석과도 같던 부동산 매수자의 이익단체에도 균열이 생겨난다."고 말씀하신 적이 있습니다. 좀 더 구체적으로, 어느 부분에서 균열이 시작되리라고 보시는지 말씀해 주시겠습니까?

위안젠: 정부 안에서도 거품은 마약과도 같은 것이라고 인식하는 사람들이 늘어나고 있습니다. 거품은 없애기 어렵지만 없애지 않으면 죽을 수도 있습니다. 야심 있는 정치인에게는 생사가 달린 문제입니다. 무엇이 중요한지는 분명합니다. 시장의 관점에서 보면, 묻지마 식의 매수와 매도는 자본시장에서는 흔한 일입니다.

『이재일주보』: 거품의 붕괴는 어떤 모습일까요?

위안젠 : 자산 거품의 붕괴는 가격의 대폭락입니다. 그것은 지방정부, 은행, 기업, 개인에게 연쇄적으로 재정위기를 가져옵니다. 중국의 경우는 현재의 사회시스템과 정치시스템이 이런 시스템적 재정위기에 대해 얼마만큼 감당 능력을 지니고 있느냐가 문제입니다. 도대체 지방정부, 은행, 기업, 개인이 그 위기를 분담할 것인지 아니면 위기를 중앙정부와 전체국민의 부담으로 떼밀어 제도 전체의 합법성 위기로 전가할 것인지는 아직 좀 더 살펴볼 필요가 있습니다. 중국의 중앙정부는 무한 책임을 지닌 정부이고, 거품의 붕괴는 순수한 경제위기가 아닐 것이라는 점을 말씀드립니다. 이런 점은 거품이 터질 때 가장 중요하게 살펴야 하는 부분입니다.

『이재일주보』: "그런 스토리에 대응한 배경을 만들어내는 것은 중국의 경제와 정치에 있어서의 또 한 차례 어려운 전환이다."라고 하셨는데, 그런 전환이 경제에서 정치로 파급될 수 있다고 보시는 것인지 아니면 경제문제가 지닌 고질병은 반드시 정치적 전환을 거쳐서 해결될 수 있다고 보시는 것인지요?

위안젠 : 지난 30년 동안에 중국은 경제의 영역에서 고칠 수 있는 것은 기본적으로 모두 뜯어고쳤습니다. 어떤 성공적인 사회 전환도 모두 정치와 사회가 전면적으로 적응하는 전환을 포함하게 마련입니다. 중국의 각종 경제문제가 오래도록 치유되지 않는 근본 원인은 정치에 있습니다. 예컨대 경제의 성장방식 문제는 마치 경제문제인 것 같지만 사실은 정치적 병폐입니다. 중국의 전환이 성공하기 위해서는 정치와 사회의 전환이 포함되지 않을 수 없습니다. 문제는 시간과 방식입니다. 중국의 정치 개혁과 사회 개혁의 어려움은 정치 개혁의 사회문화적 토대가 완전히 붕괴되었을지도 모른다는 데에 있습니다. 무너진 사회문화의 토대 위에서는 훌륭한 개혁에 대한 어떤 소망도 마음뿐일 것이고, 어떤 효과적인 제도도 운영할 수 없을 것입니다.

『이재일주보』: 선생은 일반적 의미에서 말하는 투자전문가는 아니지만 일반투자자를 위해 방향제시를 해 주셨으면 합니다. 2011년에는 주택을 구입해도 되겠습니까?

위안젠 : 무엇 때문에 집을 사는지를 보아야 합니다. 투자나 투기 목적이라면, 부동산은 아주 위험한 투자종목임에 틀림없습니다. 실제로 거주할 목적이라면 생활에 있어서 주택의 지위를 살펴야 합니다. 누군가는 "부동산 소비는 개인에게 가져오는 효용이다."라고 말합니다. 그런 측면에서 보면, 개인마다 모두 다를 것이기 때문에 간단하게 제안할 수는 없습니다.

한 말씀 덧붙이겠습니다. 부동산은 신분의 꼬리표입니다. 중국에서는 그 꼬리표가 갖는 의미가 실질적 소비의 의미보다 훨씬 클 것입니다. 다시 말하면 우리는 부동산 소비에 있어서 신분의 꼬리표를 위해 엄청난 비용을 치른다는 말입니다. 신분에 대한 이런 조바심은 중국에 있어서 심각하게 결핍된 개인의 존엄성과 무관하지 않습니다. 그리고 개인의 존엄성 결핍은 국민 권리의 심각한 결핍과 연관됩니다. 만약 꼬리표에 대한 생각을 떨쳐내고, 세를 얻어 거주한다면, 대다수 사람들은 주거비용이 한결 낮아질 것입니다. 그런 대다수는 주택을 구입하지 않았어도 중산층이지만, 주택을 구입하면 사실상 하우스푸어 신세가 됩니다. 그럼에도 사람들은 물불을 가리지 않고 몰려듭니다. 그것은 참으로 재미있는 현상입니다. 이런 의미에서 보면, 중국의 부동산시장은 빈부격차를 확대하는 중요한 기제임에 틀림없습니다. 부동산시장의 전환은 무리해서 주택을 구입한 사람이 더 무거운 재정적 부담을 떠안게 될 것입니다. 물론 거꾸로 하는 사람도 있습니다. 제 생각에는 신분이 있는 사람이 자기 집을 팔고 세를 얻어 산다면, 주거환경은 오히려 크게 향상될 것입니다.

— 2010년 12월

CHAPTER

09 중국식 모델의 허위

경제성장의 방식을 전환하는 것은 그 자체가 중국의 기득권 세력의 단기적 이익과 첨예하게 충돌하게 될 것이다. 설령 그것이 그들의 장기적 이익에는 유리하더라도 말이다. 하지만 '현재'와 단기 이익만을 믿는 사람들에게 장기적 이익은 신기루와도 같은 것이다. 경제성장 방식의 전환은 더 이상 빠르게 돈을 벌 수 없다는 의미이고, 벌어들이는 액수가 감소한다는 의미이며, 힘겹게 창조해야 하며 권력에 빌붙은 착취로 손쉽게 수익을 올릴 수 없다는 의미이다. 지금 중국에서 비난받는 경제성장 방식은 기득권 세력의 단기적 이해에 따라 만들어진 것이다. 이 모두가 경제성장 방식의 전환이 단순한 경제과정과는 거리가 먼, 투쟁으로 가득한 정치사회적 과정이 되게 만들었다.

지난 수십 년 동안 중국 경제의 지속적 고도성장을 이끈 몇 가지 결정적 동력은 이제 점점 약화되거나 빠르게 사라진다. 중국의 경제는 머잖아 성장속도가 과거 30년보다 훨씬 낮은 어둠의 시대로 접어드는 미래를 맞이하게 될지도 모른다. 두 자리 성장에 익숙한 나라에서 그것은 낯선 시대가 될 것이다. 우리는 중요한 역사의 분수령에 서 있다.

이제부터는 과거의 습관적 전략에서 벗어나 서둘러 정치와 사회의 개혁과 문화정신의 재건에 착수해야 한다. 그래야만 비로소 도래하는 저속성장의 시대에 잘 대응할 수 있다. 저속성장 시대는 결코 경제성장 속도의 하락만을 의미하는 것은 아니다. 그것은 경제성장의 질적 제고를 의미하며, 나아가 중국의 정치 · 사회 · 문화의 한걸음 나아간 전환을 의미한다. 그것은 사람의 혈맥을 부풀게 만드는 시대는 아니지만 우리가 뜨겁게 끌어안을 만한 가치 있는 시대이다. 그 새로운 시대가 갖는 가장 중요한 지향은 진정으로 대다수 사람이 중심이 되는 새로운 경제이다. 과거 오랜 기간 동안, 중국의 경제발전은 정부와 기업이 중심이었다.

9.1. 성장 방식은 어떻게 만들어지는가

어느덧 경제성장 방식이라는 말은 사용 빈도가 높은 말이 되어 버린 것 같다. 하지만 경제성장 방식이 무엇인지에 대해서는 사람들마다 의견이 분분하다. 경제학자들은 경제학자 나름의 정의가 있고, 정치인들은 정치인 나름의 이해가 있다. 경제학에서 경제성장 방식이란 각종 요소, 관리기법, 과학기술이 생산과정에서 어우러진 방식을 가리킨다. 때문에 집약식(集約式) 성장과 조방식(粗放式) 성장으로 나뉜다. 정치인에게 있어서 경제성장 방식은 훨씬 넓고 거시적이어서 한층 모호한 의미를 갖는다. 거기에는 경제학적 정의가 포함될 뿐 아니라 산업구조와 같은 훨씬 거시적인 문제도 포함되며, 심지어 경제성장 과정에서의 분배문제를 뜻하기도 한다. 경제학적 정의는 정확하기는 하지만, 그것이 지향하는 문제는 기껏해야 경제학 자체의 문제이며, 중국의 현실적 문제와는 아주 동떨어져 있다. 따라서 정치학적 정의나 일반적으로 언급되는 경제성장의 방식으로 보다 쏠리는데, 이는 좁은 경제학적 정의를 훨씬 넘어선다.

경제성장 방식이 이처럼 지위가 격상된 것은 경제성장 과정에서 치른 엄청난 사회적 대가 때문이다. 그런 비용은 어떤 것은 두드러지기 때문에 계산할 수 있지만, 어떤 것은 감춰져 있어서 계산하기 어렵다. 그리고 공교롭게도 후자의 비용은 주류 연구의 범위에 들어가지 못하기 때문에 언제라도 위기의 진앙이 되어 자칫하면 우리에게 치명타를 날릴 수 있다.

중국의 경제성장 초기에 경제성장은 엄청난 효과를 발휘했기 때문에 성장의 비용은 따지지 않고 소홀히 넘기기 일쑤였다. 하지만 나중으로 갈수록 성장의 비용은 주관적 느낌에서든 실질적 부담에서든 점점 커진다. 중국의 경제성장은 비용이 꾸준히 늘어날 뿐 아니라 점점 부담하기 힘겨워진다. 환경오염과 자원고갈은 물론이고 사회적 분열도 아주 절박한 문제가 되었다. 그것은 경제성장의 방식이 시급한 문제로 부각되었기 때문일 것이다.

어떤 경제체든 성장의 방식을 '선택'하거나 진입하는 것은 우연이 아니다. 그것은 경제성장의 본질과 밀접하게 연관된다. 중국에서는 많은 연구와 토론이 진행된 자원과 노동력의 성격 이외에도, 제도의 성격을 집중적으로 살필 필요가 있다. 지방정부는 정치적 업적과 재정수입 때문에 경제성장에 개입한다. 공교롭게도 그들은 경제성장에 간섭할 수 있는 엄청난 능력을 갖고 있다. 이런 점은 중국의 경제성장 시스템이 지닌 아주 독특한 구석이다. 그런 특성 때문에 중국의 각급 정부는 일정 기간 내에 경제성장의 속도를 높이기 위해 성장의 비용을 사회와 미래에 억지로 전가한다.

환경오염을 예로 들어보자. 단기 GDP를 끌어올리기 위해 지방정부는 주민의 반대에도 불구하고, 필요하다고 생각되는 기업을 끌어들일 것이다. 그 기업이 환경을 심각하게 파괴할 수 있고, 심지어 다른 나라에서는 발조차 붙일 수 없더라도 말이다. 그런 사례는 그간의 경험이나 매체의 보도를 통해 흔히 보아 왔다. 그 이유는 무엇인가? 정부의 권력이 현지 주민의 권리보다 압도적으로 우세하기 때문이다. 그러나 오염의 비용은 현지 주민이 떠맡아야 하고, 또 미래의 주민이 떠맡아야 한다. 현지 주민이 충분한 법적 권리를 지녔고, 그 법적 권리가 효과적으로 실행된다면, 정부 권력과 주민 권리 사이의 게임에서는 쌍방이 승리하는 상황이 부쩍 늘어날 것이다. 마찬가지로 부동산 철거와 이주, 농민의 토지 수용과정에서도, 양측이 힘의 균형이 극단적으로 깨지는 사례를 흔히 볼 수 있다.

사람들이 지탄하는 수입과 자산의 분배문제에 있어서도 상황은 엇비슷하다. 노동자가 어느 정도 기본적인 단체교섭권을 누릴 수 있다면, 그들의 임금이 지금처럼 턱없이 낮지는 않을 것이다. 그 과정에서 지방정부의 권력은 사실상 고용주의 편에 서 있다. 누군가는 중국의 저임금 노동력을 전적으로 노동력의 무한 공급에 귀결시키기도 한다. 하지만 그것은 책상물림의 오도(誤導)이다. 현실에서 정치의 과정과 시장의 과정이 완전히 분리될 수는 없다. 더욱이 수입과 자산의 심각한 분배 불균형은 중국의 내수에 문제를 일으키는 주요한 원인이며, 중국 경제의 구조적 불균형을 초래하는 요인이다.

중국의 경제성장 방식이 지닌 여러 가지 측면을 살펴보면, 현재의 경제성장 방식이 각종 고비용을 초래한다는 사실을 알 수 있을 뿐 아니라, 권력과 권리의 게임에 있어서의 힘의 불균형은 경제성장의 방식을 심각하게 왜곡하는 요인이라는 결론을 어렵지 않게 얻어낼 수 있다. 다시 말해서 경제성장 방식을 철저하게 바꾸려면 반드시 국민의 권리를 현실화하는 것에서부터 시작해야만 한다. 이런 관점에서 중국의 경제성장 방식을 보아야만 경제성장의 방식을 바르게 전환할 수 있는 열쇠를 찾을 수 있으며, 중국에서 경제성장 방식을 전환하는 것이 얼마나 어려운 것인지를 헤아릴 수 있다. 논리적으로 추론해 보더라도, 그것은 어쩌면 불가능할지도 모른다. 경제성장 방식을 전환하는 그 자체가 중국의 기득권 세력의 단기적 이익과 첨예하게 충돌하기 때문이다. 설령 그것이 그들의 장기적 이익에는 유리하더라도 말이다. 하지만 '현재'와 단기 이익만을 믿는 사람들에게 장기적 이익은 신기루와도 같은 것이다. 경제성장 방식의 전환은 더 이상 빠르게 돈을 벌 수 없다는 의미이고, 벌어들이는 액수가 감소한다는 의미이며, 힘겹게 창조해야 하며 권력에 빌붙은 착취로 손쉽게 수익을 올릴 수 없다는 의미이다. 지금 중국에서 비난받는 경제성장 방식은 기득권 세력의 단기적 이해에 따라 만들어진 것이다. 이 모두가 경제성장 방식의 전환이 단순한 경제과정과는 거리가 먼, 투쟁으로 가득한 정치사회적 과정이 되게 만들었다.

— 2010년 6월

9.2. '중국식 모델' 인가 '중국식 상상' 인가

금융위기의 폐허 속을 배회하면서, 서구의 생각 있는 사람들은 현대 자본주의에 대해 곤혹스러움을 느끼고 초조해졌다. 망연히 사방을 둘러보던 그들은 문득 동방에서 재건의 영감을 얻었다. 이에 중국식 모델에 대한 이야기가 여기저기에서 거론되기 시작했다.

'중국식 모델' 이 중국의 경제 기적에서 나왔다는 데에는 의문의 여지가 없다. 지난 수십 년 동안, 주류의 사고에 있어서 중국 경제의 성장 잠재력은 하나의 의혹 덩어리였다. 하지만 중국의 지속적 경제성장은 그런 비관적 예언을 하나씩 거칠게 부숴 버렸다. 사람들은 중국 경제는 기적임에 틀림없다고 믿기 시작했다. 기적이 기적인 것은 그것이 기존의 사고가 갖는 해석능력의 범위를 뛰어넘기 때문이다. 불행히도 어느 쪽에서 보더라도 중국의 경제 기적은 모두 상상하고 꾸며낸 산물이다.

중국 경제가 기적이라고 여겨지는 이유는 예사롭지 않은 성장속도를 지속하기 때문이다. 하지만 최근 수십 년 동안 세계 경제의 발전사를 돌아보면, 중국처럼 고도성장을 한 경제체는 아주 많다. 예컨대 브릭스(BRICs)[1]의 경우는 한층 자유로운 시장화 개혁정책을 시행한 뒤로 지속적인 고도성장을 실현했다. 비록 이들 나라는 전반적 경제성장의 속도가 중국처럼 높지는 않지만, 그래도 중간 내지 고도성장에 속한다. 다시 말해서 경제성장의 속도에 있어서 중국과 다른 세 나라는 본질적으로 다르지 않으며, 단지 양적으로 큰 차이가 있을 뿐이다. 이처럼 서로 다른 경제체가 거의 같은 시기에 고도성장한 이유는 최근 20년 동안의 한층 개

역주 1) 거대 인구와 자원을 배경으로 고속성장하고 있는 브라질, 러시아, 인도, 중국.

방적이고 자유로운 시장화 개혁과 세계화라는 글로벌 시장체제로 귀결할 수 있다. 즉 이 두 가지 요인이 최근 1, 20년 동안에 브릭스의 공통적인 고도성장을 이끈 것이다.

중국의 경제성장 속도가 다른 세 나라보다 높은 까닭에 대해서는 중국 내부에서 어렵지 않게 시스템적 설명을 찾을 수 있다. 중국의 각급 정부가 지닌, 각종 비용을 억제하는 특수한 능력과—예컨대 노동비용, 환경비용, 세금 등 다른 세 나라를 훌쩍 뛰어넘는 정부의 투자능력이—높은 투자율은 중국의 경제성장을 줄곧 견인한 요인이다 바로 다른 세 경제체를 뛰어넘는 이유에 대한 합리적 설명이다. 전자는 중국이 세계의 자본경쟁 속에서 더 많은 투자를 유치하고, 더 낮은 가격으로 판매할 수 있게 만들었다. 후자는 중국의 투자율을 현저히 끌어올렸다. 그리고 이런 이유 때문에 중국의 경제는 역시 고도성장하는 다른 경제체보다 더욱 구조적으로 균형을 잃게 되었고, 그 때문에 미래의 모습도 한층 불안해졌다. 다른 경제체보다 높은 중국의 성장속도는 사실상 구조적인 균형 상실과 사회적 분열을 대가로 한 것이다. 그리고 그 비용은 점점 우리를 고통스럽게 만들면서 중국 경제의 지속적 성장에 골칫덩이가 되고 있다.

중국의 각급 정부는 사회와 미래에 비용을 전가하는 뛰어난 능력을 지니고 있다. 그런데 그 비용은 사라지지 않는다. 그것은 우리가 전통적인 회계의 방식으로는 볼 수 없는 곳에 숨어 있을 따름이다. 그런 의미에서 보면, 중국 경제의 고도성장은 더 이상 그다지 눈부시지 못하다. 반드시 기적이라고 말해야 한다면, 인도 · 브라질 심지어 더 많은 나라도 똑같이 기적이라고 부를 수 있다. 그렇다면 중국의 경제성장은 2차 대전 이후에 세계 자본주의의 장기적 확장에 따른 한 부분에 지나지 않는다는 사실을 발견할 수 있다. 어떤 독특한 구석이 있다면, 그것은 중국 정부가 기업과 정부의 비용을 전가하는 독보적 능력을 지녔다는 점이다. 이것이 중국식 모델—그런 것이 있다면이라는 것이 지닌 진짜 핵심이다. 따라서 중국식 모델은 중국이 현재의 환경 속에서 초기 자본주의의 극단적인 구석을 답습한 것일 뿐이며—원시적 자본주의를 더 빼닮았다 새로운 자본주의의 모델은 아니다.

일반적으로 모델이란 상대적 안정성을 지닌 정치 · 경제 · 사회시스템의 총화를 뜻한다. 개혁개방 이후, 특히 최근 20년 동안 이룩된 중국의 시스템은 안정성과 지속성에 있어서 아직도 위기로부터 시험받은 적이 없었다. 이미 이상 조짐이 숱하게 나타나고, 세계 시장체제 확장의 동력이 고갈되어 가는 지금 중국의 경제성장을 힘차게 촉진한 시스템은 유례없는 중대한 도전에 직면하고 있다. 역사를 돌아보면, 성공을 거두어 후세 사람들에게 본보기가 되는, 이른바 '모델'이라는 것은 온갖 도전과 시련에 맞서 끊임없이 조정하고 혁신한 이후에 비로소 이루어졌다. '중국식 모델'이라는 것도 그래야만 진정으로 만들어질 수 있을 것이다. 따라서 중대한 위기를 경험하지 않은 중국의 현대 자본주의가 벌써부터 '중국식 모델' 운운하는 것은 조급하고 경솔한 짓이다.

정치 · 경제 · 사회의 시스템은 한 민족국가의 독특한 정신이자 그 독특한 정신이 외면화되는 과정일 뿐이다. 다시 말하면, 모델이라는 것에 싸여 있는 것은 민족국가의 독특한 문화와 가치이다. 중국의 국내에서든 국외에서든 중국식 모델을 주장하는 사람들은 누구나 중국의 독특한 문화나 문명 속에서 사고의 근원을 찾아내려고 한다. 하지만 필자의 생각으로는, 피부색을 제외하면 사유 방식과 언어 구조에서 세속 윤리와 제도에 이르기까지, 중국은 사실상 서구 국가이다. 사고에 있어서 중국의 '식민화(殖民化)' 정도는 생각하는 것보다 훨씬 심하다. '중국식 모델'을 당당하게 떠벌이는 사람들은 아마도 자신들이 중국식 모델이라는 이론을 만들 때, 자신들이 사용한 것이 대부분 서구에서 들여온 학문적 경험과 이론적 방법이라는 사실을 애초부터 생각하지 못했을 것이다. 심지어 그들은 중국식 모델이라는 개념 그 자체가 서구적 의미가 가득하다는 사실을 의식한 적도 없을 것이다. 유구한 문명을 가진 역사가 받아들이기에는 어려운 것이다. 중화문명이니 중국문명이니 하는 것은 중국민족의 특징을 내보일 수 있는, 그저 쓸모없는 부호에 불과할 뿐이다. 어쩌면 그것은 공론가들이 묵은 서적더미에서 찾아내 현대 중국에 투사한 정서로, 오늘날 중국의 현실과는 거의 무관할지도 모른다. 그것을 분명히 해야만, 현재의 역사적 기점을 통찰하고, 중국의 문화가 어떤 방식으로 미래에 부활할 것인가를 분명하게 인식할 수 있다.

필자는 마틴 자크가 지은 『중국이 세계를 지배할 때』라는 책을 읽고, 중화문명의 미래에 대한 저자의 상상력에 깜짝 놀랐다.[2] 하지만 솔직히 말해서 그것은 상상일 뿐이다—현대 자본주의에 대한 불만 때문에 서둘러 대안을 찾는 상상이다. '중국식 모델'은 현대 자본주의에 대한 실망과 불만 때문에 몇몇 지식인이 서둘러 찾아낸 대체물로, 신비한 사물에 대한 상상일 뿐이라는 혐의가 짙다.

— 2010년 6월

9.3. 낯선 미래에 잘 대비하라 — 성장의 분수령

사람은 누구나 습관 속에서 살아가지만, 급격한 역사의 전환기에는 습관이 오히려 가장 큰 적이 되는 경우가 드물지 않다.

지난 30년 동안, 중국인이 기른 가장 큰 습관은 경제의 지속적인 고도성장이다. 대중이든 엘리트든 중국의 경제가 지속적으로 고도성장하는 것을 당연한 일로 여긴다. 심지어 늘 신중하고 의심하는 태도를 보이는 전문가들마저도 21세기에 들어서고 나서는 중국의 경제는 '영원한 엔진'이 되었다는 생각을 뼛속깊이 받아들였다. 중국 경제에 대한 이런 습관화된 인상은 금융위기에도 흔들리지 않았고, 최근 1년 동안 보여준 꿋꿋한 모습 때문에 더욱 견고해졌다. 이런 식의 낙관은 이미 위험한 습관처럼 되어 버렸다.

그런데 가장 큰 위험은 여기에서 비롯되는 것이 아니라 정부의 또 다

역주 2) 마틴 자크(Martin Jacques)는 영국의 역사학자이자 저널리스트로, 『중국이 세계를 지배할 때』(원제: *When China Rules the World: The End of the Western World and the Rise of the Middle Kingdom*)에서, 패권국가의 영향력은 경제 이외에도 정치·문화·군사 등 전방위에서 발휘된다고 전제하고, 문명과 역사에 절대적 의미를 부여하는 중국인의 특성이 향후 국제 질서와 문화 확산에 큰 영향을 끼칠 것으로 전망한다. 국내에서는 『중국이 세계를 지배하면』(2010)이라는 제목으로 번역, 소개되었다.

른 습관적 사고에서 나온다. 지난 30여 년 동안, 특히 1990년대 이후의 20년 동안에, 중국 정부는 언제나 경제가 고도성장을 지속한다는 가설 위에서 각종 전략을 세우고 전술을 짰다. 다른 이데올로기를 모두 잃어버린 정부의 처지에서는 그렇게 생각할 수밖에 없다고 이해할 수 있고 또 공감도 간다. 개발도상국에서는, 특히 1989년 이후 중국에서는 경제가 고도성장해야만 정부가 세금을 충분히 거두어 각종 인프라를 건설할 수 있었고, 국민은 생활수준을 향상시킬 수 있었다. 중국 정부의 논리에 비추어보면, 이런 양적 증가가 가져오는 만족감은 정부의 합법성의 근원이 될 것이다. 아주 다행스럽게도 지난 30년 동안에는 시장이 활기를 띠었고 자본주의의 세계화에 도움을 받아서 중국 경제는 고도성장을 지속했다. 그리고 그런 고도성장을 기본 전략으로 삼은 것은 성공적이었음이 거듭 입증되었다. 예사롭지 않은 성공에 중국 정부는 고도성장을 전제조건으로 삼는 집권 전략과 전술을 거듭 강화했다.

2008년 금융위기 이전부터 정부 안과 민간에서는 이런 전략에 대해 반성의 목소리가 나오기 시작했다. 하지만 아쉽게도 위기가 찾아오자 반성의 목소리는 커지기는커녕 오히려 중단되고 말았다. 위기가 찾아오자 중국 정부는 단기적 전략에서, 그들의 장기인 투자촉진책을 내놓았다. 4조 위안의 투자와 예상을 뛰어넘는 가파른 대출은 빠르게 침체되던 중국 경제를 대폭 반등시켰다. 하지만 다른 한편으로는 심각한 과잉 생산능력과 왜곡된 경제구조를 더욱 심화시켰다. 상식적으로 보면 이런 경제성장의 방법은 그것이 붕괴되면, 통제할 수 없는 경제적 환난이 밀어닥치는 법이다. 그런 위험성을 잘 알고 있던 중국의 고위 지도자는 반드시 피하겠노라고 거듭 약속했다. 하지만 현실적 압력은 눈앞의 근심거리와 미래의 근심거리 사이에서 모종의 타협을 하도록 중국 정부를 압박했다. 눈앞의 근심거리가 미래의 근심거리를 압도했다기보다 중국의 체제는 이미 장기적 이익에 걸맞은 경제전략을 관철할 정치적 능력이 없었다. 그들은 그저 현실이 부여한 좁은 공간에서 손발이 꽁꽁 묶인 채로 피하려 할 뿐이었다. 이런 사실은 중국의 정치체제가 고도성장에 대한 의존성에서 벗어날 가능성이 높지 않음을 암시한다.

지금 상황에서 보면, 다시 뜨거운 박수갈채를 받는 것 같다. 대다수 사람들은 이제 위기는 멀어져가고 금세라도 위기 이전과 같은 고도성장의 황금기로 돌아갈 것이라고 확신한다. 하지만 영원히 그런 시대로 돌아가지는 못할 것이다. 보다 조심스럽게 말하면, 중국이 금융위기 이전의 고도성장기로 되돌아갈 확률은 매우 낮다.

지난 30년 동안, 중국의 고도성장을 지속적으로 이끈 요인은 시장화였다. 시장의 빠른 성장은 중국인이 경험하지 못한 창업에 대한 열정을 자극했고, 중국인의 복지 수준을 크게 높였으며, 중국 경제가 지속적으로 고도성장하게 만들었다. 미래에도 시장 활동은 중국의 경제성장을 이끄는 중요한 엔진임에 틀림없다. 하지만 생산능력의 과잉이 심각해지고, 시장개척 공간이 좁아지면서, 경제성장을 견인하는 시장의 핵심적 역할도 차츰 줄어들 것이다. 교육과 의료를 비롯한 공공재의 과도한 시장화를 고려할 때, 중국이 개척할 수 있는 시장화의 여지는 다른 선진국들보다 좁을 것이다. 이런 사실은 보편적인 생각과는 정반대이다. 시장화가 미래 중국의 경제성장에 얼마나 기여할지는 완벽하게 계량화할 수 없지만, 중국의 경제성장에 대한 시장화의 공헌은 현저히 줄어들 것이다.

중국의 경제 기적을 돌아보면, 냉전 이후 도도하게 불어난 세계화의 물결은 중국 경제의 지속적 고도성장을 이끈 중요한 조타수였다. 지난 20년 동안, 시장의 세계화를 주된 방식으로 삼은 세계화 운동은 중국이 '낮은 권리의 비용 우위'를 유감없이 발휘하게 만들었다. 그것은 중국에서 정부 주도의 과도한 투자형 경제구조를 살려주었고, 그에 따른 엄청난 외부 수요로 경제성장의 속도를 대폭 끌어올렸다. 하지만 전후에 시작되어 무려 60년 넘게 이어진 세계 경제의 확대 주기는 서서히 막을 내리고 있다. 각 민족국가가 다투어 시장에 장벽을 쌓고 있고, 이익을 심각하게 침해당하는 계층의 세계화에 대한 성토도 또렷하게 들려온다. 세계시장의 확장이 저항에 부딪치면, 중국의 독특한 경쟁우위도 쓸모없어질 것이다. 이는 금융위기 이후로 중국의 수출총액이 지속적으로 낮아지는 것에서 입증된다.

기존 추세로 보아서는, 중국의 외부 수요가 극도로 위축되려면 아직 멀었다. 중국 경제의 최대 외부 시장인 미국인이 앞으로 미국은 더 많은 상품을 수출하고, 외국 상품은 덜 소비할 것이라고 분명히 밝혔다. 심지어 미국은 반드시 다시 수출주도형 국가가 되겠다는 신호까지 내보였다. 느끼기는 쉽지 않지만 변화가 큰 세계화의 추세 속에서, 미국인은 그저 돋보이는 하나의 부호일 뿐이며, 미국인의 뒤에는 비용경쟁에서 중국을 능가하는 숱한 나라들이 있다. 찾아보려고만 한다면 얼마든지 찾아볼 수 있다. 중국이 직면한 세계 시장의 상황은 지난 20년과는 크게 역전되었다. 게다가 그런 역전은 이제 시작에 지나지 않는다. 모든 나라는 겉으로만 보호주의 무역에 반대한다고 떠들어댄다. 주요 선진국의 취업률이 근본적으로 개선되지 않는다면, 그저 빈말에 지나지 않을 것이다.

논리의 세계 속에서 살아가는 공론가들은 자유무역은 전체 참여자에게 유익하다고 설득한다. 하지만 역사와 경험을 통해 보면, 자유무역은 정치인들이 자신들에게 유리할 때만 그 교조(教條)를 준수하며 최대한 확장시켰다. 불행하게도 자국의 일자리 보호가 국내 정치의 급선무인 오늘날에는 단기든 중기든 자유무역을 진전시키려는 정치적 동력은 보이지 않는다. 오늘날 세계 시장의 추이에 대해 대다수 사람들은 '글로벌경제가 균형을 되찾았다'는 중도적 표현으로 묘사하기를 즐긴다. 그렇지만 '균형을 되찾는' 과정에는 심각한 정치적 고통이 따른다는 사실을 잊지 말아야 한다. 중국의 경우에는 더욱 그럴 것이다. 이는 종래의 방식으로는 경제성장을 도모할 수 없다는 의미이다. 따라서 예측 가능한 미래에는 외부의 수요가 중국의 경제성장 속도에 부정적 영향을 주지는 않더라도, 지난 10년처럼 두드러지지는 못할 것이다.

중국 경제는 소비율을 높이면, 향후 상당 기간 동안 고도성장을 지속할 수 있다는 믿음이 아주 강하다. 외국의 한 저명 경제평론가는 "중국인은 누리는 것이 당연하다. 그것이 무엇이 나쁜가?"라며 비웃었다. 중국은 소비를 진작시켜, 내부의 경제구조를 조정해야 한다는 말이다. 하지만 중국의 소비율이 낮은 것은 결코 소비 자체가 너무 낮아서가 아니라 오히려 투자가 너무 높기 때문이라는 것이 문제의 진상이다. 경제성장의 총량이 변하지 않는다면, 과다한 투자는 성장의 총량에서 소비의 비율을 끌어내리게 마련이다. 이는 산술적으로 간단히 내릴 수 있는 결론이지만 이제껏 누구도 계산하려고 하지 않았다. 어떤 기준에 따르든, 중국에서 해마다 15% 정도씩 늘어나는 소비는 '고속'이라고 할 수밖에 없다. 중국에서는 일상적 경험에서도 중국의 각 계층이 소비에 있어서 매우 불평등하다는 사실을 알 수 있다. 하지만 전체적으로 보면 중국에서는 소비 수요가 매우 왕성하다. 그렇게 높은 기수(基數) 위에서, 중국의 소비가 어떻게 기적처럼 높아질 수 있을지 상상하기 어렵다. 소비율을 높이는 유일한 방법은 투자와 수출이 경제성장에 미치는 영향을 낮추는 것이다. 그것은 경제성장 속도의 현저한 둔화를 뜻한다.

지난 수십 년 동안 중국 경제의 지속적 고도성장을 이끈 몇 가지 결정적 동력은 이제 약화되거나 빠르게 사라지고 있다. 중국의 경제는 머잖아 성장속도가 과거 30년보다 훨씬 낮은 어둠의 시대로 접어들지도 모른다. 두 자리 성장에 익숙한 나라에서는 낯선 시대가 될 것이다. 우리는 중요한 역사의 분수령에 서 있다. 그런 측면에서 보면, 1990년대 이후 일본의 경제는 우리에게 가장 훌륭한 본보기가 된다.

대다수 사람들은 1990년대 이후 일본이 장기 침체된 원인을 경제정책의 오류, 창업정신의 위축, 거품경제의 결과로 돌리기 좋아한다. 하지만 그것은 일본의 독특한 역사적 운명으로 돌리기보다는 시장경제가 필연적으로 거쳐야 하는 보편적 숙명이라고 해야 할 것이다. 따라서 1990년대 이후 일본의 '갑작스러운 쇠락'은 경제학의 빈곤한 사고를 넘어선 것이지만, 그렇다고 돌연한 것도 아니었다. 어쩌면 그런 측면에서 보면, 역사학자들이 더 많은 교훈을 줄 수도 있을 것이다. 일본이라는 가까운 이웃은 중국도 운이 억세게 나쁘면, 머잖아 저성장시대로 접어들 수 있다는 사실을 일깨워준다. 그것은 본래 홍수나 맹수 같은 것이 아니다.

중국 문제의 특수성과 위험성은 다음과 같은 데에 있다. 즉 중국의 정치시스템과 사회시스템의 개혁전략은 모두 경제의 고도성장을 전제로 설정된 것이다. 따라서 중국의 관료시스템에서는 경제가 고도성장하면 모든 정치부패와 사회문제는 용인될 수 있고, 부를 축적할 수 있으면 모든 정치문제와 사회문제는 일거에 풀릴 수 있다고 본다. 훌륭한 제도가 받쳐주지 않으면, 경제성장과 부의 축적은 그 자체가 문제를 일으키는 늪으로 바뀔 수 있다는 사실을 깨닫지 못한다. 경제의 고도성장은 중국의 정치시스템과 사회시스템에 있어서 불쏘시개와도 같다. 고도성장이 없으면 중국의 정치와 사회의 시스템은 돌아가기 어렵다. 따라서 고도성장이 지속되지 못하면, 중국의 정치와 사회에 대한 관리는 소름끼치는 상황에 부딪칠 것이다. 지난 30년 동안에 중국의 정치시스템과 사회시스템은 개혁되지 않았다. 부패와 박탈에 따른 사회적 충돌의 에너지는 점점 쌓여간다. 그나마 중국의 고도성장이 그런 충돌의 에너지를 다소 완화시켰다. 하지만 30년 동안 바뀌지 않은 정치시스템, 사회시스템, 문화정신이 미래의 경기침체기에 빈번하게 벌어질 사회문제와 정치문제에 어떻게 대처할 수 있을지 헤아리기 어렵다. '바오바(保8)'[3]라는 것은 중국의 집권자들이 현재의 정치시스템, 사회시스템, 문화정신은 경기의 급격한 침체가 몰고 올 심각한 충격에 대응하기에 역부족이라는 사실을 잘 알고 있음을 보여준다. 그들은 경제성장의 속도를 8% 정도로 유지해야만, 현재 중국의 정치시스템과 사회시스템이 사회를 안정적으로 유지할 수 있다는 것을 잘 알고 있다. 그래서 중국의 집권자들은 모든 수단을 동원해 이 최저한도의 안전속도를 유지해야만 한다.

8%라는 성장속도는 세계의 모든 나라가 부러워하기에 충분한 것이지만 중국에서는 사회의 기본적 안정을 유지할 수 있을 뿐이다. 이런 사실은 중국의 경제성장이 얼마나 품질이 낮은지를 보여주는 동시에 중국 사회가 얼마나 취약한지를 보여준다. 그렇게 보면, 일본이 20년 가까이 제자리걸음을 하면서도 장기적으로 정치적 안정과 사회의 조화를 지켜낸

역주 3) GDP의 성장률을 매년 8%로 유지한다는 말.

것은 또 다른 기적이라고 말하지 않을 수 없다. '바오바'는 한 시절은 지켜낼지라도 한 세대를 지켜낼 수는 없다. 엄청난 대가를 치르면서 8%를 유지하느니, 일찌감치 고도성장에 의존하는 전략을 아예 퇴출시키고, 중국의 정치시스템과 사회시스템을 개혁하고 문화정신을 개조하는 데에 착수하는 편이 나을 것이다. 그렇지 않으면 경기가 침체되거나 더 나쁜 상황이 벌어졌을 때, 아무 준비도 없는 상태에서 개혁의 압박을 받게 될 것이다. 압박을 받는 개혁은 통제하기 어렵고, 결과도 헤아릴 수 없다.

정치적 · 사회적 토대가 없는 경제성장은 모래성을 쌓는 것과도 같다. 세우기도 어렵지만 무너지는 것도 순식간이다. 저속성장의 시기가 가까워지면서 개혁에 대한 압박도 다가온다. 지난 30년 동안 중국의 전략이 경제성장으로 정치와 사회 개혁을 대체하는 것이었다면, 이제부터 정치와 사회를 개혁함으로써 질 높은 경제성장을 이룩하고, 그런 토대 위에서 경제 · 정치 · 사회의 선순환을 이루어야 한다. 시야가 막힌 경제정책 결정론자들은 사회 개량과 정치 개편에 함축된 거대한 성장의 에너지를 보지 못하고 있다.

앞서 말했듯이 오늘날 중국 경제의 상황은 중국 경제학의 무당들이 억측하는 것처럼 그렇게 낙관적이지 않다. 전체 상황을 책임져야 하는 정치인은 도박과도 같은 그런 가설을 정책결정의 근거로 삼아서는 안 된다. 30년 동안 고도성장을 지속하고서도, 여전히 정치적 안정과 사회적 조화를 담보할 수 없는 성장의 가설에 매달리는 것은 눈 가리고 아웅하는 격이다. 그러므로 이제부터는 과거의 습관적 전략에서 벗어나 정치와 사회의 개혁과 문화정신의 재건을 서둘러야 한다. 그래야만 도래하는 저속성장의 시대에 대응할 수 있다. 저속성장 시대는 결코 경제성장 속도의 둔화만을 의미하는 것은 아니다. 그것은 경제성장의 질적 제고를 의미하며, 나아가 중국의 정치 · 사회 · 문화의 한걸음 나아간 전환을 의미한다. 그것은 사람의 혈맥을 부풀게 만드는 시대는 아니지만 뜨겁게 끌어안을 만한 가치가 있는 시대이다. 그 새로운 시대가 갖는 가장 중요한 지향은 진정 대다수가 중심이 되는 새로운 경제이다. 과거 오랜 기간 동안, 중국의 경제발전은 정부와 기업이 중심이었다. 국민소득의 분배에 있어서 국민의 비중은 점점 낮아졌고, 정부와 기업은 그 게임에서 절대적 승자가 되었다. 따라서 새로운 시대의 첫 임무는 정부와 기업이—특히 대기업 경제성장의 과정에서 얻은 엄청난 수입을 공정한 과정을 통해 국민에게 환원하는 것이다. 국민을 중심으로 하는 성장만이 우리에게 필요한 경제성장이며, 진정으로 지속 가능한 성장이다. 이것을 팽개친다면 그 어떤 성장도 의심스러울 수밖에 없다.

비교적 낮은 속도의 경제성장은 향후 중국에 있어서 가장 가능성이 높은 모습이자 가장 좋은 미래의 모습이다. 이것 말고 다른 두 가지 미래의 모습은 최대한 피해야만 한다. 하나는 갑자기 깊은 정체에 빠지는 것이다. 그런 모습은 많은 사람들에게 있어서 아라비안나이트와도 같을 것이다. 하지만 세계 경제의 안정성은 갈수록 낮아지고 있고, 미래 전망도 점점 나빠지고 있다. 최근 수년 동안 세계 경제가 천지가 뒤흔들리는 기복을 겪은 것은 현대 경제의 불안정성을 아주 잘 보여주는 것이다. 그것은 결코 마지막이 아니다. 지금도 겪고 있는 금융위기는 더 비관적이다. 이는 세계 체제가 대규모로 재조정되는 하나의 전주에 불과하다. 지금 우리는 세계 경제의 익숙하고도 사랑스러운 번영의 시대를 마지막으로 보고 있는지도 모른다. 중국도 그런 역사에서 다른 편에 설 수는 없다.

중국이 피해야 할 또 한 가지 미래의 모습은 2008년에 심각한 위기를 겪은 세계 경제가 기적처럼 위기 이전의 번영으로 되돌아가 외부의 수요가 회복되면서 중국의 경제도 위기 이전의 황금기로 돌아가는 것이다. 이는 대다수 사람들의 희망이자 현재 중국 경제 관리자들이 은근히 고대하는 상황이다. 30년에 걸친 고도성장을 거친 중국이 성장속도를 유지하려면, 자본시장에는 엄청난 거품이 따르게 마련이다. 다시 말해서, 실물경제가 이미 고도성장의 동력을 잃었기 때문에 빠른 속도를 유지하는 유일한 방법은 거품을 만드는 것이다. 초겨울부터 자본시장에 낙관주의가 나도는 것은 우리가 번영의 길로 되돌아가고 있다고 생각하는 사람들이 많아진다는 뜻이다. 하지만 그것은 가능하더라도 잠깐일 것이다. "망하게 하려면 먼저 미치게 만드는 법이다"라는 서양 속담이 있다. 그런 상황이 벌어진다면, 중국의 경제성장 모델의 필연적 사망도 가까워진 것이다. 국민의 권리를 억누르고 환경을 희생하고 미래의 복지를 가불하는 식의 경제성장 모델이 지속된다면, 중국 미래의 경제와 사회의 발전 잠재력은 단기간에 완전히 소모될 것이다. 그리고 그런 모델이 막바지에 이르면, 아주 극렬한 사회적 전환을 불러올 것이다—사실 2008년을 전후해 이런 모델이 막바지에 이르렀음을 보여주는 조짐이 숱하게 나타났다. 이런 미래의 모습이 싹트는 것은 막아야 한다. 하지만 세계적 위기가 벌어지고 1년이 지나자, 구체제가 거대한 관성으로 국민을 볼모로 삼아 승부수를 띄우려는 조짐들이 나타나고 있다. 걱정스럽다. 투자율이 다시 높아지거나—그 수치는 금년 상반기에 이미 50%에 이르렀다, 입이 벌어질 정도로 대출이 늘어나거나, 엄청난 거품을 몰고 올 수밖에 없는 부동산의 가격 상승이 중국에서 벌어진다는 사실은 모든 재산을 건 세기의 도박임을 암시한다. 그렇다면 진정한 위기는 지나간 것이 아니라 이제 시작인 것이다.

이제 때가 되었다. 지난 30년 동안 길러진 타성에서 벗어나 중국의 미래를 위해 미리 대비하자.

— 2009년 10월

9.4. 대변혁이 진행될 때

'삶은 개구리 증후군'[4]으로 금융위기 이후의 수년을 묘사하는 것은 더 이상 어울리지 않을 것이다.

거대하지만 짧은 충격을 겪은 이후로 세계는 마치 생각은 같지만 서로 다른 방식으로 위기를 극복하고 평온을 되찾은 것처럼 보인다. 경제학자

역주 4) Boiled Frog Syndrome: 개구리를 뜨거운 물에 집어넣으면 안간힘을 다해 빠져나오지만, 미지근한 물에 집어넣고 서서히 가열하면 위기를 느끼지 못하고 그대로 있다가 죽고 만다는 실험 결과로, 19세기 말에 미국 코넬대의 한 과학자에게서 비롯되었다.

들은 늘 하던 대로 전형적인 주기성 관점을 근거로 시시비비를 따지고, 정치인들은 조마조마했지만 위험한 고비는 넘겼다며 남몰래 안도한다. 하지만 위기를 가져온 최대 장본인인 금융가들은 이전보다도 더 빠르게 더 많은 돈을 벌고 목소리도 더 커진 것 같다.

이런저런 회담과 포럼을 오가는 고위관료들은 마치 상황을 단단히 통제하고 있는 것 같고, 세계는 과거의 시계에 따라 돌아가고 있는 것 같다. 모든 것은 정상이어서 걱정할 필요가 없는 것처럼 보인다.

하지만 위기는 정말로 사라진 것일까? 세상은 정말로 예전대로 돌아간 것일까?

금융위기가 터지기 몇 달 전에 필자는 「대변혁」이라는 글에서 머잖아 글로벌 체제가 분열할 것이라고 잘라 말한 적이 있었다. 몇 달이 지나자 마침내 위기가 거세게 들이닥쳤다. 한 친구가 "네가 신(神)이구나!"라고 조크를 하기에, 필자는 "검은 백조[5]가 언제 내려올지는 아무도 예측할 수 없다."고 대답했다. 나는 그저 아주 단순한 논리를 진술했을 뿐이었다. "달러 중심의 세계 체제는 지구상의 모든 인구대국을 받아들이고 나면 중대한 구조적 변화가 생기게 마련이다." 2차 대전 이후, 미국 체제의 확장 역사를 돌아보면, '확장 → 흡수 → 위기'로 이어지는 역사적 맥락이 기이하리만치 뚜렷하다. 체제는 중요한 역량을 흡수하면 중대한 조정을 겪었는데, 그 조정은 흔히 위기라는 형태로 나타났다. 옛 유럽과 일본을 흡수하고는 브레튼우즈체제[6]가 해체되었고, 아시아의 네 마리 용과 기타 신흥 경제체를 흡수하고는 1997년의 아시아 금융위기가 터졌다. 또 세계에서 가장 중요한 인구 대국 브릭스(BRICs)를 흡수하고는 2008년의 세계 금융위기가 벌어졌다. 만약 브릭스 이후로는 세계에 더 이상 체제를 확장시킬 흡수 대상이 없다는 사실을 인지한다면, 2008년에 벌어

역주 5) Black Swan Problem: 18세기 스코틀랜드의 철학자 데이비드 흄(David Hume)이 처음 사용한 말로 귀납법에서 발생하는 곤란한 문제를 지칭하는 말이다.

역주 6) 2차 대전 이후의 국제통화 질서를 논의하기 위해, 1944년 7월에 44개 연합국 대표가 미국 뉴햄프셔 주의 브레튼우즈(Bretton Woods)에서 개최한 회의이다. 회의 결과, 세계은행인 국제부흥개발은행(IBRD)와 국제통화기금(IMF)이 설립되었고, 국제무역기구(ITO)의 설립이 제안되었다.

진 세계 금융위기가 체제 확장의 최후의 일 막(幕)이 되리라는 것을 짐작할 수 있다. 그 마지막 막의 주요한 스토리는 세계 체제의 변화와 재편이 될 것이다. 그 변화는 새로운 세계의 안정적 체제가 나타날 때까지 극심한 대치, 갈등, 충돌 심지어 전쟁이 벌어질 수 있다는 의미이다. 그동안에는 세계 체제의 확장이 정체되고 또 위축되면서 전체적인 경기불황이 지속될 것이다. 그것이 어디에서 시작되고 또 어떻게 끝나며, 또 얼마나 지속될지는 아무도 모른다.

필자는 지금도 2008년의 서브프라임 모기지론 사태는 세계 시장체제가 무너지는 시발점으로, 일련의 위기 가운데 하나라고 생각한다. 더욱이 서브프라임 모기지론 사태는 그 일련의 위기 가운데 가장 파괴력이 있는 것도 결코 아니다. 서브프라임 모기지론 사태 이후 수년 동안 위기는 결코 끝나지 않았으며, EU의 채무위기 사태와 미국의 신용위기가 잇달아 터졌다. 이런 사실은 여전히 큰 위기에 빠져 있다는 의미이다. 간단히 말해서 우리는 아직 위기에서 벗어나지 못한 것이다.

금융위기 이후에 미국은 예사롭지 않은 일련의 위기극복 조치를 내놓았다. 헬리콥터로 돈을 뿌리는 방식으로 경기를 부양했다. 하지만 미국은 여전히 실업률이 높고, 경제성장은 부진하기만 하다. 유행처럼 써먹는 양적완화는 심지어 수상한 독약이 되어 버렸다. 미국의 경기부양책은 어쩌면 필연적으로 벌여야 하는 도박일 수 있겠지만, 벌이자마자 운명적으로 패할 수밖에 없는 도박이다. 3년이 지나자, 시종일관 주기적인 것으로 간주하던 사람들은 오판을 하였음이 밝혀졌고, 경제정책을 운에 맡기고 미국은 예전처럼 빠르게 회복될 것이라고 믿던 전략가들도 오판을 하였음이 밝혀졌다. 조지프 스티글리츠[7)]는 이렇게 풍자했다. "지금 문제가 심각하다는 것은 누구든지 안다. 사람들은 어떤 조치가 나오더라도 상황이 악화될 것이라는 새로운 믿음이 싹텄다. 지금 보기로는 장기적 경기침체는 그나마 낙관적인 예상일 것이다." 금융체제의 엔진인 미국

역주 7) Joseph Eugene Stiglitz: 2001년 노벨 경제학상을 수상한 미국의 경제학자.

의 이런 미래 모습에서, 향후 예상되는 세계의 모습은 말할 필요도 없다. 금융위기 이후, 필자는 미국 경제가 일본처럼 되리라는 미래의 모습을 사람들에게 보여주려고 애썼다. 즉 미국 경제는 장차 1989년 이후의 일본처럼 명맥만 이어가는 상태에 빠지리라는 것이다. 지금 보면 스티글리츠의 지적처럼 좋지 못한 미래의 모습임에 틀림없다. 아직도 도금시대의 흥분에 빠져 있는 사람들이 갑자기 세상의 암담한 미래 모습을 믿으려면, 굳센 의지가 필요하다. 방금 거품 속에서 단맛을 본 사람에게 거품이 금세 터질 것이라고 일깨워주는 것처럼 걸맞지 않은 것이다.

S&P[8]가 미국의 신용등급을 낮추자 세계 금융시장은 큰 혼란에 빠졌다. 한 미국인 투자자는 즉각 민감한 논평을 냈다. "미국이 세계 금융체제의 핵심이라는 점에서 보면, 지난 금요일에 있은 신용등급 하향조정은 미국이 제공하는 세계 공공재의 지위를 차츰 갉아먹을 것이다—세계의 기축화폐로서의 달러의 지위부터 다른 국가의 가장 좋은 저축 장소가 되는 미국 금융시장의 지위까지. 그리고 세계의 지주로서의 미국의 효율성을 약화시킬 것이고, 다극화를 향한 체제의 불안정한 변화를 가속시킬 것이다." 이것이 바로 필자가 2008년 이래로 제기한 세계 체제의 대분열이라는 것이다. 기둥이 쓰러지면 어떤 상황이 벌어질지 말할 필요도 없다. 남은 것은 시간과 방식뿐이다. 여전히 과거에서 살고 있는 사람들에게, 세상은 정말로 달라졌다는 사실을 분명하게 일깨워주어야 한다. 우리는 알지 못하는 새로운 세계로 미끄러져 가고 있다. 그런 의미에서, 일본처럼 되는 세계의 미래 모습은 실망스럽지만 좋지 않은 미래인 것임에는 틀림없다. 그것은 묘사할 수 있어서 어느 정도 확정적이기 때문이다.

그렇다면 더욱 예측할 수 없는 미래는 어떤 것일까?

금융위기 이후, 중국을 위시한 신흥 경제체는 세계의 애절한 울음소리 속에서 오아시스가 되었다. 그 때문에 절망한 사람들에게는 새로운 세계에 대한 유일한 희망이 되었다. 중국은 엄청난 부양책 때문에 짧은 침체

역주 8) Standard & Poor's: 1860년에 창업한 미국의 신용평가기관. 무디스, 피치 레이팅스와 함께 세계 3대 신용평가기관으로 불린다.

를 거친 다음 신속하게 경제가 되살아났다. 주식시장의 번영과—꾸준히 세계 기록을 만들어낸 신규상장 수치와 신규상장 금액이 그 증거이다 부동산 거품은 주저앉기는커녕 오히려 커졌고, GDP는 연거푸 날아오르는 자태로 세계를 이끌었다. 전반적 위기 속에서도 중국인은 위기의 고통을 전혀 느끼지 않았을 뿐 아니라 오히려 흥분제를 과량 복용하고 유쾌한 기분에 들떠 있었다. 심리학의 관점에서 보면, 위기 이후에 중국은 사실상 전형적인 최면상태에 빠진 것이다. 최면은 무의식이 지배하는 상태를 가리킨다. 또렷한 것 같지만 사실은 환청, 환각, 주의력의 고도집중 때문에 현실의 다른 모습을 보지 못하는 상태이다. 몽유는 깊은 최면상태이다. 금융위기 이후의 중국을 보면, 학계든 민간이든 사실상 죄다 몽유상태에 빠져 버렸다. 또 그동안에는 '중국식 모델'이 하루 종일 울려 퍼졌다. 폰지사기[9]를 만든 찰스 폰지는 일찍이 "사람은 한 가지 사물에 대해 견해가 고정되면, 눈 먼 장님처럼 될 수 있다."고 예리하게 풍자한 적이 있다. 그 당시를 생각해 보면, 보스턴의 이 사기꾼은 이런 일반적 착각을 이용해 사람들에게 엄청나게 사기를 쳤을 것이다.

필자는 중국의 20년에 걸친 경제성장은 세계 체제에 종속되고 의지하는 가장 새로운 확장이라고 생각해 왔다. 다시 말해서 중국의 경제성장은 세계 체제 확장의 일부분이며, 그 외적 조건이 된다는 말이다. 게다가 중국은 내부의 주도적 변화 이외에도 1990년대의 제도 개혁 또한 상당한 정도로 세계 체제의 확장에 적응하는 변화였다. 그러니까 1990년대 중국의 제도 개혁과 그로부터 형성된 경제구조는 세계 체제라는 더 큰 구조 속으로 깊이 들어간 것이다. 너무 커서 관찰자들이 보지 못하는 그런 구조가 없다면, 그런 외부구조에 대응하는 중국의 내부제도도 아무런 쓸모가 없으며, 그로부터 비롯된 경제성장도 근원이 없는 물처럼 되고 만다. '디커플링'[10]이라는 것—신흥국가가 선진국에서 벗어나 단독으로 성장할 수 있다

역주 9) Ponzi Scheme: 신규 투자자의 돈으로 기존 투자자에게 이자나 배당금을 지급하는 방식의 다단계 금융사기. 1920년대 미국에서 찰스 폰지(Charles Ponzi)가 벌인 사기 행각에서 유래되었다.

역주 10) decoupling: 한 나라 또는 일정 국가의 경제가 인접한 다른 국가나 보편적인 세계 경제의 흐름과는 달리 독자적인 경제흐름을 보이는 현상.

고 하는 것은 위험한 오도(誤導)이다. 한마디로 외부구조의 분열은 미래에 중국의 내부제도에 새로운 변혁을 압박할 것이다.

필자가 거듭 지적한 것처럼, 중국의 내부에서는 시스템에 있어서 거대한 분열의 에너지가 무르익고 있다. 여기에 대해서는 군말이 필요하지 않다. 세계 시장체제의 분열은 미리 내부 분열의 에너지를 터뜨리거나 키울 수 있다. 이 두 가지 분열의 에너지가 연쇄적으로 일어나고 서로 뒤흔들어, 중국 내부구조의 갑작스러운 변화를 자극하는 한편 세계 체제의 구조에도 격렬한 재편을 자극할 것이다. 우리는 그런 역사의 과정 속에 놓여 있다.

금융시장은 실물의 측면에서 위기가 발생할 것임을 미리 보여준다. 2008년에 세계 체제의 금융 중심인 미국에서 벌어진 금융위기는 세계 체제의 실물위기를 예언했다. 그것은 이 체제에 깊숙이 발을 들여놓은 모든 민족국가의 위기에 해당된다. 이런 사실을 모르면 세계의 미래를 헤아릴 수 없다. 중심에서 벌어진 금융위기는 엄청난 단기적 충격파 때문에 눈길을 끌었지만, 전 세계에 분산된 실물위기는 그다지 눈길을 끌지 못했다. 그것은 완만하고 나지막하지만, 더 큰 파괴력을 지니고 있다. 그 과정은 '삶은 개구리 증후군'에 가장 걸맞은 사례일 것이다.

이제 모든 곳에 뻗은 세계 체제 속에는 언제 터질지 모르는 지뢰가 널려 있다. 2008년에는 미국에서 터졌고, 2010년에는 유럽에서 터졌고, 2011년에는 유럽과 미국에서 다시 터졌다. 모두의 예상을 뛰어넘는 오래된 자본주의 국가에서의 연쇄적 폭발은 지금도 이어지고 있다. 하지만 2008년에 시작된 세계 체제 위기의 가장 강렬한 폭발은 아직 찾아오지 않았다. 중국을 위시한 신흥 경제체의 불안정한 경제구조를 근거로, 아울러 2008년 이후 이들 경제체의 통화남발을 근거로, 가장 거센 위기는 새로운 세계로부터—사람들이 무한정 희망을 거는 세계의 새로운 귀족들 오리라는 생각에 기울어진다.

그것은 2008년에 시작된 세계 체제의 위기가 빚어내는 정통 드라마일지도 모른다.

* 제2부 「대변혁의 도래」에는 2008년 금융위기 전후부터 2011년까지 쓴 평론 가운데 일부를 수록했다. 제1부 「도금시대」에서는 중국의 내부에서 중국의 경제문제와 사회문제를 살핀 것이 많았으나, 제2부에서는 중국식 모델이 어떻게 세계 체제에 편입되었고, 세계 체제의 거대한 변혁은 중국에 어떤 영향을 미칠 것인가에 대한 시각을 보다 드러내고자 했다. 이런 시각이 보다 큰 역사적 배경에서 중국을 이해하는 데에 실마리를 제공하기를 기대한다.

PART 3

제3부 슈퍼 주기의 종말 : 2012~

CHAPTER

10 우리는 어디로 가고 있는가?

세계 체제 확장의 일부분인 중국의 경제성장은 체제 확장의 주요한 조타수가 되었고, 체제의 폭과 깊이를 늘리는 버팀목이 되었다. 중국의 아주 현실주의적인 관리자들은 이런 구도를—아마도 여기에는 사람들이 잘 모르는, 중국의 경제성장에 있어서의 진짜 비밀이 숨어 있을 것이다 무척 잘 알고 있다. 거기에는 금융위기 이후에 무엇 때문에 그들이 세계 체제를 필사적으로 지켜냈는가 하는 이유가 숨어 있다. 그들은 서브프라임 모기지론 사태가 벌어지자 미국 국채를 서둘러 투매하는 사람들을 풋내기나 멍청이로 간주했다.

요컨대 중국은 비용이 꾸준히 상승하는 시기에 들어섰다. 지난 수십 년 동안에 중국이 비용에 있어서 받았던 무거운 압박과는 정반대로 사회적으로 각성하면서 그로부터 생겨난 사회의 역방향 운동은 비용 상승에 내재된 역사적 동력이 되었다. 아직도 박탈이 도처에서 벌어지지만, 박탈한 비용은 미래에 갑자기 늘어날 것이고, 도둑질도 끊임없이 벌어지겠지만 갈수록 어려워질 것이다. 이 모두는 경제활동의 각종 비용을 높이게 될 것이다. 이는 지난 수십 년 동안에 각종 비용을 전가한 데에 대한 반발이자 보상이다. 그리고 그런 역사의 주기는 일단 열리면 짧은 기간에 끝나지 않을 것이다.

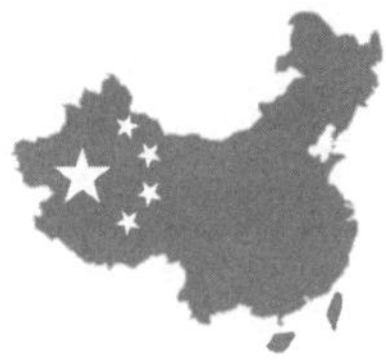

10.1. 우리는 어디로 가고 있는가?

지금 중국 역사의 행방을 보다 분명하게 이해하려면 반드시 정확한 역사 지도가 필요하다. 그 지도에는 대조할 수 있는 알맞은 역사적 좌표가 있다. 1929년의 미국과 1989년의 일본이 그것이다. 비록 역사를 비교하는 방법은 이제껏 서툴렀고, 또 사람들을 실망시켰지만, 그래도 그것은 세계의 복잡성을 이해함으로써 현재 중국의 보다 정확한 역사적 좌표를 찾게 만든다.

1929년 이전까지 미국은 자유방임을 주된 특징으로 하는 자본주의의 황금기를 구가했다. 우리는 그것을 미국의 도금시대(鍍金時代)라고 부를 수 있을 것이다—미국인 자신은 대개 남북전쟁 이후로 제1차 세계대전까지를 도금시대라고 부르지만 말이다. 이 시기에는 공업이 빠르게 발전하고 상업이 크게 번영해, 상공업계에서는 자수성가한 거물들이 잇달아 나왔다. 미국의 대통령을 지낸 존 쿨리지[1]의 말에 따르면, 미국인은 "인류 역사에서 보기 드문 행복한 지경에 이르렀다." 하지만 도금시대가 지닌 또 다른 측면은 정치의 부패, 사회문제의 동시다발, 빈부격차의 급격한 확대가 있었다. 그런 거친 모습 때문에 많은 비평가들은 도금시대를 '대분열의 시대'로 부르기

역주 1) John Calvin Coolidge, Jr.: 미국의 제30대 대통령(1923~1929)을 지낸 인물.

도 한다. 내부적으로 온갖 격렬한 갈등을 품고 있던 도금시대는 1921년부터 1929년 사이에 꾸준히 팽창한 은행대출의 거품이 터지면서 끝내 멈추고 말았다. 뒤를 이어 찾아온 것은 모두가 마음 속 깊이 기억하게 된 대공황(Great Depression)이었다.

역사의 세세한 구석으로 들어가 보면, 미국의 도금시대와 중국의 지난 30여 년은 놀라울 정도로 닮았다는 사실을 어렵지 않게 깨달을 수 있다. 지난 30여 년 동안에 중국은 놀라운 경제성장을 이룩했고, 사회의 부는 급속히 늘어났다. 그렇지만 그런 기적과 더불어 역시 놀라울 정도의 정치부패, 사회불신, 환경오염이 있었다. 부의 분배에 있어서 중국은 마오쩌둥 시대의 높은 평등에서 단숨에 세계에서 가장 불평등한 반열로 올라섰다. 그 불평등의 정도는 미국의 도금시대와 견주더라도 전혀 손색이 없다.

경제의 고도성장과 사회의 급격한 분화는 일란성 쌍둥이인 경우가 많다. 경제와 사회의 내부에 거대한 충돌의 에너지와 팽팽한 긴장이 숨어 있다는 의미이다. 이런 관점에서 보면, 미국의 대공황은 한 차례의 위기에 불과한 것이 아니라 경제와 상업에 있어서의 동물적 욕망에 대한 인류 이성의 철저한 자기청산이었다. 한 차례 대규모 위기가 불러오는 자기청산은 자기조정과 마찬가지로 정치적 · 사회적 의미를 갖는다. 그것이 바로 뒤따른 루즈벨트의 뉴딜정책이 지닌 진정한 의미였다. 보다 정확하게 말한다면, 루즈벨트의 뉴딜정책은 미국의 자본주의가 새로운 세계 환경과 내부 환경에 대해 적응하고 조정하는 과정이었다. 하지만 그런 조정이 항상 성공적인 것은 아니며, 그 결과도 늘 분석할 수 없는 역사적 우연으로 가득한 것만은 아니지만, 다행스럽게도 오랜 고통 끝에 조정되어, 미국의 자본주의는 마침내 역사의 안개를 헤치고 영국을 대신해 세계 자본주의의 새로운 맹주가 되었다. 그리고 2차 대전 이후에는 정식으로 미국 중심의 세계 시장체제를 열었다.

역사를 돌아보면, 대공황은 미국이 세계의 새로운 중심이 될 수 있는 충분조건은 아니었지만, 하나의 필요조건이었음에는 분명하다. 다시 말해서 뼈를 깎는 것처럼 고통스러운 대공황과 루즈벨트의 뉴딜정책이 없었다면, 미국은 2차 대전 이후에 홀로 세계 시장체제의 규칙을 만드는 주인공이 되기는 어려웠을 것이다. 대공황과 대위기는 오히려 마지막 슈퍼 맹주를 만들어낸 것이었다. 이런 사실은 무척 기이하지만, 그렇다고 전혀 이해할 수 없는 것도 아니다. 많은 경제학자와 역사학자들은 1929년에 시작된 대공황을 가장 암흑적인 시대로 기억한다. 하지만 더 긴 역사적 관점에서 보면, 그것은 정식으로 미국 패권시대의 토대를 만든 것이었다. 때문에 혹자는 대공황은 미국이 대영제국의 기치를 이어받아 세계 자본주의의 새로운 중심이 된 상징적 분수령이라고 말한다.

여기에서 한 가지 어렴풋한 시사를 얻을 수 있다. 즉 세계 맹주의 교체는 낡은 체제의 전면적 혼란과 새로운 맹주의 심각한 내부적 위기가 길잡이가 되었다는 사실이다. 체제의 전체적 혼란과 통제력 상실은 대규모의 전면전일 수도 있고—예컨대 제1차, 제2차 세계대전, 예측하기 어려운 또 다른 무엇일 수도 있다. 사실상 두 차례의 세계대전은 영국이 주도하는 세계 시장체제가 와해되는 증상이었다.

이런 시사점에 따르면, 미국 체제가 붕괴하면서 나타나는 새로운 맹주도 이런 역사의 저주에서 벗어나기는 어려울 것이다. 이유는 간단하다. 심각한 위기가 없으면 기존의 성장 모델에 깊이 뿌리박은 폐단을 없애기 어렵기 때문이다. 마치 주식시장이 한바탕 뼈를 깎는 조정을 거치지 않으면, 진정한 상승장세가 펼쳐지기 어려운 것과 다르지 않다. 그런 저주는 그것을 간절히 바라는 중국으로서는 더욱 조심해야 한다.

2차 대전 이후에 미국의 주도로 세계 체제는 몇 차례 크게 확장되었다. 그 가운데 두드러진 표지로는 유럽의 부흥, 일본의 흥기, 동아시아의 경제 기적을 꼽을 수 있다. 이런 몇 차례 확장을 거쳐 미국 체제의 외연은 크게 확장되었다. 하지만 거기까지의 미국 주도 세계 시장체제는 여전히 반쪽짜리 세계 체제였다. 그러나 1990년대에 냉전이 끝나면서, 소련이 주도하던 사회주의 진영과 양대 진영 사이를 오가던 중국 · 인도 · 브라질이 모두 편입되면서, 미국 체제는 진정으로 세계를 샅샅이 뒤덮은 전성기에 이르렀고, 비로소 미국 체제는 진정으로 세계적이라고 부를 수 있게 되었다.

1990년대 초기 이후로 20년 동안 미국 주도의 세계 시장체제는 빠른 속도로 깊고 넓게 퍼져 나갔고, 체제 내 민족국가 사이의 경제적 연계는 뗄 수 없게 되었다. 세계화라는 것은 미국화이다. 2차 대전 이후의 세계 시장체제가 미국 체제가 된 것은 미국이 인구 · 국토 · 내수시장 · 달러의 독특한 지위에 의지해 나중에 일어선 나라의 시장 확대를 위한 소중한 수요를 제공했기 때문이었다. 그런 미국의 수요가 없었다면, 세계 시장체제의 확장은 상상조차 할 수 없었다. 이와 같은 잠재적 논리는 유럽 · 일본 · 동아시아의 점진적 확장에서 잘 나타났고, 또 냉전 이후 브릭스의 고도경제성장에서도 잘 나타난다. 비록 체제 내의 민족국가와 민족국가, 민족국가와 미국 사이의 관계는 무척 복잡하지만, 미국의 수요는 줄곧 이 체제의 확장에 있어서 주요한 동력이었다. 인구 · 내수시장 · 군사력으로 볼 때, 2차 대전 이후에 미국이 영국을 대신해 세계 시장체제의 새로운 엔진이 된 것은 거의 숙명적인 것이었다. 미국만이 세계 시장에 진일보한 확장의 수요를 제공할 능력이 있었기 때문이다. 같은 이유로 미국 체제는 지구상의 거의 모든 인구를 뒤덮고, 더 이상 판도를 확대할 수 없게 되자, 붕괴되기 시작했다. 미국의 수요가 아무리 크고 미국의 화폐가 아무리 남발되어도, 신흥 시장국가의 수십 억 노동력이 제공하는 끊임없는 생산능력을 소화하지 못함에 따라 체제가 더 이상 확장될 수 없었기 때문이다. 세계 시장체제의 역사적 맥락을 살펴보면, 서브프라임 모기지론 사태의 본질은 바로 이것이다.

지금까지 대다수 사람들은 서브프라임 모기지론 사태를 미국의 금융위기라고 생각한다. 그것은 현대사에 대한 아주 위험한 오해이다. 보다 본질에 가까운 역사의 진상은 체제의 확장이 오히려 미국을 압박해 거품이라는 형식으로 수요를 제공한 것이다. 그런 의미에서 본다면, 서브프라임 모기지론 사태는 사실상 체제 내의 민족국가가 힘을 합친 결과물인 셈이다. 이렇게 되자 미국 체제가 지닌 본연의 동력구조로는 더 이상 체제의 한걸음 확대된 수요를 만족시킬 수 없게 되었다. 지금 미국은 재정적자가 1조 2천억 달러에 이르고, 총부채는 10조 6천억 달러에 이른다. 해마다 지급하는 이자만 하더라도 미국의 전체 의료보험비 지출에 육박한다. 게다가 두 차례에 걸친 양적완화를 통해 엄청난 유동성을 풀었지만 수요는 여전히 진작되지 않고 있으며, 오히려 미국의 국가신용등급만 '안정적'에서 '부정적'으로 내려갔다. 만약 미국이 앞서는 세계 체제의 수요를 강력하게 뒷받침하느라 자국의 금융시스템을 손상시켜 서브프라임 모기지론 사태를 초래했다고 한다면, 이제는 미국이 계속해서 수요를 제공한다면 미국 자체를 망가뜨릴 수도 있는 지경에 이르렀다. 이것이 바로 미국인이 이구동성으로 이제는 다른 나라들이—중국을 비롯한 신흥 시장국가 수요를 제공해야 하고, 미국은 생산을 제공해야 하는 때가 되었다고 여기는 까닭이다. 만약 신흥 시장국가가 새로운 수요처를 찾지 못한다면, 지금 신흥국가에서 야기되는 '슈퍼 주기'는 종말을 고하게 될 것이다. 앞으로 중국은 세계 체제가 자신에게 고도성장의 수요를 더 이상 제공하기를 바랄 수 없게 될 것이다. 이런 점에서 더 큰 규모의 미래의 아시아 금융위기의 그림자를 엿볼 수 있다.

서브프라임 모기지론 사태는 체제의 위기가 분명하다. 그것은 미국만의 위기가 아니며, 더욱이 일과성 금융위기도 아니다. 서브프라임 모기지론 사태는 본질적으로 2차 대전 이후 미국의 세계 시장체제가 더 이상 확장되지 못하고 쇠퇴하는 전환점인 것이다. 서브프라임 모기지론 사태는 그런 거시적 체제 위기의 기점이자, 일련의 위기 가운데 하나일 뿐이며, 결코 종점은 아니다. 고도로 불안정한 체제 붕괴의 시기에 위기는 일종의 일상처럼 될 것이다. 2011년 들어 더욱 심화되는 EU의 채무위기도 체제 위축이라는 위기의 일부분일 뿐이다. 그리고 그것은 빠르게 정치위기로 바뀔 것이다.

세계의 생산능력이 심각하게 과잉된 상황에서, 이런 구조를 유지하려고 한다면, 한바탕 체제의 심각한 공황이 벌어져 생산능력을 청산하거나 그렇지 않으면 미국과 체제 내의 다른 국가가 함께 더 큰 거품을 만들어

—권력에 대한 영향력이 큰 금융가들이 바라고 또 조장하려고 애쓰는 것이기도 하다 체제가 전면적으로 무너지는 시간을 늦추어야 한다. 전자는 어느 정부도 정치적으로 감당하지 못할 것이기 때문에 후자가 체제의 유일한 선택이다. 서브프라임 모기지론 사태 이후 2년 남짓한 동안에 체제 내의 국가들은 힘을 합쳐 더 큰 거품을 만들어냈다. 그런 사실은 미국의 양적완화와 중국의 대출 거품에서 상징적으로 나타난다. 미국의 은행은 아직 대출금을 회수하는 상황에 놓여 있기 때문에—미국의 은행업 자체가 지닌 대출제한시스템, 미국의 양적완화로 풀린 통화는 신흥국가가 더 많이 흡수하게 되었고, 그것은 신흥국가, 특히 중국에서 자산 거품을 조장했다. 앞선 거품이 채 가라앉지도 않은 상황에서 세계 시장체제는 체제 내의 신흥국가에서 거대한 거품을 만들어냈다. 그리하여 세계의 금융가와 자본가들은 손쉽게 바라던 바를 이루었다. 그것은 비록 체제의 생명은 유지시켰지만, 체제 내에 더 치명적인 시한폭탄을 설치했다. 폭탄이 터지는 그 순간이 바로 체제가 끝나는 순간이다. 그런 의미에서 서브프라임 모기지론은 세계 체제 위기의 시작일 뿐이다. 더 거센 체제의 지진은 아직 찾아오지 않았다. 다보스 포럼[2)]에서 주요 인물들이 어떻게 세계를 구할 것인가를 놓고 논의하는 그 순간에도 그들의 발밑에서는 거대한 해일이 꿈틀대고 있다. 지금 우리는 체제의 위기에 깊이 파묻혀 있다. 그것이 끝나려면 아직 멀었다. 이것이 세계 시장체제 속에서 중국이 처한 역사적 위상이다.

연구자들은 흔히 지금의 중국을 1989년 거품 붕괴 직전의 일본과 단순히 비교한다. 두 경제체의 구조와 발전단계를 놓고 보면, 당시의 일본은 현재의 중국과 닮은 구석이 있음이 분명하다. 하지만 세계 시장체제의 역사적 관점에서 넓게 보면, 현재의 중국은 당시의 일본과는 큰 차이가 있다. 1989년 일본에서 위기가 벌어졌을 때, 미국이 주도하는 세계 체제는 여전히 확장되는 과정에 있었다. 당시 세계 체제에는 드넓은 시장이 개발을 기다리고 있었다. 예컨대 러시아, 동유럽, 인도, 중국 등이

역주 2) Davos Forum: 세계의 기업인, 경제학자, 저널리스트, 정치인들이 함께 세계의 경제 문제를 논의하고 실천과제를 모색하는 국제민간회의. 세계 경제포럼.

다. 그리고 미국 · 유럽 · 일본은 체제의 변방이던 이 지역을 꾸준히 개척하고 있었기 때문에 이른바 브릭스의 기적을 낳았다.

간단히 말해서, 미개발 국가가 제공한 넓은 시장 공간이 있었기 때문에 일본은 정체에 빠져도 붕괴는 피할 수 있었다. 그러므로 1989년 일본의 위기는 체제의 확장과정에서 벌어진 위기로, 체제의 확장과정에 대한 보폭과 박자를 조정하는 것이었다. 하지만 2011년에 중국이 직면한 상황은 전혀 다르다. 그것은 체제가 붕괴하는 시점인 것이다. 사방을 돌아보면, 체제의 지속적 고도성장을 뒷받침할 미개척 시장은 찾아보기 어렵다. 60년 넘게 파도처럼 확장된 미국 체제가 그 역사적 종착점에 바짝 다가서 있는 것이다. 그런 의미에서 보면, 지금 중국의 역사적 시간은 1929년의 미국에 놓여 있지 1989년의 일본에 놓여 있지는 않다. 어쩌면 그 두 가지가 뒤섞였을 수도 있다. 이는 외부 시장이 더 이상 중국의 지속적 고도성장에 수요를 제공하기 어렵다는 의미이며, 중국 내부의 시장 동력 또한 중요한 전환에 처했다는 의미이다. 후자는 많은 사람들이 큰 기대를 거는 중국의 내수를 가리킨다.

많은 사람들은 중국이 내수 중심으로 경제의 방향을 전환하는 것이 중국이 고도성장을 지속할 수 있는 첩경이라고 생각한다. 게다가 주류 학계에서는 이구동성으로 글로벌 경제의 균형을 재편하는—세계 체제의 붕괴가 아니라 유일한 선택이라고 생각한다.[3] 이것은 20여 년 전에 선진국이 일본에게 간곡하게 타이르던 일을 떠올리게 만든다. 하지만 20여 년이 지난 지금 일본의 내수는 세계의 균형 재편에 어떤 기여도 하지 못한다. 수출주도형의 구조적 특징도 그대로이다. 이런 사실은 내부에서든 외부에서든 중국의 내수가 지닌 역할을 너무 낙관적으로 보는 것일 수도 있다는 사실을 일깨워준다. 수출주도형 국가가 신기하게도 하루아침에 다른 모델로 바뀐다는 것은 상상하기 어렵다. 그것은 오랜 시간이 걸리며 상상하기 어려운 도전으로 가득한 과정이다. 일본은 분명한 역사적 선례가

역주 3) 2009년 9월, 미국 피츠버그에서 열린 G20 정상회담에서는 '위기대응'에서 '위기 이후'로 지속 가능한 균형성장의 새 틀을 짜는 데 초점이 맞춰졌다.

된다. 세계 체제가 확장을 멈추고 심지어 위축될 때, 현실세계에서는 그 어떤 균형 재편도 모두 제로섬 게임이 될 것이다. 한 민족국가가 얻는 것이 있으면, 다른 한 가지 또는 다른 민족국가 정부가 정치적 대가를 치를 수밖에 없다는 의미이다. 로버트 브레너[4]는 『번영과 거품』에서 "1998년에 이르러, 제조업의 기본조건이던 국제적 생산능력과 과잉생산은 세계를 주도하는 지위에 있던 나라들이—미국 · 일본 · 서유럽 · 동아시아를 포괄하며, 지금은 중국이 더해졌다 함께 경제적 번영을 누리기 어렵게 만들었다는 사실을 잘 기억해야만 한다."라고 날카롭게 지적했다.

따라서 균형 재편은 민족국가의 정치에 있어서 매우 위험하다는 사실을 알 수 있다. 정치적으로 취약한 민족국가에게는 그 대가가 치명적일 수도 있다. 분명 현실에서의 균형 재편은 결코 경제학자들이 이론에서 말하는 것처럼 그렇게 절묘하고 조화롭지는 않다. 1차 대전과 2차 대전은 참혹한 방식으로 세계 경제의 균형 재편을 실현한 역사적 과정이었다. 아울러 그것은 세계 시장의 역사 속에서 자본주의의 한 차례 체제 전환이었을 뿐이다. 그런 균형 재편과 체제 전환의 결과, 미국은 토지 · 인구 · 내수 등의 우위를 바탕으로 여러 경쟁자들을 물리치고 패권을 장악해 최후의 승자가 되었던 것이다.

1978년 이래로 지금까지 이어진 중국의 경제성장을 견인한 데에는 두 가지 기본적 요인이 있었다. 하나는 내부의 자유화와 시장화 개혁이고, 다른 하나는 최근 30년에 걸친 세계 시장체제의 급격한 확장이다. 이 두 가지 요인이 서로 얽히고 작용하면서 중국의 지속적인 고도성장이 만들어졌다. 최근 30년 동안의 세계의 경제변천사를 살펴보면, 앞서 말한 두 가지 기본적 요인을 갖춘 대형 신흥 경제체는 모두 중국과 비슷한 고도성장을 이루었다. '브릭스'가 대표적이다. 인도 · 브라질 · 러시아는 내부 자유화와 시장화 개혁은 중국보다 10년쯤 늦었지만, 일단 시작되자

역주 4) Robert Brenner: 미국 UCLA의 역사학 교수. 1990년대 후반에 2차 대전 이후의 세계 경제에 대한 논쟁을 불러일으켰다. 그의 역저 *The Boom and the Bubble*은 국내에 『붐 앤 버블— 호황 그 이후, 세계 경제의 그 그늘과 미래』(2012)라는 제목으로 번역 · 소개되었다.

세계 체제의 확장과 결합되었고, 이내 지속적으로 고속성장의 길을 내달렸다. 그 지속된 기간과 성장의 폭은 결코 중국에 못지않다. 브릭스를 위시한 신흥 경제체가 잇달아 시행한 자유화 개혁은 세계 시장체제가 크게 확장되는 중요한 원동력이었고, 세계 체제의 확장은 그런 자유화와 시장화에 더 넓은 공간과 시장을 제공했다.

내부 자유화와 세계 체제의 확장이 상호 작용한 역사적 결과는 냉전 이후 전 세계적으로 확산된 경제성장의 물결이다. 중국의 경제성장은 그 물결 속의 하나일 뿐이다. 그렇게 보면, 중국이 말하는 경제 기적은 설명하기 어려운 신비한 것이 아니다. 그리고 그 기적 위에 세워진 '중국식 모델'이라는 것도 사실은 존재하지 않는 억측이자 상상일 뿐이다. 1990년대에 시작된 세계 체제의 빠른 확장이 없었다면, 중국 내부의 시장화와 자유화가 쏟아낸 에너지는 1990년대 말기에 종막을 고했을 것이다. 21세기에 들어선 이후 중국의 경제성장이 대부분 체제의 확장에 의해 견인되었다는 사실을 보여주는 증거는 무척 많다. 중국이 WTO에 가입한 것은 그 동력이 전환된 분명한 상징이다. 물론 외부 체제의 확장에만 전적으로 의존하고 내부의 자유화와 시장화가 호응하지 않았다면, 중국의 경제성장은 이루어지기 어려웠다. 아무튼 1990년대 이후 중국의 경제성장은 세계 시장체제 확장의 일부분이었음에는 틀림없다.

중국의 경제성장은 특수한 제도의 동력이라는 요인이 있지만—비용을 낮추는 능력이다. 이 책의 「'중국식 모델'인가 '중국식 상상'인가」를 보라, 그런 특수한 요인이 미친 영향은 앞서 거론한 두 가지 요인에는 견줄 수 없다. 보다 긴 역사적 안목에서 보면, 이런 특수한 요인들은 미래의 중국 경제에는 무거운 빚이 될 수 있다. 예컨대 지난 경제성장에서 심각하게 야기된 환경, 자원, 토지, 사회적 자본 등이 그런 것이다. 지난 30년 동안, 중국 정부는 내내 필자가 '비보편적 친기업주의'라고 부르는 전략을 강제로 관철시켰다. 그것은 특혜를 입은 많은 기업에게 적정 수준을 훨씬 뛰어넘는 이익을 얻게 만들었고, 또 정부가 기업의 손을 거쳐 막대한 부를 얻게 만들었다. 따라서 임금이 오르고 정부에 의해 의도적으로 낮춰진 각종 가격이 회복되고 비교적 긴 불황을 통해 경제의 자기청산을 이룩하는 것은 합리적일 뿐 아니라 필수적인 것이다. 그 본질은 야만적 자본주의와 그것이 갖게 마련인 정치적 야만성을 청산하는 것이다. 그러므로 일단 이런 물결이 퇴조하면, 중국 경제의 둔화속도는 유난히 빠를 것이다.

세계 체제 확장의 일부분인 중국의 경제성장은 체제 확장의 주요한 조타수가 되었고, 체제의 폭과 깊이를 늘리는 버팀목이 되었다. 중국의 아주 현실주의적인 관리자들은 이런 구도를—아마도 여기에는 사람들이 잘 모르는, 중국의 경제성장에 있어서의 진짜 비밀이 숨어 있을 것이다 무척 잘 알고 있다. 거기에는 금융위기 이후에 무엇 때문에 그들이 세계 체제를 필사적으로 지켜냈는가 하는 이유가 숨어 있다. 그들은 서브프라임 모기지론 사태가 벌어지자 미국 국채를 서둘러 투매하는 사람들을 풋내기나 멍청이로 간주했다.

흥미롭게도 1929년 미국에서 대공황이 벌어지기 이전에, 당시 영국이 주도하는 세계 체제에 의지하고 있던 미국은 힘껏 영국을 도와 최대한 체제를 유지하려고 애썼다. 머레이 로스바드[5]는 『미국의 대공황』에서 당시의 역사를 일러 "위험성을 높이고 파괴력을 더한 것은 미국이 통화를 늘려 영국을 도운 것이었다."라고 냉혹하게 평가했다. 서브프라임 모기지론 사태 이후에 미국과 중국의 관계와도 너무나 닮은 상황이다. 서브프라임 모기지론 사태 이후에 중국은 이 체제와의 관계가 멀어진 것이 아니라 오히려 더 가까워졌다. 중국의 관리자들은 적어도 지금은 중국이 이 체제에서 벗어나 홀로 존재할 수 없다는 사실을 잘 알고 있다. 원치 않는 것이 아니라 어쩔 도리가 없는 것이다. 이런 무기력함에서 중국 경제성장의 외부적 수단에 대한 의존성이 잘 드러난다. 그것은 중국 경제성장의 내부적 의존 수단과는 또 다른 악마의 저주이다.

2차 대전 이후로 미국이 주도한 세계 체제가 얼마나 지속될 것인가는 역사의 이런저런 우연적 요소에서 결정될 것이다. 우리가 그것을 판단할 수는 없지만, 서브프라임 모기지론 사태를 기점으로 미국 체제의 확장은

역주 5) Murray Rothbard: 미국의 경제학자, 역사학자. 자유시장경제를 설파한 대표적인 오스트리아학파 경제학자.

이제 정체되었거나 수축되는 역사적 단계에 들어섰다고 볼 수 있다. 지난 수십 년 동안 중국의 고도성장을 지속시킨 외부적 환경에 천지개벽과도 같은 변화가 생겼음은 분명하다. 그것은 1997년의 아시아 금융위기와는 다르고, 1990년대의 일본과도 다르다. 중국의 정책결정자들이 말하는 "우리는 아직도 중요한 전략적 기회에 서 있다."는 자기 위안과는 거리가 멀다.

뒤를 이어서는 이미 벌어졌거나 곧 벌어질 제로섬 게임을 특징으로 하는 세계의 구조조정이 따를 것이다. 그것은 여러 가지 형태의 보호주의로 나타날 수도 있고, 환율전쟁으로 나타날 수도 있다. 그리고 그것은 일련의 정치적 유혹, 위협, 합종과 연횡을 수반한다. 그 목적은 하나이다. 즉 정부가 자국 국민에게서 최대한 정치적 합법성을 지키는 것이다. 하지만 그런 식의 조정은 이제껏 사람을 유쾌하게 만든 적이 없었다. 더욱이 경제학자들이 가뿐하게 묘사하는 '균형의 재편' 처럼, 낭만적 색채가 농후한 것은 더욱이 아니다. 역사를 돌아보면, 그런 과정은 언제나 무척 고통스러웠고 심지어 피비린내가 진동했다. 그리고 그 고통은 세계 경제의 성장을 촉진할 수 있는 새로운 안정적 구조가 나타날 때까지 이어질 것이다. 그것은 새로운 맹주의 등장일 수도 있고, 전혀 예견할 수 없는 새로운 글로벌 전국시대의 모습일 수도 있다. 우리가 어디로 가야 할지는 알 수 없지만, 과거와 작별하고 있다는 사실은 분명하다. 우리는 본래의 안정적 체제에서 또 다른 안정된 체제로의 전환기로 미끄러져 들어가고 있다. 이런 시대에는 위기가 일상적인 상태가 될 것이다. 이런 사실은 주기 관리를 중심으로 하던 전통적인 기술 관료들의 관리 지식에는 혹독한 도전이 될 것이다. 남들보다 1초라도 먼저 불길한 검은 백조를 발견하고 위험에서 빠져나갈 기회를 찾아야 한다.

역사가 정말로 어떤 신비한 유사성을 갖는다면, 미국 체제가 끝내 사라질 결정적 위기는 맹주인 미국에서 발생하는 것이 아니라 패권을 다투는 새로운 경쟁자들에게서 벌어질 수도 있을 것이다. 이런 논리는 새로운 패권의 유력한 경쟁자는 흔히 구체제의 번영 모델을 최고의 경지까지 발휘한다는 사실에 입각한 것이다. GDP가 일본을 추월하면서 새로운 패권의 후보자가 된 중국은 지금 많은 기대를 모으고 있다. 하지만 불행하게도 보이지 않는 위기도 조용히 중국을 향해 바짝 다가오고 있다.

미국의 서브프라임 모기지론 사태 이전에 중국 경제는 중대한 조정에 직면한 흔적들이 뚜렷이 나타났다. 그 가운데 가장 심각한 신호는 2008년에 들어 1990년대 중반 이후로 가장 높은 인플레가 나타난 것이었다. 그것은 중국의 잠재적 경제성장률이 그 무렵에 이미 극한에 이르렀다는 의미이다. 아울러 중국의 증시는 2007년에 최고점인 6,000포인트를 찍고 나서 금세 폭락했고, 10년 동안이나 지속된 부동산 상승세도 끝나가는 모습이 현저하다. 이런 사실은 모두 중국 경제가 중대한 조정을 거치게 될 것임을 예시한다. 그 무렵 미국인은 중국인에게 "중국에 앞서 금융위기를 터뜨린 것은 살얼음판을 걷는 것과 같은 경쟁에서 중국인에게 질까봐 몹시 두려워하였기 때문일 것이다."라는 무서운 농담을 건넸다. 이처럼 낯설고 놀라운 세계적 위기 앞에서 중국의 경제 관리자들은 관례를 뛰어넘는 위기대응 조치를 펼쳤다. 그 주요 내용은 대량의 통화를 풀고 재정을 투입하는 경기부양이었다. 보기 드문 그런 부양책을 중국 관방은 '적절한 양적 완화 정책과 적극적 재정정책'이라고 겸손하게 표현했다는 사실은 흥미롭다. 그것은 마치 마오타이주(茅台酒)를 잔뜩 마신 것처럼, 중국 경제가 정신은 혼미해져도 에너지는 솟구치게 만들어 어떤 조정도 없이 세계적 위기를 무사히 넘기게 만들었다. 이처럼 위기 상황에서도 남들이 부러워한 경제의 모습은 중국의 기적을 한층 굳게 믿도록 만들었고, '중국식 모델'을 무척 돋보이게 만들었다. 중국은 주위를 돌아보며 자기도취에 빠졌지만, 그것은 많은 사람들이 오해하는 그런 또 하나의 성장주기의 기점이 아니라 중대한 위기의 시작임에 분명하다. 세계 금융위기 이후에 중국이 보여준 경제적 면모는 외부나 내부의 관찰자들이 중국은 내수 잠재력이 무한하다고 생각하는 결과를 초래했다. 내수는 중국 경제가 기적을 지속하는 원동력이자 세계 경제의 균형을 유지하는 가장 소중한 자원이다. 하지만 더없이 매력적으로 보이는 내수는 엄청난 화폐로 쌓은 신기루에 불과하다는 사실을 머잖아 깨닫게 될 것이다. 위기에 대응한 2년이라는 짧은 기간에 중국의 통화팽창은 경제사상 초유의 기록을 세웠다. 그리고 그것이 만들어낸 자산 거품도 새로운 기록을 세울 것이다. 중국의 통화정책과 위기대응 조치는 본래 있던 거품 위에 거대한 거품을 더한 것이었다. 국유은행이 절대적으로 주도적 지위를 지니고 있고 낙관주의자가 널려 있는 중국에서, 대출 증가와 통화팽창은 사람들을 쉽사리 기쁘게 만드는 반면, 통화긴축은 화폐 탐식자들을 순식간에 질식시킬 것이다.

경제의 조정과 불황은 자연스러운 경제과정이다. 그것은 앞서 이루어진 부당한 투자와 인간의 동물적 탐욕에 대한 자기 청산을 목적으로 한다. 조정이 고통스럽고 심각할수록 경제체는 건강하게 바뀔 수 있고, 축적되는 성장능력도 강해진다. 눌리면 눌릴수록 반발도 그만큼 강해지는 법이다. 이와 반대로 고열이 나는 상황에서 마지막 스퍼트를 하도록 몰아대지 않는다면, 그 결과는 한 가지 뿐이다. 즉 다음번 조정의 힘과 강도를 더하는 것이다. 따라서 중국 경제가 금융위기 이후에 강인한 모습을 보여준 것은 기뻐할 만한 일이 아닌 것이다. 오히려 머잖아 슈퍼 조정이 찾아온다는 나쁜 조짐일 것이다. 세계 금융위기는 중국의 경제위기 가능성을 늦추기는 했지만, 동시에 그 위기를 키웠다. 지금 조정하지 않는다는 것이 미래에도 조정하지 않는다는 것은 아니다. 위기를 까마득히 잊고 대비하지 않을 때, 위기는 갑자기 찾아오는 법이다. 마치 지진처럼, 위기는 예고 없이 찾아온다.

중국이 뛰어난 지혜로 더 부드럽게 자기 청산과 자기 조정을 할지는 알 수 없다. 하지만 이런저런 조짐은 중국이 세계의 금융위기에 있어서 마지막이자 최대의 피해자가 될 수 있음을 알려준다.

중국의 정치적 현실에 대해 잘 알고 있는 마당에, 중국의 여러 경제학자들처럼 중국의 경제 관리자를 나무랄 수는 없다. 여러 가지 정치적 사회적 제약 속에서, 그들로서는 거품을 만들어 위기를 늦추는 것이 가장 이성적 선택이다. 그것은 관리자 개인의 지식이나 이성과는 무관한, 제도적 선택인 것이다. 그것은 30년에 걸친 중국의 개혁과정에서 형성된 제도적 관성 때문에 만들어진 것이다. 하지만 이유가 무엇이든 재앙과도 같은 결과는 이미 만들어졌을 것이다.

10.2. 늑대는 정말로 나타날지 모른다

2011년 3월, 중국의 원자바오 총리는 양회(兩會)[6]에서 기자회견을 통해 "7%의 성장률도 낮다고 할 수 없다."고 밝혔다. 원 총리는 이렇게 선언함으로써, 중국의 숱한 GDP 마니아들에게 보다 이성적인 성장속도를 받아들이라고 설득했다. 그는 "진정한 품질과 효율을 갖춘 7%의 성장률을 달성하는 것도 결코 쉬운 일이 아니다."라고 덧붙였다. 만약 원 총리의 말이 특정 대상을 염두에 둔 것이라면, 그것은 중국 경제에 있어서 중요한 역할을 하는 지방정부의 관료들임에 틀림없다. 예전에는 쉽게 두 자릿수 성장을 달성할 수 있었던 지방 관료들에게 7%라는 성장률은 아주 조심스러운 목표임에 틀림없다. 성장속도에 관심이 큰 지방 관료들은 중국 경제의 실질 잠재력을 억누르고 엄청나게 자제해야 하는 것이다. 하지만 시간이 지나면 상황도 달라지는 법이다. 이제부터 7%는 필사적으로 억눌러야만 내려갈 수 있는 낮은 목표치는 아닐 것이다. 오히려 원 총리의 언급처럼 좇아가기 어려운 높은 목표일 가능성이 크다.

앞서 밝힌 것처럼 세계 체제는 이제 제로섬 게임의 시대로 들어섰다. 따라서 중국의 경제성장에 대한 외부 수요의 기여는 마이너스로 돌아서지는 않더라도, 지속적으로 하락하는 시대로 접어들 것이라고 예상할 수 있다. 실제로 지난 2011년 2월에 중국은 보기 드문 무역적자를 기록했는데, 월간 무역적자는 73억 달러에 이르렀다. 이런 상황은 일찌감치 위기를 까맣게 잊어버린 분석가들을 당황스럽게 만들었다. 월간 적자 수치

역주 6) 중국의 정책 방향을 결정하는 최대의 행사인 전국인민대표대회(全國人民代表大會)와 중국인민정치협상회의(中國人民政治協商會議)의 줄임말.

하나만으로 어떤 사실을 구체적으로 입증할 수는 없지만, 중국이 이제 장기적으로 비용이 상승하는 주기로 빠르게 나아간다는 사실만큼은 분명하다. 즉 노동 · 환경 · 토지 · 사회보장 · 환율 등 여러 비용은 꾸준히 상승하는 반면 외부 수요는 오히려 정체되거나 위축되는 상황에서, 중국 경제에 대한 순수출(net export value)의 기여는 점점 낮아지고 아울러 장기적 추세가 될 것이다. 어떤 특정한 시기에는 그것이 아주 심한 부정적 충격을 보일 수도 있다. 상황이 정말로 그렇게 된다면, 중국이 예전과 같은 경제성장의 속도를 달성하기 위해서는 내수에 기대는 수밖에 없다.

국내외에서 소비가 기대를 모으는 것은 중국이 소비율이 이해할 수 없을 정도로 낮기 때문이다. 정부가 혼신의 노력을 기울여 소비를 촉진한 2009년에도, 중국의 소비율은 48.6%에 지나지 않았다. 어떤 나라와 비교하더라도 이런 수치는 터무니없이 낮다. 통계적 이유 때문에 중국의 소비율이 낮게 잡히고, 게다가 부동산과 의료 같은 서비스업 분야의 소비는 지나치게 과소평가된 부분이 있다는 연구결과가 있지만, 아무튼 중국의 소비율이 정상적 수준에 비해 심각할 정도로 낮다는 사실만큼은 분명하다. 정부 · 학계 · 민간에서는 이런 사실을 중국의 경제구조가 균형을 잃었다는 중요한 지표로 본다. 그런데 이상하게도 중국의 전체적 소비 성장을 보면, 수년 동안 빠르고 안정적으로 성장하고 있다. 2009년 중국의 소비재 소매판매율은 16.9%나 성장했다. 이는 같은 기간 GDP를 훌쩍 뛰어넘는 수치일 뿐 아니라 다른 어떤 나라와 비교해도 내세울 만한 것으로, 중국의 소비는 결코 낮지 않게 성장하고 있다는 사실을 보여준다.

중국의 도시에서 생활한 적이 있는 사람이라면 수년 전부터 부동산 · 자동차 · 가전제품에 대해 거의 열광적으로 소비한다는 사실을 잘 알고 있을 것이다. 신대륙을 발견한 외국의 딜러들은 미친 듯 기뻐하고, 우리는 중국의 소비는 성장잠재력이 도대체 어느 정도인지 궁금해진다. 필자의 이모도 대중소비의 조류에 휩쓸려 집과 자동차를 구입했다. 일상적으로 보더라도, 현재 중국에서의 소비 열풍은 미래의 소비를 상당부분 가

불한 것이라는 증거들이 많다. 아들과 손자의 주택을 일시적으로 마련하는 황당한 상황이 흔한 중국의 부동산산업은 전형적인 사례이다. 이런 사례는 중국의 소비가 지금처럼 성장잠재력을 지속할 것이라고 생각하는 것을 경계해야 한다는 사실을 일깨워준다. 기대가 크면 실망도 큰 법이다. 공황상태를 만들어 전국적으로 소금을 앞다투어 사재기하는, 그런 황당한 방식으로 소비율을 높이려고 해서는 안 될 것이다.

중국 내부의 정치경제적 논리를 깊이 들여다보면, 지금 중국에서 소비를 제고하는 것은 보기만 해도 두려운 일이다.

소비가 소득에 기초한다는 것은 누구나 알고 있는 사실이다. 소득이 늘지 않으면 소비가 어떻게 늘어나겠는가? 그런데 중국에서는 국민소득이 GDP에서 차지하는 비중이 놀라울 정도로 낮다. 이는 대부분 알고 있는 사실이므로, 통계수치를 나열해 뒷받침할 필요조차 없다. 그러나 국민소득이 GDP에서 차지하는 비중이 왜 형편없이 낮은지, 정부와 기업의 소득은 왜 터무니없이 높은지에 대해서는 설명이 필요하다. 1990년대 이후로 중국 정부는 일관되게 GDP의 고도성장을 핵심으로 하는 집권의 목표를 세웠다. 그것은 지방정부에게는 엄청난 세금수입을 제공함으로써 사회와 경제에 대한 통제력을 확보하게 만들었고, 국민들로부터는 소중한 합법성을 얻는 원천이 되었다. 지난 20여 년 동안, 이런 전략은 성공했고, 집권에 있어서 유일한 준칙이 되었다. 때문에 일련의 제도와 정책은 이 목표에 따라 만들어지고 고착화되었다. 중국의 정치제도와 경제제도가 현실적으로 제약된 상황에서, 정부가 조종할 수 있는 토지 · 자원 · 세금을 비롯한 각종 거시적 수단은 이런 목표를 빠르게 달성하는 지름길이었기 때문에 정부의 이익을 핵심으로 삼는 일련의 친기업적 제도와 정책이 마련되었다. 여기에는 토지보조금, 세금보전금, 상수도보전금, 전기보조금, 환경보조금—환경파괴를 통해 조성된 역(逆)보조금 등이 다양하게 포함된다.

거시정책에 있어서는 금융통제를 통해 금리와 환율을 최대한도로 낮춰 각종 기업, 특히 정부기업에 거액의 보조금을 주었다. 특히 노동비용의 상승을 엄격하게 억제하는 것도 이 과정에 있어서 주요한 수단이었다는 사실은 특별히 지적해 두어야 하겠다. 2000년대에 들어서는 많은 지방정부가 토지를 직접 수탈하는 방법까지 동원해 경제성장의 비용을 낮추었다. 이 모든 것의 목적은 단 한 가지였다. GDP의 고도성장과 각급 정부의 재정수입을 폭발적으로 늘리려는 것이었다. 하지만 그런 역사적 과정의 배후에는 본래 주민의 몫인 현금수입과 비(非)현금성 복지가 대거 기업과 정부에게로 넘어갔다는 사실이 감춰져 있다. 이런 식의 부의 전이는 시간이 흐른 만큼 그 총량도 늘어나기 때문에 장차 어떤 역사적 결과를 가져올지 예상할 수 있다. 이것이 중국의 국민소득이 GDP에서 차지하는 비중이 터무니없이 낮은 제도적 이유이자 역사적 원인이다. 이런 역사적 과정에 담긴 정치경제학적 논리는 정부 권력과 기업 권력의 팽창과 국민 권리의 억제이다. 그렇지 않았다면 이런 과정은 실현될 수 없었다. 이런 점에서 중국의 국민소득비율이 비정상적인 정치적 수수께끼는 아주 분명하다. 그것은 사실상 중국의 정치구조를 내보이는 것이다.

논리적으로는 이런 상황을 바꾸는 것은 국민의 권리에 대한 존중을 의미하고, 국민의 이익에 대한 통제의 완화를 의미하며, 정치가 사회를 통제하는 것에 대한 완화를 의미한다. 그것을 실현하려면 오랜 시간이 걸리며, 투쟁으로 가득한 과정으로 온갖 위험이 도사리고 있다. 하지만 지금 중국이 보여주는 역사의 추세로 볼 때, 그것은 어쩌면 불가능할지도 모른다. 또 그런 까닭으로 국민소득의 비중을 높여서 소비를 자극하고 성장을 높일 가능성은 거의 제로에 가깝다. 소비촉진정책의 최종효과가 점점 줄면서, 특히 부동산 거품이 붕괴하면서, 소비 증가의 속도는 둔화될 수 있다. 최근의 통계수치를 보면, 이런 불안한 추세는 사실로 입증된다. 지난 2011년 1월부터 2월까지의 소비재 판매 증가는 10.9%로, 2008년 1월 이후로 가장 낮은 수치를 기록했다. 2월의 경우는 4.2%까지 떨어져 2004년 10월 이후 가장 낮은 수치를 기록했다.

반면 통화 증가에 따른 인플레는 누군가의 상상처럼, 소비를 자극하기는커녕 오히려 중국인의 저축성향을 부채질했다. 중국 중앙은행의 2011

년 1분기 조사에 따르면, 중국 국민의 소비심리는 1999년에 설문조사를 실시한 이래로 가장 낮았다. 이런 결과는 습관적인 낙관주의자들을 당황스럽게 만들었겠지만, 그렇다고 전혀 의외인 것도 아니었다. 정부가 아무리 교활해도 10억이 넘는 소비자와 맞설 수는 없다. 상식적으로 보면, 어떤 적자 소비도 중·장기적으로는 새로운 균형을 찾게 마련이다. 현재의 하락은 지난 몇 년 동안의 외상소비에 대한 균형 잡기에 지나지 않는다. 이 밖에 그다지 관심을 끌지 못하는 또 한 가지 원인은 슈퍼 부양책이 가져온 역(逆) 국민소득 분배의 결과일 것이다. 통상적 규모를 넘어선 정부의 투자든 통화남발이 가져온 인플레와 자산 거품이든, 정부 · 기업 · 민간 삼자 사이에 부의 분배를 더욱 악화시켰고, 국민 사이의 부의 분배구조도 한층 악화시켰다. 골드만삭스가 발표한 통계에 따르면, 2010년 중국의 사치품 소비는 3년 연속 세계에서 가장 높은 증가율을 보였고, 그 금액은 65억 달러나 된다. 중국인이 해외에서 구입한 사치품을 더한다면, 그 수치는 훨씬 늘어날 것이다. 하지만 이것이 결코 중국의 소비 잠재력을 입증할 수는 없으며, 오히려 중국의 국민 사이의 부의 분배가 극단적으로 불평등하다는 사실만 보여준다.

사치품 소비량은 상당 정도에 있어서 중국의 소비 잠재력에 대한 역(逆)지표가 된다. 중국의 소비문제는 무엇보다도 구조의 문제이다. 소비를 촉진하는 우선적 임무는 소비성향이 상대적으로 높은 집단의—중국에서는 주로 중·하위 계층이다 수입을 늘리는 것이다. 하지만 그것은 지금 중국의 정치적 구조와는 어긋난다. 이것이 바로 중국의 지도자들이 수년 동안 이 문제를 생각만 하고 있었던 까닭이다. 제도 자체가 계층을 나누고 소비를 억제하는 상황에서는 아무리 개인적 의지가 훌륭하더라도 성과를 거둘 수 없다. 이런 제도는 소비를 더욱 강력하게 억제하는 결과를 가져왔고, 결국 소득이 정부와 대기업으로 계속 집중되는 추세를 낳았다. 이는 사회를 구성하는 일반 국민의 소득비율이 계속 낮아지면서, 기업과 정부의 지지 기반이 되는 중국 사회를 무너뜨렸다.

2009년 이후 통화와 재정을 통한 부양책은 소비와 투자를 자극해 경제성장을 촉진하려는 것이었다. 그것이 경제성장을 자극한 것은 틀림없지만, 그와는 별도로 장기적인 역효과를 초래했다. 또 한 차례 더 큰 부의 재분배를 가져왔고, 정부 · 기업 · 민간 그리고 국민과 국민 사이의 소득분배에 있어서 왜곡 양상을 더욱 가중시킨 것이다. 부는 소수에게 더욱 집중되었다. 인플레와 자산 거품이라는 국민소득의 역분배 요인이 증가함에 따라 왜곡도 더욱 커졌다. 사실상 정치적 분배구조를 바꾸지 않은 상황에서는 어떤 통화정책이나 단기적 재정정책도 부의 분배 불균형을 심화시킬 뿐이다. 중국이 2009년 이후에 행한 대규모 부양책의 결과가 그랬다. 2009년 이후의 슈퍼 부양책은 부득이한 것이었다고 공감하지만, 부의 분배를 더욱 악화시키고, 내수를 장기적으로 낮춘 것은 틀림없는 사실이다. 이런 사실은 분배구조를 개선할 묘책은 없이, 그저 양적 부양책에만 의존할 수밖에 없는 중국 경제 관리자들의 궁색한 처지를 잘 보여준다. 제도가 그런 것을 어쩌겠는가? 중국에서는 지금 이런 제도가 꾸준히 자기 강화를 하는 상황에서, 그 어떤 개인의 의지로도 그것을 막아내지 못한다. 이런 상황을 보면 중국에서 중·단기적으로 소비가 도약할 것이라는 생각은 책상머리에서 나온 환상에 불과하다. 나아가 소비가 수출과 투자를 대체해 현재의 경제성장 속도를 유지할 것이라는 추론은 얼토당토않다.

소비가 지금보다 빠르게 늘어나리라는 희망은 없지만, 소비율이 상승하리라는 것은 틀림없이 낙관할 수 있다. 낮은 소비율과 높은 투자율은 동전의 양면과도 같다. 투자가 낮아지면 소비율은 저절로 올라간다. 중국의 구조적 문제는 소비가 너무 낮은 것이 아니라 투자가 너무 높은 것이다. 투자 과잉이 중국의 경제구조를 고도로 왜곡시키는 근본 원인인 것이다. 하지만 중국의 높은 투자는 더 이상 지속되기 어려울 것이다.

중국에서는 정부가 거의 대부분의 요소와 자원을 통제하기 때문에 투자를 촉진하기가 이성적 소비자를 촉진시키기보다 훨씬 쉽다. 따라서 투자는 정부가 경제성장을 촉진하는 가장 편리하고 효율적인 수단이 되었다. 경제적 의미에서 이는 '중국식 모델' 의 핵심이다. 상식적으로 보면,

어떤 투자든 최소한의 수익은 확보할 수 있어야 한다. 그렇지 않으면 높은 투자가 지속될 수 없다. 하지만 중국에서는 생산능력이 과잉되었다는 아우성 속에서도 높은 투자율이 유지되고 게다가 제법 풍성한 수익률을 올리는 것은 이해하기 어렵다. 하지만 중국의 투자논리에 깊이 들어가 보면, 그 비밀은 아주 간단하게 풀린다. 앞서 누차 언급한 대로 비용을 억누르는 정부의 능력과 거기에서 비롯된 저비용 우위가 그것이다.

저비용 우위라는 말은 정부와 기업이 당연히 부담해야 할 비용, 예컨대 환경 · 노동 · 교육 · 의료의 비용을 정부가 유형적 수단으로—금리 · 환율 · 세수 등 강제해 사회 대중에게 전가하는 것이다. 이른바 기업과 정부 비용의 사회화 현상이라는 것이다. 중국 정부의 특혜를 받은 기업들은 이런 비용을 조종해 비용면에서 뛰어난 경쟁력을 갖춘다. 결코 수익을 거둘 수 없는 투자가 수익을, 그것도 상당한 수익을 챙기는 사례를 볼 수 있다. 어떤 기업이든, 언제 어디서든 그런 특혜를 받는 것은 오직 정부의 의지와 기업의 권력과의 유착에 달려 있다. 이것이 이런 친기업주의를 '비보편적 친기업주의' 라고 말하는 까닭이다. 비보편적 친기업주의는 기업 · 정부 · 국민 사이에 엄청난 분배 불균형을 가져올 뿐 아니라 국민 사이에도 급격한 빈부격차를 가져오는 원흉이다.

세계 체제의 확장이 가져온 넓은 시장 공간은 외부에서 투자의 기회를 찾게 만들었다. 이는 중국의 몹시 불합리한 경제구조가 어째서 오래도록 지속되는지를 설명해 준다. 교과서적인 사고를 근거로, 사람들은 중국의 엄청난 수출능력을 단순히 충분한 노동력 덕분으로 돌린다. 노동력은 중국 투자가 지닌 비밀의 일부일 뿐이다. 심지어 전혀 중요한 부분이 아니다. 정녕 중국적 특색을 지닌 것은 각종 비용을 억누르는 정부의 능력이다. 정부의 특수한 능력에 의지해 중국의 높은 투자가 살아가고 최대한 장려되고 또 강화되었다. 이것이 중국의 높은 투자에 대한 진실한 이야기이다.

정부가 경제성장을 촉진하는 가장 빠르고 편리한 도구로 삼은 높은 투자는 중국의 핵심 기득권 세력이 자신의 이윤을 최대화하기에도 가장 알

맞았다. 그것은 GDP의 고도성장을 가장 빠르게 실현해 주고 세금수입을 최대화하고 투자한 개인의 이윤을 극대화해 준다. 하지만 내내 지적했듯이 이런 투자의 배후에는 이윤의 유출과 비용의 전가가 있다. 이런 투자가 늘어날수록 전체 국민이 복지에서 빼앗기는 부분도 늘어나게 마련이다. 투자율이 높아질수록 전가된 비용을 떠맡은 사람들은 상대적으로 빈곤해지고 소비율도 낮아진다. 그래서 높은 투자율과 낮은 소비율은 근본적으로 서로 나눌 수 없는 것이 된다.

높은 투자율과 낮은 소비율의 관계에서는 높은 투자율이 주도적 변수가 된다. 정부는 소비자가 돈을 쓰게 잡아 끌 수는 없지만 투자로 활기를 띠게 할 수는 있다. 극단적으로 기형적인 중국의 경제구조를 조정하려면, 먼저 투자율을 낮춰야 한다. 소비를 진작시키는 것은 투자를 낮추는 것만 못하다. 그런데 투자율이 낮아지는 것은 중국의 핵심 기득권 세력의 이익에 직접 영향을 준다. 논리적으로 볼 때, 게임의 규칙을 만드는 권한을 가진 사람은 자기 개혁을 하기 어렵다. 하지만 사물은 극치까지 발전하면 반전하게 마련이다. 어떤 것이 극도로 성한 무렵은 곧 가장 취약한 때인 경우가 많다. 거품이 그렇고, 중국의 높은 투자율이 그렇다. 중국의 왜곡된 경제구조 속에는 거대한 자폭의 에너지가 쌓여 있다.

다음과 같은 몇 가지 추세는 중국의 과도한 투자 거품을 머잖은 장래에 터트리게 될 것이다. 첫째, 세계 체제의 확장이 정체되거나 위축되는 것이다. 이는 수요의 측면에 있어서, 향후 중국의 높은 투자 순환을 억제할 것이다. 둘째, 역시 가장 중요한 요인으로, 투자비용에 대한 정부의 통제력이 매우 낮아질 것이다. 이는 비용의 측면에 있어서, 중국의 높은 투자의 경로를 끊어버리게 될 것이다. 30년에 걸친 높은 압력 때문에 더 이상 물러설 곳이 없어진 중국 사회는 이제 빠르게 정신을 차리고 있다. 사회 · 정부 · 시장 사이에는 이미 역방향 운동이 시작되었다. 경제에 있어서 칼 폴라니가 '사회 반향(反向) 운동'이라고 부른 역사적 추세가 나타난다는 사실은 각종 비용의 상승과 과거에 전가된 각종 비용의 보상을 의미한다. 예전에 비용을 전가하던 그런 낡은 수법은 이제 더 이상 효과가 없다. 환경보호, 노동임금, 토지약탈, 공공복지 등에 있어서 정부와 시장의 일방적 확장은 이제 격렬한 저항에 부딪친다. 중국 사회는 더 이상 정부와 기업이 서로 주고받으며 은밀하게 비용을 떠넘기는 쓰레기장이 아니다. 투자비용의 장기적 상승추세도 이미 예사롭지 않다—이런 의미에서 보면, 인플레는 장기적 현상으로 때로는 아주 거셀 것이다. 인플레는 이제껏 단순한 통화현상이 아니라 사회현상이기도 했다.

이제 수요와 비용의 협공 속에서, 예전에는 회계상으로 수지가 맞던 투자가 손실을 거듭할 수도 있다. 비용의 상승과 수요의 하락이 가져올 수밖에 없는 투자회수율의 하락은 결국 중국에 대한 투자를 합리적 수준으로 돌려놓게 될 것이다. 국내자본이건 해외자본이건 할 것 없이 말이다. 손실은 아주 크고, 투자비용은 장기적으로 상승하고 때로는 넓이 뛰기를 할 수도 있을 것이다. 따라서 중국 기업의 이윤율은 단기간 내에 비선형성(非線形性) 하락이 나타날 수도 있다. 30년 동안 지속된 투자의 번영은 이처럼 미처 생각하지 못한 방식으로 끝날 가능성이 높다. 정말로 그렇게 된다면 우리가 꿈속에서도 고대하던 건전한 소비율은 아마도 식은 죽 먹기처럼 될 것이다.

외부의 수요는 위축되고 투자는 하락하고—때로는 급격하게 하락할 수도 있다 소비는 기적처럼 늘어날 수 없는 상황에서—소비자가 정부처럼 자기 돈을 물 쓰듯 하기를 바랄 수는 없다, 중국의 성장속도는 크게 떨어질 가능성이 높다. 일본 노무라증권의 추산에 따르면, "투자가 더 이상 늘어나지 않고 현재의 수준을 유지한다면, 중국의 경제성장률은 절반 이상 낮아질 것이다."

다시 말해서 지금부터 중국의 경제성장 속도는 지난 30년보다 현격하게 낮아진다는 것이다. 그리고 그런 상황을 일으킬 수 있는 내부나 외부의 충격이 있으면, 중국 경제는 성장속도가 급격하게 떨어질 수 있다. 사실 2010년 하반기부터 지금까지 중국에서는 2008년과 아주 유사한 경제증후군이 나타났다. 한편으로는 인플레가 높아지고 다른 한편으로는 부동산 거래가 점점 위축되는 것이다. 인플레는 더 심해질 것이고, 자산거품은 훨씬 커질 것이다. 이는 중국 경제가 또다시 속도 증가의 한계에 부딪친다는 것이다. 뒤이어 경제성장 속도가 급격하게 떨어질 것을 경계해야 한다. 하지만 경제성장 속도의 하락은 단기적 추세가 아니라 중·장기적 추세일 것이다. 고도성장에 의해 억지로 덮였던 중국 경제의 일련의 위험은 조만간 모습을 내보일 것이다.

성장속도의 둔화는 경제 환경을 건강하게 만드는 데에 도움이 되지만 또한 의외의 중대한 문제를 감추고 있다. 일반적으로 성장속도의 하락이 가져올 최대의 위험으로는 실업(失業)을 꼽는다. 하지만 속사정은 훨씬 복잡할 것이다. 성장속도의 둔화가 자연스레 효율의 상승을 가져온다는 생각은 천진난만한 것이다. 일찍이 연구자들은 중국 경제를 '속도효율형'이라고 정확하게 개괄한 바 있었다. 속도가 빠를수록 효율이 높아지고 세수도 늘어난다는 뜻이다. 뒤집어 보아도 마찬가지이다. 미시적 주체에 대응시키면 '규모확장형', '자본소모형'이라고 하는 것이다. 이런 경제는 더 빠른 속도와 더 큰 규모로 확장하는 가운데서 균형을 유지할 수 있다. 과거의 꽤 오랜 동안에 정부 · 은행 · 기업이 속도와 규모를 좋아한 것은 옳았다는 사실이 거듭 입증되었다. 그것은 그들을 돌아올 수 없는 먼 곳까지 내몰았다. 마치 팽이가 빠르게 돌아가면 자리를 잡지만 속도가 떨어지면 자빠지는 것처럼 말이다. 통화를 계속 늘리면 언젠가는 우리를 그 자리에서 죽게 만들 수도 있지만, 속도가 떨어져도 마찬가지로 가시밭길이다. 그것은 필연적인 길이다. 우리는 분명 진퇴양난의 어려운 시기에 놓여 있다.

중국은 오랫동안 고도성장을 누렸기 때문에 정부와 기업은 물론 개인조차도 보편적으로 환상을 가졌다. 고도성장이 영원히 지속될 것이라고 생각했던 것이다. 경제위기는 교과서에나 나오는 일이며, 중국인과는 무관하다고 생각했다. 중국이라는 나무는 다른 나무와는 분명히 달라서 하늘까지 자랄 것이라고 믿었다. 세계 금융위기 이후에 중국이 보여준 모습은 이런 신념을 한층 부풀렸다. 그리고 그런 경험에 근거해 정부 · 기업 · 개인은 가장 낙관적 분위기에서 가설을 세우고, 투자하고 지출했다. 미쳐 날뛰는 디왕(地王)[7]과 역시 실성한 듯한 '테궁지(鐵公基)',[8] 주택 구입자들의 높은 총부채상환비율을 보면, 이 말이 헛소리가 아니라는 것을 알 수 있다.

실물경제의 성장률이 예상에 미치지 못하거나 그들의 가설을 크게 밑돈다면, 정부 · 은행 · 기업 그리고 개인과 개인 사이의 대규모 계약위반은 더 이상 추측에만 그치지 않을 것이다. 사실상 1990년대 초기에 중국경제가 비약하면서 보편화된 삼각 채무 관계와 산더미처럼 쌓인 은행의 악성 부채는 이런 드라마의 초기 모습이다. 다른 점은 지금 이런 상황이 벌어진다면, 그 규모가 훨씬 크다는 것이다. 1990년대 초기의 역사는 어떤 긍정적 경험을 주기보다는 다른 측면에서 비이성적 행위를 부추겼다는 사실은 흥미롭다. 역사적으로는 기업 사이의 삼각 채무 관계가 빠르게 조정되었고, 은행의 채무도 고도성장 속에서 성공적으로 해결되었다. 이런 사실은 고도성장이 지속되면 성장의 규모가 확장되므로 어떤 위험도 염려할 필요가 없고, 일체의 대가는 점점 커지는 경제규모 속에서 흔적 없이 희석될 수 있다는 굳건한 신념을 조장했다. 천덕꾸러기로 간주되던 중앙정부기업이 세계적인 맥시멀[9]로 바뀌고, 파산지경까지 내몰렸던 국유은행이 가장 안전한 금융기관으로 변모한 사실 앞에서 사람들은 도도하게 떠벌이던 '유언비어'에 대해 거론하기조차 부끄러워한다. 이런 사실은 말하지 않을 수 없는 역사의 아이러니이다.

이와 같은 역사적 경험은 중국 경제가 고도성장을 지속한다는 전제 아래 세워진 것이다. 중국이 지난 오랜 기간 동안 쌓은 각종 경험은 고도성장에 의해 깡그리 덮여버렸고, 결정적 전제조건 때문에 머잖아 펼쳐질 역사는 크게 달라질 것이다.

그것은 중국이 당면한 성장의 환경이 크게 바뀌었기 때문이다. 앞서 논증한 것처럼, 경제성장의 전반적 속도는 장기적으로 둔화되는 추세를

역주 7) 광둥성 선전(深圳)에 있는 빌딩 이름. 여기서는 급등하는 중국의 부동산을 비유한다.
역주 8) 철도〔鐵路, 톄루〕, 도로〔公路, 궁루〕, 공항〔機場, 지창〕의 첫소리를 딴 말로 정부 주도의 중요한 인프라 건설을 일컫는 말.
역주 9) Maximal: 「트랜스포머(Transformers)」의 후속 시리즈인 「비스트워(Beast Wars)」에 나오는 신통력이 대단한 로봇. 규모가 거대한 것의 비유로 쓰인다.

보일 것이다. 그것은 몇 년에 그치지는 않을 것이며, 더욱이 금융위기 당시처럼 몇 분기에 그치지는 않을 것이다. 지난날 경험은 더 이상 사리에 맞지 않을 것이다. 경기위축의 시기에는 정부 · 기업 · 은행 심지어 개인 사이에 하강의 피드백이 나타나기 쉽다. 경제위기를 경험하지 않아서 경제행위가 고도로 동질화된 경제체에서는 일단 하강의 피드백이 발생하면 아주 심각하게 바뀔 수 있다. 마치 상승주기 때의 피드백처럼 말이다. 연착륙은 그저 이상적이고 익숙한 상황에 불과할 것이다.

복잡한 시스템이 갖는 불확실성 때문에, 30년 동안 고도성장을 지속하며 위기를 드러내는 중국 경제에 대해, 동전의 앞면이 나오는 횟수가 많으면 뒷면이 나올 확률이 가파르게 높아진다는 확률의 상식을 기억해야 할 것이다.

10.3. 위험을 헤아릴 수 없는 시대

고도 경제성장이 정말로 우리 곁을 떠난다면, 머잖아 찾아오는 것은 아마도 사람들이 상상하는 것처럼, 속도는 떨어지지만 품질은 높아지는 그런 시대가 아니라 위기가 사방에 잠복한 시대일 것이다.

사람들은 경제위기에 대해 흔히 거품이 붕괴하고 은행이 도산하는 극단적 사건에만 관심을 기울인다. 하지만 그런 사건은 가장 눈길을 끌지라도 어차피 역사의 드라마에 있어서 하나의 막에 지나지 않는다. 심지어 짧은 한순간에 불과하다. 역사를 진정으로 끌고 가는 것은 흔히 중요한 사건의 이면에 감춰진 강한 저류(底流)이다. 그 저류는 마치 커튼 뒤에 숨어 있는 연출자처럼, 보이지 않는 곳에서 한 막 한 막 펼쳐내며 역사를 이끌어간다.

미래의 수년 동안에는 강하게 잠재된 몇 가지 추세가 관심을 모을 것이다. 그리고 그것은 중국 경제를 이해하고 중국의 미래를 이해하는 결정적 실마리가 될 것이다. 미래의 상당한 동안에 가장 주요한 추세는 비용의 꾸준한 상승일 것이다. 이미 알고 있듯이 과거 중국의 지나치게 낮은 비용 우위는—이것이 중국의 초고속 경제성장을 만들었다 노동력의 저비용만이 아니라 기업의 이윤에 영향을 미치는 환경, 토지, 세금, 금리, 기초 자원, 용수(用水), 전기, 환율 등 여러 요소를 포괄한다. 중국의 경제성장에 있어서 기업의 손익계산서와 국민경제 예산서에 전혀 반영되지 않은 사회적 자본은 거의 고갈되었다. 사회적 자본이란 교역비용을 낮추고 사회협력의 효율을 촉진하는, 보편적인 신뢰관계 같은 보이지 않는 문화적 역량을 가리킨다. 그것은 정부와 기업으로부터 독립된 일종의 사회의 자발적 조직능력이다. 정부와 시장의 운행은 모두 이런 잠재적 인프라에서 혜택을 받았고, 또 모든 교역은 이와 무관하지 않지만, 이제껏 이것을 손익계산서에 넣어 계산한 적은 없었다. 한 가지 요소로서, 사회적 자본은 사회의 협동 능력과 자기 통제 능력을 대표한다. 물이나 공기와도 같아서, 우리는 그것에 대해 무심하지만, 그것은 경제성장의 모든 과정에 스며들어 윤택하게 만든다.

정부 주도의 중국식 성장모델이 사회에 대한 엄격한 통제를 선결조건으로 한다는 사실은 역사의 아이러니이다. 중국의 많은 기업들은 사기·편취·위조 같은 수법을 남용해 이런 자본을 마음껏 탕진했다. 남용과 탕진은 중국의 기업이 보편적으로 이익을 챙기는 모델이 되었다. 그 결과 고도성장 이래로 경제성장의 토대가 된 중국 사회는 숨이 끊어질 위기에 처했다. 사회적 자본은 대대로 내려온 미덕과 문화를 통해 조금씩 축적된 것이다. 그것을 재건하려면 오랜 시간과 엄청난 대가가 필요하다. 때로는 불가능할 수도 있다. 어쩌면 중국은 이 감춰진 빚 때문에 엄청난 비용을 부담해야만 하는 상황에 부딪칠지도 모른다. 계속 높아지는 중국의 안정유지 비용은 사회적 자본이 심각한 결핍에 대한 일종의 보상이다. 정부와 시장이 나란히 고립무원의 위기에 빠졌을 때, 비로소 사회적 자본이 얼마나 소중한 것이고, 중국에는 그것이 얼마나 부족한지 알게 될 것이다.

요컨대 중국은 비용이 꾸준히 상승하는 시기에 들어섰다. 지난 수십 년 동안 중국은 비용에 대해 무거운 압박을 받아온 것과는 정반대로 사회적 각성에 따른 사회의 역방향 운동이 비용 상승의 역사적 동력이 되었다. 아직도 도처에서 박탈이 빚어지지만, 박탈한 비용은 미래에 갑자기 늘어날 것이고, 도둑질도 끊임없이 벌어지지만 점점 어려워질 것이다. 이 모두는 경제활동의 각종 비용을 높일 것이다. 이는 지난 수십 년 동안에 각종 비용을 전가한 데에 대한 반발이자 보상이다. 그리고 그런 역사의 주기는 일단 시작되면 짧은 기간에는 끝나지 않을 것이다. 이런 역사의 방향전환은 '루이스 변곡점'[10]으로는 개괄할 수 없다. 그것은 더욱 풍부한 역사적 내용을 지니고 있고, 보다 깊은 정치학과 사회학적 의미를 지니고 있다. 따라서 비용의 상승은 수요와 공급의 단순한 경제학적 분석의 틀을 넘어 독립된 역사적 변수가 되어 중국의 경제성장 논리에 영향을 미칠 것이다. 잘못된 추론이 아니라면, 이런 추세는 일회성이 아니라 장기적인 것이며, 도약과도 같을 것이다. 경제성장의 속도가 둔화된다고 해서 둔화되지는 않으며, 정부와 기업의 소득이 감소한다고 해서 감소하지도 않을 것이다. 이런 비용의 상승은 상당 정도 제로섬 게임으로, 기득권 세력이 다른 집단에게 이익을 무조건적으로 양보한다는 의미이다. 간단히 말해서 그런 비용 상승은 화폐의 발행문제와는 별개인, 자주적 역사의 물결이다. 그 목적은 사회가 분화되어 분열하지 않게 보호하는 것이다. 완만하지만 거대한 역사의 시계추는 이제 다른 방향으로 흔들리고 있다.

사회의 반작용 운동이 가져온 비용의 상승은—인력비용, 환경비용 등을 포함해 전체 사회에 대한 복지의 분배에 있어서 긍정적인 것으로, 경제활동과 정치활동이 문명의 마지노선 위에서 행해지도록 강제한다. 즉 그것은 정부와 기업에게 보다 높은 문명수준에서 경제활동과 시장활동을 하도록 강제한다. 이것이 바로 중국의 이번 전환에 있어서 가장 중요한 의미이

역주 10) Lewisian turning point: 세인트루이스 태생의 영국의 경제학자 윌리엄 루이스(William Arthur Lewis)가 내놓은 개발도상국에서 도시화가 일정 정도 진행되면 성장이 정체된다는 경제발전 단계이론.

다. 어쩌면 명쾌하게 '중국식 사회진보운동'이라고 불러야할지도 모르겠다. 만약 비용 상승이 기득권 세력에 의해 인플레라는 역분배의 패턴을 통해 사회의 많은 민중들에게 다시 전가된다면, 비용 상승이 만들어 낸 분배의 효과는 모조리 사라질 것이고, 중국의 전환도 실패로 돌아갈 것이다.

— 2011년 4월

CHAPTER

11 중국이 직면한 위기

도처에서 벌어지는 실물경제의 위기 앞에서 어떤 경제정책 담당자라도 속수무책일 수밖에 없다. 지금 상황은 중국의 경제정책 담당자를 생사의 갈림길로 내몰고 있다. 양적완화를 하지 않으면 많은 기업의 자금줄이 막혀 급격한 신용경색을 불러올 것이고, 금리 상승을 불러와 경기 둔화의 국면을 열게 될 것이다. 양적완화를 한다면 기업의 자금경색은 일시적이나마 완화되겠지만 실물경제가 이윤창출 능력을 만회할 수는 없으며, 오히려 이미 불붙은 인플레 조짐과 자산 버블의 불길에 기름을 끼얹음으로써 급격한 인플레를 불러올 수 있다. 사람들은 정부가 더 이상 인플레를 잡으려고 하지 않거나 인플레를 잡을 능력이 없다고 생각한다. 그들이 유일하게 할 수 있는 것은 사들일 수 있는 물건은 죄다 사들이는 것뿐이다. 이렇게 보면, 한 가지 참고할 만한 기존 사례가 있다. 2009년에 금융위기에 대처하기 위해 중국 정부는 부동산 억제책을 포기했다. 그 결과 기존의 억제 효과는 완전히 수포로 돌아갔고, 1년 만에 주택 가격은 배로 올랐다. 지금 이런 추세는 이제껏 순항하던 중국의 정책 담당자들에게는 30년 동안 경험하지 못한 곤경임에 틀림없다.

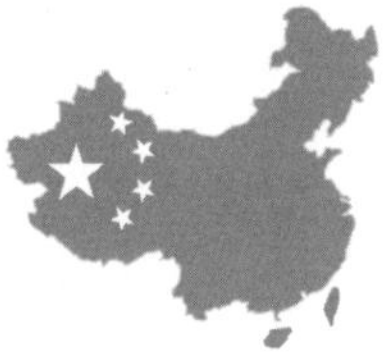

11.1. 인플레이션

중국의 미래 모습에 있어서 비용 상승과 나란한 주기로 진행되는 또 하나의 주요한 추세는 인플레이션이다. 1990년대 초반에 한 차례 강력한 인플레가—교과서와 과거의 기억 속에서 내내 엄청나게 위협적인 적으로 간주되었다 있은 이후, 인플레는 돌연 중국인의 생활 속에서 흔적조차 없이 사라졌다. 미국인들처럼 인플레가 없는 새로운 경제의 시대가 왔다고 환호한 적은 없었지만, 인플레에 대한 기억 상실은 거의 한 세대 가까이 지속되었다. 하지만 인플레는 줄곧 우리 곁에 잠복하며 그림자처럼 우리를 따라다녔다. 본연의 의미를 따져보면, 인플레는 통화현상의 일종이다. 1990년대 중반부터 경제성장을 촉진하고 각종 금융기업을 구제하기 위해 중국의 통화량은 GDP의 성장속도를 훌쩍 넘어 늘어났다. 그리고 2008년 세계 금융위기 이후에는 새로운 통화 증가 기록을 세웠다. 중국의 젊은 경제학자 류위후이(劉煜輝)의 통계에 따르면, 2002년부터 2010년까지 8년 동안에 중국의 통화량은 18조 5천억 위안에서 72조 위안으로, 무려 세 배나 늘었다. 반면 중국의 명목경제 총량은 두 배 증가하는 데 그쳤다.

흥미로운 역사적 비교가 있다. 사람들을 매료시킨 '쿨리지 번영'[1]은

역주 1) 미국의 제30대 대통령 존 쿨리지가 재임 기간에 1차 대전 이후의 보수적 풍조를 반영해 재정지출의 긴축, 기업규제의 완화, 세금감면 정책 등으로 미국 역사상 최초인 1920년대의 번영을 가져온 일이다.

1921년부터 1929년까지로 똑같이 8년 동안이었지만, 미국의 광의통화량은 62%가 늘어났을 뿐이었다. 그럼에도 그 후 미국에서는 미국인이 지금까지 말만 들어도 벌벌 떠는 대공황이 터졌다. 62%의 통화팽창은 후임자에게는 지나치게 높은 통화팽창으로 여겨졌다. 하지만 2002년부터 2010년까지 중국의 통화팽창과는 비교조차 되지 않는다. 이런 초고속 통화팽창은 신경을 안정시키는 학문적 해석이 있기는 하지만—예컨대 화폐경제화의 과정이라는 어쨌든 오금이 저리고 가슴이 두근거린다. 마찬가지로 훙청대는 중국 통화의 모습을 담아낸 또 다른 통계수치에 따르면, 중국의 GDP 대비 통화비율은 2.6배나 높아졌고, 꾸준히 늘어나는 중이다. 반면 미국, 일본의 경우는 그 수치가 각각 65%와 110%에 불과하다. GDP가 아직 미국의 절반에도 미치지 못하는 상황에서, 중국은 광의화폐의 양이 이미 미국을 넘어섰다. 이런 사실은 중국의 경제 내부에 거대한 인플레 압력이 도사리고 있음을 보여준다. 인플레가 아직 오지 않았다는 것은 그것이 영원히 찾아오지 않는다는 것과는 별개의 것이다. 상식적으로 볼 때, 화폐의 심각한 초과 발행은 미래의 언젠가는 꾸준히 인플레 압력을 부를 것이 틀림없다.

중앙은행이 갈팡질팡하는 것은 중국만의 문제는 아니다. 금융위기 이후 통화의 빠른 팽창은 세계적인 현상이 되었다. 미국만 그런 것도 아니고, 유럽만 그런 것도 아니다. 거의 모든 나라의 중앙은행이 화폐의 환각에 도움을 청한다. 화폐의 홍수가 지구를 수몰시키고 있다. 그것은 중국의 이미 심각한 인플레 압력에 불을 끼얹는 것이고, 심지어 중국의 인플레 제방을 무너뜨리는 마지막 풀줄기인지도 모른다. 금융위기 이후에 대종상품의 가격은 단기간 급락한 뒤에 줄곧 오름세를 달리고 있고, 게다가 고공행진을 계속한다. 이는 통화 남발의 직접적 결과 가운데 하나이다. 2011년 4월, 대종상품의 전체적 가격을 평가하는 CRB지수[2)]가 금융

역주 2) Comodity Reserch Bearau(CRB)사가 곡물, 원유, 산업용 원자재, 귀금속 등 21개 주요 상품의 선물 가격에 동일한 가중치를 적용해 산출하는 지수로, 원자재 가격의 국제기준으로 간주된다.

위기 이전의 600포인트 수준을 뛰어넘어 680포인트 가까이 이르렀다. 금융화된 대종상품은 앞으로도 지금과 같은 점진적 상승세를 이어갈 것이고, 하나 또는 몇 개의 대형 경제체에서 심각한 경제위기가 발생해야만 멈출 것이다—『월스트리트저널』에 실린 「대종상품의 풍향계: 중국」이라는 글에서, 필자는 중국 경제의 세 가지 상황을 가정했다. 첫째, 중국 경제는 전속력으로 전진한다. 둘째, 성장은 둔화되지만 안정세를 유지한다. 셋째, 경제가 경착륙(hard landing)한다. 앞의 두 가지 상황에서는 대종상품의 가격은 지금의 토대 위에서 지속적으로 오르거나 심지어 급등할 것이고, 중국 경제가 경착륙하는 상황에서만이 반락할 것이다. 필자는 당시 대종상품의 가격 하락과 중국 경제의 경착륙을 완전히 동일시했다. 중국의 경제성장과 인플레 사이의 정책적 선택의 여지가 좁다는 사실을 엿볼 수 있다. 사실상 두 차례의 양적완화에도 여전히 호전의 기미가 보이지 않자, 벤 버냉키[3]는 세 번째 양적완화도 배제하지 않는다고 분명하게 밝혔다. 국내의 인플레 압력과 세계 체제에서의 인플레 압력이 서로 맞물리는 가운데 중국은 경제체제 내부에서 차츰 압력이 높아지는 압력솥을 그대로 방치해 왔다. 그 결과가 아직은 분명하게 나타나지 않지만, 갑자기 폭발하면 천지가 진동하는 위력을 보일 것이다.

앞서 미래에 중국에서는 비용의 상승과 통화팽창에 따른 인플레이션이 장기적인 두 가지 추세가 될 것임을 지적한 바 있다. 더욱 거센 역사의 두 가지 저류(底流)로서, 이 두 가지 요인은 서로 강화하고 서로 촉진하고 나아가 서로 합쳐져 더 강한 추세가 될 것이다. 그리하여 비용과 가격의 부단한 상승을 촉진하고, 나아가 중국 경제를 철저하게 무너뜨리는 거센 풍랑이 될 것이다. 비용 상승은 본래 사회의 자기 보호와 자기 구제의 방식이다. 제로섬의 조건에서는 정부와 대기업이 전체 이익에서 차지하는 몫은 줄어들게 마련이다. 하지만 기존의 권력 구도에서는 그들의 몫이 줄어들 가능성은 거의 없다. 중국의 정치논리가 이제껏 보여준 것처럼, 정부와 대기업은 언제나 기회를 잡아 자신의 몫을 늘리려고 할 것이다. 그렇게 되면 그 결과는 단 한 가지이다. 기득권 세력이 공모해 통

역주 3) Ben Shalom Bernanke: 미국의 경제학자, 백악관 대통령경제자문위원회 의장을 지내고, 2006년 2월에 연방준비제도이사회(FRB) 의장에 취임했다.

화를 남발함으로써 제몫을 지키고 또 키울 것이다. 통화남발은 화폐에 대한 국민적 환각을 통해 잠시 동안은 사회 대중을 어루만질 것이다. 하지만 그들은 이내 겨우 늘어난 자신의 몫을 인플레가 한방에 날려버렸고, 자신들의 구매력은 더욱 낮아졌다는 사실을 발견하게 될 것이다. 그것은 사회가 자기 보호를 키우도록 더욱 자극할 것이고, 그것은 다시 화폐당국이 통화를 남발하게 만들어 결국 수습할 수 없는 지경에 이르게 될 것이다. 분명한 것은 지금 우리가 그런 악순환에 들어서 있다는 사실이다. 비록 걸음마 단계에 불과할 뿐일지라도 말이다. 믿을 수 없다면, 급여가 보편적으로 인상된 이후에 약간 나아진 중국 중·하층의 구매력이 인플레—자산가치의 인플레를 포함해 이후에 어떻게 되었는지 살펴보면 알 수 있다.

이런 사실에서 우리는 중국에서 인플레를 가져오지 않는 이익의 조정이 얼마나 어려워질 것인지 예상할 수 있다. 인플레는 일종의 국민소득의 역분배 모델이다. 그것이 갖는 사회적 · 정치적 의미는 사실상 화폐발행권을 가진 기득권 세력이 다른 집단을 착취하는 것이다. 권력분배가 아주 불평등한 나라에서는 상황이 더욱 그렇다. 통화의 수도꼭지를 꼭 잠그지 않은 채로 그럴듯한 이익조정을 바란다면—중국에서 말하는 '중산층의 확대, 저소득층의 향상'이라는 목표 그것은 결국 완만한 인플레의 상승으로 끝날 것이다. 통화 확대는 발생 요인에서부터 최종 결과까지를 살펴보면, 이제껏 중도적인 경우는 없었다. 정반대로 통화정책에 가장 영향을 미치는 능력을 지닌 기득권 세력에게 굴종하고 봉사했다. 불행하게도 대다수 지도자들은 화폐가 갖는 중도적 매혹에 빠져 악성 인플레의 함정으로 한 걸음씩 빠져 들어갔다.

사회의 자기 보호와 통화의 과다 발행이—그것이 지닌 정치경제학적 본질은 기득권 세력의 소득을 유지하고 확대하는 것이다 어우러져 만들어낸 복잡한 인플레는 현재 중국에서 계속 강화되는 추세이다. 금융위기 동안에 잠시 사라졌던 인플레는 2010년에 이르러 재빠르게 돌아왔을 뿐 아니라 그 폭도 도표를 들먹이며 예측을 내놓는 경제학자들의 체면을 여지없이 구겨버렸다.

인플레가 벌어지는 빈도와 복잡성으로 볼 때, 이는 일과성의 단기적인 인플레가 아니며, 그 강도와 진도는 예상을 훌쩍 뛰어넘을 것이다. 인플레를 분석하는 일반적 논리로는 중국의 심각한 생산능력 과잉이 가져오는 인플레는 대수롭지 않아 보일 것이다. 하지만 역사적 시야와 보다 넓은 정치적 · 사회적 관점에서 중국의 인플레를 살펴보면, 중국의 이번 인플레는 그 진정한 면모가 몹시 흉악하다. "찾아오는 사람은 나쁜 의도를 갖고 있고, 좋은 의도를 가진 사람은 오지 않는다"는 말은 우리가 직면한 이번 인플레를 매우 그럴듯하게 담아낸다. 사회적 반향운동과 과도한 통화 발행이 어울려 초래하고, 게다가 계속 더해지는 인플레는 역사적으로 보기 드문 것이 아니다. 만약 지금 이런 역사적인 인플레의 진행을 잘라버린다면, 향후에는 더욱 심각한 경기불황이 올 것이라고 단정할 수 있다.

지금 이런저런 조짐을 보면, 중국 정부는 인플레에 대한 대처가 갈수록 뜻대로 되지 않아서 몹시 허둥대는 모습이다. 거듭된 대책에도 불구하고 부동산 가격이 진정되지 않는 것은 비록 극단적 사례이기는 하지만, 그렇다고 유일한 사례인 것도 아니다. 각종 상품가격의 부단한 인상 물결과 사재기는 모두 고도성장의 그늘에 잠복해서 자라난 인플레라는 맹수가 이제 아주 강해졌다는 사실을 보여주는 것이다. 예전에는 즉각적 효과가 나타나던 행정적 경고나 통화의 미시적 조정으로는 더 이상 이 맹수를 길들이기에는 역부족인 듯하다.

2011년 4월, 중화인민공화국 국가발전과 개혁위원회는 「전기와 석탄 가격 안정을 위한 긴급 통지」에서 해당 기업에게 보기 드물게 강한 어조로 "대승적 차원에서 전반적 상황을 살펴 달라."고 요구했다. 심지어 중국에 진출한 다국적 대기업인 유니레버(Unilever)에는 가격 인상을 잠시 늦춰 달라는 압력을 넣기도 했다. 물가 억제와 비슷해 보이는 주무부처의 긴급통지는 점점 늘어나고, 그 범위도 넓어지는 것 같다. 최근에는 국가발전과 개혁위원회의 가격 담당부서에서 경제무역 담당부서, 상무부(商務部)의 시장 담당부서와 연합으로 17곳의 직능협회와 면담을 잡았는데, 거기에는 전국상공업연합회, 중국식품공업협회, 백화점협회, 음료업협회, 유업협회, 가전협회, 제당업협, 중국양조공업협회, 중국주류유통협회, 양곡협회, 육류협회, 채소협회 등 17개 협회의 회장이 포함되었다. 그 규모와 파급효과는 혀를 내두를 지경이다. 이처럼 보기 드문 행농의 이면에는 점점 커지는 인플레의 압력이 도사리고 있다.

하지만 대다수 시장주체는 가격 인상에 대한 충동이 있기 때문에 여기를 누르다 보면 저기를 놓치게 마련이다. 또 한순간 억누를 수는 있어도 한 세상을 억누를 수는 없는 법이다. 그야말로 해야 할 일이 너무 많기 때문에 이쪽에 신경을 쓰다 보면 저쪽에 문제가 생기는 식이다. 슈퍼마켓으로 밀려들어 샴푸 · 비누 · 소금을 사재기하는 사람들에게서는 비가 내리기 직전의 역겨운 냄새가 느껴진다. 만약 빈번하게 되풀이되는 사재기를 소비자들의 아둔한 맹목적 행동으로만 치부하고, 그 배후에 있는 보다 강한 힘을 대수롭지 않게 여긴다면, 그것은 매우 어리석은 행동이다. 또 낡은 방법으로 이런 새로운 문제에 대처할 수 있다고 생각하고, 또 구더기 무서워 장을 못 담그는 식으로 통화정책에 있어서 우유부단한 태도를 보인다면, 정책결정에 있어서 인플레 문제는 한바탕 악몽을 불러올 것이다. 중국 정부가 여전히 지지하는 성장 유지라는 정책 기조에서 본다면, 망설이고 흔들리는 통화정책은 앞으로도 계속될 것이다. 하지만 그런 위험한 평균대 놀이가 얼마나 지속될 수 있을지는 큰 의문이다. 통화정책에 대한 정치논리적 해석에 근거한다면, 심지어 화폐당국이 손을 쓸 수 없는 지경에서도 통화정책은 또 대폭 완화될 가능성도—비록 확률은 낮지만 배제할 수 없다. 그렇게 된다면 인플레가 중국 전체를 침몰시키는 상황은 상상에만 머물지 않을 것이다. 1940년대의 금원권(金圓券)[4]이라는 것을 들어본 적이 있는가?

지난 15년 동안에 중국에서는 그다지 두드러지지 않은 인플레가 몇 차례 있었다. 그것은 잠시 나타났다가 이내 구름처럼 사라졌다. 그런 경험

역주 4) 중국의 국민당 정부가 1948년에 발행한 지폐의 일종. 엄청난 인플레와 군비 조달에 따른 재정위기를 타파하기 위해 기존에 통용하던 법폐(法幣)를 폐지하고 발행했다.

은 모든 사람들, 특히 중국의 경제정책 담당자들에게 자신들이 원하면 인플레는 언제라도 신속하게 제압할 수 있다는 착각을 갖게 만들었다. 하지만 역사는 단순하게 반복되지는 않는다. 특히 이번 중국의 인플레는 그 원인과 환경이 사뭇 다르다. 국내외적으로 통화가 심각하게 과잉 유통되고 있고, 그것이 국내 비용을 역사적으로 높이고 있다는 관점에서 보면, 장차 중국에서 인플레는 만성질환이 되어 버릴 것이다. 게다가 충격이 더해져 급성발작을 일으킬 가능성이 매우 높다. 다시 말해서 중국 정부가 지금과 같은 중도적 통화정책 기조를 이어간다면, 중국이라는 경제의 침대 옆에는 언제나 인플레라는 호랑이가 졸고 있을 것이다. 바람이 불면 풀은 흔들리는 법이다. 앞으로 인플레는 사람들이 감당할 수 있는 능력을 넘어설 것이다. 이번 인플레는 향후 몇 분기에 끝나지 않을 것이다. 심지어 몇 년이 지나면 흔적 없이 사라지는 그런 단기적 현상이 아니라 장기적 현상이 될 것이다. 이런 점을 분명하게 인식하지 않으면, 경제정책의 책임자들은 중대한 역사적 오판을 하게 될 것이다. 그런 상황은 의지가 아무리 강한 정책 책임자라도 고통으로 기진맥진하고 갈팡질팡하게 될 것이다. 그리고 그것은 정책의 대폭 조정을 빈번하게 가져올 것이다. 이제 그런 모습을 머잖아 보게 될 것이다. 이런 인플레를 치유하려면, 뼈를 깎는—자발적이거나 혹은 피동적인 통화긴축이 아니고서는 효과를 거두기 어렵다. 점진적이고 온화한 통화 조정의 시기는 아마도 지났을 것이다. 하지만 분명한 사실은 긴축이 현재의 온건 통화정책[5)]을 유지하는 데에 그친다면 경제쇼크를 부른다는 점이다.

11.2. 금리 상승

앞서 말한 것처럼, 비용 상승과 인플레가 중·장기 추세로 자리 잡는다

역주 5) 경제변화의 조짐에 따라 정책의 방향을 조정하는 일. 경기침체의 조짐이 보이면 통화 확대 정책을 펴고, 경기과열의 조짐이 보이면 통화긴축 정책을 펴 물가를 안정시킨다.

면, 그것은 또 다른 추세를 유발할 것이다. 바로 금리의 장기적 상승 추세이다.

중국에서 금리 통제는 대기업, 특히 독점기업에 이익을 넘겨주는 친기업주의의 주요한 통로였다. 때문에 중국에서는 금리의 시장화 개혁이 무척 늦어졌다. 이윤 창출 능력이 무척 강해 보이는 중국의 은행과 각종 독점기업의 이윤은 대부분 예금자를 박탈한 데에서 나온다. 중국 국민의 무상(無償) 내지 부득이한 저이자 예금이 없다면, 중국의 은행과 독점기업 가운데 절반쯤은 도산할 것이다. 중국의 경제 관리자들은 이런 사실을 잘 알고 있다. 그렇기 때문에 인플레가 진정되지 않고, 저축의 마이너스 금리가 확대되는 상황에서도, 통화정책기구에서는 예금 금리를 상징적으로 겨우 두 차례 찔끔 조정했을 뿐이다. 더 많은 경우에는 독점기업과 은행의 이익을 해치지 않을 수 있는 예금준비금이라는 수단을 이용한다. 그렇게 하는 의도는 분명하다. 대기업의 연쇄파산을 두려워하기 때문이다. 그렇지만 예금준비금과 그 밖의 양적인 긴축 조치는 금리의 보편적 상승을 가져올 것이다.

마이너스 금리라는 것은 사실상 예금자가 부득이하게 은행, 대기업, 지방정부에 부(富)를 넘기는 것을 완곡하게 표현한 말이다. 보다 직설적으로 말한다면, 독점적 지위를 이용해 사람을 놀리는 것이다. 금융위기 이후 2년 남짓한 동안, 이처럼 부를 넘기는 일은 심각한 지경에 이르렀다. 중국의 통화정책기구가 자기 뜻대로 할 수 있는 것은 독점성이 강하고 통제가 치밀한 금융시스템에 의존하기 때문이다. 금융과 경제의 안정을 표방하는 금융 통제와 금융 감독이 사실상 기득권 세력이 마음대로 주무르며 자기 배를 채우는 도구가 되어 버렸다는 사실은 무척 풍자적이다.

하지만 아무리 금융 통제가 치밀하다고 해도 예금자의 이익을 장기간 빼앗아 갈 수는 없다. 인플레가 심해질수록 마이너스 금리도 높아지는 상황에서, 문제를 깨달은 예금자는 온갖 방법으로 금융 제한을 돌파하려고 하게 마련이다. 이미 보았고 지금도 볼 수 있는 것처럼, 예금자는 제도권을 에돌아 시중의 사채시장으로 들어가거나, 각종 상품을 사재기해 인플레를 부추기거나, 각종 원금보장형 상품을 사들여 모든 영역에서 자산 거품을 키우다 결국 절망적 상황에 이르러 자본을 해외로 도피하는 방법을 선택할 수도 있다. 이 모든 것은 저이율 예금의 감소를 가져올 것이고, 결과적으로 금리의 부단한 상승을 불러올 것이다.

앉아서 이익을 챙기는 데에 익숙한 금융기관은 절망적 상황에서 자신의 이익을 찾으려는 예금자들의 의지와 지혜를 과소평가해서는 안 된다. 이미 30년 동안 시장경제를 경험한 오늘날 중국에서 더 이상 물샐 틈 없는 금리 통제는 상상하기 어렵다. 설령 가능하더라도 오래갈 수는 없다. 사실상 중국 시중의 사채시장에서는 이미 오랫동안 금리 상승이 지속되고 있다. 한 보도에 따르면, 2011년 초에 사채시장의 대출 이자율은 50% 수준으로 뛰어올랐다. 국유은행보다 훨씬 융통성이 있는 민간 상업은행의 영세기업에 대한 대출 금리는 15%나 된다. 필자가 확인한 바에 따르면, 부동산 기업이 신탁(信託) 등 중개업체를 통해 조달하는 대출 금리는 대개 12%가 넘는다. 이런 사실에 힘입어 사채시장 규모는 비약적으로 성장했다. 한 보도에 따르면, 중국의 일선(一線) 도시[6]인 광저우(廣州)에서는 2011년의 처음 두 달 반 동안에 사채시장의 활동이 비정상적으로 활발했는데, 일부 사채업체에서는 업무량이 40% 이상 폭증했다고 한다. 중국의 사채시장은 비록 엄격하게 통제받지만, 그 규모는 오히려 빠르게 확장되고 있다. 누군가의 통계에 따르면, 각종 신탁업체, 대출업체, 관리감독을 전혀 받지 않는 사채시장이 전체 융자에서 차지하는 비중은 절반에 가깝다. 최근의 융자 총액을 근거로 따져보면, 2011년의 경우에 그 금액은 대략 7, 8조 위안에 육박할 것이다.

이렇게 보면, 중국의 금융 패턴은 사실상 적나라하게 이원화되어 있는 것이다. 예대마진은 독점적 금융기업과 기타 대기업이 개인의 호주머니에서 빼앗아 간 것이다. 이런 불공정한 구조 속에서 금융 안정이라는 이

역주 6) 정치, 경제, 사회 분야에서 전국적 영향력을 가진 주요 도시인 베이징, 톈진, 상하이, 광저우, 선전(深圳)의 다섯 도시를 이르는 말이다.

름으로 사채시장에 타격을 가하는 것은 부도덕할 뿐 아니라 근본적으로 사악한 짓이다. 시중금리는 그림자 금리라고 할 수 있다. 그림자 금리가 올라가면 국유은행의 금리가 상승하는 것도 시간문제이다. 만약 인플레가 악화된다면 사채시장은 규모가 빠르게 커지고 대신 독점 금융기업의 염가 예금의 원천은 말라붙을 것이다. 아울러 지금은 넘어지지 않을 것처럼 보이는 독점 금융기구는 어쩌면 생각보다 빠르게 주변화될지도 모른다.

우연하게도 이 글을 쓰던 2011년 4월 5일에 중국의 중앙은행은 또 한 차례 금리를 높인다고 발표했다. 앞서 판단한 것에 대한 시의적절한 확인인 셈이다. 인플레의 성격에 대한 전혀 다른 견해를 고려한다면, 필자의 생각으로는 중국의 금리 상승 주기는 이제 시작일 뿐이다. 이는 대다수 이론적 분석가들이 중국은 긴축 주기가 끝나간다고 판단하는 것과는 전혀 다른 것이다. 저금리 시대에 익숙한 사람들에게는 1990년대 중반에 벌어진 악성 인플레 당시의 어두운 모습을 기억하라고 일깨워줄 필요가 있다. 1995년에 중국의 1년 만기 대출 금리는 12.06%였고, 5년 이상의 대출 금리는 더 높아서 15.3%에 이르렀다. 그러나 더 길게 보면 이것이 금융의 역사상 가장 가혹한 모습인 것은 결코 아니다. 1970년대에 미국에서 인플레가 15%에 이르렀던 무렵에는 금리가 무려 21.5%나 되었다. 현재 중국의 잠재적 인플레 압력에 비추어 보면, 중국의 금리 상승폭은 1990년대 중반을 훌쩍 넘어설 것이다. 그것은 정말이지 마음이 후련하고 기분이 유쾌한 시절이었다.

중국의 실질 금리는 민간의 영향을 받을 뿐 아니라 다른 주요 경제체의 금리에서도 영향을 받는다. 중국은 더 이상 폐쇄된 경제체가 아니다. 금융위기 이후로 주요 신흥 경제체에서는 일찌감치 금리 인상 움직임이 시작되었다. 오래된 선진국의 금리 인상도 시간문제일 뿐이다. 외부를 에워싸고 있는 금리 인상의 움직임은 분명 중국 국내의 금리에도 인상 압력을 높일 것이다.

장기적인 비용 상승과 인플레에서 비롯되는 금리의 상승 추세도 장차 지속될 것이다. 만약 인플레 국면이 통제력을 상실한다면, 금리는 갑작스럽고 가파르게 상승하리라고 충분히 예상할 수 있다. 또 다른 관점에서 보면, 낮은 금리는 비효율적인 독점 금융기관과 독점기업 등 기득권 세력이 개인의 이익을 박탈하는 중요한 수단이므로, 그것이 정상적 수준을 찾는 것은 사회의 자기 보호 행위의 일부분이라고 할 수 있다. 그런 의미에서 보면 금리의 상승추세는 보다 깊은 역사적 동력을 갖게 된다. 저렴한 자금의 시대는 막을 내리고 있다. 미래에는 금리 상승이 몇 분기가 아니라 몇 년 동안 이어질 것이고, 소폭 상승이 아니라 단기적으로는 급격한 상승이 있을 것이다. 그것은 도화선이 되어 언제라도 큰 불을 일으킬 수 있다.

지금까지 미래 중국 경제의 네 가지 기본적 추세를 따져보았다. 성장은 둔화되고, 비용은 상승하고, 인플레는 가속되고, 금리는 오를 것이다. 이 네 가지 추세는 이제 상당 정도 정부의 통제 범위에서 벗어났다. 아마도 그것은 정부의 능력으로 쉽게 조종할 수 없으며, 더욱이 경제학자와 기술 관료들이 흥미진진하게 말하는 이른바 거시통제로 해결할 수 있는 것도 아니다. 이처럼 미래 중국 경제의 위험한 모습은 언제든지 부르면 뛰어나올 것처럼 달라졌다.

11.3. 위험한 실물경제

서브프라임 모기지론 사태의 극심한 고통 앞에서 중국의 문제를 관찰하는 대다수 사람들은 중국발 위기에 대한 관심의 초점을 금융 고리와 부동산 문제에 모았다. 하지만 중국 내부의 정치경제적 구조를 꼼꼼히 뜯어보면, 중·단기적으로 중국에서 가장 취약한 고리는 금융기구가 아니라 실물경제라는 결론을 내릴 수 있다. 따라서 중국에서 한 차례 대형 경제위기가 일어난다면, 그 폭발은 실물이 먼저이고 금융은 나중일 것이다. 이것은 미국의 서브프라임 모기지론 사태와는 정반대이다.

서브프라임 모기지론 사태가 짧은 기간 안에 중국에서 재연될 수 없는 것은 중국의 금융이 지닌 방화벽 때문이다. 그런데 불행하게도 중국의 실물경제와 글로벌 시장체제는 아주 긴밀하게 융합되어 있다. 때문에 서브프라임 모기지론 사태가 가져온 한층 깊어진 글로벌 실물경제 위기는 필연적으로 실물의 층위를 통해 중국 경제에 깊은 영향을 미칠 것이다. 이것은 완만하기는 하지만 장기적인 위기이다. 놀라운 흥분은 없지만 어쩌면 금융위기보다도 더 치명적일지 모른다. 대개 이 사슬의 기본적 맥락은 글로벌 실물위기, 서브프라임 모기지론 사태, 심화되는 글로벌 실물위기, 중국의 실물경제 위기, 중국의 금융을 비롯한 기타 위기의 순서로 묘사할 수 있다.

국유은행을 절대적 주력으로 삼는 중국의 금융시스템이 가장 먼저 위기를 맞이할 가능성이 높지 않은 까닭은 다음과 같다. 첫째, 높은 집중도 때문에 일단 위험 조짐이 나타나면, 정부가 신속하게 손을 써서 대형 은행을 구제해 상황을 진정시킨다. 둘째, 중국의 은행은 독점적 지위를 이용해 지난 수년 동안 엄청난 이윤을 축적하였기 때문에 얼마 동안은 손실을 감내할 수 있다. 셋째, 금융 감독 부문에서 1990년대의 금융 악성부채가 재연되는 것을 몹시 우려하기 때문에, 최근 2년 동안 중국의 금융업에 적기에 대규모 자금을 보충하게 했다. 이런 모든 것들은 중국의 금융시스템을 마치 철옹성처럼 만들었다. 하지만 이와 반대로 중국의 실물경제를 살펴보면, 도무지 안심할 수 없는 상황이다.

중국 기업의 생산성이 꾸준히 상승한다는 것은 부인할 수 없는 사실이다. 하지만 중국의 대다수 기업은 여전히 저비용 우위를 주된 영리 모델로 삼고 있다. 그것은 일부 사람들이 무척 불가사의하게 여기는 '중국식 모델'의 핵심 부분이기도 하다. 하지만 한편으로는 경제성장이 하락하고, 다른 한편으로는 부단히 상승하는 각종 비용, 인플레, 자금비용—금리 때문에, 중·장기적으로는 중국의 많은 기업이 이윤창출에 치명적 타격을 입을 것이다. 저비용을 기반으로 하는 이윤창출의 모델은 중국이 자랑거리로 여기는 제조업에서는 더욱 보편적이다. 이들 기업의 전환에 희망을 갖는 사람들이 많지만, 탁상공론가가 아니라면 누구나 그런 전환은 무척 고통스럽고 불확실성으로 가득하다는 사실을 잘 알고 있다. 어떤 전환이든 과거에 걸어온 길은 모두 중단되게 마련이고, 그런 중단은 필연적으로 일부 경제주체의 죽음을 대가로 삼는다. 지난 30년 동안 중국의 고도성장이 갖는 본질적 특징으로서, 중국의 숱한 기업들은 저비용 모델이 지닌 고도의 수단에 의존한다. 이것이 날마다 전환을 부르짖음에도 불구하고 효과는 미미한 핵심적 이유이기도 하다.

이런 기업에게 있어서 이런 문제는 단기적 유동성의 위기가 아니라 이윤창출 능력에 타격을 받아 생기는 채무의 위기라는 사실을 환기해야 할 것이다. 단기적 유동성의 위기는 중앙은행의 유동성 완화를 통해 완화할 수 있다. 미래에도 수익을 올려 채무를 상환할 수 있기 때문이다. 하지만 이윤창출 능력이 타격을 받는다면 상황은 정반대가 된다. 더 이상 이윤을 창출할 수 없기 때문이다. 추가대출은 문제를 근본적으로 해결할 수 없고, 오히려 부실채권만 늘리게 된다. 따라서 이런 상황에서는 부도가 나는 것 외에는 달리 뾰족한 방법이 없다—이런저런 조짐은 갈수록 이런 추세를 뚜렷하게 입증한다. 특이한 관점을 가진 경제학자 왕젠(王建)의 통계에 따르면, "인플레의 요인을 없앤 이후에 제조업의 실질 이윤증가율은 2003년부터 2007년까지는 31.1%, 2008년부터 2010년까지는 10.3%, 2010년에는 6.6%에 불과했다." 대출이 부단히 늘어나면서 기록을 경신하는 한편으로 중국 기업의 이윤창출 능력은 오히려 갈수록 떨어진다. 2011년에는 그런 추세가 더욱 두드러졌다. 2011년 3분기에 중국 상장기업의 이윤은 금융주를 제외하면, 2분기 대비 8.9%가 떨어졌다. 국유기업의 경우에도 2011년 11월까지 "중앙정부기업의 영업수익률은 전년 동기 대비 22.6% 증가했고, 순이익은 전년 동기 대비 3.6% 증가해, 증가속도가 2010년 같은 기간보다 각각 12.1%와 46.5%가 떨어졌다." 이제 제로 금리 시대가 아주 가까워졌고, 이런 성격의 확장과 증가는 언제든지 멈출 수 있다.

저비용과 고성장 시대가 끝나면서 이윤창출 능력의 상실은 중국 기업계에서 아주 보편적인 현상이 될 것이다. 그리고 그에 따르는 채무위기도 보편화될 것임을 쉽게 추측할 수 있다—가격협상 능력과 경영 잠재력의 차이 때문에 기업마다 상황은 다를 수 있겠지만. 고도성장에 익숙해진 나라에서는 은행은 물론이고 기업에도 한 가지 관습화된 공통적 생각이 있다. 과거의 경험을 단순하게 답습해, 현재의 위기는 일시적인 유동성 위기일 뿐이며, 고도성장은 머잖아 되돌아올 것이니, 이를 악물고 견디면 화창한 봄날이 찾아올 것이라고 오해하는 것이다. 그들은 시대가 정말로 바뀌었고, 고도성장은 이미 우리 곁을 훌쩍 떠나버렸다는 사실을 생각하지 못하는 것이다. 수요의 위축과 비용의 상승은 기업의 이윤창출 능력이 철저하게 사라졌음을 의미한다. 이윤창출 능력의 상실이라는 위기는 근본적으로 통화정책을 통해 만회할 수 있는 것이 아니며, 유동성을 더해 복구할 수 있는 것도 아니다. 중국의 통화긴축이 시작되고 반년쯤 지나자 숱한 허튼소리를 쏟아내던 경제학자들은 통화완화를 호소하기 시작했다. 그 이유는 중소기업의 자금압박이 몹시 심하다는 것이었다. 하지만 최근 몇 년 동안의 경험에 따르면, 그것은 아마도 진짜 속사정이 아닐 것이다. 속사정은 그들 기업이 자금이 부족한 것이 아니라 이윤창출 능력을 완전히 잃어버린 것이다. 이런 사실에 대해 광둥성 둥관(東莞)에 있는 한 조명기구 업체에서 일한다는 네티즌은 "중소기업에 부족한 것은 자금이 아니라 이윤이다."라고 간결하고 정확하게 지적한 바 있다. 한마디로 정곡을 찌른 것이다. 통화정책을 신비하게 받들어 밥벌이를 하고, 눈치로 돈을 버는 엉터리 전문가들보다 이 평범한 근로자가 훨씬 지혜롭다.

통화정책이 지나치게 느슨했던 지난 수년 동안에 많은 기업들은 주식과 부동산에 투자했다. 투자할 수 있는 것이라면 무엇이든 쏟아 부은 것은 그들이 그렇게 하고 싶어서가 아니라 그들의 본업이 이미 이윤을 창출할 수 있는 능력을 완전히 상실했기 때문이었다. 이윤을 창출하는 능력이 건전해 현금 유동성이 충분한 기업은 대출이 전혀 없더라도 순조롭게 돌아간다. 그 무렵에는 통화정책을 느슨하게 운영했지만, 중소기업은 아예 대출금을 구경조차 하지 못했고—높은 금리의 대출을 받지 않는다면, 오히려 인플레만 부추겨 결국 건전한 중소기업마저 위기에 빠뜨렸다. 통화 확대가 불러온 인플레는 이윤창출 능력이 있는 중소기업에는 결코 유리할 것이 없었고, 단지 금리로 밥을 먹는 특수한 독점기업과 그 내부자에게만 이익이 될 뿐이며, 사회 전체를 위험성이 높은 투기의 대열에 합류하게 조장했을 뿐이다. 2009년에 중국의 양적완화 조치 이후에 나타난 현실은 이런 사실을 아주 분명하게 입증했다. 흥미롭게도 강한 대출 수요는 은행과 거시관리 당국으로 하여금 실물경제가 여전히 건전하다고 착각하게 만들었다. 하지만 뜻밖에도 대출 수요는 과거에 기업의 이윤창출 능력이 좋던 시절처럼 생산규모를 확장하기 위한 그런 수요에 따른 것이 아니라 전적으로 현금을 확보하기 위한 것이었다. 현금을 확보하려는 것은 위험성이 높은 투기에 뛰어들거나, 어려운 시기가 이내 지나갈 것이라고 생각하거나, 아예 돈을 갖고 달아날 준비를 하는 것이었다. 상업 부동산업체에 근무하는 한 젊은 직원은 필자에게 이런 이야기를 들려주었다. 자신이 직접 목격한 바에 따르면, 어떤 부동산업자는 점포를 팔려고 구매자에게 연간 10%에 달하는 임대 수익을 보장했다. 사실 점포는 본래 이렇게 높은 수익을 올릴 수 없다. 하지만 업자에게는 나름의 비법이 있었다. 그는 부동산 매각대금으로 고리대를 놓고, 부동산은 구매자에게 건넨다. 게다가 업자는 또 은행에서 대출을 받고, 심지어 고리대를 빌려 두 번째 토지를 사들여 개발한다. 그들은 항상 투매에 도박을 건다.

이윤을 전혀 창출하지 못하는 기업은 오히려 대출 수요가 꾸준히 늘어난다. 그것은 실물경제가 튼튼해서가 아니라 이윤창출 능력이 사라지면서 보다 위험성이 큰 곳에 운용하려는 이유에서이다. 때문에 확장의 말기에는 현금을 확보하기 위한 더 거센 대출 수요가 일어난다. 그런 점은 거품의 붕괴를 헤아릴 수 있는 가장 효과적인 신호이다.

중국 기업의 이윤창출 능력은 보호를 받거나 자원을 독점하는 일부 대기업에 집중되어 있다. 대다수 중소기업의 이윤창출 능력은 무척 취약하다. 인플레가 악화되고, 게다가 금리 인상을 자극한다면, 중소기업이 빠르게 연쇄적으로 도산하는 것은 그다지 놀라운 일이 아닐 것이다. 1,105개의 비금융 계열 상장기업에 관한 통계에 따르면, 이들 기업의 2010년도 상품 재고량은 비정상적으로 늘어나, 순수재고 증가량이 2008년의 2.5배인 4,157억 위안에 이르렀다. 2009년 이후로 이들 기업은 겉만 번지르르한 경제번영에 현혹되었음이 분명하다. 2009년 이후, 중국 경제가 신속하게 반등하자 많은 투자자와 기업가들은 중국의 고도성장은 지구의 인력에서 벗어날 수 있고, 영원히 막을 내리지 않을 것이라고 생각했다.

시대의 전환기에는 언제나 상황을 잘못 판단해 지나간 시대의 순장물이 되는 기업들이 있게 마련이다. 중국의 실물경제에서는 2008년과 아주 흡사한 조짐들이 나타나고 있다. 이는 당연히 좋은 소식이 아니다. 2011년 1분기에 중국의 상장기업은 표면적으로는 이윤이 늘어났지만, 현금유동성은 급격하게 악화되었다. 통계에 따르면, "금융업을 제외하고, A구(股)[7]에 상장된 기업의 현금 유동성은 2010년 말의 4,685억 위안에서 268억 위안으로 급격하게 떨어졌다. 심지어 금융위기가 한창이던 2008년의 한 분기의 통계치보다도 낮았다." 더욱이 거대 독점기업 가운데 중국석유(中國石油, CNPC)와 중국석화(中國石化, SINOPEC)를 빼면, 상장기업의 현금 유동성은 마이너스였다. 이 통계에 따르면, 2011년 1분기에 중국 중소기업의 창업판(創業板)[8]과 중소판(中小板)[9]의 1주당 현금 유동성은 각각 0.18위안과 0.48위안으로 가파르게 하락했다. 이런 상황은 GDP가 9.6%를 유지하는 번영의 이면에는 실물경제가 무척 위험한 지경에 이르렀음을 보여준다. 마지막으로 무너질 때까지도 중국의 GDP는 고도성장을 꾸준히 유지하는 모습을 내보일 수 있겠지만, 기업의 이윤창출 능력은 점점 사라질 것이다. 이것은 이윤 없는 고도성장의 전형적 모습이며, 고도성장의 드라마가 끝나간다는 암시이다.

중국 기업이 이처럼 현금유동성 확보가 어려운 까닭은 기업이 종래의 경험에만 의존해 맹목적으로 확장하였기 때문이다. 하지만 맹목적 확장이 예전처럼 무조건 장려되던 시절은 지났다. 비용이 상승하고 수요가

역주 7) 중국인 대상 주식. 인민폐보통구표(人民幣普通股票).

역주 8) Growth Enterprises Market: 출시 조건이 상대적으로 느슨해 신흥기업이 성공적으로 창업하는 데 유리한 증권. 장외시장. 한국의 코스닥, 미국의 나스닥 등과 같은 중국의 차스닥. 이판시장(二板市場).

역주 9) 중소기업판(中小企業板): 2004년 5월부터 선전(深圳) 증시에 개설되었다.

위축될 것으로 보이는 미래에는 어쩌면 판매가 불가능할 수도 있다. 세상은 하루가 다르게 변화한다. 이번에도 지난번과 같으리라는 생각은 너무 단순한 것이다. 현금 유동성의 위기는 단기간에 끝나지 않을 것이다. 지금 통화완화 조치를 취하는 것은 맹목적 행위를 부추길 뿐 아니라 더 심각한 생산능력의 과잉을 초래할 수 있다.

중소기업의 상황이 그렇고, 보호를 받는 대기업도 상황은 다르지 않다. 2011년 말, 중국의 석탄과 전기 관련 업체들 가운데 절반이 적자를 기록했다. 그리고 재정 운용에 있어서 거의 제약을 받지 않는 각종 정부 투자의 경우는 이런 상황이 더욱 보편적이다. 보도에 따르면, 2008년에 운영을 시작한 징진고속철로(京津高速鐵路)[10]는 연간 적자가 7억 위안이나 된다.

미래에 얼마 동안은 경제성장의 속도가 둔화되고 비용은 상승하고 인플레가 벌어져, 중국의 많은 기업들은 이윤창출 능력이 떨어지거나 상실되는 추세를 맞게 될 것이다. 하지만 이것이 유일한 위험인 것은 아니다. 이윤창출 능력이 꾸준히 떨어지는 것과 더불어 중국의 많은 기업들은 단기적으로 심각한 유동성 위기에 직면할 것이다.

뜨거운 사랑이 연인들의 인지능력을 떨어뜨리는 것처럼, 번영도 사람을 미혹에 빠뜨릴 수 있다. 장기간에 걸친 번영은 내일도 오늘처럼 번영할 것이라는 너무도 유치한 예측을 이끌어내기 쉽다. 번영의 시기에는 엄청난 부채와 레버리지 조작을 통한 이윤의 극대화가 기업과 개인에게 널리 퍼져 있던 이윤창출의 방식이었다. 하지만 금리가 일단 오르면, 개별적 영역에서 계약위반이 널리 벌어지면서 보편적인 유동성 위기를 가져온다. 이른바 '저금리 함정'[11]이라는 것이다. 서브프라임 모기지론 사태와 일본의 부동산 거품은 모두 중앙은행이 금리라는 방아쇠를 당기면서 순식간에 터졌다.

역주 10) 중국 최초의 장거리 고속철도로, 베이징에서 톈진(天津)까지의 113킬로미터를 운행한다.

역주 11) 저금리로 대출수요가 늘어나면 대출비용은 낮아지지만, 미래의 소비율을 떨어뜨리고 부실채권 문제가 일어날 개연성이 높아지는 일을 말한다.

중국의 중앙은행이 마이너스 금리가 뚜렷한 상황에서도 금리를 대폭 올리지 못하는 것은 자칫 유동성 위기를 불러오지 않을까 염려하기 때문이다. 중국에는 복잡한 파생금융상품이 없기 때문에 금리에 대해 그다지 민감하지 않다. 하지만 '삶은 개구리 증후군' 처럼 금리 상승은 일단 그 폭과 시기에 있어서 어떤 한계치를 넘어서면, 그 효과가 다르지 않을 것이다. 그것은 거품이 한창이던 무렵에 큰돈을 대출받은 업체나 개인에게는 아주 치명적이 될 것이다. 이제 우리는 그런 과정에 들어서 있다. 우리는 부동산에 투자한 사람들이 꾸준히 치솟는 금리와 상환금 때문에 이맛살을 찌푸리는 것을 보고, 또 과거 맹목적으로 확장한 기업이 자금난에 아우성치는 모습을 본다. 어떤 기준에서 보든, 지금까지 중국의 통화정책이 너무나 느슨했다는 사실은 불가사의하다. 그것은 중국의 기업이 외부의 자금흐름에 얼마나 의존적이었는지를 보여준다. 예컨대 부동산의 경우를 보자. 누군가의 통계에 따르면, 부동산업계의 거물인 완커(萬科)를 포함한 중국의 40대 부동산개발업체의 2010년도 부채 총액은 6천억 위안을 넘었다. 이는 2009년보다 60%나 크게 늘어난 것이었다. 그런데 2010년은 중국의 부동산업계가 큰 소득을 얻은 해로 공인된다. 부동산 거래의 지속적 하락과 잇따른 자산 재평가로 중국 부동산업계의 부채비율은 앞으로도 빠르게 올라갈 것이다. 이런 상황에서는 금리가 몇 포인트만 올라도 부동산개발업체는 유동성과 채무 위기를 맞이할 것이다. 중국의 부동산개발업체는 점점 자금줄이 막히는 궁지로 내몰리고 있다. 그런데 이처럼 높은 부채비율 때문에 부동산업체만 금리 변동에 아주 민감한 것은 아니다. 「2010년 중국 운송업 발전보고」에 따르면, 중국민생은행(中國民生銀行)은 중국 철도부의 부채비율이 70%를 넘고, 연간 이자 부담액은 1,000억 위안을 넘을 것으로 예측했다. 금리가 지금보다 빠르게 오르면 자금줄이 막힐 확률이 높다는 사실을 쉽게 짐작할 수 있다. 중국 기업들의 이윤창출 방식은 빠른 경제성장을 전제로 한 융자에 근거한 것이다. 그런 조건이 사라지면 이윤창출은 순식간에 무너지게 된다.

실물경제의 분산성이 위기의 시기를 결정할 경우에는 집중도가 높은 금융기관을 구제하는 것처럼 그렇게 쉽게 구제할 수 없다. 게다가 그것이 단기적인 유동성 위기가 아니라 유동성 위기와 이윤창출 위기가 결합된 것이라면 시간이 걸려야 회복될 수 있다. 지난 30년 동안의 고도성장 속에서 실물경제에는 너무 오랫동안 조정의 압력이 누적되었기 때문에 그것이 회복되는 과정에도 상당한 시간이 필요하다. 중국에서 중소기업이 허약한 것은 독점과 기득권 세력을 보호한 대가이다. 역사의 업보인 셈이다.

도처에서 벌어지는 실물경제의 위기 앞에서 어떤 경제정책 담당자든 속수무책일 수밖에 없다. 지금 상황은 중국의 경제정책 담당자를 생사의 갈림길로 내몰고 있다. 양적완화를 하지 않으면 많은 기업의 자금줄이 막혀 급격한 신용경색을 불러올 것이고, 금리 상승을 불러와 경기둔화의 국면을 열게 될 것이다. 양적완화를 한다면 기업의 자금경색은 일시적이나마 완화되겠지만 실물경제가 이윤창출 능력을 만회할 수는 없으며, 오히려 이미 불붙은 인플레 조짐과 자산 버블의 불길에 기름을 끼얹음으로써 급격한 인플레를 불러올 수 있다. 사람들은 정부가 더 이상 인플레를 잡으려고 하지 않거나 인플레를 잡을 능력이 없다고 생각한다. 그들이 유일하게 할 수 있는 것은 사들일 수 있는 물건은 죄다 사들이는 것뿐이다. 이렇게 보면, 한 가지 참고할 만한 기존 사례가 있다. 2009년에 금융위기에 대처하기 위해 중국 정부는 부동산 억제책을 포기했다. 그 결과 기존의 억제 효과는 완전히 수포로 돌아갔고, 1년 만에 주택 가격은 배로 올랐다. 지금 같은 추세는 이제껏 순항하던 중국의 정책 담당자들에게는 30년 동안 경험하지 못한 곤경임에 틀림없다.

2007년의 통화긴축정책에서부터 시작해 세계 금융위기를 거치며, 중국의 경제정책은 몇 차례 요동쳤다. 예전 그 어느 때보다도 방향이 빈번하게 선회했고 변화는 급격했다. 시대가 바뀌면서 중국의 경제 담당자들이 고통에 발버둥치는 모습을 생생하게 보게 될 것이다. 그리고 이제 위기의 밧줄은 점점 단단하게 조여들고 있다.

중국의 경제 담당자는 일관되게 점진적 전략을 구사하게 될 것이다.

즉 현상을 유지하면서 기회를 보아 결정하고, 그런 다음에 다시 행운이 찾아오기를 기다리는 것이다.

하지만 통화정책은 현재 상황을 유지하더라도—그들에게는 유용해 보이지만 아무런 쓸모도 없는 도구만 남을 것 같다, 실물경제는 둔화의 추세를 이어갈 것이다. 이제 얼마 지나지 않아서 도처에서 자금줄이 막혔다는 아우성이 들려올 것이고, 자산 거품의 붕괴도 지척까지 다가올 것이다.

— 2011년 4월에 쓴 글을 손질함.

CHAPTER

12 거품이 붕괴된 뒤

호황에 뒤이은 불황은 설명하기에 복잡하지만, 기실 아주 단순하기도 하다. 그것은 바로 자금난이다. 도처에서 자금이 고갈되는 것이다. 호황기에 과도하게 부채를 걸머진 기업은 파산하든가 아니면 호황기에 여기저기에서 자금을 끌어다 살 수 있는 것이라면 무엇이든 사들인 것처럼, 팔 수 있는 것이라면 무엇이든 매각해 부채를 상환해야 한다. 앞서는 더 많은 돈을 벌기 위해 —이윤을 극대화한 것이다 도처에서 자금을 끌어 모았지만, 이제는 부채를 상환하기 위해 자금을 끌어 모으는 것이다. 개인도 그렇고, 기업도 그렇다.

부동산 거품의 붕괴는 일련의 중대한 변화의 시작일 뿐이라는 점이 문제이다. 본래의 조건에 변화가 생기면 더 중요한 조건이 연쇄적으로 변화할 수 있다. 그 변화가 실물경제의 위기를 의미한다면, 하강의 피드백 효과가 벌어질 것이다. 그러면 중국의 은행도 2차, 3차 심지어 더 여러 차례에 걸쳐 타격을 받을 것이다. 하강의 피드백 효과는 여러 가지 부정적 요인이 한꺼번에 벌어지거나 잇달아 벌어짐으로써 경기가 계속 둔화되는 것이다. 이런 상황은 근본적으로 은행이 정태 분석을 통해 가설(假說)할 수 있는 것이 아니다.

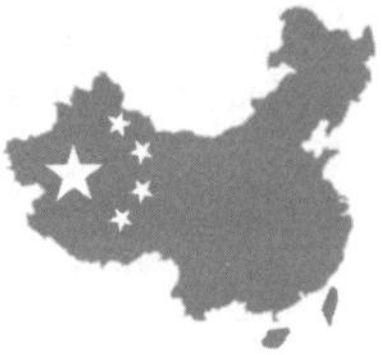

12.1. 거품의 붕괴

호황에 뒤이은 불황은 설명하기에 복잡하지만, 기실 아주 단순하기도 하다. 바로 자금난이다. 도처에서 자금이 고갈되는 것이다. 호황기에 과도하게 부채를 걸머진 기업은 파산하든가 아니면 호황기에 여기저기에서 자금을 끌어다 살 수 있는 것이라면 무엇이든 사들인 것처럼, 팔 수 있는 것이라면 무엇이든 매각해 부채를 상환해야 한다. 앞서는 더 많은 돈을 벌기 위해—이윤을 극대화한 것이다 도처에서 자금을 끌어 모았지만, 이제는 부채를 상환하기 위해 자금을 끌어 모으는 것이다. 개인도 그렇고, 기업도 그렇다. 개인이나 개별 기업이 그렇게 하는 것은 개별적 이유에서이고, 전체적 상황과는 무관할 수도 있다. 하지만 거듭되는 비극은 호황에 뒤따르는 경기불황의 과정에서 언제나 많은 개인과 기업에게 그렇게 하도록 압박한다. 이는 '시스템의 위기'를 가져온다. 이윤창출 방식의 붕괴이든 유동성 위기이든, 모두가 똑같은 결과를 가져온다. 호황기에는 가격이 오를까 염려해 남보다 먼저 사들이려고 애쓴다. 불황기에도 매도자의 심리는 역시 조급하다. 남에게 뒤떨어져 더 낮은 가격으로 팔게 될까 두려워하는 것이다. 이처럼 자산가치를 나선식으로 떨어뜨리는 마귀는 이제 정식으로 그 모습을 드러냈다.

지금 중국의 경제 상황에 대해 조금이라도 현실적으로 판단한다면, 우리가 지금 이런 나선식 하강의 기점에 놓여 있다는 사실을 알 수 있다.

사방에서 자금난을 호소하는 목소리가 들려온다. 그 자금난은 민족부흥을 촉진하는 따위의 거창한 사업을 하기 위한 것이 아니라 과거에 비이성적으로 확장하고 대단히 위험한 자산 확장의 도박에 빠져서 불러들인 자금난이다. 그렇다면 어떻게 할 것인가? 현실적으로 일단 기다린다. 중앙은행이 자금을 공급하기를 기다리고, 또 자산 가격이 다시 오르기를 기다린다. 그렇게 하는 데는 나름의 이유가 있다. 이제껏 중국의 중앙은행이 자상하게 돌보았기 때문이다. 지난 경험이 이런 사실을 입증한다. 중국의 부동산시장에서 마지막 순간까지 버티던 투기꾼들은 가격이 더 오르기를 끝까지 기다렸다가 잽싸게 팔아치웠다. 한 부동산 개발업자는 주택을 팔지 말지를 토론하는 자리에서 "집을 팔아서 손해를 본 적이 있나요?"라고 물었다. 대답은 "없다"였다. 그러자 그는 단호하게 결론을 내렸다. "그렇다면 더 이야기할 게 뭐가 있나요? 계속 사들이는 거지." 이런 자신감은 중앙정부의 의지를 가볍게 여긴 데서 나온 것임에 틀림없다. 경제성장과 부동산 거품 사이에서 중앙정부는 일방적으로 결정하지는 못한다. 그러므로 기다리는 것이 최선의 전략인 것이다.

하지만 이번에는 상황이 사뭇 다르다. 가장 큰 차이는 중국이 이미 악성 인플레의 가장자리에 다가섰다는 사실이다. 이런 상황에서 정권을 내려놓겠다면 모를까—기득권 세력이 중앙정부의 정책을 인질로 삼아 승부수를 던질 가능성도 결코 배제할 수 없지만, 그런 상황은 우리가 토론할 수 있는 범위를 벗어난다, 중앙정부가 선택할 수 있는 유일한 정책은 계속해서 죄거나 심지어 대대적으로 통화긴축정책을 펼치는 것이다. 따라서 점진적인 정책은 어떤 것이라도 바뀔 수 있으며, 현재의 상황은 어차피 중앙정부의 의도대로 되지 않을 것이다. 낡은 경험으로 새로운 문제에 대처하는 사람들은 머지않아 기다린다는 것이 얼마나 어리석은 행동이었는지 절망적인 눈길로 바라보게 될 것이다. 채무에 내쫓겨 현금을 구하려는 기업과 개인은 자신이 보유한 자산을 투매하게 될 것이다. 누군가 투매를 시작해 자산 가격이 떨어지면, 더 많은 사람들이 더 낮은 가격으로 투매대열에 합류할 것이다. 그러면 거품의 역사에서 반복적으로 나타나는 익숙한 장면이 펼쳐질 것이다. 점점 늘어나는 투매대열이 자산 가격을 더 낮추는 것이다. 그런 과정은 언제 끝날지 아무도 모른다. 마치 중국의 증시가 6,000포인트에서 얼마나 빠질지 아무도 몰랐지만, 결국 1,600포인트까지 내려앉자 큰손들조차 놀라자빠진 것처럼 말이다. 지난 경험에 비추어 보면, 중국의 부동산이 어떤 상황까지 내밀리더라도 전혀 예상할 수 없는 것은 아니다.

투자은행 경제학을 연구하는 사람들은 중국에서는 주택구입자의 본인부담금 비율이 높기 때문에 부동산시장이 붕괴하지는 않을 것이라며 사람들을 안심시킨다. 하지만 이런 주장은 너무 터무니없다. 높은 본인부담금은 거품이 붕괴될 때 은행의 충격을 덜어줄 뿐이지, 결코 투매를 막을 수는 없으며 거품의 붕괴도 막아내지 못한다. 중국의 증권시장은 차입금이 전혀 없었지만 1년이라는 짧은 동안에 70%나 내려앉았다. 게다가 중국 부동산의 본인부담금은 30%밖에 되지 않는다. 그럼에도 그 본인부담금은 많은 젊은 주택구입자들에게는 두 세대(世代)의 저축을 쥐어짜낸 것이다.

경기가 둔화되는 시기에는 실물경제에 유동성이 일시적으로 부족해지는 현상이 흔히 벌어진다. 그것은 각종 자산을 투매해 유동성을 확보하게 압박한다. 중국에서는 명목상 가격이 폭등한 부동산이 가장 먼저 충격을 받을 것이다. 누가 최초의 총성을 울릴지는 알기 어렵지만, 어쩌면 사방팔방에서 총성이 들릴 수도 있다. 그것은 부동산업자일 수도 있고, 유동성이 고갈된 기업일 수도 있으며—중국의 국유기업과 사영기업은 최근 수년 동안에 대거 부동산에 투자했다, 채무부담이 가중된 부동산 투자자일 수도 있다. 중국의 부동산업자들은 단기적 유동성 부족과 장기적 이윤창출 수단의 상실 때문에 값을 낮추어 투매하게 압박받는다. 특히 후자의 경우가 더 중요한 요인이다. 부동산 광풍이 불던 2010년에 중국의 상장 부동산기업의 현금 유동성은 겨우 705억 위안으로, 2009년보다 1,150억 위안이나 줄었다. 단기적으로 보면, 부동산업자는 부동산 거래가 지속적으로 뜸해지는 상황에서, 가격을 낮추어 조금이라도 먼저 현금을 손에 넣는 것 말고는 달리 뾰족한 대책이 없다. 부동산업자가 아무리 똑똑하고 투지가 강해도 투지가 대세를 이길 수는 없는 법이다. 더욱이 이것은 첫걸음에 지나지 않는다.

두 번째 걸음은 부동산업자가 보유한 재고는 가치가 크게 줄어들고, 높은 금리에 따른 무거운 채무부담은 가격을 더 낮추도록 압박해 손익계산서를 최초의 상태로 되돌려 놓는다. 이 과정에서 부동산업자의 잇단 파산은 아주 흔한 일이 된다. 본래 규모 · 속도 · 조작에 의존해 위기감을 조성하고 그로부터 비이성적 소비를 유발해 이윤을 창출하던 중국 부동산의 수법은 경제의 전환 속에서 철저하게 무너지는 역사적 곤경에 처할 것이다. 도시화의 속도가 완만해지고, 경제성장의 속도가 둔화되는 것은 이런 과정에 있어서 촉매제가 될 것이다. 중국 부동산의 거품이 유지될 수 있는 것은 고도성장을 전제조건으로 삼기 때문이다. 그런 조건이 무너지면 거품을 만드는 동력인 '기대'가 순식간에 날아간다. 이제 그런 역사적 순간에 바짝 다가서 있다.

중국에서는 정부, 특히 중앙정부에 대한 매우 왜곡된 신뢰 또한 부동산 거품을 지탱하는 주요한 심리적 요인이다. 중앙정부가 시장행위에 대해 최종적인 책임을 질 것이라는 믿음이 그것이다. 중국의 부동산시장에는 이런 요인이 최대화되어, 지방정부 · 은행 · 기업 · 개인이 경제적 행위에 있어서 방임하게 만들고, 나아가 미시적 시장주체가 동일한 방향으로 모험과 투기를 하게 부추긴다. 한 은행가는 고속철도에 대한 대출이 위험하다는 사실은 바보도 알 것이라는 질문을 받고 "철도부가 대출금을 상환하리라고 믿는다."고 교활하게 답변했다. 그 말에 담긴 이면적 의미는 어차피 정부가 최종 책임을 질 것이므로, 우리는 정부를 믿어야 한다는 뜻이다. 은행만 그런 것이 아니라 투기꾼 개인, 부동산기업, 지방정부도 마찬가지이다. "중앙정부가 모든 것을 해결할 능력을 가지고 있고, 또 반드시 모든 것을 해결해야 한다"는 식의 사고방식은 중국의 부동산산업 전반에 걸쳐 재정적 규제를 느슨하게 만들었고, 나아가 위험이 지속적으로 누적되게 만들었다. 모든 전형적 거품 속에서는 이런 식의 '신뢰'가 가져온 느슨한 규제라는 특징이 있다. 이런 점은 중국에서 유난히 두드러지고, 또 중요하다. 같은 이유로 이런 식의 '신뢰'를 거품을 헤아리는 주요한 반대 지표로 삼아야 한다. 정부의 능력과 신뢰에 대한 어떤 조사에서도 중국은 항상 앞자리를 차지하는 것 같다. 그 이유는 아주 자명하다.

하지만 중앙정부의 능력에도 한계는 있게 마련이다. 극한에 이르면, 스스로 무너지거나 아니면 위험을 시장주체들에게 돌려보내야 한다. 중국은 바로 이런 상황에 놓여 있다.

최근 수년 동안에 부동산 거품이 가져오는 위기가 제법 첨예하게 드러나고 있다. 인플레를 높이고, 대출을 왜곡시키고, 부의 분배를 아주 악화시키는 것이다. 일종의 준(準)공공재인 부동산 거품이 중국 사회의 토대를 심각하게 갉아먹었다는 사실은 부동산 거품이 주식시장의 거품과 다른 점이다. 따라서 부동산 거품의 해결에 있어서, 정책 결정자는 사실상 정치경제학적 선택에 직면해 있다. 즉 기득권 세력에게 자신의 과도한 행위에 대한 대가를 치르게 만들 것인지, 아니면 통화정책이라는 명분으로 홍수와도 같은 인플레를 조성해 그 비용을 사회 전체에 다시 전가함으로써 기득권 세력에게 회생의 길을 터줄 것인가 하는 것이다. 하지만 대세는 부동산에 연관된 기득권 세력에게 아주 불리하다. 인플레의 물결이 모든 것을 휩쓸어버릴 것이기 때문이다.

부동산 거품이 점점 정치와 경제에 심각한 역효과를 일으킨다는 사실에 비추어 보면, 중앙정부는 이제 스스로의 굴레에서 벗어나기로 작정했음을 알 수 있다. 최근 중국의 몇몇 핵심적 경제정책 결정자들이 잇달아 경제에 미치는 큰 파장은 막아야 한다고 언급했다. 그들의 말 속에는 부동산 거품을 줄여서 그것이 중국의 경제성장에 미치는 충격을 얼마쯤 감당하기로 결심했다는 의미가 담겨 있다. 물론 그들이 충격의 강도를 과소평가하고, 또 굴레에서 벗어나는 것을 쉽게 생각했는지 모르겠지만 말이다. 중앙정부가 자발적으로 부동산 거품을 꺼뜨리겠다고 말하지는 못하며, 또 바라지도 않는다. 그들은 여전히 인플레와 부동산 거품이 경제성장과 균형을 이루어, '안정 속에서 빠른' 경제성장을 이룩하기를 바란다. 그들이 생각하는 중국 경제의 이상적인 상태는 거품이 서서히 걷히고 인플레는 온화한 상태를 유지하면서 경제는 꾸준히 7% 내외의 성장을 유지하는 것이다. 이처럼 양쪽으로 승부를 거는 정책은 가장 이성적이며, 기술 관료들의 일관된 태도에도 걸맞은 것처럼 보인다. 하지만 양쪽으로 승부를 걸거나, 심지어 여러 측면에서 도박을 거는 것은 어느 한 가지도 안정시키지 못할 것이다.

우리는 거품이 터지는 것은 경험했지만—그것이 거품이라면, 거품이 연착륙하는 것은 본 적이 없다. 또 스스로 만들어지고 끊임없이 강화되는 인플레는 보았지만, 지도자의 의지에 따라 고분고분 '통제되는'—4% 내지 5% 인플레는 본 적이 없다. 어쩌면 중국의 정책 결정자들이 운이 좋아서 그들이 원하는 대로 될지도 모른다. 하지만 죽느냐 사느냐 하는 중요한 정책을 운세에 맡기는 것은 아주 위험하다. 30년에 걸친 개혁이 이런 식의 제도적 이성을 가져왔다는 사실에 그저 개탄스러울 뿐이다. 현재와 같은 균형정책이 얼마쯤 더 지속되더라도, 중국의 지도자는 결국 거품의 붕괴, 경제성장의 둔화, 악성 인플레 사이에서 고통스러운 선택을 할 수밖에 없을 것이다. 지도자든 국민이든 최악의 파국에 잘 대비해야 한다.

1998년부터 중국에서는 주택제도 개혁이 시작되었다. 그것은 중국 부동산의 시장화를 상징하는 것이었다. 그 후 부동산은 고도경제성장과 더불어 13년 동안이나 호황을 누렸다. 경제성장의 한 가지 원인이자 또한 성장의 결과물인 부동산산업의 향연은 이제 저물고 있다. 그것은 중국의 경제 전환에 있어서 반드시 필요할 뿐 아니라 중국의 경제전환에 있어서 필연이기도 하다. 더욱이 중국 경제의 토대가 지닌 추세에서 파생될 수밖에 없는 결과물의 하나이기도 하다. 우리는 이제껏 없었던 충분한 이유를 근거로, 2010년에 벌어진 부동산 가격의 광풍을 기점으로 부동산 거품은 죽음을 향한 마지막 여행을 시작했다고 믿는다. 그리고 2011년에는 부동산 거품이 꺼지는 것을 상징하는 두드러진 사건들을 두 눈으로 지켜보게 될 것이다.

부동산 거품이 꺼지면서 중국의 자본시장도 엄청난 타격을 입을 것이다.

금융위기를 전후해 중국의 주식시장은 6,000포인트에서 1,600포인트까지 곤두박질쳤다가 슈퍼 부양책에 힘입어 다시 회복세를 보이며 줄곧 3,000포인트를 맴돌았다. 그 때문에 사람들은 중국의 자본시장은 거품이 걷혔고 무척 안전해졌다고 믿는다. 하지만 여전히 제도의 전환기에 놓인 중국의 자본시장은 지수가 보여주는 것처럼 그렇게 깔끔하지는 않으며, 오히려 심각한 구조적 거품이 존재하고 있다. 금융위기 이후로 한층 실질적이고 효과적으로 중국의 증시규모를 평가할 수 있게 하는 시가총액을 보면, 2007년 말에 9조 3천 1백억 위안에서 2010년 말에는 19조 위안으로 2배 이상 폭증했다. 같은 기간 동안에 신규상장은 날마다 한 곳씩 늘어나는 속도로 이루어져, 상장기업의 수는 2007년 말에 1,550개에서 2010년 말에는 2,063개로 빠르게 늘어났다. 슈퍼 부양책이 실시된 동안에 중국 주식시장의 융자 총액은 금융 역사상 새로운 기록을 세웠다.

한편, 중국의 주식시장에는 아주 뚜렷하고 또 매우 심각한 구조적 거품이 나타났다. 주식지수가 3,000포인트를 오르내릴 무렵에 선전(深圳)의 중소판(中小板) 지수는 금융위기 이전의 최고치보다 2배 이상 높아졌다. 또 신규 창업판(創業板)은 7, 80배의 높은 주가수익률로 발행되기가 일쑤였다. 이런 조짐들은 엄청난 자금의 낭비를 감추고 있는 것임에 틀림없다. 불확실성으로 가득한 신흥업종과 경기가 둔화되면 지속될 수 없는 정부의 지원을 받는 산업들은 자본낭비의 심각한 피해를 입을 것이다. 중국 경제의 현란한 반등과 신규상장의 거품과 더불어 중국의 사모펀드 또한 거품이 대단히 심각하다. 해당 업종에 종사하는 필자의 한 친구도 그런 고민을 털어놓은 적이 있다. 손에 돈이 너무 많으면 얼른 털어내야 한다.

하지만 경기둔화에 따른 이윤획득 모델의 파괴와 유동성 위기로 인한 엄청난 유동성 수요는 주식시장을 또 하나의 주요한 현금인출 통로로 만들 것이다. 대주주들의 유동성 위기는 그들에게 주식을 투매하게끔 압박할 것이다. 전유통(全流通)[1] 이후로 중국 주식시장은 실물경제의 주요한 유동성 원천으로 바뀔 것이다. 이런 점은 예전과는 정반대의 양상이다. 주주가 자본시장에서 획득한 현금을 투매하는 상황은 확연히 증가하는 추세이다. 2011년 3월, 상장기업의 대주주들은 모두 5억 3백만 주를 팔아치워, 언쇄지수의 증가폭이 131.8%에 이르렀다. 2010년 한 해 동안에만 중국의 태평스러운 초기 출자자들은 자본시장에서 76억 위안을 인출했다. 하지만 이것이 가장 심각한 문제인 것은 결코 아니다. 금융위기 이후에 중국의 상장은행은 주식시장에서 수천 억 위안을 재융자받아 끝없이 소모되는 자본을 보충했다. 최신 자료에 따르면, 중국에서 가장 돈을 잘 번다고 알려진 석탄기업인 중국신화(中國神華)는 1,200억 위안을 융자받을 계획을 내놓았다. 하루아침에 중국 주식시장이 수많은 기업이 유동성 위기에 대처하는 현금지급기가 되어 버릴 가능성이 충분하다.

중국의 주식시장은 이미 바닥을 쳤다고 생각하는 사람들이 많다. 하지만 그것은 엄청난 오해이다. 중국의 주식시장을 면밀히 살펴보면, 은행주에 대한 평가만이 비교적 합리적일 뿐이다. 중국의 은행에 대한 현재의 평가는 사람들이 생각하는 것보다 훨씬 불안하다. 독점과 고도성장에 힘입어 이윤을 챙기던 중국 은행의 고도성장은 경기둔화와 더불어 끝났다. 향후 중국 은행의 이윤이 대폭 마이너스로 돌아서리라는 것은 더 이상 뉴스거리가 아니다. 중요한 것은 경제체제에서 꾸준히 등장하는 자산재평가에 따라 은행 이외에도 거의 모든 상장기업의 자산을 객관적으로 재평가하게 된다는 사실이다. 자산 재평가와 중국의 경제성장에 대한 예측의 변화는 중국의 주식시장을 거듭 바닥으로 내밀 위험성을 안고 있다.

중국은 간접금융[2]이 절대적 액수를 차지하는 금융시스템이다. 그런데 증시의 시가 총액이 꾸준히 늘어나면서 금융 리스크가 차츰 주식시장으로 전이되고 있다. 이런 사실은 은행이 회수하는 거액의 융자와 새로 상

역주 1) 중국 주식시장의 특수한 제도로, 국유주 · 법인주 같은 비유통주를 유통시키는 작업을 이르는 말. 주식분할 개혁.

역주 2) indirect financing: 자금의 공급자와 수요자 사이에 금융기관이 끼어 있는 금융방식.

장되는 수많은 주식에서 뚜렷하게 살펴볼 수 있다. 경제시스템에 있어서 수년 동안 쌓인 위험이 한순간에 폭발하면, 자본시장도 심각한 타격을 입을 수밖에 없다. 무너지는 둥지 속의 알이 온전할 수 있겠는가?

아주 젊은 중국의 자본시장과 투자자에게는 두 단락의 역사를 다시 일깨워줄 필요가 있다. 미국의 증시는 1929년에 붕괴된 이래로 1954년에 본래의 수준을 회복하기까지 25년이라는 오랜 시간이 걸렸다. 일본의 증시는 1989년에 붕괴된 이래로 22년이 지났지만, 아직도 증시지수는 역대 최고점의 4분의 1에 지나지 않는다. 이처럼 경제의 전환이 가져오는 고통은 자본시장에 있어서도 기나긴 밤과도 같은 슈퍼 하락장세로 나타난다.

거품경제는 꾸준히 가치가 상승하는 자산을—대개는 부동산이다 저당물로 삼아 전체 경제시스템에서 꾸준히 신용을 키우는 과정이다. 그런데 자산가치가 더 이상 오르지 못하고 떨어지면, 신용의 위축도 똑같이 격렬해질 수 있다. 그 과정에 참여한 모든 경제주체의 손익계산서는 누구랄 것도 없이 심한 손실을 입게 된다. 중국의 대기업 · 지방정부 · 투자자 · 주택구매자가 자발적 혹은 피동적으로 광범위하게 이 거품의 대열에 휩쓸린 정도를 고려하면, 손익계산서에 대한 재평가는 시스템 전체의 문제일 것이다. 그리고 그 과정은 거꾸로 실물경제를 심각하게 위축시킬 것이다. 만약 거품이 터지고 경기둔화가 동시에 벌어진다면—지금 보기에는 가능성이 아주 높다, 향후 중국 경제는 한바탕 엄청난 재난에 휩싸일 것이다. 낙관주의자들은 부동산 붕괴가 중국 경제에 미칠 영향을 극도로 과소평가한다. 통계수치에 따르면, 2010년에 중국의 부동산 투자는 GDP의 12%로, 2005년 미국의 최고치인 5%보다도 높다. 더욱이 부동산에 연관된 상류와 하류를 더하면, 부동산의 붕괴는 중국 경제에 엄청난 충격을 줄 것이다. 그것은 일부 사람들의 추산을 훨씬 넘어설 것이다. 마약중독을 끊으려면 희생을 치러야 한다. 중국의 부동산도 마찬가지이다. 그래서 중국 정부는 2011년에 보장방(保障房)에 역점을 두고 추진하고 있다. 보장방 프로젝트는 국민의 삶의 질을 높이는 한편 부동산 폭락에 따른 거래중단이 가져올 충격을 완화하려는 것이다. 하지만 지방정부의 이익과 심각하게 배치하는 보장방 프로젝트의 장밋빛 전망은 그저 중앙정부의 희망사항에만 그칠 수도 있다. 규정대로라면, 2009년에는 2조 9천만 위안의 토지 판매 수익 가운데 10%인 2,900억 위안이 보장방 건설에 투입되어야 하지만, 지방정부는 겨우 460억 위안을 투입해 규정 비율의 6분 1에도 미치지 못했다. 실제 투입이 이루어지더라도 보장방은 1997년에 홍콩 정부가 추진한 '팔만오공옥(八萬五公屋) 프로젝트'[3)]의 역사를 되풀이하는 것은 아닐지 현재로서는 알 수 없다.

중국에서는 지방정부가 부동산 거품에 깊이 개입되어 있다. 따라서 그 재난은 기업에만 한정되지 않으며, 지방정부의 재무구조에도 결정적 타격을 미치고, 나아가 정치시스템에도 일련의 중대한 변화를 가져올 것이다.

12.2. 지방정부와 은행 — 위기가 다시 찾아오다

1978년에 시작된 중국의 개혁 이래로, 경제 중심이 아래로 내려가 각급 지방정부가 전체 경제활동에서 매우 활발한 역할을 맡게 되었다. 1990년대 말에는 중앙정부기업이 우뚝 일어나 중국 경제에 구조적 변화를 가져왔지만, 전체적으로 보면 지방정부는 경제활동의 핵심이며, 최초로 경제성장을 일구어냈다. 이런 의미에서 볼 때, 중앙정부가 늘 말하는 거시통제는 사실상 지방정부에 대한 통제를 의미한다. 불가사의하게 들리지만 이는 실제로 중국에서 벌어지는 이야기이다. 거기에서 파생된 흥미로운 정치학적 문제는 무척 많지만, 여기에서 언급할 필요는 없기에 접어두겠다.

역주 3) 85,000 공공주택 프로젝트 : 홍콩 정부가 1997년에 내놓은 주택정책으로, 해마다 공공주택 85,000가구씩을 공급해 10년 안에 70% 이상의 홍콩 가정이 자기 집을 갖게 하겠다는 야심찬 계획을 세웠으나, 뒤이은 아시아 금융위기로 부동산 가격이 70%나 폭락하면서 많은 중산층을 하우스푸어로 만들었다.

경제활동을 이끌어 나가려면 요소 자원을 장악하고 또 통제할 수 있는 능력이 반드시 필요하다. 1990년대 초에는 지방정부가 현지의 국유은행 책임자를 관리했기 때문에, 은행은 지방정부가 자기 마음대로 주무를 수 있는 출납부서가 되었다. 그런 시스템은 1990년대 초에 큰 경제적 혼란을 불러왔다. 그 때문에 중앙은행은 은행의 권한을 거두어들여 은행과 지방정부와의 관계를 정리했다. 하지만 경제활동을 이끌어가는 지방정부가 쌀도 없이 밥을 지을 수는 없었다. 지방정부는 심사숙고한 끝에 은행보다 더 '돈을 잘 버는' 지름길인 토지를 찾아냈다. 2000년대에 들어서면서 토지는 지방정부가 움켜쥔 조커가 되었고, 경제활동을 이끌어가는 데에 있어서 무한한 능력을 지닌 비밀병기가 되었다. 누군가는 이런 사실을 토지재정으로 개괄하지만, 그것은 절반만 맞다. 지방정부에게 토지는 재정이자 금융이며 심지어 통화발행권이다. 토지는 거의 모든 사회 자본을 움켜쥐고 흔들었다. 수년 동안 밀고 당기다 지방정부는 마침내 토지를 통해 모종의 금융통제권을 다시 손에 넣었다. 이 모든 것을 움켜쥐자 지방정부는 중국 경제성장의 명실상부한 엔진이 되었고, 중국 경제의 화복도 여기에서 비롯되게 되었다.

지방정부는 토지시장을 마음껏 주물렀다. 그들은 토지 가격을 독점적으로 매겼고, 토지 가격의 폭등을 조종했다. 지방정부의 의지대로 토지 가격은 정해졌고, 가격을 올리고 싶으면 수요가 바닥날 때까지 올렸다.

토지에 대한 지방재정의 높은 의존도는 부동산 거품에 대한 지방정부의 강한 동기를 유발했다. 지가가 오를수록 토지매각 수입은 늘어나고, 부동산 소비자와 투자자가 걱정할수록 거래는 더 활발해져 지방정부의 수입이 그만큼 늘어나기 때문이었다. 불행하게도 지방정부에게는 그런 동기가 있었고, 게다가 능력과 수단까지 움켜쥐고 있었다. 단맛을 본 지방정부는 부동산 거품에 완전히 중독되었다. 그러자 다른 지방정부들도 다투어 따라했다. 중국의 대도시와 중소도시에서 토지매각 수입은 대략 지방재정 수입의 3분의 1에 이른다. 지금의 토지 모델을 만든 항저우(杭州)의 경우를 예로 들면, 2009년에 토지수입은 1,200억 위안으로, 500

억 위안이던 지방재정 수입의 2배가 넘었다. 2009년 전국의 토지매각 수입은 1조 5천억 위안으로, 전체 지방재정 수입의 46%에 해당되었다. 그 수치는 1년이 지난 2010년에는 2조 9천억 위안으로 거의 2배 가까이 가파르게 늘었다. 부동산산업에서 파생된 관련 세수까지 따진다면, 부동산은 지방 경제의 명맥일 뿐 아니라 중국 경제의 명맥이다. 지방정부가 부동산에 깊이 의존하고 또 간절히 바라는 이유를 알 수 있다. 미래 중국 경제의 운명이 여기에 달렸다는 사실에는 의문의 여지가 없다. 대형 경제체가 이처럼 부동산에 매달리는 것은 황당한 일이지만, 그것은 엄연한 사실이다. 항간에 나도는 "GDP는 '가오디피(搞地皮)' 이다."[4]—'가오디피(搞地皮 Gao Di Pi)'를 약어로 쓰면, 'GDP' 이다라는 우스갯소리는 실로 적확한 표현이다.

중국의 지방정부는 토지를 부동산 개발업체에 직접 매각해 이익을 챙기고, 또 지방융자평대공사(地方融資平臺公司)[5]를 통해 토지를 은행에 담보로 맡기고 거액의 현금을 손에 넣기도 한다. 2009년 이후에 대거 늘어난 지방융자평대공사는 지방정부에 자금을 조달하는 가장 주된 통로가 되었다. 지방융자평대공사의 심각성을 처음으로 지적한 미국 노스웨스턴대 조교수 스쭝한(史宗瀚)의 통계에 따르면, 2004년부터 2009년 말까지 지방투자기관의 대출 총액은 1조 6천억 달러에 이른다. 이 수치는 2009년 중국 GDP의 3분의 1에 해당되며, 정부의 토지매각 수입을 훨씬 앞지른다. 토지를 개발업자에게 매각할 수도 있고 은행에 직접 매각할 수도 있다는 점은 지방정부에게 부동산 거품을 한껏 부풀리고 싶은 충동을 불어넣었다. 그런데 황당하게도 지방정부는 그 게임에서 어떤 위험도 없이 수익만 챙긴다. 은행에 직접 담보로 맡기고 받은 돈이든 개발업자가 은행대출을 받아 지방정부에게 치르는 토지대금이든, 지방정부는 어떤 책임도 질 필요가 없으며, 위험은 오롯이 은행에 떠넘겨지거나 아니

역주 4) 부동산의 산업파급 효과가 커서 GDP를 높이려면 부동산을 성장시키는 것이 필수적이라는 비유이다.

역주 5) 지방정부와 관련 부서가 재정이나 토지 · 증권 등 자산을 출연해 설립한, 정부투자 프로젝트의 융자를 담당하는 독립법인.

면 아예 금융시스템의 리스크에 대해 최종 책임을 지는 중앙정부에게 돌아가기 때문이다. 이처럼 위험과 수익이 완전히 불균형을 이루는 게임에서 지방정부가 유일하게 할 일은 토지 가격을 최대한 끌어올려 단시일에 현금 유동성을 최대한 확보하는 것이다. 여기에는 또 하나의 결정적 참여자가 있다. 바로 은행이다. 보다 정확하게 말하면 국유은행이다. 리스크에 값을 매기는 전문기관으로서, 은행은 자기 통제를 하면서 항목별 리스크에 따라 상업적 판단을 할 것이다. 하지만 상황은 전혀 그렇지 않다. 천문학적 비용을 들여 개혁되었다는 중국의 국유은행은 여전히 장기적인 관리책임시스템을 만들어 놓지 않았다. 은행가처럼 보이는 책임자들은 예전 그대로 좋은 자리로 영전하기를 기다리는 관료들이다. 제도를 개혁하고 상장한 국유은행이 오히려 단기 이윤의 극대화를 추구하는 에너지를 지니고 있다는 사실은 너무 터무니없다. 지방정부에 제공하는 대출은 중국 은행의 독특한 관리책임시스템과 환상적으로 맞아떨어졌다. 대출에 문제가 생기더라도 그것은 수년 뒤의 일이며, 또한 정부 내에서 문제가 생기는 것이다. 우리가 누군가? 본래 한 집안 사람이 아닌가? 이런 사실을 알고 나면, 지방융자평대공사가 왜 문전성시를 이루고, 은행들은 왜 다투어 달려드는지 어렵지 않게 이해할 수 있다. 1990년대에 강제로 분리된 지방정부와 은행의 인연은 21세기에 들어 토지로 말미암아 더욱 긴밀하게 엮어졌다.

지방정부가 주도하고 국유은행이 호흡을 맞춰서 심각하게 고평가된 중국의 토지와 주택의 가격 거품은 이제는 수습하기 어려울 정도로 커졌다. 2010년에 중국의 주요 도시에서는 토지 가격이 심각하게 고평가된 상태에서 거래량이 60%나 늘었다. 베이징에서는 상업용 부동산의 가격이 100%나 올랐다. 투기시장에 경험이 있는 투자자들조차도 이것이 거품의 마지막 발악이 아니라고 말하기는 어려울 것이다. 어떤 측면에서 보면, 중국의 부동산 가격은 이미 가능한 미래 수익과 보통사람의 소비능력에서 심각하게 벗어났다. 이런 사실은 부동산이 지니는 투자상품으로서의 속성과 소비 상품으로서의 속성에 부응한 것이다.

중국의 부동산시장에서는 "정부가 이익을 챙기는데, 부동산 가격이 떨어지도록 내버려두겠는가?"라는 말을 언제나 듣게 된다. 정부는 거품을 늦출 힘은 있지만 거품의 붕괴를 막기는 어렵다. 오히려 정부는 시장을 한층 비이성적으로 만들어서 조정받을 압력을 키울 수 있다. 이것이 중국 특색을 지닌 부동산시장의 다행스러운 구석이자 서글픈 구석이다. 불가(佛家)의 말에 "형세는 소진해서는 아니 된다. 형세가 소진되면 반드시 화가 찾아드는 법이다."[6]라고 했다. 지방정부가 부동산을 이용하는 것에 잘 어울리는 말이다. 아울러 한 가지 더 지적해 두고자 한다. 전통적 자본주의와 중국식 시장경제가 다른 점은, 전자는 불확실성 속에서는 시장 주체가 전반적으로 신중해져 은행은 대출을 꺼리고 기업은 차입을 꺼리지만 국유은행과 국유기업의 점유율이 극히 높은 후자는 은행과 기업이 명령이나 암시에 따라 정반대로 나아갈 수 있다. 후자는 마치 주기에 맞서는 어떤 능력을 지닌 것처럼 보이지만, 불황이 덮치거나 상승세에 대한 기대가 무너지면, 단기적인 경기상쇄는 오히려 불황을 가중시킬 수 있다. 사실 후자의 경우는 불황이 오지 않으면 괜찮지만, 불황이 덮친다면 아주 심각한 불황으로 번질 수 있다.

부동산은 지방정부에 큰 이익을 가져다주지만, 부동산 거품이 가라앉으면 지방정부에 큰 상처를 입힐 것이다. 그런 상황은 일찍이 펼쳐진 적이 있었다. 2008년에 중국의 부동산이 침체되면서 주요 도시의 토지 양도금은 평균 50%가 떨어졌고, 심한 곳은 90%까지 떨어졌다. 당시 지방정부의 절규소리가 여기저기에서 들렸다. 토지수입이 지방재정에서 차지하는 비중 때문에 부동산 침체는 지방정부의 재정수지를 심각하게 악화시켰다. 2008년에는 중국의 부동산이 침체에 빠졌을 뿐이었다는 사실에 주의해야 한다. 만약 거품이 터진다면, 부동산 거품과 연관된 모든 수입은 연쇄적으로 하락할 것이다.

거품의 붕괴는 본래의 추세가 갑자기 중단된다는 의미이며, 또한 전체

역주 6) "勢不可用盡, 勢若用盡, 禍一定來." 중국 선종의 5조인 법연(法演) 선사가 불과(佛果) 선사에게 해준 말로, '법연사계(法演四戒)'의 하나이다.

시스템이 돌변한다는 의미이다. 그것이 초래하는 모든 변화도 단선적인 것은 아니다. 토지 가치가 대폭 조정되면서 지방융자평대공사의 채무부담은 크게 늘어날 것이고, 지방정부의 파산도 결코 의외는 아닐 것이다. 그런 상황에서 실물경제마저 함께 침체되고, 그것도 급격하게 침체된다면, 세수 감소로 지방정부의 수입은 단기적으로 고갈될 수도 있다. 토지 양도금은 원래 미래의 토지 임대수익을 가져온 것이기 때문에 지금 많아지면 미래에는 줄어드는 법이다. 정부가 토지 양도금 수입을 늘리는 만큼 주민의 미래 소비는 줄어들게 되고, 기업의 부채는 늘어나게 된다. 중국 지방정부의 채무액은 정확히 계산하기 어렵지만, 일반적 통계에 따르면, 10조 위안에 육박한다. 중국은행감독관리위원회의 통계에 따르면, "지방평대공사의 대출금을 지방정부의 재력과 비교해 보면, 채무비율은 97.8%에 이르며, 일부는 200%를 넘는 도시도 있다." 만약 부동산이 붕괴된다면 지방정부는 즉시 채무위기에 빠질 것이다. 2011년 12월에 블룸버그[7]가 "중국에서 11곳의 성급(省級) 지방평대공사가 대출이자의 상환을 연기했다."고 보도한 것은 이런 문제에 대한 최신 자료이다.

부동산 거품의 붕괴는 지방정부를 즉시 심각한 곤경에 빠뜨릴 것이라고 단정할 수 있다. 지방정부의 과도한 사치와 낭비성 지출은 그것이 공공투자에 투입하는 것이든, 정부 자신의 복지를 모색하는 것이든, 각종 '국제센터' 처럼 과시하고 명성을 얻으려는 것이든 모두 자금 조달이 난관에 부딪칠 수 있다. 최근 수년간 중국 지방정부의 관료들은 "돈은 문제가 아니다."라는 말을 입에 달고 다녔다. 그 기고만장한 모습 앞에서 서구의 관료들은 부끄러워했고 벼락부자들도 탄식을 내뱉었다. 그 말에는 정부가 온갖 명목으로 벌이는 엄청난 투자와 지출 가운데는 맹목적이고 낭비적이고 비효율적인 요소가 상당부분 들어 있다는 의미가 담겨 있다. 중국의 화둥(華東)[8] 지방에 있는 한 도시에서는 지방정부가 신흥산업

역주 7) Bloomberg: 1981년에 설립된 미국의 미디어 그룹으로, 금융시장의 뉴스와 데이터, 분석정보를 서비스한다.
역주 8) 중국의 동부 지역에 있는 상하이, 장쑤성, 저장성, 안후이성, 푸젠성 등을 이르는 말.

을 발전시키겠다며 해당 기업에 많은 보조금을 지급했다. 그런데 한 친구가 내게 일러주기를 "기업 등록만 했는데도, 실사조차 없이 그 자리에서 수백만 위안의 보조금을 지급했다."고 한다. 부동산 거품이 터진다면 지방정부가 벌인 많은 공사는 유동성 문제로 좌초될 것이다. 또한 걸핏하면 한 상에 수만 위안 심지어 10만 위안씩이나 하는 회식자리도 줄여야 할 터이다. 중국의 경제성장에 시동을 켜고 이끌어 온 지방정부의 역할은 마비될 것이고, 고도성장을 이끈 높은 투자의 요술방망이도 근원이 없는 물처럼 말라버릴 것이라는 사실은 더욱 심각한 문제이다.

만약 이런 문제가 일부 지방정부에서만 나타나는 것일 뿐이라면 중앙정부가 현재의 재정능력으로 구제할 수 있을 것이다. 하지만 부동산이 붕괴되면 지방정부의 재정난은 보편적 현상이 될 것이다. 그런 상황에 이르면 중앙정부의 재정능력도 곤경에 빠질 것이다. 중국의 시스템에서는 지방정부의 채무는 본질적으로 국가의 채무이다. 지방정부가 채무를 상환하지 못한다면 그 채무는 위로 올라가 국가의 채무가 되게 마련이다. 그런 상황에서는 매우 안전한 것처럼 보이는 중국의 채무비율은 그다지 안전하지 못하게 될 것이다.

직권이 아래로 내려가면서 지방정부의 지출은 강해지는 특징을 갖게 되었다. 지방정부가 위기에 빠진다면, 중앙정부와 지방정부를 담판자리에 다시 앉게 압박할 것이다. 그것은 중앙정부와 지방정부의 권력을 재편하는 계기가 될 것이고, 중국의 정치시스템과 사회시스템에 대한 중요한 조정이 될 것이며, 그로부터 비롯되는 일련의 변화는 예상할 수 없는 큰 의미를 가질 것이다. 지금과 같은 중앙과 지방의 분권체제는 1990년대 초에 경제위기를 겪고 나서, 당시 총리이던 주룽지(朱鎔基)가 지방의 지도자들과 일대일로 어렵게 담판을 벌인 끝에 만들어낸 것이다. 그런 체제는 지난 15년 가까이 중국의 경제적 성과를 지탱해 왔다. 이제 중국의 각급 정부와 기업이 오랫동안 유지한 밀월관계가 끝나가고 세금은 무거워질 것이라는 사실은 매우 고무적인 일이다.

지금의 부동산 거품은 지방정부와 은행이 공조해 만든 것이다. 따라서 부동산 거품의 붕괴는 지방정부를 늪으로 밀어 넣을 뿐 아니라 은행도 늪으로 밀어 넣을 것이다. 중국의 은행 감독자들은 시종일관 중국의 은행은 안전하다며 낙관적 태도를 보인다. 하지만 상황에 대한 그들의 예측은 결코 만족스럽지 못하다. 지방융자평대공사는 분명 뜨거운 감자임에 틀림없다. 앞서 말했듯이 지방융자평대공사는 대부분 과도하게 고평가된 토지 가격을 융자의 담보로 삼았다. 부동산 거품이 붕괴하면 담보가치는 심각하게 떨어지게 마련이다. 기실 여러 곳의 지방융자평대공사는 사기에 못지않은 수법으로 부당하게 은행대출을 받아냈다. 중국금융감독관리부처가 조사한 것에 따르면, 어떤 지방에서는 절반 가까운 지방융자평대공사가 현금 유동성이 제로 내지 마이너스이다. 그들의 사기 수법은 이미 마각을 드러냈다. 한 은행 책임자는 "여러 지방정부의 지방융자평대공사에서 제공한 담보는 이미 깡통이 되었거나 채무가 연체되는 상황이 나타나고 있다."고 털어놓았다. 소시에테제네랄[9]의 2011년 3월 보고서에는 "2010년 상반기에 중국의 지방정부가 투자기업에 대출한 금액은 약 7조 6,600억 위안이다. 이 가운데 50%의 대출에서 50%의 손실이 생긴다면, 은행업계는 전체 대출 가운데 6%의 손실을 보게 될 것이고, 은행자본의 60%가 소모될 것이다."라고 예상했다. 같은 부류의 통계를 살펴보면, 이 보고서가 결코 지나치지 않다는 사실을 알 수 있다. 이처럼 암울한 예측에 대해 중국의 한 대형 국유은행 이사장은 "우리는 이 문제를 3년 내에 순조롭게 해결할 것입니다."라고 자신만만하게 장담했다. 그는 뒤이어 "지난 수십 년 동안, 국외의 많은 분석가들이 중국 경제가 위기에 부딪칠 것이라고 예측했지만 그렇게 되지는 않았습니다. 그들의 예측이 번번이 빗나갔다는 것을 사실이 입증하는 데도, 그들은 계속해서 이런저런 예측을 내놓느라 골몰합니다."라며, 비관적인 예측가들을 비웃었다. 하지만 그는 지난 경험에만 의존할 뿐이다. 격심한 변혁의 시기에 처한 경제체에게 지난 경험은 지혜의 천적이 되는 경우가 많

역주 9) Société Générale: 1864년 설립된 프랑스에서 가장 오래된 시중은행. 국제금융시장에서는 '속젠(SocGen)'이라고 부른다.

다. 중국의 은행이 직면한 위험은 비단 지방융자평대공사에만 그치는 것은 아니다.

앞서 말했듯이 지방융자평대공사는 중국 부동산의 일부분에 지나지 않는다. 만약 부동산 전체가 무너진다면 은행이 마주하게 될 위험은 갑자기 커질 것이다. 프로젝트파이낸싱과 모기지론의 위험도 꼬리를 물고 터질 것이다. 2010년 4월 경제금융형세통보회의에서 중국은행감독위원회 주석은 2010년 1분기에 부동산 관련 대출이 20조 위안에 이르러 중국의 전체 대출의 절반에 육박한다고 털어놓았다. 이토록 높은 대출집중도와 대출액은 지난 30년 동안에는 한 차례도 나타난 적이 없었다. 그렇게 보면, 앞서의 국유은행 이사장의 판단은 너무 낙관적이고 또 너무 경솔하다. 그의 판단은 중국이 지난 30년처럼 고도성장을 할 것이라는 가설에 의존하고 있음에 틀림없다. 고도성장은 중국 은행의 각종 손실을 덮어주었고, 비정상적인 발전을 이끌었다. 하지만 역사가 직선적으로 발전한다고 가정하는 것은 누구나 쉽게 할 수 있지만 대단히 위험한 생각이다. 그런데 중국의 은행은 일본의 은행처럼 부동산을 대거 매입하지 않았기 때문에 부동산 붕괴가 은행업계에 위기를 가져오지는 않으리라는 아주 교조적인 견해가 있다. 하지만 중국의 국유은행은 지방정부라는 자기편을 통해 간접적으로 많은 부동산을 사들였다. 그러니까 중국 국유은행의 자산 가운데는 과도하게 고평가된 다량의 부동산이 숨어 있는 것이다.

부동산의 붕괴는 중국의 은행이 미래에 부딪칠 첫 번째 타격일 뿐 아니라 중국의 실물경제에는 더 심각하고 장기적인 타격을 입힐 것이다. 역시 예전의 경험에 비추어 항만 · 화력발전소 · 고속도로 · 공항 · 고속철도 같은 각종 인프라 건설에 들어간 중·장기 대출은 고도성장을 통해 소화될 수 있다고 낙관적으로 볼 수도 있다. 하지만 고도성장이 영원히 계속될 수는 없다. 실물경제가 위축되면 이런 대출은 중국 은행에게는 악몽이 될 것이다. 특히 이런 대출은 대부분 최근 10년 동안에 중국 경제에서 활약이 커지는 중앙정부기업이 받았다는 사실이다. 중국에서 규모가 점점 커지는 중앙정부기업 역시 지방정부와 마찬가지로 규제가 느슨하기로 유명하다. 지금 중국 은행의 상황을 고려하면, 은행은 거품 붕괴의 첫 번째 충격에서는 다행히 살아남을 것이다. 부동산 거품의 붕괴는 일련의 중대한 변화의 시작일 뿐이라는 점이 문제이다. 본래의 조건에 변화가 생기면 더 중요한 조건이 연쇄적으로 변화할 수 있다. 그 변화가 실물경제의 위기를 의미한다면, 하강의 피드백 효과가 벌어질 것이다. 그러면 중국의 은행도 2차, 3차 심지어 더 여러 차례에 걸쳐 타격을 받을 것이다. 하강의 피드백 효과는 여러 가지 부정적 요인이 한꺼번에 벌어지거나 잇달아 벌어짐으로써 경기가 계속 둔화되는 것이다. 이런 상황은 근본적으로 은행이 정태 분석[10]을 통해 가설(假說)할 수 있는 것이 아니다.

중국의 은행들은 업무 방식과 대출 관행에 있어서 아주 높은 동질성을 지닌다. 이른바 '자본 소모형 모델'이라는 것인데, 이 모델은 은행에게 최대한 대출을 하도록 장려한다. 중앙은행이 예대금리차를 고정시켜 놓은 상황에서 대출은 가장 손쉬운 이윤창출 모델이다. 부단한 융자로 자본을 늘리는 이윤창출 모델은 중국 경제가 지닌 보편적 이윤창출의 모델이기도 하다. 이처럼 높은 동질성에 비추어 보면, 위기가 벌어졌을 때 살아남을 수 있는 은행은 아주 적을 것이다. 또한 은행의 위기를 키우는 진도(震度)는 숙명적으로 정해져 있다. 최근 1, 2년 동안 금융관리감독당국은 은행업계에 각종 채널을 통해 자본금을 보충하라고 지속적으로 재촉했다. 그것은 머잖아 부실채권 충격이 다가올 것을 얼마쯤 감지했기 때문이다.

부실채권에 따른 중국 은행의 다음번 손실에 대해서는 여러 가지 추산이 나온다. 5조 위안이라고 보는 사람도 있고, 10조 위안이라고 보는 사람도 있다. 가장 놀라운 예측은 조지 프리드먼[11]이 「중국 2020: 종이호

역주 10) statics analysis : 시간의 변화를 고려하지 않고, 경제현상 간의 상관관계를 분석하는 것.
역주 11) 미국의 군사정치 전문가. 루이지애나 주립대 교수를 거쳐, 1996년 정치 · 경제 · 외교 싱크탱크인 스트랫포(STRATFOR)를 설립했으며, 저서로 *The Next Decade, The Next 100 Years*가 있다.

랑이」[12]에서 내놓은 것이다. 프리드먼은 중국 은행의 부실대출 규모는 GDP의 40%에 이르고, 액수는 16조 위안에 육박한다고 주장한다. 하지만 특정한 가설을 전제한 이런 추산은 그다지 믿을 만하지 못하다. 경제 체제가 어떤 상태에서 다른 상태로 바뀌거나 크게 변화할 때, 일체의 가설은 전혀 달라지므로, 그것을 근거로 한 예측은 무척 정확해 보이더라도 결국 크게 어긋나 웃음거리가 될 뿐이기 때문이다. 중요한 여러 가지 변수를 애당초 고려하지 않은 것은 흔히 볼 수 있는 문제점이다. 최종 결과가 어떠하든, 중국의 국유은행이 지금 가지고 있는 자본금으로는 해결하기 어렵고, 국유은행의 보이지 않는 보증인인 중앙정부가 다시 등장해야 할 것이다. 서방의 한 평론가는 "정부는 끊임없이 돌아가는 거품의 슈퍼 주기에 있어서 마지막 체인이다."라고 예리하게 지적한 바 있다. 이론적으로는 중국 정부가 1990년대에 은행을 구제한 것처럼 은행을 구제할 수도 있다. 하지만 그것은 전체 국민에게서 높은 인플레 세금을 거두는 것을 대가로 한다는 것은 누구나 알고 있다. 중국 사회가 깨어난 지금 그런 낡은 방법이 예전처럼 저항 없이 통할 수 있을지 의문스럽다. 더욱이 그런 상황이 되면 중앙정부 자신도 수렁에 깊이 빠질 수 있고, 중국의 금융시스템이 건전성을 회복할 가능성도 까마득해질 것이라는 의구심마저 든다.

세계화와 시장화의 행운에 감사하며, 중국의 은행과 지방정부는 십여 년 동안 생각지도 못한 달콤한 시절을 지냈다. 머지않은 장래에 그들은 1990년대와 같은 어려운 시기로 나란히 빠져들 것인가?

12.3. 자본 유출의 그림자

3조 달러나 되는 외환 보유고 때문에 선진국들이 인민폐(人民幣)의 평

역주 12) 「China 2020: Paper Tiger」는 *The Next Decade*의 한 장(章)이다.

가 절상을 강력하게 요구하고 있는 이 시점에서 자본 유출과 인민폐의 평가 절하를 논하는 것은 상식에 맞지 않는다고 생각될 것이다. 하지만 영리한 사람들은 이미 은밀하게 자본 유출을 행하고 있다. 선진국 경제가 위기에 빠진 2009년에 중국에서는 이상하리만치 이민의 추세가 눈에 띄게 늘어났다. 『난팡저우모(南方週末)』[13]가 보도한 것에 따르면, 2009년에 투자이민을 위해 미국의 EB-5 비자[14]를 신청한 중국인의 수는 두 배로 늘어났다. 그 보도에 인용된 또 다른 자료를 보면, "2008년 10월부터 2009년 9월까지의 회계연도에 EB-5 비자를 발급받은 이민자는 1년 전에 1,443명에서 4,218명으로 늘어났는데, 그 가운데 70%가량이 중국에서 들어왔다."고 한다. 또 자오상은행(招商銀行)[15]과 베인앤드컴퍼니[16]가 근자에 내놓은 보고서에 따르면, "중국의 개인이 보유한 해외자산은 빠르게 늘어나 2008년부터 2010년까지 연평균 복합성장률(CAGR)[17]이 100%에 육박한다. 뿐만 아니라 근자에는 중국의 해외 투자 이민자 수가 가파르게 증가하고 있다. 미국의 경우, 중국의 투자 이민자 누계를 보면, 최근 5년 동안 그 복합성장률이 73%에 이른다."고 밝혔다. 이로써 보면 중국에서의 이민과 자본 유출은 빠른 추세로 늘어나고 있다. 일상에서는 이민기업의 광고가 점점 늘어나고 이민 관련 산업이 점점 호황을 누리는 것에서 이런 추세를 읽어낼 수 있다. 중국의 이민 물결은 꾸준히 성장하고 있음에 틀림없다.

매체에 보도된 "2009년에 캐나다 이민자가 2만 5천 명이고, 미국 이민자가 6만 5천 명"이라는 대략적 통계를 근거로, 이민자 한 사람이 인민폐 100만 위안씩을 가지고 떠난다고 가정한다면, 해마다 중국에서 이민을 통한 자본 유출은 수천 억 위안에 이른다. 이런 사실은 핫머니가 꾸준히 밀려드는 것과 더불어 다른 한편으로는 자본 유출의 잠재적 동향도

역주 13) 1984년 광저우에서 창간된 주간지.
역주 14) Employment-Based Immigration: Fifth Preference EB-5.
역주 15) China Merchants Bank: 1987년 설립된 중국 최초의 민간 상업은행.
역주 16) BAIN & COMPANY: 미국의 투자전략 자문기업.
역주 17) Compound Annual Growth Rate: 여러 해 동안의 성장률을 평균으로 환산한 것으로, 매년의 성장률을 산술평균이 아닌 기하평균으로 환산한다.

거세다는 것을 보여준다. 이는 마치 중국인이 가장 흥미롭게 떠벌이는 외부의 돈은 들어오려 하고 내부의 돈은 빠져나가려 한다는 것이다. 밀려드는 핫머니는 중국에서 잠시 머무를 뿐이지만, 이민자가 들고 나가는 자본은 영구적이라는 점이 다를 뿐이다.

중국식 모델이 큰소리를 치고 있고 중국 경제는 한낮의 태양과도 같은 시점에서 꾸준히 늘어나는 이민의 물결은 분명 상식적으로 이해할 수 있는 것이 아니다. 만약 그들이 죄다 얼간이라면 그만이겠지만, 그들은 뛰어난 재능을 가졌거나 재산이 많은 영리한 사람들이다. 영리한 사람들이 하는 행위의 이면에는 언제나 남들이 모르는 뛰어난 판단과 이성적 계산이 감춰져 있다. 법률시스템이 잘 갖춰져 있고 사회가 안정적이라는 점은 논외로 하고 경제만 놓고 보더라도, 이민 추세는 갈수록 기반이 탄탄해지는 것 같다. 사실 중국에서는 생활비가 빠르게 치솟고 있다. 주택 · 자동차 · 사치품 등 중국의 중산층이 가장 관심을 갖는 상품의 경우, 중국에서의 절대가격은 이미 미국을 훌쩍 넘어섰다. 중국에서 만든 '이탈리아 모피코트'는 미국의 버팔로에서는 70달러에 할인판매되지만, 중국에서는 1,500위안에 팔린다. 지금 환율로 따져보면 230달러 정도로, 미국에서의 판매가격보다 3배 이상 비싸다. 중국의 인플레가 지금 추세대로 높아진다면, 몇 년 이내에 중국의 일반 소비재의 가격은 전반적으로 미국보다 비싸질 것이다.

이런 사실을 구매력평가(PPP)[18]에 따라 따져보면, 인민폐가 평가 절상될 여지는 사실상 아주 제한적이라는 의미를 갖는다. 세계은행이 형량(衡量) 평가에 사용하는 구매력 등가달러[19]의 인민폐에 대한 환율이 근자에 꾸준히 절상되고 있다는 사실은 그 증거가 된다. 즉 2006년에 2.0872위안이던 것이 2007년에는 3.6471위안이 되었고, 2008년에는 3.8044위안으로 올라갔다. 2010년부터 지금까지는 꾸준히 인플레가 있었기 때

역주 18) purchasing power parity: 스웨덴 경제학자 구스타프 카셀(Gustav Cassel)이 내놓은, 국가 간 환율은 각국의 구매력에 의해 결정된다는 이론.

역주 19) International Geary-Khamis dollars.

문에 이 비율은 당연히 더 높아졌을 것이다. 소란스러운 평가 절상의 목소리 속에서 인민폐의 구매력 평가는 오히려 조용히 평가 절하되고 있다. 이런 사실은 1년 만기 달러의 인민폐에 대한 역외선물환(NDF)[20]의 오퍼가격이 시종 소폭 상승에 그치는 주요한 이유이기도 하다.

이민은 경제적 본질에 있어서는 일종의 투자 행위이다. 즉 나라와 나라 사이의 생활비, 비즈니스 비용, 환경, 법치, 사회의 안정과 조화 정도를 비교해 수익을 얻는 행위이다. 그러므로 이민은 '이민 투자'라고 불러야 할 것이다. 현재 중국에서 이민 투자는 자본 출입의 선행지표로 아주 적합할 것이다. 그런 의미에서 이민의 추세가 갑자기 늘어나는 것은 중국이 자본 유입에서 자본 유출로 돌아서는 전환점에 서 있음을 보여주는 것일 수도 있다.

지난 20년, 특히 중국이 WTO에 가입한 최근 10년 동안에 많은 자본이 중국으로 쏟아져 들어왔고, 여기에 중국이 스스로 쌓은 무역흑자가 더해지면서 경제사에 있어서 놀라운 외환보유고를 기록하게 되었다. 중국이 국제자본을 끌어당기는 자석이 될 수 있었던 데에는 두 가지 결정적 요인이 있었다. 하나는 정부가 강력하게 조성한 초저비용 환경이고, 다른 하나는 경제의 고도성장이다. 이 두 가지 요소는 중국을 국제자본에게는 더 없이 좋은 투자의 천국으로 만들었다. 따라서 중·장기적 관점에서 보면, 중국에 자본이 드나드는 것에 대해서는 이 두 가지 핵심적 조건을 창구로 삼아 살펴볼 수 있다. 일찍이 자본에게 치명적 미끼가 되었던 이 두 가지 조건은 이제 중요한 갈림길에 서 있다. 거듭 말했듯이 중국은 각종 비용이 꾸준히 상승하는 단계에 있다. 지난 날 중국의 극도로 낮은 비용은 경제비용과 비즈니스 비용을 사회로 전가한 것이었다. 이에 대한 반동으로서 사회의 역방향 움직임은 지난날 사회에 전가된 성장과 비즈니스의 비용이 다시 정부와 기업을 향하게 될 것이라는 경제적 의미를 갖는다. 사회의 가장 깊고 가장 낮은 곳에서부터의 이런 반발의 움직

역주 20) Non-Deliverable Foward: 만기에 계약 원금의 교환 없이 계약 선물환율과 현물환율 간의 차이만을 계약 당시 약속한 지정통화로 결제하는 파생금융상품.

임이 밀어올리는 비용을 정부가 감당하기는 어렵다. 게다가 근자에는 중국 정부가 고도성장을 유지하기 위해 조장한 인플레와 거품을 거듭 진정시킴에 따라 향후 비용 상승의 가능성은 점점 뚜렷해지고 있다.

중국은 이제 고도성장의 말기에 들어서 있다. 중국이 고도성장으로부터 중속성장 내지 저속성장으로 전환할 것인지, 아니면 깊이를 알 수 없는 경제의 구렁텅이로 단숨에 빠져 버릴 것인지는 단정할 수 없다. 하지만 어떤 경우든 들어온 자본의 투자회수율은 급격하게 낮아질 것이다. 그것은 국제자본이 벌떼처럼 몰려들던 중국의 환경에 심각한 변화가 생기고 있다는 의미이다. 이제 중국에서 많은 이익을 챙기던 자본은 떠날 채비를 하고 있다. 그들이 기다리는 것은 게임이 끝났음을 알리는 총소리이다. 그 신호는 악성 인플레일 수도 있고 경제의 경착륙일 수도 있다. 아니면 어떤 정치적 · 사회적 신호일 수도 있다.

사실 오랫동안 중국으로 밀려든 많은 자본은 중국을 투기대상인 주식으로 삼았다. 모든 투자자가 신호를 확인하는 그 순간은 바로 슬며시 빠져나갈 타이밍이다. 마치 증시가 전망이 좋으면 사람들이 열광적으로 덤벼드는 것처럼 말이다. 다만 도박판이 너무 커졌기 때문에 조 단위의 달러 자금이 눈치를 보다가 빠져나가면, 한바탕 큰 경제적 재난이 벌어질 것이 틀림없다. 풍랑이 잠잠해지면 이윤을 좇는 자본의 속성은 다시 이익을 좇아 탐욕스러운 본성을 드러낼 것이다. 위기의 순간에 자본은 극단적으로 위험을 기피하는 경우가 흔하다.

만약 외국인 직접투자(FDI)를 장기 투자로 간주하고, 핫머니를 단기 투기로 간주하고, 중국의 부자를 우리사주라고 간주할 때, 이들이 자본을 유출하는 순서는 아주 분명할 것이다. "봄이 되면 오리가 가장 먼저 강물이 따뜻해지는 것을 아는"[21] 법이다. 내부의 우리사주는 가장 먼저 기업의 상황 변화를 알아챈다. 일단 심상치 않은 조짐이 감지되면 그 즉시 탈출을 감행한다. 지금 중국에서 이런 첫 번째 움직임은 이미 나타났

역주 21) "春江水暖鴨先知". 북송의 문장가 소식(蘇軾)이 지은 「봄날 저녁 강물의 풍경〔春江晚景〕」이라는 작품에 나오는 구절이다.

다. 바로 많은 자산을 보유한 개인이 열어젖히는 이민의 물결이다. 이런 과정은 사실 일찍부터 시작되었다. 고위관리자 MBA과정(EMBA)[22]에서 강의하는 한 친구는 자기 학생들 상당수가 외국 영주권을 가지고 있다고 일러주었다. 그리고 앞서 인용한 자오상은행과 베인앤드컴퍼니가 함께 내놓은 「2011년 중국의 개인 자산 보고서」에서는 "많은 자산을 보유한 사람들 가운데 60% 가까이가 이미 투자이민 수속을 마쳤거나 생각을 정리했다."고 밝히고 있다. 중국의 심각한 부의 편중 상황으로 미루어 많은 자산을 보유한 사람들이 들고 나가는 자본은 아마도 상상을 초월할 것이다. 사람들의 시야 밖에서는 분명 이미 이런 일들이 진행되고 있다. 한편, 중국 내부의 많은 자산 보유가들에 비해 투기성이 높은 핫머니는 어떻게 행동할지 예측하기가 가장 어렵다. 하지만 단기 투기자인 그들은 가장 단호하게 행동하고 또 신호로서의 역할을 가장 뚜렷하게 한다. 중국이 WTO에 가입한 이후로 국제 핫머니는 중국으로 꾸준히 몰려들었다. 구체적 수치에 대해서는 논자들마다 이론이 분분하지만, 아무튼 중국에는 기회를 보아 움직이는 상당한 액수의 핫머니가 들어와 있다. 핫머니는 중국의 부동산과 주식 시장에 흘러 들어가 자산 거품을 부풀리는 주요 세력 가운데 하나이다. 중국의 자산 거품이 붕괴되거나 다른 위기 조짐이 나타나면 핫머니는 수익을 올렸든 손실을 보았든 상관없이 썰물처럼 빠져나갈 것이다. 장기 투자자로 간주되는 외국인 직접투자의 경우는 비용이 상승하면서 이윤이 줄어들면 점차 외부로 옮겨가는 경향을 보일 것이다. 그러나 위급한 상황이 닥치면 장기 투자에서 단기 투기로 바뀌는 것은 자본시장에서는 흔한 일이다. 외국인 직접투자가 빠져나가지 않을 것이라고 보는 견해는 탁상공론에 지나지 않는다.

핫머니는 경제체제 내부의 '온도'에 의존해 체온을 유지한다. '온도'가 알맞으면 모든 자금은 핫머니로 변할 것이다. 예컨대 인플레가 악화되는 무렵에는 가난뱅이들의 돈은 사들이는 데에 몰릴 것이고 부자들의

역주 22) Executive Master of Business Administration: 미국의 시카고대에서 처음 시작되었다.

돈은 유유히 달아날 것이다. 이런 자본들이 합류한다면, 중국에서는 도도한 자본 유출의 물결이 일어날 것이고, 인민폐는 단기적으로 큰 폭으로 평가 절하될 것이다. 그리고 그런 일련의 과정은 장차 거꾸로 중국 내부의 인플레를 큰 폭으로 부추길 것이고, 중국의 실물경제에 치명적 타격을 입힐 것이다. 그런 순간이 닥치면 중국에서는 이른바 외부유입형의 인플레가 벌어질 수도 있다. 수입이 필요한 모든 것이 앙등할 것이기 때문이다. 상황이 그렇게 되면, 인민폐를 평가 절상하여 인플레를 억제해야 할 때에 인민폐는 평가 절하될 수밖에 없을 것이다.

일반적으로 모든 극단적인 요소는 상호 조건이 된다. 그러므로 그것들은 더러 한꺼번에 나타나며, 위기의 과정에서 서로 강화된다. "낡아빠진 집에 밤새 비가 내리는"[23] 꼴이 되는 것이다. 예컨대 악성 인플레, 자본 유출, 실물경제 위기, 금융위기, 정치적 · 사회적 위기가 한꺼번에 몰려올 수 있고, 게다가 위기가 진행되면서 서로 세력을 키울 수도 있다. 그런 상황에서는 시스템이 안정되어 있을 때의 관계를 가지고 이들 요소를 이해하기는 어렵다. 중국이라는 총체적 사회에서는 중앙정부가 고도로 집중된 자원과 통제력을 통해, 경제체제에 분산된 위기를 신속하게 제거하기 때문에 전체 시스템이 안정을 유지할 수 있다. 하지만 그 때문에 분산된 위험은 계속 위로 올라가 중앙정부에 집중되고 누적된다. 결국 중앙정부가 더 이상 감당할 수 없게 되면, 전체 시스템의 위기가 되는 것이다.

시스템 전반에 큰 위험이 생기면 대다수 사람들은 시스템에서 탈출하는 길을 선택할 것이다. 보다 구체적으로 말하자면, 만약 중국에서 시스템에 관련된 중대한 위험이 발생한다면, 인민폐로 계산된 자산은 모조리 리스크가 높은 자산이 된다. 그런 때에 자본은 거세게 상대적으로 안전한 곳을 찾아 나설 것이다. 이런 미래의 모습은 결코 멀리 있지 않다. 정말로 그렇게 된다면, 중국은 영원히 헤어날 수 없는 깊은 수렁에 빠질 수

역주 23) "屋漏偏逢連夜雨". 명나라의 문인 풍몽룡(馮夢龍)의 소설집 『성세항언(醒世恒言)』에 나오는 말로, 설상가상이라는 말이다.

있다—이 글을 쓰던 2011년 4월까지는 중국의 자본이 유출된다는 어떤 조짐도 없었다. 하지만 2011년 3분기에 들어서자 중국의 은행 예금에 심상찮은 조짐들이 나타나기 시작했다. 7월에 중국의 은행 예금은 6,000억 위안이 감소하는 보기 드문 일이 벌어졌다. 이와 별도로 중진공사(中金公司)[24)]의 통계에 따르면, 2011년 10월에 중국에서 유출된 자본의 규모는 1,800억 위안에 이른다. 그리고 연말에는 인민폐의 환율이 연속 10여 일 동안 하한가까지 떨어지는 '놀라운' 기록을 세웠다. 인민폐의 평가 절상에 대한 기대로 철저하게 최면에 빠져 있던 사람들에게 이런 기록은 놀라운 것이었다. 이 문제에 대해 이 자리에서 논할 수는 없지만, 인민폐는 이미 시스템적으로 평가 절하의 추세를 드러낸 것이었다. 그것은 인민폐의 평가 절하가 더 이상 논리적 추측이 아니라 현실적 가능성을 지닌 것임을 일깨워준다.

누군가는 중국은 3조 달러나 되는 엄청난 외환을 보유하고 있기 때문에 자본 유출에 충분히 대처할 수 있다고 말한다. 하지만 3조 달러는 빠져나갈 수 있는 자본에 비하면 아주 미미한 것이다. 누군가의 통계에 따르면, 중국의 가계부문 총자산은 약 11조 달러이고, 그 가운데 언제든지 현금화할 수 있는 예금과 주식은 약 7조 달러 정도인데, 그 유동성 자산 가운데 절반가량은 1%의 순자산을 보유한 사람들이 가지고 있다고 한다. 여기에 각종 외국인 투자와 핫머니가 더해진다면, 중국이 보유한 외환으로는 양쪽에서의 협공을 견뎌내지 못할 것이다.

외환보유고는 외부의 주권국가에 대해서는 채권이지만, 인민폐를 가진 국민들에게는 오히려 중앙은행의 부채이다. 중국의 환율제도에서는 중앙은행은 외환을 보유하는 것과 동시에 현행 환율에 따라 같은 양의 인민폐를 발행한다. 따라서 이론적으로는—자본에 대한 관리감독은 논외로 하고 인민폐를 가진 사람은 언제든지 중앙은행에 상응하는 외환으로 교환을 요구할 수 있다. 그런 의미에서 보면, 외환보유고는 중앙은행의 명의로 잠시 보관하면서 언제든지 바꿔줄 수 있는 일종의 자금원에 지나지 않는 것이다.

그렇지만 더 염려되는 것은 중국의 채무문제이다. 『제일재경일보(第一

역주 24) China International Capital Corporation Limited(CICC): 1995년 설립된 중국 최초의 투자은행.

財經日報』[25]의 열혈 편집자 쉬이성(徐以升)은 아주 탄탄한 논리에 근거해, 중국은 3조 달러의 외환을 보유한 겉모습과는 달리 이미 채무국이 되었을 것이라고 주장한다. 이는 상당히 놀라운 이야기이다. 쉬이성은 「국가외환관리국은 외국인 직접투자에 대한 미분배 이익이 중국경제의 암적 존재로 떠오른다고 밝혔다」라는 글에서 이렇게 추론했다. "지금의 국제투자대조표[26]에 따르면, 2009년 중국의 대외자산의 순포지션[27]은 1조 8천억 달러이지만, 그 가운데 외국인 직접투자는 취득원가를 기준으로 하면 9,974억 달러이다. 다시 말해서 외국인 직접투자는 시장가치 기준으로 평가하면 2조 8천억 달러가 되는 것이다. 그렇다면 중국은 현재 세계 최대의 채권국에서 장차 최대의 채무국이 될 것이다." 그러니까 반석처럼 탄탄해 보이는 중국의 외환보유고는 근본적으로 채무를 상환하기 역부족이라는 것이다. 이런 사실은 관방에서 말하는 것과는 현격한 차이가 있다.

중국에서 자본 유출을 막는 또 다른 수단은 엄격한 자본 관리이다. 그러나 자본 관리라는 것은 사실상 구멍이 숭숭 뚫린 그물에 불과하다. 핫머니는 들어올 수 있다면 당연히 나갈 수도 있는 것이다. 이민 투자는 자본 유출의 매우 저열한 방식이지만, 지하 금융을 통해 언제라도 자본이 빠져나갈 수 있다. 또 국제기준에 따라 전혀 하자가 없는 정당한 자본은 당당하게 들어왔다가 어깨를 으쓱대며 해외로 빠져나갈 수 있다. 이런 자금이 얼마나 되는지 명확하게 말할 수 있는 사람은 아무도 없다. 만약 이런 자본이 해외로 빠져나가는 것을 제한한다면, 국제적으로 심각한 논란을 부를 것이고, 그것은 현재의 추세대로라면 중국이 감당하지 못할 정도로 거셀 것이다. 아무튼 자본이 유출되는 시기는 국내적 위기가 심각해지는 시기이다. 그런 시기에 정부의 관리와 통제 능력은 어느 정도

역주 25) China Business News: 상하이 TV, 광저우일보, 베이징청년보가 공동으로 발행하는, 2004년 창간된 중국 최초의 전국규모 경제신문.

역주 26) 특정 시점에서 한 나라 또는 지역이 다른 나라나 지역의 금융 자산과 부채 잔액에 대해 발표한 통계보고. 중국은 2006년부터 국제투자대조표를 발표하고 있다.

역주 27) net position: 선물거래에서 미결제약정을 나타내는 방법으로 매도와 매입 포지션의 차이를 나타내는 방법.

나 될지 무척 의심스럽다. 하지만 가장 중요한 문제는 중국이 현행 환율제도를 유지하기 위한 비용이 이제는 무척 높아졌다는 사실이다.

중국이 현행 환율제도를 유지하는 가장 중요한 목표는 수출기업이 저비용을 유지하게 하여 경제성장과 취업률을 촉진하려는 것이다. 이처럼 목표는 아주 분명하고 압도적이지만, 비용에 대해서는 관심을 기울이지 않았다. 더욱이 선진국의 논란과 비판에 대해서는 흘려 넘겨버리거나 고작해야 시늉만 할 뿐이었다. 그렇다고 현행 환율제도에 따른 비용이 바뀌지 않는 것은 아니다. 시간이 지나면서 현행 환율제도에 따른 비용은 감당하기 어려운 지경이 되었다. 2002년 WTO에 가입한 이후로 중국의 외환보유고는 계속 늘어나, 3,000억 달러를 밑돌던 것에서 2010년에는 3조 달러로 늘었다. 8년 동안에 9배가 늘어나 같은 기간 GDP 증가폭을 훨씬 상회했다. 체면을 유난히 중요하게 여기는 중국인들에게 계속 높아지는 외환보유고는 국력의 상징이었고, 정부 관료들도 무척 뽐내고 싶은 것이었다. 하지만 중국의 환매매 결제제도[28]는 중앙은행은 무조건 전체 외환을 매입하고, 이에 상응하는 금액의 본원통화인 인민폐를 풀도록 강제했다.

2002년 이후로 이와 같은 환율제도 때문에 중국에서 시중에 풀린 인민폐는 20조 위안이 넘는다. 이는 중국의 화폐가 피동적으로 시중에 풀린 주요 원인의 하나로, GDP 증가 속도를 훨씬 뛰어넘는 통화가 자산을 부풀렸다는 의미가 된다. 2002년 이후로 중국인들은 부동산 가격의 급등, 증시의 급등, 갑부의 수와 부의 등급의 비약적 증가 등을 통해 부가 수치적으로 크게 늘어났다는 것을 직관적으로 느끼게 되었다. 국내의 분석으로는 거기에 자산 재평가라는 이름이 덧씌워졌지만, 그 이면에는 본위통화의 초경제적 발행이라는 요인이 있었다. 더욱이 그것은 잠재적이기는 하지만 엄청난 인플레 압력을 야기했다. 그 과정에서 계속 늘어난 외환보유고는 인민폐의 평가 절상에 대한 외부의 기대를 부추겼고, 대내

역주 28) 국가가 정한 외화보유 목적 이외의 기업과 개인의 외화는 지정 은행에 매각해야 하며, 국가 외환거래 지정은행도 준비금을 초과한 외화는 은행 시장에 매각해야 하는 일.

적으로는 인민폐의 지속적인 평가 절하에 처하게 만들었다. 다시 말해서 인민폐의 지속적 절상과 자산가치의 상승은 상당한 정도가 국민 전체로부터 엄청난 인플레 세금을 거두는 것을 그 대가로 삼은 것이다. 그리하여 중국의 외환보유고의 본질은 부의 전가과정으로 바뀌게 되었다. 대다수 중국인은 계속 커지는 자산 거품과 인플레의 과정 속에서 부의 실질적 손실을 감내했고, 그것은 중앙은행의 외환보유고라는 손을 빌려 평가절상과 자산 거품으로 이익을 챙기는 사람들의 수중으로 넘어갔다. 그들은 국외에서 물밀듯 들어온 투기자본일 수 있고, 외국인 직접투자일 수도 있고, 부동산 거품에서 대박을 터뜨린 대기업과 개인일 수도 있고, 아주 자유롭게 드나드는 자본일 수도 있다. 언제라도 중앙은행에서 인민폐를 외환으로 바꿀 수 있는 자본이 수익을 얻는 데는 두 가지 요인이 있다. 하나는 자산 가격이 오르는 것이고—2002년 이후 중국 대도시의 부동산 가격은 10배나 올랐다, 다른 하나는 인민폐가 절상되는 것이다. 비록 전체 게임의 과정에서 자산을 보유한 사람은 누구나 자산가치가 오르면서 이익을 챙겼고—주택 한 채만을 소유한 사람들에게 있어서는 이런 가치 상승은 그저 심리적 위안일 뿐이다, 인민폐를 보유한 사람은 누구나 인플레에 따른 손실을 본 것 같지만, 이것이 부의 순전한 전이라는 사실을 결코 부인할 수는 없다. 이런 보편성은 거꾸로 그것이 지닌 엄청난 부의 전이를 덮어버렸다.

자산과 통화의 팽창이 가져온 부의 전이는 이제 아주 명확해졌다. 인플레가 가져오는 부의 전이는 이제 시작이다. 그리고 그것은 중국에서 부의 분배를 더욱 악화시키고 있다. 지금과 같은 환율제도 속에서 중앙은행은 사실상 각종 투기자본이 쥐락펴락하는, 효율성 높은 출납기구로 전락했다. 자유롭게 오르내리는 환율제도에서는 환율의 위험성이 은행 · 기업 · 개인에 분산되지만, 중국의 현행 환율제도에서는 그것이 중앙은행, 사실상 중앙정부에 집중된다. 그것은 국가적 차원에서의 총체적 위기를 가져오게 마련이다. 전체를 통제하려면 총체적 위기를 감당해야만 한다. 그 시스템은 중국의 정치 · 경제 · 사회 영역의 통제시스템과 똑같다. 아무튼 총체적 통제는 사람들이 흔히 말하는 것처럼 중국이라는 나라의 독특한 능력이다—'국가능력' 이라는 것이다. 하지만 그들은 총체적 통제가 총체적 위기에 대응해야만 한다는 사실은 잊고 있는 것 같다. 아무튼 세상일은 이처럼 대칭적이고 공평하다.

이런 게임이 무한히 반복될 수는 없다. 이제 중국의 자산가치는 대외적으로 일종의 급류가 되어 자산가치의 엄청난 차압(差壓)을 만들었다. 그리고 악성 인플레도 일촉즉발의 위기에 놓여 있다. 이런 상황에서 외환보유고는 일정 정도 늘어나면, 통제 불능의 인플레를 불러오는 마지막 불쏘시개가 될 수 있고, 부동산 거품의 마지막 붕괴를 일으키는 촉매제가 될 수 있다. 이론적으로는 중앙은행이 중앙은행어음과 지불준비금이라는 수단으로 압력을 낮출 수 있지만, 그것으로 감당하기에는 어려운 정도의 극한으로 치닫고 있음이 분명하다. 중국의 현행 환율제도는 이제 갈림길에 서 있다.

중국이 떠받든 젊은 환율제도에 중대한 변화가 있으리라는 조짐은 적지 않다. 관료들의 달라진 발언이나 원저우(溫州)의 대외투자 실험은 모두 아무 대비가 없는 상황에서 갑작스러운 변화에 직면할 수 있음을 암시한다. 그것은 즉흥적 연출이 아니라 압력에 내밀려 부득이하게 이루어지는 것이다. 변화의 주요 내용은 중앙은행이 간섭을 줄이고 관리감독을 느슨하게 하는 쪽으로 맞춰질 것이다. 그런데 지금 그런 개혁의 위험성과 수익을 계산할 방법이 전혀 없기 때문에 중앙은행이 굴레를 벗어던지는 것을 더욱 어렵게 만들고 있다. 하지만 아무튼 상황은 그들을 압박해 모험에 뛰어들게 만들 것이다.

중국의 자본 통제와 환율제도가 돌파구를 찾을 때, 각종 투기자본이 거액의 수익을 현금화하는 시기도 무르익을 것이다. 자본의 유출은 중국의 부동산 거품에 결정타를 날릴 것이고, 첫 번째 도미노현상을 가져올 것이다. 그리고 그 사이에는 인민폐의 환율과 자본시장의 급격한 단기 상승이 따를 것이다. 하지만 그것이 상승장세가 찾아왔다고 생각해서는 안 된다. 오히려 그것은 자본이 현금화된다는 신호이자, 암흑시대가 강림하는 것이다. 그 이후의 이야기는 2007년부터 2008년까지 혹은 1997

년의 재판이 될 것이다. 이런저런 근거는 그 첫 번째 주인공이 중국이라는 사실을 뚜렷이 보여준다.

— 2011년 4월

중국바로알기시리즈 1

중국 경제 어디로 갈 것인가?

하나의 나라, 네 개의 세상

초판 1쇄 인쇄 | 2013년 10월 25일
초판 1쇄 발행 | 2013년 10월 30일
지은이 | 위안젠(袁劍)
옮긴이 | 남종진
발행인 | 강희일 · 박은자
발행처 | 다산출판사
디자인 | 민하디지털아트 (02)3274-1333

주소 | 서울시 마포구 대흥로 6길 8 다산빌딩 402호
전화 | (02)717-3661
팩스 | (02)716-9945
이메일 | dasanpub@hanmail.net
홈페이지 | www.dasanbooks.co.kr
등록일 | 1979년 6월 5일
등록번호 | 제3-86호(윤)

ISBN 978-89-7110-411-8 04320
ISBN 978-89-7110-410-1(세트)
정가 14,000원